JN005645

2024 REGISTERED CUSTOMS SPECIALIST 年度版

通関士
過去問スピードマスター

TAC通関士講座

はじめに

本書は，貿易業界唯一の国家資格である通関士を目指す皆さんが，確実に試験に合格することを目的としています。通関士試験は，①正確な知識が要求されること，②出題形式が特殊であること，以上２つの理由から対策が難しいといわれてきました。

そこで本書では，まず過去10年間の本試験問題を徹底分析し，論点別に集約し，第１編の肢別編に一問一答形式でまとめました。テーマごとに必要となる関連知識を盛り込むことで重要問題を効率よくマスターできるように工夫をしました。第１編を繰り返し学習することで①の「正確な知識」が定着します。

次に，第２編の語群選択編では，第１編で定着させた知識を駆使しながら確実に正解することを目的としています。また，第３編の申告書編は，出題形式が特殊なのでパターンに慣れることが重要です。そこで，第２編と第３編においては，本試験形式のまま，過去３年（2020年～2022年）の過去問を中心に解いておくべき問題を厳選し，科目別・論点別に掲載しました。これで，②の「出題形式の特殊性」に対処することができます。

さらに，第４編には2023年度の最新本試験問題を全問掲載し，解説も充実させています。本試験のシミュレーションとして利用してください。

最後になりますが，本書を手にした皆さんが通関士試験に合格されることを祈念しております。

2023年12月

TAC通関士講座

本書の特長と使い方

本書は，通関士試験の本試験問題を素材としていますが，単なる過去問題集ではありません。知識面でのインプット学習と実践面でのアウトプット演習が最大の効率で実現できる，過去問をスピーディにマスターするための一冊です。

特長1　10年分の過去問題を分析して「第１編　肢別編」に集約

第１編「肢別編」が最大の特長です。

過去10年分の過去問題を徹底的に分析し，科目ごと・テーマごとに集約，これを肢別問題にまとめあげました。すべて過去問から抽出した問題文で，○×を判断する形式にしてあります（学習効率を高めるため，一部の過去問は改題して掲載しています）。また，学習の便宜上，各テーマに係る主な法律を掲げてあります。

⇒まずはここから！

テーマごとにまとめられた肢別問題を，○×を判断しながら通して読みます。通して読むこと，これによってテーマの全体像や，本試験で何が問われるのかを把握することができます。本試験問題を１問ずつ解いていては感じることのできない，本書ならではの構成です。わからない問題もあるでしょう。でも，それが大事なのです。

特長2　充実したポイント解説で知識の確認・補充ができる

第１編では，テーマごとに必要な知識をわかりやすくまとめた「ポイント解説」を充実させました。

⇒わからないことをここで確認！

知識をコンパクトにまとめたポイント解説をよく読み，わからなかった問題がわかる瞬間を見つけてください。ただし，あくまでポイントに絞り込んでいるので，すべてが記載されているわけではありません。疑問が解決しなかったときは，条文集や今まで使ってきた参考書で確認しましょう。

出題ポイント	各テーマにおける押さえておくべきポイントをまとめています。まず確認しておきましょう。
関連知識	そのテーマの内容ではありませんが，関連付けて押さえておいてほしい知識を挙げてあります。
ひっかけ注意	特に間違えやすいと思われる項目をまとめました。そのまま過去問の文章で示している場合もあります。
発展問題	やや難易度の高い発展的な問題を取り上げました。肢別問題で基本を身につけたら，チャレンジしてみてください。

特長3 特殊な出題形式に慣れるために…「語群選択編」「申告書編」

第２編と第３編では，通関士試験特有の特殊な出題形式に慣れるために，本試験形式のまま，過去３年（2020～2022）の過去問を中心に，特に繰り返し解いておくべき問題を抽出し，掲載しました。

使い方

⇒語群選択と申告書は，それぞれに出題形式が特殊です。

第１編で確認した知識やポイントを，ここで実践してみてください。第２編「語群選択」は「どこを問われるのか」「どんな事柄が問われやすいのか」を意識すると攻略が早いでしょう。

第３編「申告書」では，出題パターンに慣れてしまうことです。

特長4 最新本試験問題を全問掲載

さらに，本試験のシミュレーション用として，最新の第57回（2023年実施）本試験問題をそのまま全問掲載しました。もちろん，解説も充実しています。

⇒ここは，本試験を１回受験してみるつもりで取り組んでください。

制限時間の指定に従って，本番同様にチャレンジすることが大事です。邪魔の入らない時間を確保して，静かな部屋で，落ち着いて。

目　次

第1編 肢別編

第1章●通関業法

第2章●関税法

第3章●関税定率法等

第2編 語群選択編

第3編 申告書編

第4編 最新本試験問題編　2023年本試験問題

第1編

肢別編

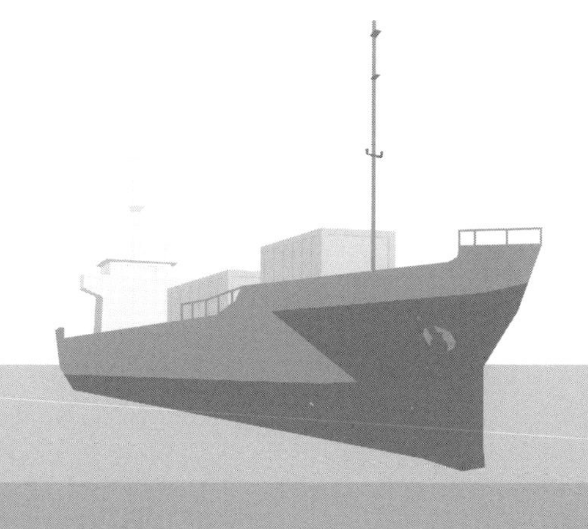

第1章

通関業法

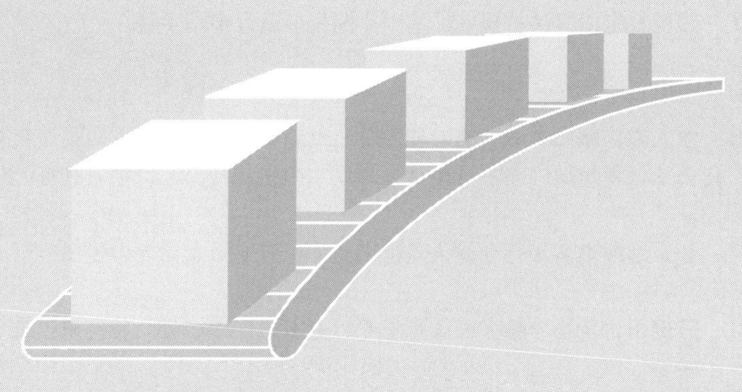

通関業法 ①

用語の定義

通関業法第２条

他人の依頼によって行う次に掲げる手続又は行為のうち，通関業法第２条（定義）に規定する通関業務に該当するものには○を，該当しないものには×をつけなさい。

☑☑ 1　本邦と外国との間を往来する船舶への内国貨物である船用品の積込承認申告手続

☑☑ 2　他人の依頼によってその依頼した者を代理してする関税法第67条の３第１項第１号に規定する特定輸出者の承認の申請

☑☑ 3　財務大臣に対してする主張又は陳述

☑☑ 4　輸入の許可前における貨物の引取りの承認申請手続

☑☑ 5　関税に関する納税申告手続に併せてする消費税に関する納税申告手続

☑☑ 6　輸入の許可後における関税の額に関する更正の請求手続

☑☑ 7　関税暫定措置法の規定に基づく関税の還付申請手続

☑☑ 8　他人の依頼によってその依頼をした者を代理してする関税法第32条の規定による保税地域にある外国貨物の見本の一時持出しに係る許可の申請

☑☑ 9　認定通関業者が行う輸入差止申立てに対する意見書の提出

☑☑ 10　特例申告貨物で輸入の許可を受けたものについて，特例申告書を作成する手続

重要度：★★★

1 ○ 本邦と外国との間を往来する船舶への内国貨物である船用品の積込承認申告手続は「通関手続」に含まれ，したがって，通関業務に該当する（2条1号イ(1)（三））。

2 ○ 特定輸出者の承認申請手続は，通関業務に該当する（2条1号イ(1)（五））。

3 × 財務大臣に対してする主張又は陳述は，通関業務に該当しない（2条1号イ(3))。「主張・陳述」の代行については，税関官署に対して行う場合のみ，通関業務に該当する。

4 ○ 輸入許可前引取承認申請手続は，輸入の申告から許可を得るまでの間の手続であり，「通関手続」に含まれ，通関業務に該当する（2条1号イ(1))。

5 × 消費税に関する納税申告手続は関税の確定・納付についての手続ではなく，関連業務に該当する（7条)。

6 ○ 更正の請求等関税の確定に関する手続は，輸入許可後に行われる場合であっても，通関手続に含まれ，通関業務に該当する（2条1号イ(1))。

7 × 関税の還付申請手続は，通関手続に後続する手続であり，関連業務に該当する。

8 × 保税地域にある外国貨物の見本の一時持出しの許可申請手続は関連業務に該当する（7条参照)。

9 × 通関業務には該当せず，関連業務とされる。

10 ○ 特例申告は関税の確定及び納付に関する手続であり，「通関手続」に該当する（2条1号イ(1))。よって，特例申告書は「通関書類」に含まれ，本肢の行為は通関業務に該当する（2条1号ロ)。

☑☑ 11　輸入申告の前に行われる当該輸入申告に係る開庁時間外の執務を求める届出の手続

☑☑ 12　関税法第79条第１項（通関業者の認定）の規定に基づく認定通関業者の認定の申請

☑☑ 13　本邦から外国に向けて行う外国貨物の積戻しの申告

☑☑ 14　他人の依頼によってその依頼をした者を代理して輸出申告をする場合において，他人の依頼に応じ，当該輸出申告の前に行われるその輸出に関して必要とされる外国為替及び外国貿易法の規定に基づく経済産業大臣の輸出の承認の申請

☑☑ 15　保税蔵置場，保税工場又は総合保税地域に外国貨物を置くことの承認申請手続

☑☑ 16　関税法第７条の２第１項（申告の特例）に規定する特例輸入者の承認の申請手続

☑☑ 17　関税法第７条の10（申告の特例の適用を受ける必要がなくなった旨の届出）の規定に基づく申告の特例の適用を受ける必要がなくなった旨の届出

☑☑ 18　他人の依頼によってその依頼した者を代理してする関税法第42条第１項の規定による保税蔵置場の許可の申請

☑☑ 19　保税展示場に入れた外国貨物を，保税展示場以外の場所において使用することについての許可を受ける手続

☑☑ 20　他人の依頼によってその依頼をした者を代理してする輸出の許可後に行われる当該許可の内容を変更するための船名，数量等変更申請手続

☑☑ 21　外国貨物を仮に陸揚げする場合の届出手続

☑☑ 22　関税法第50条第２項（保税蔵置場の許可の特例）の規定により保税蔵置場の許可を受けたものとみなされる場所に外国貨物を置くことの承認申請手続

11　×　開庁時間外の事務の執行を求める届出が通関業務とされるのは，当該届出手続が，輸出入等の申告からそれぞれの許可，承認等を受けるまでの間に行われるものに限られている（２条１号イ⑴，基本通達２－２⑴参照）。

12　×　認定通関業者の認定の申請は，通関業務に含まれない。

13　○　輸出又は輸入の申告は，通関業務に含まれる（２条１号イ⑴（一））。ここにいう輸出には，関税法75条に規定する積戻しが含まれている。

14　×　関税法その他関税に関する法令以外の法令の規定により輸出又は輸入に関して必要とする承認等の申請は，関連業務である（基本通達７－１⑴）。本肢はこれに該当する（基本通達７－１⑴チ）。

15　○　これらの承認申請手続は，通関業務に該当する（２条１号イ⑴（四））。

16　○　特例輸入者の承認の申請手続は通関業務に含まれる（２条１号イ⑴（二））。

17　×　申告の特例の適用を受ける必要がなくなった旨の届出は，通関業務に含まれない。

18　×　保税蔵置場の許可申請手続は，関連業務である（基本通達７－１⑴ホ）。

19　×　通関業務に該当しない。

20　○　輸出入申告等の許可又は承認の内容に変更を及ぼすこととなる手続は通関手続である。輸出許可後の船名・数量等の変更申請手続はこれに該当する（基本通達２－２⑵）。

21　×　通関業務に先行する関連業務である。

22　○　本肢は通関業務である（２条１号イ⑴（四））。

☑☑ 23　他人の依頼によってその依頼をした者を代理してする輸入許可後に行う修正申告

☑☑ 24　他人の依頼によってする関税法に基づき税関官署に対して提出する通関手続に係る申告書の作成に代えて電磁的記録（電子的方式，磁気的方式その他の人の知覚によっては認識することができない方式でつくられる記録であって，電子計算機による情報処理の用に供されるもの）を作成する場合における当該電磁的記録の作成手続

☑☑ 25　保税蔵置場の許可の取消しを受けた者の依頼によりその者を代理して税関長に対して行う当該許可の取消しに係る不服申立て

☑☑ 26　他人の依頼によってその依頼をした者を代理してする関税法第62条の３第１項の外国貨物を保税展示場に入れることの申告

☑☑ 27　他人の依頼によってその依頼をした者を代理してする関税法第23条第１項の本邦と外国の間を往来する船舶への外国貨物である船用品の積込みの申告

☑☑ 28　他人の依頼によってその依頼をした者を代理してする関税法第63条第１項の保税運送の申告

☑☑ 29　関税法その他関税に関する法令の規定に基づく税関官署の調査につき，他人の依頼によってその依頼をした者を代理してする税関官署に対してする主張又は陳述

☑☑ 30　他人の依頼によってその依頼した者を代理してする関税法第７条第３項の規定による輸入貨物に係る関税率表の適用上の所属の教示の求め

☑☑ 31　関税法の規定によってされた処分につき行政不服審査法の規定に基づいて財務大臣に対してする不服申立てに係る，他人の依頼によってする不服申立書の作成

☑☑ 32　他人の依頼によってその依頼をした者を代理してする輸入の許可後に行われる関税の確定及び納付に関する手続

23　○　輸入許可後に行う修正申告の代理は通関業務である（2条1号イ(1)，基本通達2－2(2)）。

24　○　本肢のように，申告書の作成に代えて電磁的記録を作成する場合における当該電磁的記録の作成手続も通関業務である（2条1号ロ）。

25　○　本肢は通関業務である（2条1号イ(2)）。

26　○　関税法その他関税に関する法令の規定により税関官署に対してする一定の申告又は申請からそれぞれの許可又は承認を得るまでの手続につき，その依頼者の代理をすることは通関業務である。本肢の申告はこれにあたる（2条1号イ(1)（四））。

27　○　本肢の申告は，通関業務である（2条1号イ(1)（三））。

28　×　外国貨物運送申告（保税運送の承認申告）は，関連業務である（2条，7条参照）。

29　○　税関官署に対してする主張又は陳述の代行は，通関業務である（2条1号イ(3)）。

30　×　輸入貨物に係る関税率表の適用上の所属の教示の求めは関連業務である（7条参照）。

31　○　行政不服審査法の規定に基づき財務大臣に提出する不服申立てに係る不服申立書の作成は，通関業務である（2条1号ロ）。

32　○　輸入の許可後においてする修正申告や更正の請求など関税の確定及び納付に関する手続は，通関業務である（2条1号イ(1)，基本通達2－2(2)）。

☑☑ 33 他人の依頼によってその依頼をした者を代理してする関税法第95条第２項の規定による税関事務管理人を定めたときの届出

☑☑ 34 他人の依頼によってその依頼をした者を代理してする，関税法第69条の13第１項の規定による，商標権者が自己の商標権を侵害すると認める貨物に関し，当該貨物が輸入されようとする場合に当該貨物について税関長が認定手続を執るべきことの申立て手続

出題ポイント

用語の定義

通関業務のうち，特に「**通関手続**」について，**正確な理解を問う問題が多い**ので，注意しておく必要がある。通関業務に該当するもの，該当しないものをしっかりと整理して記憶しておく必要がある。

！ひっかけ注意 「通関手続」と「関連業務」

限定列挙されている以外の手続であっても，**輸出入申告等と関連**して，**輸出入申告等からそれぞれの許可又は承認を得るまで**の間に行われるものは，「**通関手続**」に含まれる。

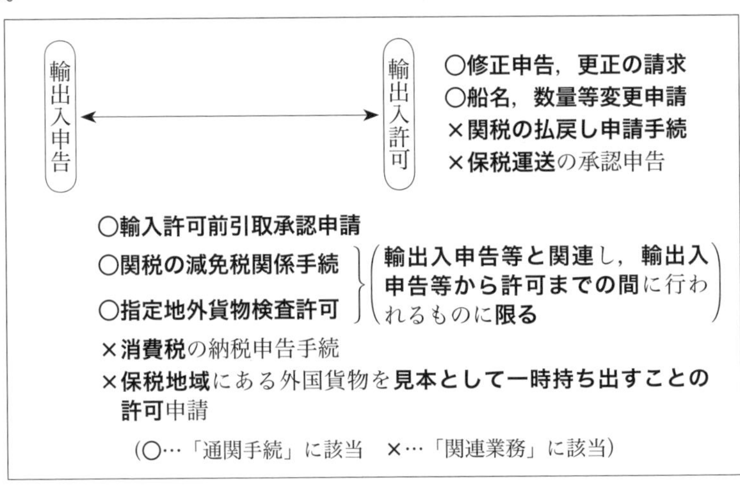

33　×　税関事務管理人を定めたときの届出は関連業務である。

34　×　税関長が認定手続を執るべきことの申立て手続は関連業務である。

左記の図で，「通関手続」に該当するもののイメージをつかんでほしい。

輸入許可前引取承認申請手続は，**輸入申告と関連**し，**輸入申告から許可までの間**に行われるものであるので，当然「通関手続」に該当する。

輸入許可後の修正申告，**更正の請求**手続は，**関税の確定及び納付に関する手続**であるので，「通関手続」に含まれる。

輸出許可後の船名，**数量等変更**申請手続は，**輸出申告の内容に変更を及ぼす**こととなる手続であるので，「通関手続」に含まれる。

これらに対し，関税の**払戻し**申請手続は，**関税の確定及び納付がすでにされた後**の手続であるので，「通関手続」には含まれず，「関連業務」に該当する。

「税関の執務時間外に輸入申告を行うため，税関の執務時間内に行う**開庁時間外事務の執行の求め**の届出」は，**輸入申告と関連**するものではあるが，**輸入申告前**に行われるものであるので，「通関手続」には含まれず，「関連業務」に該当する。

！ ひっかけ注意　「通関業」の意義

通関業とは，業として通関業務を行うことをいう。ここでいう「業として通関業務を行う」とは，営利の目的をもって，通関業務を反復継続して行う意思をもって行う場合をいう。そして，この場合，営利の目的が直接的か間接的かは問わない。通関業務が他の業務に付帯して無償で行われる場合もこれに該当する。

通関業法 ② 通関業の許可

通関業法第３条

次の記述のうち，正しいものには○を，誤っているものには×をつけなさい。

1　弁護士がその職務として通関業務を行う場合には，通関業の許可を受けることを要しないが，財務大臣に通関業務を行う旨を届け出なければならない。

2　通関業の許可を受けようとする法人が，一の企業の全額出資により設立された法人である場合には，当該一の企業の名をもって通関業の許可の申請をしなければならない。

3　通関業の許可を受けようとする者は，通関業以外の事業を営んではならない。

4　通関業を営もうとする者は，財務大臣の許可を受けなければならない。

5　財務大臣は，通関業の許可に，通関業法の目的を達成するために必要な最少限度の条件を付することができる。

6　財務大臣は，通関業許可申請書が税関に到達してから１月以内に当該申請に対する処分をするよう努めることとされている。

7　財務大臣は，通関業の許可をしたとき又は許可をしなかったときは，遅滞なく，その旨を公告しなければならない。

8　弁理士が弁理士法の規定により通関業務に該当する業務を行う場合には，通関業の許可を受けることを要しないが，財務大臣にその旨をあらかじめ届け出なければならない。

9　財務大臣は，通関業の許可申請者が通関業法第６条第７号（欠格事由）に規定する暴力団員でなくなった日から７年を経過していないものに該当する場合には，通関業を許可してはならないこととされている。

重要度：★★★

1 × 弁護士法3条1項の規定に基づき弁護士が行う職務については，通関業の許可を受けなくてもよい（3条5項）。また，通関業法上，財務大臣への届出は義務づけられていない。

2 × 本肢のような規定はない。通関業を営もうとする法人の名をもって許可申請が必要。

3 × 兼業を禁止する規定はない（4条1項5号参照）。

4 ○ 通関業を営もうとする者は，財務大臣の許可を受けなければならない（3条1項）。

5 ○ 許可の際には，通関業法の目的を達成するために必要最少限度の条件を付すことができる（3条2項・3項）。

6 × 20日以内とされている。1月以内ではない。

7 × 公告が必要なのは許可をしたときである。不許可のときは，申請者に通知する（3条4項，基本通達3－9(3)）。

8 × 本肢の場合，通関業の許可を受けることを要しない（3条5項）。また，財務大臣にあらかじめ届け出るべき旨の規定もない。

9 × 7年ではなく，5年である（6条7号）。

☑☑ 10 複数の税関の管轄区域内において通関業を営もうとする者は，管轄区域ごとに通関業の許可を受けなければならない。

出題ポイント

通関業の許可

許可の申請及び**許可後の手続**のほか，**許可の条件**についてよく出題されている。**ひっかけ問題が多い**が，覚えておくべきことは少ないので，知識を正確に整理しておけばよい。

ひっかけ注意 許可の条件と通関士設置義務等

通関業の許可については，**許可の条件と通関士設置義務**の関係等，様々な形で受験者の**誤答を誘う問題**が出題されている。過去の出題から，注意すべきポイントを以下に挙げておく。

1 許可の申請

① 通関業を営もうとする者は，**法人でなくともよい。**

② 個人で通関業の許可を受けようとする場合でも，**銀行の保証は不要。**

③ 財務大臣は，通関業の許可をしようとするとき，**公聴会**を開いて，利害関係者の意見を聞く**必要はない。**

④ **審査委員の意見**を聞く**必要はない。**

⑤ **通関業の許可**については，**登録免許税**を納付しなければならない。

2 許可の条件

3 許可後の手続

財務大臣は，通関業の許可をしたときは，遅滞なく，その旨を**公告**するとともに，許可を受けた者に**許可証を交付**する。許可を受けた者に**口頭で通知するのではない。**

10　×　複数の税関の管轄区域内において通関業を営もうとする者も，財務大臣の許可を１回受けるだけで通関業を行うことができる（３条１項）。

通関業法③ 許可の申請

通関業法第4条

次の記述のうち，正しいものには○を，誤っているものには×をつけなさい。

1　通関業の許可を受けようとする者は，許可申請書に，通関業務を行おうとする営業所ごとに置こうとする通関士の数及び従業者の数を記載しなければならない。

2　通関業の許可を受けようとする者は，許可申請書に，通関業務を行おうとする地域を記載しなければならない。

3　通関業の許可申請書には，通関業務を行おうとする営業所の名称及び所在地を記載しなければならない。

4　許可申請者が通関業以外の事業を営んでいるときは，通関業の許可申請書には，その事業の種類を記載しなければならない。

5　通関業の許可申請書には，許可申請者の資産の状況を示す書面を添付しなければならない。

6　通関業の許可申請書には，年間において取り扱う見込みの通関業務の量及びその算定の基礎を記載した書面を添付しなければならない。

7　通関業の許可を受けようとする者は，許可申請書に，銀行の保証書を添付しなければならない。

8　通関業の許可を受けようとする者は，通関業許可申請書に通関士となるべき者その他の通関業務の従業者の名簿及びこれらの者の履歴書を添付しなければならない。

9　通関業法の規定に違反した疑いにより財務大臣の調査を受けている者は，財務大臣に対して通関業の許可に係る申請をすることができない。

重要度：★★★

1　×　許可申請書には，営業所ごとの責任者の氏名及び置こうとする通関士の数を記載しなければならない（4条1項3号）。従業者の数を記載する必要はない。

2　×　許可申請書に，通関業務を行おうとする地域を記載しなければならない旨の規定はない（4条1項参照）。

3　○　許可申請書には，営業所の名称及び所在地を記載しなければならない（4条1項2号）。

4　○　許可申請書には，通関業以外の事業を営んでいるときは，その事業の種類を記載しなければならない（4条1項5号）。

5　○　許可申請書には，許可申請者の資産の状況を示す書面を添付しなければならない（4条2項）。

6　○　許可申請書には，年間において取り扱う見込みの通関業務の量及びその算定の基礎を記載した書面を添付しなければならない（施行規則1条6号）。

7　×　許可申請書に銀行の保証書を添付しなければならない旨の規定はない（4条2項，施行規則1条参照）。

8　○　許可申請書には，通関士となるべき者その他の通関業務の従業者の名簿及びこれらの者の履歴書を添付しなければならない（4条2項，施行規則1条4号）。

9　×　本肢のような調査を受けている者は通関業の許可に係る申請をすることができないという規定はない。

☐☐ 10 通関業の許可申請書には，申請者（申請者が法人である場合には，その役員）が通関業法第６条第１号（欠格事由）に規定する心身の故障により通関業務を適正に行うことができない者として財務省令で定めるものに該当しない旨のこれらの者の宣誓書を添付しなければならない。

☐☐ 11 通関業の許可を受けようとする者が，通関業以外の事業を営んでいる場合には，その事業の概要，規模及び最近における損益の状況を示す書面を通関業許可申請書に添付しなければならない。

出題ポイント

許可の申請

通関業の**許可申請書の記載事項**と**添付書面**について問われている。前者は**変更等の届出**（通関業法⑦）と，後者は**許可の基準**（通関業法④⑤）と**関連**させておくとよい。

！ひっかけ注意

○○の氏名，住所，数

許可申請書の記載事項については，特に以下の点に注意しておこう。

イ　営業所ごとの**責任者**については，**氏名**を記載（**住所は不要**）

ロ　営業所ごとに置こうとする**通関士**については，**数**を記載（**氏名は不要**）

ハ　通関士以外の**従業者**の**氏名**，**住所**，**数**については，**記載は不要**

10 ○ 通関業の許可申請書の添付書面に関する正しい記述である（4条2項，施行規則1条2号）。

11 ○ 許可申請書の添付書面についての正しい記述である（4条1項5号，施行規則1条5号）。

通関業法④ 許可の基準と欠格事由①

通関業法第5条

次の記述のうち，正しいものには○を，誤っているものには×をつけなさい。

1　通関業の許可を受けることができる者は，法人であって，その資産の内容が充実し，収支の状況が健全であり，かつ，通関業務を営むための必要な設備が整っていると認められる者に限られる。

2　財務大臣は，通関業の許可をしようとするときは，許可申請に係る通関業の経営の基礎が確実であることに適合するかどうかを審査しなければならない。

3　財務大臣は，通関業の許可をしようとするときは，許可申請者がその人的構成に照らして，その行おうとする通関業務を適正に遂行することができる能力を有することに適合するかどうかを審査しなければならないこととされており，この「人的構成に照らし」とは，当該許可申請者（法人である場合には，その役員）及び通関士その他の従業者全体の人的資質に関する評価をいうほか，全体として，組織体制が確立しているかどうかの評価をも含むこととされている。

4　通関業の許可を受けようとする者は，その許可申請の際に一人以上の通関士試験合格者を雇用していなければならない。

5　金融商品取引法の規定に違反して懲役刑に処せられた者であって，その執行を終わってから3年を経過しないものは，通関業の許可を受けることができない。

6　正当な理由なく特例申告書をその提出期限までに提出しなかったことにより，関税法第113条の2の規定により罰金の刑に処せられた者であって，その刑の執行を終わった日から3年を経過しない者は，通関業の許可を受けることができない。

重要度：★★★

1　×　通関業の許可を受けることができる者を本肢のような者に限定する規定はない。

2　○　財務大臣は，通関業の許可をしようとするときは，その許可申請に係る通関業の経営の基礎が確実であることを審査しなければならない（5条1号）。

3　○　通関業法5条2号，基本通達5－2(1)に定められている通りであり，正しい記述である。

4　×　申請の際には，通関士試験合格者を現に雇用しているか，又は通関士試験合格者を雇用することが雇用契約等により確実と認められる必要がある。申請の時点で，必ず雇用していなければならないということではない（5条3号，基本通達5－4）。

5　○　本肢は欠格事由に該当する（6条3号）。

6　×　関税法108条の4から112条までの規定に該当する違反行為をして罰金の刑に処せられた者であって，その刑の執行を終わった日から3年を経過しない者は，通関業の許可を受けることができない（6条4号イ）。本肢は，関税法113条の2に規定されているものであり，これに該当しない。

☑☑ 7　通関業法第34条（通関業者に対する監督処分）の規定により通関業の許可を取り消された者で，その取消しに係る処分を受けた日から３年が経過した者は，通関業の許可を受けることができる。

☑☑ 8　通関業の許可申請者がその事業活動を通関業法第６条第７号に規定する暴力団員に支配されている場合であっても，許可を受けることができる。

☑☑ 9　財務大臣は，通関業の許可をしようとするときは，許可申請者が十分な社会的信用を有することに適合するかどうかを審査しなければならない。

☑☑ 10　関税法第111条（許可を受けないで輸出入する等の罪）の規定に該当する違反行為をして罰金の刑に処せられた者は，その刑の執行が終わった日から５年を経過したものであっても，通関業の許可を受けることができない。

☑☑ 11　通関業法，関税法又は国税若しくは地方税に関する法律以外の法律の規定に違反して罰金の刑に処せられた者であって，その刑の執行を終わり，又は執行を受けることがなくなった日から３年を経過しないものは，通関業の許可を受けることができない。

7 ○ 通関業の許可の取消しに係る処分を受けた日から2年を経過しているので，通関業の許可を受けることができる（6条8号）。

8 × 通関業の許可申請者が，暴力団員等によりその事業活動を支配されている場合には，許可を受けることができない（6条11号）。

9 ○ 財務大臣は，通関業の許可をしようとするときは，許可申請者が，十分な社会的信用を有することを審査しなければならない（5条2号）。

10 × 関税法第111条（許可を受けないで輸出入する等の罪）の規定に該当する違反行為をして罰金の刑に処せられた者であって，その刑の執行が終わった日から3年を経過しないものは，通関業の許可を受けることができない（6条4号イ）。本肢の場合，5年を経過しているので，許可を受けることができる。

11 × 本肢の場合，通関業の許可を受けることができる。なお，関税法に定める一定の違反行為若しくは国税・地方税を免れる等の違反行為をしたことにより罰金の刑に処せられた者であって，その刑の執行を終わり，又は執行を受けることがなくなった日から3年を経過しないものは，通関業の許可を受けることができない（6条4号）。

通関業法⑤ 許可の基準と欠格事由②

通関業法第６条

次の記述のうち，通関業法第６条（欠格事由）に規定する通関業の許可の欠格事由に該当するものには○を，該当しないものには×をつけなさい。

1　破産した後に復権を得た者であって，当該復権を得た日から１年を経過しないもの

2　禁錮以上の刑に処せられた者であって，その執行を終わり，又は執行を受けることがなくなってから３年を経過しないもの

3　不正の行為により所得税の納付を免れ罰金の刑に処せられた者であって，その刑の執行を終わった日から３年を経過しないもの

4　港湾運送事業法又は道路運送車両法の規定に違反する行為をして罰金の刑に処せられた者であって，その刑の執行を終わり，又は執行を受けることがなくなった日から２年を経過しないもの

5　不正の手段によって通関業の許可を受けたことが判明したことによりその許可を取り消された者であって，その処分を受けた日から２年を経過しないもの

6　通関業法第35条第１項（通関士に対する懲戒処分）の規定により通関業務に従事することを禁止された者であって，その処分を受けた日から２年を経過しないもの

7　国家公務員及び地方公務員並びに法令の規定により公務に従事する職員とみなされる者で懲戒免職の処分を受け，当該処分を受けた日から２年を経過しないもの

8　法人であって，その役員（いかなる名称によるかを問わず，これと同等以上の職権又は支配力を有する者を含む。）以外の従業者のうちに，通関業法第35条第１項（通関士に対する懲戒処分）の規定により通関業務に従事することを禁止された者があるもの

重要度：★★★

1 × 復権を得れば，欠格事由に該当しなくなる（6条2号）。6条2号により欠格事由に該当する者は，未だ復権を得ていないものである。

2 ○ 禁錮以上の刑に処せられた者であって，その執行を終わり，又は執行を受けることがなくなってから3年を経過しないものは欠格事由に該当する（6条3号）。

3 ○ 国税，地方税ほ脱等により罰金刑に処せられ，その刑の執行を終わった日から3年を経過しないものは，欠格事由に該当する（6条4号ロ）。

4 × 港湾運送事業法又は道路運送車両法の規定に違反する行為をして罰金の刑に処せられることは，欠格事由に該当しない（6条参照）。

5 ○ 通関業の許可の取消しの処分を受けた者で，その処分を受けた日から2年を経過しないものは，欠格事由に該当する（6条8号）。

6 ○ 通関士の従業禁止の処分を受けた者で，その処分を受けた日から2年を経過しないものは，欠格事由に該当する（6条8号）。

7 ○ 公務員で懲戒免職の処分を受け，その処分を受けた日から2年を経過しないものは，欠格事由に該当する（6条9号）。公務員には，国家公務員及び地方公務員のほか，法令の規定により公務に従事する職員とみなされる者を含む（基本通達6-4）。

8 × 本肢は欠格事由に該当しない。法人であって，その役員のうちに，欠格事由に該当する者があるものは，欠格事由に該当する（6条10号）。この場合の役員には，いかなる名称によるかを問わず，これと同等以上の職権又は支配力を有する者を含む。

☑☑ 9　通関業法の規定に違反する行為をして罰金の刑に処せられた者であって，その刑の執行を終わった日から３年を経過しない者

☑☑ 10　関税法第108条の４（輸出してはならない貨物を輸出する罪）の規定に該当する違反行為をして罰金の刑に処せられた者であって，その刑の執行が終わった日から５年を経過しない者

☑☑ 11　従業者が関税法に違反して罰金の刑に処せられた場合であって，当該従業者が所属する法人が関税法第117条第１項の両罰規定に基づき罰金の刑に処せられ，その刑の執行を終わった日から５年を経過しない当該法人

出題ポイント

許可の基準と欠格事由

許可の基準，欠格事由とも，それぞれに**該当するか否か**について問われる場合が多い。特に**欠格事由**については，**ほぼ毎年出題**されており，「通関士の確認」等**他のテーマにおいても準用**されるので，正確に記憶しておく必要がある。

! ひっかけ注意

「罰金刑」の場合に注意

禁錮以上の刑に処せられた者については，**罪名を問わず**，３年間の欠格事由となるが，**罰金刑又は通告処分**に処せられた者については，**以下の場合に限り**，欠格事由となる。

① **関税法**に定める**一定**の違反行為

② **国税・地方税**等の一定規定に違反した者

③ **通関業法**違反

したがって，例えば**港湾運送事業法**に違反して罰金刑を受けても，欠格事由には**該当しない**。しかし，**通関業法**違反で罰金刑を受けた場合には，欠格事由に**該当する**。

9 ○ 欠格事由に該当する（6条5号）。

10 × 欠格事由に該当することとなる場合は，3年である（6条4号イ）。

11 × 欠格事由に該当することとなるのは，行為者として関税法108条の4から同法112条までの違反行為により罰金の刑に処せられ，または通告処分を受けた場合である（6条4号）。本肢はこれに該当しない。

通関業法 ⑥ 許可の消滅・取消し

通関業法第10条，第11条，第11条の2

次の記述のうち，正しいものには○を，誤っているものには×をつけなさい。

☑☑ 1 法人である通関業者の役員が破産手続開始の決定を受けた場合には，通関業の許可は消滅する。

☑☑ 2 通関業者が会社更生法の規定による更生手続の開始の決定を受けたときは，その通関業の許可は消滅する。

☑☑ 3 財務大臣は，通関業者が偽りその他不正の手段により通関業の許可を受けたことが判明したときは，その許可を取り消さなければならない。

☑☑ 4 財務大臣は，通関業者が通関業の許可を受けた日から3年以内に業務を開始しなかったときは，その許可を取り消すことができる。

☑☑ 5 財務大臣は，通関業の許可が消滅したときは，遅滞なくその旨を公告しなければならない。

☑☑ 6 法人である通関業者が通関業を廃止した場合において，当該法人がその旨を財務大臣に届け出るまでは，当該通関業者の許可は消滅しない。

☑☑ 7 通関業の許可が取り消された場合において，現に進行中の通関手続があるときは，当該手続については，当該許可を受けていた者が引き続き当該許可を受けているものとみなされる。

☑☑ 8 通関業務の取扱実績が1年間なかった場合，その通関業の許可は消滅する。

☑☑ 9 通関業者である法人が通関業を休止したときは，当該通関業者の通関業の許可は消滅する。

☑☑ 10 通関業者の役員が通関業法第6条第7号に規定する暴力団員に該当するに至った場合には，財務大臣は当該通関業者の通関業の許可を取り消すことができる。

重要度：★★★

1 × 法人であってその役員が欠格事由に該当するに至ったときは，許可の取消し事由に該当する（11条1項2号，6条10号）。消滅事由ではない。

2 × 会社更生法の適用を受け，更生手続が開始された場合においても，消滅事由とはならない。

3 × 財務大臣は，その許可を取り消すことができる（11条1項1号）。取り消さなければならないわけではない。

4 × 本肢は取消事由に該当しない（11条1項参照）。

5 ○ 通関業の許可が消滅したときは，財務大臣は，遅滞なく，消滅の公告をしなければならない（10条2項）。

6 × 通関業の許可は，その通関業を廃止したときに消滅する（10条1項1号）。

7 × 通関業の許可取消処分がなされた場合において，現に進行中の手続があれば，直ちに依頼者に戻すか，又は依頼者の指示する他の通関業者に引き継がなければならない（10条3項参照，基本通達10－1）。

8 × 本肢は消滅事由に該当しない（10条1項参照）。

9 × 「休止」は「廃止」（10条1項1号）とは異なり消滅事由ではない。

10 ○ 通関業者の役員が通関業法6条7号に規定する暴力団員に該当するに至ることは，取消事由に該当する（11条1項2号，6条7号）。

☑☑ 11　通関業者について通関業を承継させる分割があった場合において，あらかじめ財務大臣の承認を受けたときは，分割により通関業を承継した法人は，当該分割をした法人の当該通関業の許可に基づく地位を承継することができる。

☑☑ 12　財務大臣は，通関業者について合併があった場合において，その合併後存続する法人が通関業法第６条（欠格事由）に規定する欠格事由のいずれかに該当するときは，通関業の許可に基づく地位の承継の承認をしないこととされている。

☑☑ 13　通関業者が会社法第２条第26号（定義）に規定する組織変更を行った場合には，通関業法第11条の２（許可の承継）に規定する通関業の許可に基づく地位の承継に係る承認の申請手続は要しない。

☑☑ 14　通関業者について相続があったときは，その相続人は，被相続人の当該通関業の許可に基づく地位を承継するが，被相続人の死亡後60日以内に財務大臣に対して当該地位の承継をした旨の届出を行わなければ，通関業の許可は消滅する。

☑☑ 15　財務大臣は，通関業の許可に基づく地位の承継を承認するに際しては，当該承認をしようとする承継に係る通関業の許可に付された条件を取り消し，変更し，又は新たに条件を付すことができる。

☑☑ 16　法人である通関業者の役員が通関業法第６条第10号に規定する通関業の許可に係る欠格事由に該当するに至った場合において，当該通関業者が，当該欠格事由に該当した役員を更迭し，役員の変更の届出を行ったときは，当該欠格事由に関連し，当該通関業者が通関業者に対する監督処分を受けることはない。

11　○　通関業者について分割（通関業を承継させるものに限る。）があった場合，政令で定めるところによりあらかじめ財務大臣の承認を受けたときは，分割により通関業を承継した法人は，通関業の許可に基づく地位を承継することができる（11条の2第4項）。

12　○　財務大臣は，合併後の法人について，欠格事由（6条各号）のいずれかに該当する場合には，承継の承認をしない（11条5項）。

13　○　通関業者が会社法2条26号（定義）に規定する組織変更を行った場合には，通関業法11条の2（許可の承継）の規定に基づく申請手続は要しない。この場合には，通関業法12条（変更等の届出）の規定に基づく許可申請事項の変更手続によることとなる（基本通達11の2－2）。

14　×　通関業の許可を受けている者が死亡した場合，その相続人は被相続人の通関業の許可に基づく地位を承継する。この場合，承継人は，被相続人の死亡後60日以内にその承継について財務大臣に承継の承認申請を行わなければならない（通関業法11条の2第2項）。そして，その承継の申請がその期間内になされなかったとき，または，財務大臣の承認をしない旨の処分があったときは，その通関業の許可は消滅する（通関業法10条1項2号）。届出を行うのではなく承認申請が必要である。

15　○　財務大臣は，通関業の許可の承継を承認するに際しては，当該承認をしようとする承継に係る通関業の許可について付された条件を取り消し，変更し，又は新たに条件を付すことができる（11条の2第6項）。

16　×　通関業法6条10号に該当する場合において，法人である通関業者が，通関業の許可の取消しを受ける前に欠格事由に該当する役員を更迭し，通関業法第12条1号の届出を行ったときは，許可の存続が認められることがある。ただし，この場合でも，通関業者に対する監督処分の対象となり得る（基本通達11－3）。

☑☑ 17　財務大臣は，通関業者が偽りその他不正の手段により通関業の許可を受けたことが判明したときは，当該許可を取り消すことができることとされており，この「偽りその他不正の手段」とは，例えば，許可申請に当たって通関業法第５条に規定する通関業の許可の基準に係る事項についての偽った書類（定款，財務諸表，履歴書，宣誓書等）を提出し，当該許可の可否に関する税関の判断を誤らせるに至った場合がこれに該当する。

☑☑ 18　法人である通関業者の従業者が関税法第110条（関税を免れる等の罪）の規定に該当する違反行為をした場合において，当該通関業者が，同法第117条の両罰規定の適用により通告処分を受けたときは，財務大臣は，当該通関業者が通関業法第６条に規定する通関業者の許可に係る欠格事由に該当するに至ったものとして，同法第11条の規定に基づき通関業の許可を取り消すことができる。

☑☑ 19　法人である通関業者が合併により消滅した場合において，現に進行中の通関手続があるときは，当該手続については，合併後存続する法人又は合併により設立された法人が引き続き通関業の許可を受けているものとみなすこととされている。

☑☑ 20　財務大臣は，通関業者が破産手続開始の決定を受けたときは，通関業法第11条の規定に基づき通関業の許可を取り消すことができる。

☑☑ 21　通関業者が通関業を譲り渡した場合において，その通関業を譲り受けた者は，その通関業を譲り受けた後60日以内に財務大臣に対して当該通関業の許可に基づく地位の承継に係る届出をしなければならない。

☑☑ 22　財務大臣は，通関業者について合併があった場合において，その合併後存続する法人が通関業法第５条各号（許可の基準）のいずれかに適合しないときは，通関業の許可に基づく地位の承継の承認をしないこととされている。

17 ○ 財務大臣は，通関業者が偽りその他不正の手段により通関業の許可を受けたことが判明したときは，当該許可を取り消すことができる（11条1項1号）。「偽りその他不正の手段」とは，通関業法第5条を適用するに際しての判断を誤らせるような重要事項に関する偽りその他不正行為をいう。例えば，許可申請に当たって通関業法5条各号に掲げる事項についての偽った内容の書類（定款，財務諸表，履歴書等）を提出し，または説明することにより許可の可否に関する税関の判断を誤らせるに至った場合がこれに該当する（基本通達11－1）

18 × 通関業者が関税法第110条（関税を免れる等の罪）の規定に該当する違反行為をして罰金の刑に処せられ又は通告処分を受けたときは，財務大臣は，当該通関業者が通関業法6条に規定する通関業者の許可に係る欠格事由に該当するに至ったものとして，同法11条の規定に基づき通関業法の許可を取り消すことができる。欠格事由に該当することになるのは，行為者として関税法等に規定する罰条に該当して罰金の刑に処せられ，又は通告処分を受けた場合をいう。両罰規定の適用により罰金の刑に処せられ，又は通告処分に付された場合は含まれない（基本通達6－2）。

19 ○ 通関業の許可が消滅した場合，それ以降は通関業者として通関業務を行うことはできない。しかし，その時点において依頼を受けた通関手続が現に進行中であるときは，依頼者に不測の損害を与えることになる。そこで，法人である通関業者が合併により消滅した場合は，合併後存続する法人又は合併により設立された法人が引き続き通関業の許可を受けているものとみなされる（10条3項）。

20 × 通関業の許可を受けた者が破産手続開始の決定を受けたときは，通関業の許可は消滅する（10条1項4号）。取消事由ではない。

21 × 通関業者が通関業を譲り渡した場合，政令で定めるところによりあらかじめ財務大臣の承認を受けたときは，通関業を譲り受けた者は，通関業の許可に基づく地位を承継することができる（11条の2第4項）。届出をするのではなく，財務大臣の承認を受ける必要がある。

22 ○ 財務大臣は，合併後の法人について許可の基準（5条各号）のいずれかに適合しない場合には，通関業の許可に基づく地位の承継の承認をしないこととされている（11条の2第5項）。

出題ポイント

許可の消滅・取消し

許可の**消滅事由**，**取消し事由**についての出題が多い。両者を正確に記憶しておく必要がある。また，手続についての出題もあり，**消滅と取消しの違い**を意識した上で押さえておくことが重要である。また，消滅時，取消時に進行中の通関手続がある場合のそれぞれの処理の仕方も押さえておこう。

ひっかけ注意 「破産手続開始の決定」を受けた場合

「破産」の場合には，以下の点に注意しておく必要がある。

通関業者の破産	→ 許可**消滅**事由
通関業者の**役員**の破産	→ 許可の**取消し**事由

また，以下の場合には，消滅事由，取消し事由の**いずれにも該当しない。**

① 通関業者が会社更生法の規定による**更生手続の開始の決定**を受けたとき

② 通関業を「**休止**」した場合（○○月以上継続して通関業務の取扱実績がなかった場合）

MEMO

通関業法 ⑦

変更等の届出

通関業法第12条

通関業法第12条（変更等の届出）の規定による届出についての次の記述のうち，正しいものには○を，誤っているものには×をつけなさい。

1　営業所の責任者の住所に変更があった場合には，届出を要する。

2　法人である通関業者の役員に変更があった場合には，財務大臣への届出を要する。

3　法人である通関業者の資本金の額に変更があった場合には，財務大臣への届出を要する。

4　通関業務を行う営業所において通関士試験の合格者の数に変更があった場合には，遅滞なくその旨を財務大臣に届け出なければならない。

5　通関業者が新たな事業を開始した場合には，遅滞なくその営んでいる事業の種類に変更があった旨を財務大臣に届け出なければならない。

6　通関業務を行っている営業所の電話番号に変更があった場合は，財務大臣への届出を要する。

7　法人である通関業者の役員が禁錮刑に処せられた場合は，財務大臣への届出を要する。

8　法人である通関業者が通関業を廃止した場合は，当該法人の従業者が財務大臣に届け出なければならない。

9　法人である通関業者の役員が通関業法の規定に違反する行為をして罰金の刑に処せられた場合であっても，当該通関業者が当該役員を速やかに更迭したときは，その罰金の刑に処せられた旨を財務大臣に届け出ることを要しない。

重要度：★★★

1 × 営業所の責任者の住所に変更があっても，変更の届出は必要ない（12条参照）。

2 ○ 法人である通関業者の役員に変更があった場合は，変更の届出が必要である（12条1号，4条1項1号）。

3 × 通関業者の資本金の額に変更があっても，変更の届出は必要ない（12条参照）。

4 × 通関士試験の合格者の数に変更があっても，確認を受けていない限り通関士の数には変更がないので，財務大臣に届け出る必要はない（12条1号，4条1項3号）。

5 ○ 本肢は，通関業以外の事業の種類に変更があった場合であり，変更の届出が必要である（12条1号，4条1項5号）。

6 × 営業所の電話番号に変更があっても，変更の届出は必要ない（12条参照）。

7 ○ 法人である通関業者の役員が欠格事由に該当することとなった場合には，通関業者は，遅滞なくその旨を財務大臣に届け出なければならない（12条2号）。役員が禁錮刑に処せられることは，欠格事由に該当する（6条10号）。

8 × 通関業者であった法人を代表する役員が届け出る（施行令4条1号）。

9 × 速やかに更迭した場合でも，財務大臣に届け出なければならない（12条2号）。

☑☑ 10　通関業務を行う営業所の移転により，当該営業所に関し，通関業法第13条に規定する通関士の設置に係る基準について新たに審査する必要があると財務大臣が認める場合には，通関業者は，同法第12条の規定に基づく営業所の廃止の届出と同法第８条の規定に基づく営業所の新設の許可手続を行うこととされている。

☑☑ 11　通関業者である法人が合併又は破産手続開始の決定以外の理由により解散し，その通関業の許可が消滅した場合には，通関業法第12条の規定に基づき，当該通関業者であった法人を代表する役員であった者は，遅滞なくその旨を財務大臣に届け出なければならない。

☑☑ 12　通関業者は，通関業務を行う営業所ごとの責任者の氏名及び通関業法第13条の規定により置く通関士の数に変更があった場合には，同法第12条の規定に基づき，遅滞なくその旨を財務大臣に届け出なければならない。

出題ポイント

変更等の届出

変更等の届出の要否についての出題が多い。**許可申請書の記載事項**を正確に押さえておくことが重要である。また，特に**許可消滅の届出**について，**届出義務者**を正確に覚えておく必要がある。

10 ○ 営業所の移転により，人的構成についての基準及び通関士についての基準について新たに審査する必要が認められる場合には，旧営業所の廃止の届出と新営業所設置の許可手続が必要となる（基本通達12－２）。

11 × 通関業者である法人が合併または破産手続開始の決定以外の理由により解散し，通関業の許可が消滅した場合には，清算人が遅滞なくその旨を財務大臣に届け出なければならない（業法12条３号，施行令４条５号）。通関業者であった法人を代表する役員であった者ではない。

12 ○ 通関業者は，通関業務を行う営業所ごとの責任者の氏名及び置こうとする通関士の数に変更があった場合には，遅滞なくその旨を財務大臣に届け出なければならない（12条１号，４条１項３号）。

通関業法⑧ 営業所の新設

通関業法第８条，第９条

次の記述のうち，正しいものには○を，誤っているものには×をつけなさい。

☑☑ 1　通関業者は，通関業務を行う営業所を新たに設けようとするときは，財務大臣の許可を受けなければならない。

☑☑ 2　財務大臣は，営業所の新設の許可に条件を付することができない。

☑☑ 3　財務大臣は，営業所の新設の許可をしたときは，遅滞なく，その旨を公告するとともに，許可を受けた者に許可証を交付する。

☑☑ 4　財務大臣は，営業所の新設の許可をしようとするときは，許可申請に係る営業所の経営の基礎が確実であるかどうかを審査しなければならない。

☑☑ 5　通関業務を行う営業所の新設の許可申請を行おうとする通関業者は，財務大臣に提出する許可申請書に当該営業所において行われる見込みの通関業務の量及びその算出の基礎を記載した書面を添付しなければならない。

☑☑ 6　認定通関業者が，通関業法第９条（営業所の新設に係る許可の特例）の規定に基づく届出が受理され，同法第８条第１項（営業所の新設）の許可を受けたものとみなされた営業所の当該許可に条件が付されることはない。

☑☑ 7　関税法第79条第１項（通関業者の認定）の認定を受けた者が通関業務を行う営業所を新設しようとする場合には，当該認定を行った税関長に届け出なければならない。

重要度：★★★

1 ○ 通関業の許可を受けた者が，通関業務を行う営業所を新たに設けようとするときは，財務大臣の許可を受けなければならない（8条1項）。

2 × 営業所の新設の場合，条件の付与については，通関業の新規の許可の場合に準ずる（8条2項，3条2項）。したがって，必要最少限度の条件を付すことができる。

3 ○ 許可の公告についても通関業の許可の場合に準ずることとなり，本肢のとおりである（8条2項，3条4項）。

4 × 営業所の新設の許可の際には，経営の基礎が確実であるかどうかは審査されない（8条2項は5条1号を準用していない）。この点は，すでに通関業の許可の際に審査済みであるからである。

5 ○ 営業所の新設の許可の申請手続として正しい記述である（施行令1条2項）。

6 × 本肢の場合，財務大臣は，営業所の新設の許可の特例に条件を付することができる（8条2項，3条2項）。

7 × 認定通関業者である通関業者は，通関業務を行う営業所を新たに設けようとする場合には，財務大臣の許可を受けることなく，財務大臣にその旨を届け出ることができる（9条1項）。この届出書の提出先は主たる営業所の所在地又は新たに設けようとする営業所の所在地を管轄する税関の通関業監督官部門である（基本通達9－1(5)）。

☑☑ 8　関税法第7条の2第1項（申告の特例）に規定する特例輸入者が通関業の許可を受けた場合は，当該許可の日から営業所の新設に係る許可の特例を受けることができる。

☑☑ 9　認定通関業者が，営業所の新設に係る許可の特例により届出をする際には，当該営業所で行われる見込みの通関業務の量の算出の基礎を記載した書面の提出は要しない。

☑☑ 10　財務大臣は，通関業務を行う営業所の新設の許可をしようとするときは，許可申請者が十分な社会的信用を有するかどうかを審査しなければならない。

☑☑ 11　財務大臣は，通関業務を行う営業所の新設の許可をしようとするときは，許可申請に係る通関業を営む営業所につき，通関業法第13条（通関士の設置）の要件を備えることとなっているかどうかを審査しなければならないが，この「通関業法第13条の要件を備えることとなっている」とは，許可申請の際，通関士試験合格者を現に雇用しているか，又は通関士試験合格者を雇用することが雇用契約等により確実と認められる場合をいい，単なる見通しは含まれないこととされている。

☑☑ 12　通関業者は，その通関業務に従事する通関士が情報通信機器を活用して，労働時間の全部又は一部において，自宅で通関業務に従事する勤務形態（在宅勤務）を導入する場合においては，当該自宅について通関業務を行う営業所の新設に係る手続を行わなければならない。

☑☑ 13　通関業者の施設等で，職員が常駐せず，単に簡単な書類の訂正，待機等のために使用されるものは，通関業法第8条（営業所の新設）に規定する通関業務を行う営業所に該当しないこととされている。

8 × 認定通関業者である通関業者は，通関業務を行う営業所を新たに設けようとする場合には，財務大臣の許可を受けることなく，財務大臣にその旨を届け出ることができる。この届出に係る営業所については，当該届出が受理されたときにおいて，営業所の新設の許可を受けたものとみなして，通関業法の規定が適用される（9条）。特例輸入者に対しての規定ではない。

9 ○ 営業所の新設の許可を受けようとする通関業者は，一定の事項を記載した許可申請書を財務大臣に提出しなければならない（施行令1条1項）。この許可申請書には，当該営業所で行われる見込みの通関業務の量の算出の基礎を記載した書面を添付しなければならない（施行令1条2項）。ただし営業所の新設に係る許可の特例（9条1項）の場合には，この書面の添付は不要とされている（基本通達9－1(1)イ）。

10 ○ 財務大臣は，通関業務を行う営業所の新設の許可をしようとするときは，許可申請者が，その人的構成に照らして，その行おうとする通関業務を適正に遂行することができる能力を有し，かつ，十分な社会的信用を有するかどうかを審査しなければならない（8条2項，5条2号）。

11 ○ 財務大臣は，通関業務を行う営業所の新設の許可をしようとするときは，許可申請に係る通関業を営む営業所につき，13条に規定する通関士設置要件を備えることとなっているかどうかを審査しなければならない（8条2項，5条3号）。そして，「通関業法第13条の要件を備えることとなっている」とは，具体的には，許可申請の際，通関士試験合格者を現に雇用しているか，又は雇用することが雇用契約等により確実と認められる場合をいう。単なる見通しは含まれない（基本通達5-4）。

12 × 通関士等の通関業務の従業者が情報通信機器を活用して在宅勤務をする場合，その勤務場所である自宅等が営業所の一部とされる。しかし，この場合においては，通関業法8条（営業所の新設）に規定されている手続をとる必要はない（基本通達8-1）。在宅勤務を開始し又は終了するときは，通関業者は税関にその旨を申し出ることとされている（基本通達8-4(1)）。

13 ○ 営業所とは，通関業務が行われる事務所をいい，名称を問わず，実質的に通関書類の作成審査等が行われるものであれば，原則として営業所に該当する（基本通達8-1）。ただし，通関業者等の施設で，職員が常駐せず，単に連絡（簡単な書類の訂正を含む），待機等のために使用されるものは営業所に該当しない。

出題ポイント

営業所の新設

営業所の新設については，**通関業の許可との共通点と相違点**について正確に押さえておくことが重要である。また，営業所の届出の手続，営業所の新設に係る許可の特例についても押さえておこう。

発展問題 在宅勤務

問題 通関業者は，その通関業務に従事する通関士が情報通信機器を活用して，労働時間の全部において，自宅で通関業務に従事する勤務形態（在宅勤務）を開始するときは，税関に在宅勤務を開始する旨を申し出た上で，在宅勤務に関する定めのある就業規則を具備していることについて税関の確認を受けることとされている。

解答 ×

在宅勤務を開始し又は終了するときは，通関業者は税関にその旨を申し出ることとされている（基本通達８－４(1)）。税関は，開始の申出を受けた際には，申出のあった通関業者に在宅勤務に係る情報セキュリティポリシーが定められている等，在宅勤務における情報セキュリティ対策が講じられていることを確認する（８－４(2)）。しかし，在宅勤務に関する定めのある就業規則を具備していることについて確認することとはされていない。

通関業法⑨

通関業者等の義務

通関業法第18条，第19条等

次の記述のうち，正しいものには○を，誤っているものには×をつけなさい。

1　通関士は，通関士でなくなった後であっても，正当な理由がなくて，通関業務に関して知り得た秘密を他に漏らし，又は盗用してはならない。

2　法人である通関業者の役員は，通関業務を担当しない者であっても，通関業者の信用又は品位を害するような行為をしてはならない。

3　通関業者は，通関業務及び関連業務の料金の額を定め，その額を財務大臣に届け出なければならない。

4　通関業者は，その取扱いに係る通関業務に関する書類をその作成の日後3年間保存しなければならない。

5　通関業者は，通関業務に関する料金の受領を証する書類の写しを，作成の日後3年間保存しなければならない。

6　通関業者は，通関士その他の通関業務の従業者に異動があった場合には，当該異動の日から30日以内に，その異動の内容について財務大臣に届け出なければならないこととされている。

7　通関業者は，定期報告書（その取扱いに係る通関業務及び関連業務の件数，これらについて受けた料金の額その他通関業務及び関連業務に係る事項を記載した報告書）を毎年6月30日までに財務大臣に提出しなければならない。

重要度：★★★

1 ○ 通関士は，正当な理由がなくて，通関業務に関して知り得た秘密を他に漏らし，又は盗用してはならない。通関士でなくなった後であっても同様である（19条）。

2 ○ 役員は，通関業務を担当しない者であっても，通関業者の信用又は品位を害するような行為をしてはならない（20条）。

3 × 通関業者は，通関業務（関連業務を含む）の料金の額を営業所において依頼者の見やすいように掲示しなければならない（18条）。しかし，それらの額を定め，その額を財務大臣に届け出る義務は課せられていない。

4 ○ 通関業者は，その取扱いに係る通関業務に関する書類を作成の日後3年間保存しなければならない（22条1項，施行令8条3項）。

5 ○ 通関業務に関する料金の受領を証する書類の写しは保存を要する書類であり，保存期間は作成の日後3年間である（22条1項，施行令8条2項3号，3項）。

6 × 通関業者は，通関士その他の通関業務の従業者（当該通関業者が法人である場合には，通関業務を担当する役員及び通関士その他の通関業務の従業者）の氏名及びその異動の内容を財務大臣に届け出なければならない。この場合，異動のつど，財務大臣に届け出なければならない（22条2項，施行令9条1項）。

7 ○ 通関業者は，その取扱いに係る通関業務（関連業務を含む）の件数，これらについて受けた料金の額その他通関業務に係る事項を記載した報告書（定期報告書）を毎年1回財務大臣に提出しなければならない（22条3項）。この定期報告書は，毎年6月30日までに提出しなければならないこととされている（施行令10条）。

☑☑ 8　通関業者は，その名義を通関業の許可を受けていない法人に通関業のため使用させようとする場合には，あらかじめ財務大臣の許可を受けなければならない。

☑☑ 9　法人である通関業者が財務大臣に提出する定期報告書（その取扱いに係る通関業務及び関連業務の件数，これらについて受けた料金の額その他通関業務及び関連業務に係る事項を記載した報告書）には，その報告期間に係る事業年度の貸借対照表及び損益計算書を添付しなければならない。

☑☑ 10　通関業者の役員及び通関士は，証人として裁判所において陳述を求められた場合であっても，通関業務に関して知り得た秘密を他に漏らしてはならない。

☑☑ 11　通関業者は，他人に自己の名義の印章を使用させ，自己の名義で通関業務を行わせてはならない。

☑☑ 12　通関業者が通関業務及び関連業務に関する帳簿に記載しなければならない通関業務及び関連業務１件ごとの明細の記載は，当該通関業者が保管する通関業務及び関連業務に関し税関官署又は財務大臣に提出した申告書，申請書，不服申立書その他これらに準ずる書類の写しに所要の事項を追記することによってすることができる。

☑☑ 13　通関業者が，通関業法第22条第１項の規定により，通関業務に関し税関官署に提出した輸出申告書の写しを保存するに当たっては，その輸出申告に係る輸出許可書の写しを当該輸出申告書の写しに準ずる書類として取り扱って差し支えないこととされている。

☑☑ 14　通関業務に関し，財務大臣に提出した不服申立書の写しは，通関業者が保存しなければならない通関業務に関する書類に該当する。

8 ×　通関業者は，通関業の許可を受けていない者にその名義を通関業のため使用させることはできない（17条）。

9 ○　通関業者は，その取扱いに係る通関業務（関連業務を含む）の件数，これらについて受けた料金の額その他通関業務に係る事項を記載した定期報告書を毎年１回財務大臣に提出しなければならない（22条３項）。法人である通関業者が提出するこの定期報告書には，報告期間に係る事業年度の貸借対照表及び損益計算書を添付しなければならない（施行令10条２項）。

10 ×　通関業者の役員及び通関士は，正当な理由がなくて，通関業務に関して知り得た秘密を他に漏らしてはならない（業法19条）。法令に規定する証人として裁判所において陳述する場合は，正当な理由がある場合に該当する（業法基本通達19－１(1)ロ）。

11 ○　通関業者は，その名義を他人に通関業のために使用させてはならない（17条）。他人に自己の名義の印章を使用させ，自己の名義で通関業務を行わせることは，これに該当する（基本通達17－１）。

12 ○　通関業者は，通関業務（関連業務を含む）に関して帳簿を設け，営業所において取り扱った業務の１件ごとの明細を記載するものとされている（業法22条１項，施行令８条１項）。ただし，この明細は，通関業務（関連業務を含む）に関し税関官署又は財務大臣に提出した申告書，申請書，不服申立書その他これらに準ずる書類の写しに所要の事項を追記することによってすることができる（施行令８条４項）。

13 ○　通関業者が通関業務に関し，税関官署に提出した輸出入申告書の写しを保存するに当たっては，輸出入申告に係る許可書等の写しを輸出入申告書等の写しに準ずる書類として取り扱って差し支えない（基本通達22-１(2)）。

14 ○　通関業務に関し財務大臣に提出した不服申立書の写しは保存義務のある書類である（施行令８条２項）。なお，保存期間は作成の日後３年間である（施行令８条３項）。

☑☑ 15　通関業法第18条（料金の掲示）の規定により提示する料金表は，依頼者に対する透明性を確保する観点から，依頼者にとって分かりやすいものでなければならない。

☑☑ 16　通関業法第18条の規定により掲示する料金表の様式及び掲示場所については，社会通念上妥当と考えられる方法により，各通関業者が自由に定めることとして差し支えない。

☑☑ 17　通関業者は，税関官署に提出する関連業務に関する書類について，通関士にその内容を審査させ，記名押印させなければならない。

☑☑ 18　通関業務及び関連業務に関し，依頼者から依頼を受けたことを証する書類は，通関業者が保存しなければならない通関業務及び関連業務に関する書類に該当する。

□□ 19　通関業者は，通関業以外の事業を営もうとするときは，当該事業を営むことについて財務大臣の認可を受けなければならない。

□□ 20　通関業法第20条の規定に違反して，通関業者の信用又は品位を害するような行為をした通関業者の当該行為については，通関業者に対する監督処分の対象とされている。

□□ 21　通関業法第18条の規定により通関業者が営業所に掲示する料金表には，貨物の特性，取扱規模等の事情により料金に割増又は割引が生じる場合等についてはその適用がある旨を記載しなければならないが，料金の額に含まれない実費を別途請求する場合についてはその旨を記載することを要しないこととされている。

□□ 22　通関士は，正当な理由がなくて，通関業務に関して知り得た秘密を他に漏らし，又は盗用してはならないが，この「通関業務に関して知り得た秘密」とは，通関業務を行うに当たって依頼者の陳述又は文書等から知り得た事実で一般に知られておらず，かつ，知られないことにつき，依頼者又はその関係者に利益があると客観的に認められるものをいうこととされている。

15 ○ 通関業者は通関業務の料金の額を依頼者の見やすいように掲示しなければならない（18条）。そして，その料金表は，依頼者に対する透明性を確保する観点から，依頼者にとって分かりやすいものでなければならない（基本通達18－1）。

16 ○ 通関業法18条による料金表の様式及び掲示場所については，社会通念上妥当と考えられる方法により各通関業者が自由に定めることとして差し支えないこととされている（基本通達18－1）。

17 × 通関業者は，関連業務に関する書類については，通関士に審査をさせる義務はない。

18 ○ 通関業者は，通関業務（関連業務を含む。）に関する帳簿及び一定の書類を，帳簿にあってはその閉鎖の日から3年間，書類にあってはその作成の日から3年間保存しなければならない（業法22条1項，施行令8条3項）。通関業務（関連業務を含む。）に関し，依頼者から依頼を受けたことを証する書類はこれに該当する（施行令8条2項2号）。

19 × 通関業者が通関業以外の事業を営もうとするときは，12条の規定による届出（変更等の届出）が必要となる。しかし，財務大臣の認可を受ける義務は課せられていない。

20 ○ 財務大臣は，通関業者が通関業法の規定に違反したときは，通関業者に対し監督処分を行うことができる（34条1項1号）。

21 × 通関業法18条の規定により通関業者が営業所に掲示する料金表には，貨物の特性，取扱規模等の事情により料金に割増又は割引が生じる場合等についてはその適用がある旨を記載しなければならない。また料金の額に含まれない実費を別途請求する場合についてはその旨を記載しなければならない（基本通達18－1）。

22 ○ 通関士は，正当な理由なく，通関業務に関して知り得た秘密を他に漏らし，又は盗用してはならない（19条）。ここにいう「通関業務に関して知り得た秘密」とは，通関業務を行うに当たって依頼者の陳述又は文書等から知り得た事実で一般に知られておらず，かつ，知られないことにつき，依頼者又はその関係者に利益があると客観的に認められるものをいう（基本通達19－1(2)）。

□□ 23 通関士は，正当な理由がなくて，通関業務に関して知り得た秘密を他に漏らし，又は盗用してはならないが，依頼者の許諾がある場合は，この「正当な理由」があるときに該当することとされている。

□□ 24 通関士以外の通関業務の従業者は，正当な理由がなくて，通関業務に関して知り得た秘密を他に漏らし，又は盗用してはならない。

□□ 25 通関士は，その名義を他人に通関業務のため使用させてはならないが，通関士が自ら通関書類の審査を行うことなく他人に自己の記名をさせる場合は，この「その名義を他人に通関業務のため使用させる」ことに該当することとされている。

□□ 26 通関業者は，通関業務を行う営業所ごとに通関業務に関する帳簿を設け，当該帳簿を，当該帳簿に係る営業所の閉鎖の日後３年間保存しなければならない。

□□ 27 通関業者が保存しなければならない通関業務に関する書類については，電磁的記録により保存することができることとされている。

□□ 28 通関業務に関し，依頼者から受領した輸出申告に係る仕入書は，通関業者が保存しなければならない通関業務に関する書類に該当しない。

23 ○ 通関士は，正当な理由なく，通関業務に関して知り得た秘密を他に漏らし，又は盗用してはならない（19条）。依頼者の許諾がある場合は「正当な理由がある場合」に該当する（基本通達19－1(1)）。

24 ○ 通関業者（法人である場合には，その役員）は，正当な理由なく，通関業務に関して知り得た秘密を他に漏らし，又は盗用してはならない（19条）。守秘義務については，通関士その他の通関業務の従業者に対しても同様に課されている。

25 ○ 通関士は，その名義を他人に通関業務のために使用させてはならない（33条）。通関士が自ら通関書類の審査を行うことなく，他人に自己の記名をさせる場合は，この「その名義を他人に通関業務のために使用させる」ことに該当する（基本通達33－1）。

26 × 通関業者は，通関業務（関連業務を含む。）に関して帳簿を設け，その収入に関する事項を記載しなければならない。この帳簿については，その閉鎖の日後3年間保存しなければならない（22条1項，施行令8条3項）。営業所の閉鎖の日後ではない。

27 ○ 通関業者は，政令で定めるところにより，通関業務（関連業務を含む）に関して帳簿を設け，その収入に関する事項を記載するとともに，その取扱いに係る通関業務に関する書類を一定期間保存しなければならない（22条1項）。これらの通関業者が作成又は保存しなければならないこととされている帳簿及び書類は，電磁的記録により作成又は保存することができ，その取扱いについては，財務省の所管する法令の規定に基づく民間事業者等が行う書面の保存等における情報技術の利用に関する規則の規定によることとされている（基本通達22－2）。

28 ○ 通関業務に関し依頼者から受領した輸出申告に係る仕入書は保存義務のある通関業務に関する書類に該当しない（施行令8条2項参照）。

出題ポイント

通関業者等の義務

各義務（又は禁止行為）につき，**主体**及びその**内容**を問う問題が出題されている。**内容については，表現を含めて正確に把握**しておく必要がある。特に，「通関業に関する記帳，届出，報告等」については，細部まで押さえておく必要がある。

発展問題　通関業務の従業者の意義

問題　通関業者は，通関士その他の通関業務の従業者の氏名及びその異動を財務大臣に届け出なければならないこととされており，この「通関業務の従業者」とは，当該通関業者において通関業務に携わる従業者全員をいい，当該通関業者に所属しているものの通関業務に関与していない者は含まないこととされている。

解答　○

通関業者は，通関士その他の通関業務の従業者の氏名およびその異動を財務大臣に届け出なければならない（22条２項）。ここにいう「通関業務の従業者」とは，通関業者において通関業務に携わる従業者全員をいい，当該通関業者に所属しているものの通関業務に関与していない者（例えば経理事務のみを行う者）は含まれない（基本通達22－１(3)）。

ひっかけ注意 料金の掲示等

料金の掲示等については，以下の点に注意。

① **掲示義務**があるものは，通関業務及び関連業務の**料金の額のみ**。営業所の**責任者**，**専任の通関士**，**従業者の氏名**については，掲示は**不要**

② 依頼者に当該通関業務の料金の額を通知し，当該依頼者の同意を得なければならない旨の規定はない。

ひっかけ注意 守秘義務，対象となる業務等

通関業者等の義務については，受験者の誤答を誘う問題が多数出題されている。その主な点を以下に挙げるので，注意しておいてほしい。

① **通関業者等でなくなった後**であっても，**守秘義務**が課せられている。

② **料金の掲示義務**，**記帳・保存義務**，**報告義務**については，通関業者の営業の状況を踏まえ，通関業務のみでなく**関連業務も含めて**対象となっている。

③ **異動の届出**については**異動のつど**，**報告**については**年１回**，行う必要がある。

通関業法⑩ 通関士の設置・通関士の審査等

通関業法第13条，第14条

次の記述のうち，正しいものには○を，誤っているものには×をつけなさい。

1　通関業の許可の条件として当該許可に期限が付されている場合には，通関士の設置を要しない。

2　認定通関業者は，その通関業務を行う営業所に通関士を置くことを要しない。

3　通関士の設置を要する営業所にあっては，その取り扱う通関業務に係る貨物の数量及び種類並びに通関士の審査を要する通関書類の数，種類及び内容に応じて，必要な員数の通関士を置かなければならない。

4　通関業者は，その取り扱う貨物に係る通関業務の内容が簡易かつ定型化されていない場合であっても，当該貨物が特定の輸入者のものに限られているときは，当該貨物を取り扱う営業所に通関士の設置を要しない。

5　通関業者は，通関士を置くことを要しない営業所に通関士を置かない場合には通関業法第14条に規定する通関士の審査等の義務を負わないが，当該営業所に通関士を置いた場合には当該義務を負うこととなる。

6　通関業者は，通関業務を行う営業所の新設の許可に条件が付されていない場合には，当該営業所に専任の通関士を置かなければならない。

7　通関業者は，通関業務を行う営業所の新設の許可の条件として，その取り扱う通関手続に係る貨物がコンテナー及びその修理用部分品のみに限られている場合であっても，当該営業所に通関士を置かなければならない。

8　通関業者は，通関業務を行う営業所における通関業務の量からみて当該営業所に通関士を置く必要がないものとして財務大臣の承認を受けた場合には，当該営業所に通関士を置くことを要しない。

重要度：★★★

1 × 許可に期限が付されている場合でも，通関士設置義務は免除されない。貨物の種類の限定が付されている場合に，設置義務が免除される（13条）。

2 × 認定通関業者であっても通関士設置義務が免除されることはない。

3 ○ 通関業者は，通関業務を適正に行うため，原則として，その通関業務を行う営業所ごとに，通関業務に係る貨物の数量及び種類並びに通関書類の数，種類及び内容に応じて必要な員数の通関士を置かなければならない（13条，施行令5条）。

4 × 通関業者は，通関業の許可に貨物限定の条件が付されていない限り，通関士を設置しなければならない。取り扱う貨物が特定の輸入者に限られているか否かは関係ない（13条）。

5 ○ 通関業者は，通関士を置くことを要しない営業所に通関士を置いた場合には通関士の審査等の義務を負う（基本通達14－１）。

6 × 通関業務を行う営業所の新設の許可に条件が付されていない場合に，当該営業所に専任の通関士を置かなければならない旨の規定はない。

7 × 通関業者は，その営業所で取り扱う通関業務が，通関業の許可の条件として一定の種類の貨物のみに限られており，その内容が簡易で定型化されている場合には，通関士を置くことを要しない（13条ただし書）。コンテナー及びその修理用部分品の通関手続のみを行う場合は，これに該当する（基本通達13－１）。

8 × 通関業務を行う営業所における通関業務の量からみてその営業所に通関士を置く必要がないものとして財務大臣の承認を受けた場合に，その営業所に通関士を置くことを要しない旨の規定はない。

☑☑ 9　通関業者は，通関業務を行う営業所の新設の許可に条件が付されている場合には，当該営業所に通関士を置くことはできない。

次の書類のうち，通関士の審査及び記名を要するものには○を，要しないものには×をつけなさい。

☑☑ 10　輸入許可前貨物引取承認申請書

☑☑ 11　保税展示場における外国貨物の展示に係る承認の申告書

☑☑ 12　関税の納期限延長に係る申請書

☑☑ 13　関税修正申告書

☑☑ 14　延滞税免除申請書

☑☑ 15　見本持出許可申請書

☑☑ 16　指定地外検査許可申請書

☑☑ 17　滅却承認申請書

9 × 通関業務を行う営業所の新設の許可に条件が付されている場合に，その営業所に通関士を置くことができない旨の規定はない。

10 × 通関業者は，税関官署に提出する通関書類のうち，政令で定めるものについて，通関士に審査させ，かつ，これに記名させなければならない（14条）。本肢は審査等を要しない書類である（施行令6条参照）。

11 ○ 審査等を要する書類である（施行令6条1号）。

12 × 審査等を要しない書類である（施行令6条参照）。

13 ○ 審査等を要する書類である（施行令6条4号）。

14 × 審査等を要しない書類である（施行令6条参照）。

15 × 審査等を要しない書類である（施行令6条参照）。

16 × 審査等を要しない書類である（施行令6条参照）。

17 × 審査等を要しない書類である（施行令6条参照）。

出題ポイント

通関士の設置・通関士の審査等

いずれも，ほぼ毎年出題される分野である。**通関士の設置**については，その**要否についての正確な理解**が必要である。**通関士の審査等**については，**審査等が必要な通関書類**を覚えきってしまえばよい。

ひっかけ注意　審査等が必要な「通関書類」

テーマ１で学習した「通関業務」に関する書類（「**通関書類**」）の**全てが審査，記名の対象となっているわけではない**。例えば，**輸入許可前貨物引取承認申請書**は，「**通関書類**」ではあるが，審査，記名の対象ではない。なお，「**通関書類」でないもの**については，通関士の審査等は**不要**である。例えば，**外国貨物運送申告書**は，「通関書類」ではないので，通関士の審査等は**不要**である。関税率表の適用上の所属の教示に係る照会書，保税運送の申告書も通関士の審査等は不要である。これに対して，特定輸出者の承認の申請書，不服申立てに係る不服申立書，特例申告書は審査等の対象となっている。

また，通関業者は，通関士を設置する必要のない営業所に通関士を置いた場合（**任意設置の場合**）であっても，**通関士が通関業務に従事**する場合であるので，**審査等をさせる必要がある**ことにも，注意しておく必要がある。

MEMO

通関業法⑪ 通関業者の権利

通関業法第15条，第16条

次に掲げる更正をする場合のうち，通関業法第15条の規定により税関長が通関業者に対して意見を述べる機会を与える必要があるものには○を，ないものには×をつけなさい。

☐☐ 1　課税価格の相違に基因する関税の減額更正

☐☐ 2　関税率表の適用上の所属の相違に基因する関税の減額更正

☐☐ 3　暫定税率を適用すべきところ基本税率を適用したことに基因する関税の増額更正

☐☐ 4　計算の誤りに基因する関税の増額更正

☐☐ 5　減免税条項の適用上の解釈の相違に基因する関税の増額更正

☐☐ 6　外国通貨により表示された価格の本邦通貨への換算レートの適用の誤りに基因する関税の増額更正

☐☐ 7　税率の適用上の解釈の違いに基因する関税の減額更正

☐☐ 8　転記の誤りに基因する関税の増額更正

重要度：★★★

1　×　減額更正の場合には，意見を述べる機会を与える必要はない（15条）。税関長が通関業者に対して意見を述べる機会を与える必要があるのは，増額更正の場合である。

2　×　減額更正の場合には，意見を述べる機会を与える必要はない（15条）。

3　×　本肢は，客観的に明らかな誤りに基因する場合に該当し，増額更正であっても，意見を述べる機会を与える必要はない（15条ただし書）。

4　×　計算の誤り，転記の誤り等客観的に明らかな誤りに基因する場合は，増額更正であっても，意見を述べる機会を与える必要はない（15条ただし書）。

5　○　適用法令に関する解釈の相違に基因するものであり，意見を述べる機会を与える必要がある（15条）。

6　×　通貨換算上の誤り等客観的に明らかな誤りに基因する場合は，増額更正であっても，意見を述べる機会を与える必要はない（15条ただし書）。

7　×　減額更正の場合には，意見を述べる機会を与える必要はない（15条）。

8　×　計算又は転記の誤りその他これに類する客観的に明らかな誤りに基因する場合は，増額更正であっても，意見を述べる機会を与える必要はない（15条ただし書）。

次に掲げる貨物の検査のうち，通関業法第16条の規定に基づく検査の通知を要するものには○を，要しないものには×をつけなさい。

9 保税展示場に外国貨物を入れることの申告に係る貨物の検査

10 積戻し申告に係る貨物の検査

11 外国貨物を運送することの申告に係る貨物の検査

12 別送品の輸入申告に係る貨物の検査

13 保税工場外作業に出される貨物についての検査

14 関税法第67条（輸出又は輸入の許可）の規定に基づく検査

15 機用品積込申告に係る貨物の検査

16 犯則事件の調査に係る貨物の検査

17 保税工場に置く貨物の検査

9　○　税関長は，通関業者の行う通関手続に関し，税関職員に一定の検査をさせるときは，当該通関業者又はその従業者の立会いを求めるため，その旨を当該通関業者に通知しなければならない（16条，施行令7条）。保税展示場に入れる貨物の検査はこれに該当する。

10　○　積戻し貨物の検査については，通知を要する（施行令7条1号）。

11　×　通関手続に関するものではなく，通知は不要である（16条）。

12　○　通関手続に関するものであり，通知を要する（16条）。

13　×　通知は不要である（16条，施行令7条）。

14　○　関税法67条（輸出又は輸入の許可）の規定に基づく検査については通知を要する（16条）。

15　×　通知は不要である（16条，施行令7条）。

16　×　通知は不要である（16条，施行令7条）。

17　○　保税工場に置く貨物の検査については，通知を要する。

出 題
ポイント

通関業者の権利

「更正に関する意見の聴取」「検査の通知」について，その**要否を中心に出題**されている。語群選択式での出題可能性もあるので，表現についても正確に記憶しておく必要がある。「意見の聴取」については，通関業者に意見を述べる機会を与えるための条件についても押さえておこう。

ひっかけ注意　「減額」更正の場合

更正に関する意見の聴取については，「○○**に基因**する関税の××**更正**」という表現で，その要否が問われることが多い。更正が行われる原因を見る前に，**「減額」更正なら意見の聴取は不要**であることに着目しよう。**「増額」更正の場合のみ**，**「○○に基因」の部分を検討**するようにすれば，ミスを防ぐことができる。

【意見の聴取の機会が与えられない場合】

① 減額更正の場合

② 計算又は転記の誤りその他これに類する客観的に明らかな誤りに基因する増額更正である場合

! ひっかけ注意 検査の通知の方法

検査の通知については，通知の方法や通知を行う相手についても，出題されている。次の点に注意しておこう。

① 通知は，**口頭**又は書面のいずれでも差し支えない。

② **検査指定票の交付**をもってこれに**代えることができる**。

③ 通知は，**通関業者に対して**しなければならない。検査に係る通関書類の審査を行った**通関士に対して行うのではない**。

④ 検査の立会いを求めるための通知があった場合でも，通関業者又はその従業者は，立ち会わなければならないわけではない。また，検査の通知に対し，通関業者又はその従業者が立ち会わないときは，立会いのないまま検査を行って差し支えない。

⑤ 通知の対象となっている検査は次のものである。

(a) 輸出入貨物の検査

(b) 積戻し貨物の検査

(c) 保税蔵置場に置く貨物の検査

(d) 保税工場に置く貨物の検査

(e) 総合保税地域に置く貨物の検査

(f) 保税展示場に入れられる貨物の検査

通関業法⑫ 通関士の確認

通関業法第31条

通関業法第31条に規定する通関士の確認に関する次の記述のうち，正しいものには〇を，誤っているものには×をつけなさい。

1　通関士試験に合格した後，通関士として通関業務に従事することなく２年を経過した者については，財務大臣の確認を受けることができない。

2　偽りその他不正の行為により消費税の還付を受けたことにより通告処分を受けた者については，その通告の旨を履行した日から２年を経過したときは，通関士となることができる。

3　通関業法第35条第１項の規定により通関業務に従事することを停止された通関士であって，その処分を受けた日から２年を経過しないものは，確認を受けることができない。

4　関税法第110条（関税を免れる等の罪）の規定に該当する違反行為をした者であって，当該違反行為があった日から２年を経過しないものについては，確認を受けることができない。

5　通関業者は，他の通関業者の通関業務に従事する通関士について，当該他の通関業者の承諾がある場合であっても，財務大臣の確認を受け，当該他の通関業者における通関士と併任して，通関士という名称を用いてその通関業務に従事させることができない。

6　通関士試験に合格した者であっても，労働者派遣事業の適正な運営の確保及び派遣労働者の保護等に関する法律第2条に規定する派遣労働者については，通関士となることができない。

7　通関業者は，通関士としてその通関業務に従事させていた者であって現に通関士ではない者について，通関士という名称を用いてその通関業務に従事させようとする場合には，財務大臣の確認を受けることを要しない。

8　通関業者は，通関士試験に合格した者を通関士という名称を用いずに通関業務に従事させようとする場合であっても，通関業法第31条第１項の財務大臣の確認を受けなければならない。

重要度：★★★

1　×　通関士試験に合格した後，一定年数以内に確認を受けるべき旨の規定はない。

2　×　その通告の旨を履行した日から3年を経過したときは，通関士となることができる（31条2項1号，6条4号ロ）。2年ではない。

3　×　通関業務の停止又は通関業務に従事することを停止された者は，停止期間が経過すれば，通関士となることができる（31条2項3号）。

4　○　関税法に規定する一定の犯罪に該当する違反行為をした者で，違反行為があった日から2年を経過しないものは，通関士として財務大臣の確認を受けることができない（31条2項2号）。関税法110条はこれに該当する。

5　×　通関業者は，他の通関業者の通関業務に従事する通関士についても，財務大臣の確認を受け，通関士という名称を用いてその通関業務に従事させることができる。この場合，当該併任について異議がない旨の当該通関業者の承諾書を添付させて確認を行う（基本通達31－1(4)）。

6　×　通関士となる資格について本肢のような規定はない。

7　×　現に通関士でない者を通関士という名称を用いてその通関業務に従事させようとする場合には，通関業者は，財務大臣の確認を受ける必要がある（31条）。

8　×　財務大臣の確認を受ける必要があるのは，通関士という名称を用いて通関業務に従事させようとする場合である（31条1項）。

☑☑ 9　通関業者は，通関士を当該通関業者の他の営業所の通関士として異動させた場合には，改めて財務大臣の確認を受けることを要しない。

☑☑ 10　通関士試験に合格した者は，その合格後3年以内に，財務大臣に対し，通関士試験合格証書の写しを添付した届出書を提出して確認を受けなければならない。

☑☑ 11　通関業法第35条第1項に規定する通関士に対する懲戒処分により通関業務に従事することを停止された者であって，その停止の期間が経過しないものは，通関士となることができない。

☑☑ 12　港湾運送事業法に違反する行為をして罰金の刑に処せられた者であって，その刑の執行が終わった日から2年を経過しないものは，通関士となることができない。

出題ポイント

通関士の確認

確認の可否についての出題が多い。「**確認拒否事由**」について，「**欠格事由**」（通関業法④⑤）**と比較**して押さえておくことが重要である。また，確認の手続についても押さえておこう。

ひっかけ注意

確認が必要な場合

次の点に注意しておこう。

通関業者は，通関士試験合格者を**通関士という名称を用いて通関業務に従事**させようとするときは，財務大臣に**届け出て**，**確認**を受けなければならない。

（**通関士以外**の従業者として従事させようとするときは**確認不要**）

9 ○ 本肢の場合は，通関士の資格喪失事由に該当しないので，改めて財務大臣の確認を受けることを要しない（32条）。この場合，業法22条2項の届出（異動の届出）を要する（基本通達31－1(3)なお書）。

10 × 通関士試験に合格した者が本肢のような届出書を提出して財務大臣の確認を受けなければならない旨の規定はない。

11 ○ 通関士で通関業法35条1項の規定による懲戒処分によって通関業務への従業停止の処分を受けたものは，その停止期間中は，通関士となることができない（31条2項3号ロ）。

12 × 一定の事項に該当する者は，通関士となることができない（31条2項）。本肢はこれに該当しない。

! ひっかけ注意 確認拒否事由

「関税法に規定する一定の犯罪」を犯した場合については，2年を経過しない者と3年を経過しない者の両者にある。

→ 罰金刑，通告処分があれば3年

→ なければ2年

通関業法⑬ 通関士の資格の喪失

通関業法第32条

次に掲げる場合のうち，通関士がその資格を喪失するものには○を，しないものには×をつけなさい。

☑☑ 1　通関士が通関業務以外の業務を兼務することとなった場合

☑☑ 2　通関士が，通関業法第31条第１項の財務大臣の確認を受けた通関業者の通関業務に従事しないこととなったが，その旨の届出が財務大臣により受理されていない場合

☑☑ 3　通関士が営業所の所長となり，通関業務に従事しないこととなった場合

☑☑ 4　通関士が，通関業者の通関業務に従事しないこととなった場合であって，当該通関業者との雇用関係が継続される場合

☑☑ 5　通関士が関税法の規定に違反し，財務大臣による戒告処分を受けた場合

☑☑ 6　通関士が通関業法の規定に違反し，通関業務に従事することを１年間停止する旨の懲戒処分を受けた場合

☑☑ 7　通関士が，通関業法第35条第１項（通関士に対する懲戒処分）の規定により通関業務に従事することを禁止された場合

☑☑ 8　通関士が，関税法第111条第１項第１号（許可を受けないで輸出入する罪）の規定により通告処分を受けた場合

☑☑ 9　通関士が破産手続開始の決定を受けた場合

☑☑ 10　通関士が不正の手段によって通関士試験を受けたことにより合格の決定を取り消された場合

重要度：★★★

1 × 通関士が，通関業務以外の業務を兼務することは，資格喪失事由ではない（32条参照，基本通達32－1(2)ロ）。

2 ○ 通関士が，確認を受けた通関業者の通関業務に従事しないこととなったときは，その旨の届出が財務大臣により受理される前であっても，通関士としての資格を喪失する（32条1号）。

3 ○ 本肢は，確認を受けた通関業者の通関業務に従事しないこととなった場合であり，その資格を喪失する（32条1号）。

4 ○ 雇用関係が継続していても，確認を受けた通関業者の通関業務に従事しないこととなったときには，その資格を喪失する（32条1号）。

5 × 関税に関する法令の規定に違反して，戒告処分を受けることは，資格喪失事由に該当しない（32条参照）。

6 × 従業停止期間中，通関業務に従事することはできないが，資格を喪失することはない（32条）。

7 ○ 本肢は，通関士が，欠格事由の1つに該当するに至った場合であり，その資格を喪失する（32条2号，6条8号）。

8 ○ 本肢は，通関士が，欠格事由の1つに該当するに至った場合であり，その資格を喪失する（32条2号，6条4号イ）。

9 ○ 本肢は，通関士が，欠格事由の1つに該当するに至った場合であり，その資格を喪失する（32条2号，6条2号）。

10 ○ 本肢は，資格喪失事由である（32条3号）。

☑☑ 11 通関士が疾病により６ヵ月間通関業務に従事できなくなった場合

☑☑ 12 通関士が，疾病により３月間通関業務に従事することができなくなった場合には，その者がその職にあるときであっても，その通関士の資格を喪失する。

☑☑ 13 偽りその他不正の手段により通関業法第31条第１項の確認（通関業者が通関士試験に合格した者を通関士としてその通関業務に従事させようとする場合における財務大臣の確認）を受けたことが判明したことにより，通関士でなくなった者は，当該確認を受けた通関業者のその他の通関業務の従業者として通関業務に従事することはできない。

☑☑ 14 通関士が，通関業法第35条第１項の規定に基づく懲戒処分として戒告処分を受けた場合には，通関士でなくなる。

11 × 疾病により通関業務に従事できなくなっても，当該通関士がその職にある限りその資格を喪失することはない（基本通達32－1(2)）。

12 × 本肢の事由に該当する場合，その者がその職にあるときは，通関士の資格を喪失することはない（32条，基本通達32－1(2)）。

13 × 偽りその他不正の手段により確認を受けたことが判明した場合，その者は通関士でなくなる（32条4号）。しかし，一般従業者として通関業務に従事することは禁止されていない（基本通達32－1(1)）。

14 × 通関士が懲戒処分として戒告処分を受けることは通関士の資格喪失事由に該当しない（32条参照）。なお，通関士が，懲戒処分により通関業務に従事することを禁止されたときは，6条8号の欠格事由に該当することとなるので，通関士でなくなる。

出題ポイント

通関士の資格の喪失

事例に対して，**通関士が資格を失うこととなるか否かについての判断**を問う問題が多い。「**資格喪失事由**」を正確に記憶しておく必要があるが，「**欠格事由**」**が準用**されているので，これと関連付けておくことが大切である。また，資格喪失の効果にも注意しよう。

ひっかけ注意　「兼務」等の場合

① 「**確認を受けた通関業者の通関業務に従事しないこととなった**とき」には，**雇用関係が継続**される場合であっても，通関士はその**資格を喪失する**。

② 通関士が通関業務以外の業務を**兼務**することとなった場合には，**通関業務にも従事**することとなるので，通関士はその**資格を喪失しない**。

発展問題　「通関業者の通関業務に従事しないこととなったとき」の意義

問題 1　偽りその他不正の手段により通関業法第31条第１項の確認（通関業者が通関士試験に合格した者を通関士という名称を用いてその通関業務に従事させようとする場合における財務大臣の確認）を受けたことが判明した者は，通関士の資格を喪失し，通関士でなくなるとともに，通関士試験の合格の決定が取り消される。

解答　×

偽りその他不正の手段により通関業法31条１項の確認を受けたことが判明した場合，その者は通関士ではなくなる（32条４号，基本通達32－１(3)）。しかし，通関士試験の合格の決定が取り消されることはない（基本通達32－１(4)）。

問題 2　税関長は，不正の手段によって通関士試験を受けようとした者に対しては，その試験を受けることを禁止することができ，その禁止の処分を受けた者に対し，情状により３年以内の期間を定めて通関士試験を受けることができないものとすることができる。

解答　×

税関長は，不正の手段によって通関士試験を受け又は受けようとした者について，合格の決定を取り消し，又はその試験を受けることを禁止することができる。また，税関長は，その処分を受けた者に対し，情状により2年以内の期間を定めて通関士試験を受けることができないものとすることができる（29条1項，2項）。3年以内ではない。

問題3　通関士が通関業法の規定に違反する行為をして罰金の刑に処せられたときは，当該通関士は，通関士の資格を喪失し，通関士でなくなるとともに，通関士試験の合格の決定が取り消される。

解答　×

通関士が通関業法の規定に違反する行為をして罰金刑を受けたときは，その通関士は，通関士でなくなる（32条2号）。しかし，通関士試験の合格の決定が取り消されることはない（基本通達32－1(4)）。

問題4　通関士が関税法の規定に違反する行為をして禁錮以上の刑に処せられたときは，当該通関士は，通関士の資格を喪失し，通関士でなくなるとともに，通関士試験の合格の決定が取り消される。

解答　×

通関士が関税法の規定に違反する行為をして禁錮以上の刑に処せられたときは，当該通関士は，その通関士は，通関士でなくなる（32条2号）。しかし，通関士試験の合格の決定が取り消されることはない（基本通達32－1(4)）。

問題5　税関長は，不正の手段によって通関士試験の試験科目の免除を受けようとした者に対しては，通関士試験を受けることを禁止することができ，その禁止の処分を受けた者に対し，情状により2年以内の期間を定めて通関士試験を受けることができないものとすることができる。

解答　○

税関長は，不正の手段によって通関士試験の試験科目の免除を受けようとした者について，その試験を受けることを禁止することができる。また，税関長は，当該処分を受けた者に対し，情状により2年以内の期間を定めて通関士試験を受けることができないものとすることができる（29条1項，2項）。

通関業法⑭ 監督・懲戒処分・業務改善命令

通関業法第34条，第35条

次の記述のうち，正しいものには○を，誤っているものには×をつけなさい。

1　財務大臣は，通関業者でない者が通関業者という名称を使用した場合には，当該通関業者でない者に対して監督処分を行うことができる。

2　財務大臣は，通関業者が通関業法第３条第２項の規定により通関業の許可に付された条件に違反したときは，その通関業者に対し，１年以内の期間を定めて通関業務の全部若しくは一部の停止を命じ，又は許可の取消しをすることができる。

3　財務大臣は，法人である通関業者の役員に通関業者の信用を害するような行為があった場合において，その法人である通関業者の責めに帰すべき理由があるときには，その法人である通関業者に対し，監督処分をすることができる。

4　財務大臣は，通関士が通関業法の規定に違反したときは，その通関士に対し，戒告し，２年以内の期間を定めてその者が通関業務に従事することを停止し，又は３年間その者が通関業務に従事することを禁止することができる。

5　財務大臣は，通関士に対する懲戒処分として，通関士に対し，その者が通関業務に従事することを停止し，又は禁止することができることとされており，この「通関業務に従事することを停止し，又は禁止する」とは，通関士として通関業務に従事することを停止し，又は禁止することのほか，その他の通関業務の従業者として通関業務に従事することをも停止し，又は禁止することをいう。

6　財務大臣は，通関業者が通関業法の規定に違反したときは，１年以内の期間を定めて通関業務の一部の停止を命じることができる。

7　財務大臣は，認定通関業者の通関業務に従事する通関士に対して懲戒処分をするときは，当該認定通関業者に対しても監督処分をしなければならない。

重要度：★★★

1 × 通関業者でない者は，名称の使用制限の規定の適用を受ける（40条１項）。通関業者でない者に対して監督処分を行うことはできない。

2 ○ 財務大臣は，通関業者が通関業の許可に付された条件に違反したときは，その通関業者に対し，監督処分をすることができる（34条１項）。その内容は，通関業務の全部若しくは一部の停止（１年以内），又は許可取消し処分である（34条１項１号）。

3 ○ 法人である通関業者の役員に通関業者の信用を害するような行為があった場合は，その法人である通関業者の責めに帰すべき理由があるときに限り，監督処分をすることができる（34条１項２号）。

4 × 財務大臣は，通関士が通関業法の規定に違反した場合又は関税法その他関税に関する法令の規定に違反する行為を行った場合には，当該通関士を懲戒処分に付すことができる。懲戒処分の種類は，戒告，１年以内の通関業務への従業停止及び２年間の通関業務への従業禁止である（35条１項）。

5 ○ 財務大臣は，通関士に対する懲戒処分として，通関士に対し，その者が通関業務に従事することを停止し，又は禁止することができる（35条１項）。この場合，通関士として通関業務に従事することはもちろん，一般従業者としても，通関業務に従事することができない（基本通達35－１(1)）。

6 ○ 監督処分として，１年以内の期間を定め，通関業務の全部又は一部の停止を命じることができる（34条１項）。

7 × 通関士に対して懲戒処分をするときに，通関業者に対しても監督処分をしなければならないとする規定はない。認定通関業者の場合であっても同様である。

☑☑ 8 関税に関する法令の規定に違反して通関業務に従事することを停止された通関士は，当該停止の期間が終了した後２年間は通関士として通関業務に従事することができない。

☑☑ 9 財務大臣は，通関業者に対してその通関業務の全部の停止を命じた場合であっても，特にやむを得ない事情があると認められるときは，その処分を猶予することができる。

☑☑ 10 通関士が，通関士に対する懲戒処分として，通関業務に従事することを禁止された場合にあっては，当該通関士は，当該禁止の期間の経過後，改めて通関業法第31条第１項の確認（通関業者が通関士試験に合格した者を通関士という名称を用いてその通関業務に従事させようとする場合における財務大臣の確認）を受けることなく，通関士として通関業務に従事することができる。

☑☑ 11 通関業者が，関税法の規定に違反したときは，財務大臣は，その通関業者に対し監督処分をすることができることとされており，この「通関業者が関税法の規定に違反したとき」とは，法人である通関業者の代表者又は個人業者たる通関業者自らが違反した場合のほか，従業者等（通関業務に従事する者に限らず，他の業務に従事する者も含む。）が違反した場合で，その違反が通関業者の業務に関して行われ又はその結果が通関業者に帰属するものである場合をいう。

☑☑ 12 財務大臣は，通関業者に対し，その業務の運営の改善に必要な措置をとるべきことを命ずるときは，審査委員の意見を聴かなければならない。

☑☑ 13 通関士に対する懲戒処分として戒告の処分を受けた日から２年を経過しない者は，通関士となることができない。

☑☑ 14 財務大臣は，法人である通関業者の通関士につき，関税法の規定に違反する行為があった場合において，その通関業者の責めに帰すべき理由があるときは，その通関業者に対し，１年以内の期間を定めて通関業務の全部若しくは一部の停止を命じ，又は許可の取消しをすることができる。

8 × 当該通関士は，停止期間中，通関士として通関業務に従事することができない（35条１項）。停止期間が経過すれば，何ら手続を要せず直ちに通関士として通関業務に従事できる（基本通達35－１(2)）。

9 × 本肢のような処分の猶予についての取扱いはない。

10 × 通関士が懲戒処分により通関業務に従事することを禁止された場合，当該通関士は，その資格を喪失する（32条２号）。この場合，当該通関士が通関士として通関業務に従事するためには，改めて通関業法31条１項の確認を受けなければならない（基本通達35－１(2)）。

11 ○ 財務大臣は，通関業者が関税法その他関税に関する法令の規定に違反したときは，その通関業者に対し監督処分をすることができる（34条１項１号）。ここにいう通関業者が違反した場合とは，法人である通関業者の代表者または個人業者たる通関業者自らが違反した場合のほか，従業者等が違反した場合で，その違反が通関業者の業務に関して行われまたはその結果が通関業者に帰属する場合をいう（基本通達34－１(1)）。また，ここにいう従業者等とは，通関業務に従事する者に限らず，他の業務に従事する者も含む。

12 × 財務大臣は，適正な通関手続の確保，依頼者の保護等のために必要があると認めるときは，その必要の限度において，通関業者に対し，業務の運営の改善に必要な措置をとるべきことを命ずることができる（33条の２）。その際に，審査委員の意見を聴かなければならない旨の規定はない。

13 × 通関士が懲戒処分として戒告の処分を受けた場合に，その者がその処分を受けた日から２年間経過するまで通関士となることができない旨の規定はない。通関士が戒告処分を受けても，通関士の資格は喪失しない。

14 ○ 通関業者の役員，通関士その他の通関業務の従業者が，通関業法，通関業法に基づく命令若しくは関税法その他関税に関する法令の規定に違反する行為があった場合又は通関業者の信用を害する行為があった場合で，その通関業者の責めに帰すべき理由があるときは，財務大臣は，その通関業者に対し，１年以内の期間を定めて通関業務の全部若しくは一部の停止を命じ，又は許可の取消しをすることができる（34条１項２号）。

出題ポイント

監督・懲戒処分

監督・懲戒処分の**要件と効果**について出題されている。**監督処分**については，**通関業者以外の者の違反行為**等の場合に，**懲戒処分**については，**処分を受けた場合の効果**について，特に気をつけておく必要がある。

！ひっかけ注意　資格喪失事由との関係等

① **資格喪失事由との関係**

戒告処分
従業**停止**処分 }→**通関士の資格は喪失しない**

従業**禁止**処分→**通関士の資格を喪失**

② **停止・禁止の期間中の通関業務**

停止・禁止の期間中は，**通関士としてのみならず，その他の従業者として通関業務に従事することをも**停止・禁止される（通関士として通関業務に従事することを停止・禁止された場合は，当該通関士は，その他の従業者として通関業務に従事することはできない）。

発展問題　消滅の際進行中の通関手続の処理

問題　通関業者が通関業法第34条（通関業者に対する監督処分）の規定により通関業の許可を取り消された場合であっても，現に進行中の通関手続があるときは，当該手続については，当該許可を受けていた者が引き続き当該許可を受けているものとみなされる。

解答　×

通関業の許可が消滅する際に，現に進行中の通関手続がある場合は，その手続についてはその許可を受けていた者が引き続き通関業者とみなされる（業法10条3項）。しかし，取消処分の際に，現に進行中の通関手続がある場合は，これを直ちに依頼者に返すか，または他の通関業者に引き継がなければならない。通関業法10条3項の規定は，11条（許可の取消し）もしくは34条（監督処分）の許可の取消しまたは許可の条件として付された期限の経過の場合には適用しない（業法基本通達10－１)。

 ひっかけ注意 **従業停止と禁止の相違**

従業停止処分―期間経過後は，何ら手続を必要とすることなく，通関士として業務を再開することができる。

従業禁止処分―期間が経過した後改めて確認を受ける必要がある。

通関業法 ⑮

監督・懲戒処分の手続

通関業法第36条，第37条

次の記述のうち，正しいものには○を，誤っているものには×をつけなさい。

☑☑ 1　財務大臣は，通関業者に対する監督処分をしようとするときは審査委員の意見を，通関士に対する懲戒処分をしようとするときは当該通関士がその業務に従事する通関業者の意見を，それぞれ聴かなければならない。

☑☑ 2　財務大臣は，通関業者の従業者が行った違反行為により当該通関業者に対し監督処分をしようとするときは，当該違反行為を行った従業者の意見を聴かなければならない。

☑☑ 3　財務大臣は，通関士に対して懲戒処分をするときは，その理由を付記した書面により，通関士及び当該通関士がその業務に従事する通関業者に通知しなければならない。

☑☑ 4　財務大臣は，認定通関業者に対して監督処分をするときは，あらかじめその旨を公告しなければならない。

☑☑ 5　財務大臣は，通関業者に対する監督処分をしたとき又は通関士に対する懲戒処分をしたときは，遅滞なくその旨を公告しなければならない。

☑☑ 6　通関業者に監督処分の事由となるべき法令違反の事実があったものとして，財務大臣に対しその事実を申し出て適当な措置をとるべきことを求めることができるのは，当該通関業者に通関手続の代理を依頼した者に限られる。

☑☑ 7　財務大臣は通関士に対し懲戒処分を行おうとするときは，その理由を口頭で処分を受ける者に通知しなければならない。

☑☑ 8　財務大臣は，認定通関業者の通関業務に従事する通関士に対して懲戒処分をするときは，当該通関士にその理由を通知しなければならない。

重要度：★★☆

1　○　財務大臣は，監督処分をしようとするときは，審査委員の意見を，懲戒処分をしようとするときは，当該通関士がその業務に従事する通関業者の意見を，それぞれ聴かなければならない（37条1項）。

2　×　当該違反行為を行った従業者の意見聴取は必要とされていない。審査委員の意見を聴く必要がある（37条1項）。

3　×　財務大臣は，処分を行ったときは，当該処分を受ける者（通関士）に通知する（37条2項）。通関業者に通知する必要はない。

4　×　あらかじめ公告しなければならないとする規定はない。財務大臣は，監督処分を行ったとき，遅滞なく，その旨を公告する（34条2項）。

5　○　財務大臣は，監督処分をしたときは，遅滞なくその旨を公告しなければならない（34条2項）。また，懲戒処分をしたときも，遅滞なくその旨を公告しなければならない（35条2項）。

6　×　何人も，通関業者又は通関士に違反行為等の事実があると認める場合には，財務大臣に対し，その事実を申し出て，適当な措置をとるべきことを求めることができる（36条）。当該通関業者に通関手続の代理を依頼した者に限られない。

7　×　懲戒処分を行おうとするときはその理由を付記した書面により，処分を受ける者に通知することとされている（37条2項）。

8　○　財務大臣は，通関業者の通関業務に従事する通関士に対して懲戒処分をするときは，通関業者を経由してその通関士にその理由を通知しなければならない（37条2項）。認定通関業者の場合も同様である。

出題ポイント

監督・懲戒処分の手続

監督・懲戒処分の際の手続について出題されている。「**処分の際に誰の意見を聴く必要があるか**」についてよく問われているので，これを中心に各手続をまとめておくとよい。

ひっかけ注意　審査委員の意見等

① **懲戒処分**について，**審査委員の意見ではなく通関業者の意見**を聴かなければならないことに特に注意。

- **監督処分→審査委員の意見**
- **懲戒処分→**業務に従事する**通関業者の意見**

② それぞれの**処分を通知する相手**についても気をつけておこう。

- **監督処分→通関業者に通知**
- **懲戒処分→通関士に通知**

MEMO

通関業法⑯

罰則・両罰規定

通関業法第41条～第45条

次の記述のうち，正しいものには○を，誤っているものには×をつけなさい。

1　偽りその他不正の手段により通関業法第８条第１項に規定する営業所の許可を受けた者は，懲役又は罰金の刑に処せられることがある。

2　通関士がその名義を他人に通関業務のため使用させた場合は，罰金の刑に処せられることがある。

3　通関業者でない者が，通関業法第40条第１項の規定に違反して，通関業者という名称を使用したときは，その使用した者が同法の規定に基づき罰金に処せられることがあるが，この罪は告訴がなければ公訴を提起することができない。

4　通関業法第20条の規定に違反して通関業者の信用を害する行為をした者は，罰金の刑に処せられることがある。

5　不正の手段によって通関士試験に合格した者は，その合格の決定を取り消されるほか，罰金の刑に処せられることがある。

6　通関業法第22条第１項の規定に違反して，通関業務及び関連業務に関して設けられた帳簿に，その収入に関する事項を記載せず，又は虚偽の記載をした者は，同法の規定に基づき罰金刑に処せられることがある。

7　偽りその他不正の手段により通関業の許可を受けた者は，１年以下の懲役又は100万円以下の罰金に処せられることがある。

次に掲げる通関業法上の罪のうち，同法第45条の規定（罪となる行為をした者のほか，その者が属する法人について罰金刑を科す規定）の対象とされているものに○，いないものに×を付けなさい。

8　通関業法第17条（名義貸しの禁止）の規定に違反して通関業者がその名義を他人に使用させる罪

重要度：★★☆

1　〇　本肢の場合は，1年以下の懲役又は100万円以下の罰金の刑に処せられることがある（41条1項1号）。

2　〇　通関士の名義を他人に通関業務のために使用させた者は，30万円以下の罰金の刑に処せられることがある（44条2号）。

3　×　通関業者でない者が通関業者という名称を使用した場合は，30万円以下の罰金の刑に処せられることがある（44条3号）。しかし，この罪は親告罪ではない。

4　×　通関業者の信用を害する行為をした者について，懲役又は罰金の刑に処せられることがある旨の規定はない。

5　×　その合格の決定を取り消されるほか，2年以内の期間を定めて受験禁止の処分がなされる（29条1項，2項）。罰金の刑に処せられる旨の規定はない。

6　×　通関業法第22条第1項の規定に違反して，通関業務及び関連業務に関して設けられた帳簿に，その収入に関する事項を記載せず，又は虚偽の記載をした者を罰金刑に処す規定はない。

7　〇　本肢の場合，1年以下の懲役又は100万円以下の罰金に処せられることがある（41条1項1号）。

8　〇　通関業者の名義貸し（17条）には，両罰規定が適用される（45条，44条1号）。

☑☑ 9　通関業法第33条（名義貸しの禁止）の規定に違反して通関士がその名義を他人に使用させる罪

☑☑ 10　通関業法第35条第１項（通関士に対する懲戒処分）の規定による通関業務に従事することの停止の処分に違反して通関業務に従事する罪

☑☑ 11　通関業法第38条１項（報告の徴収等）の規定による報告をせず，若しくは偽りの報告をし，若しくは職員の質問に答弁せず，若しくは偽りの答弁をし，又は検査を拒み，妨げ，若しくは忌避した罪

出題ポイント

罰則・両罰規定

平成18年以降，罰則又は両罰規定からも例年出題されるようになっている。罰則は準備がしにくいが，出題されたものを中心にある程度まで押さえよう。両罰規定については，「適用されない場合」の代表的な例を覚えておくとよい。

ひっかけ注意　「名義貸し」と両罰規定の適用

名義貸しの禁止の規定に違反してその名義を他人に使用させた罪については，次の点について注意しておくとよい。通関士試験において，条文の番号により両者を区別する必要のある問題が出題されている。通常は覚える必要はないが，両者については覚えておいたほうがよい。

通関業者の名義貸し（**17条**）→ 両罰規定が**適用される**
通関士の名義貸し（**33条**）→ 両罰規定は**適用されない**

9 ✕ 通関士の名義貸し（33条）には両罰規定は適用されない（45条においては，44条２号の適用が除外されている）。

10 ✕ 両罰規定は適用されない（45条においては，42条２号の適用が除外されている）。

11 ○ 本肢の罪は両罰規定が適用される罪である（45条，43条２号）。

発展問題 親告罪

問題 通関業者が，正当な理由がなくて，通関業務に関して知り得た秘密を盗用した場合であっても，告訴がなければ公訴を提起することができない。

解答 ○

通関業者及び通関士その他の通関業務の従業者で，通関業務に関して知り得た秘密を他に漏らし，または盗用した者は，１年以下の懲役または100万円以下の罰金に処せられることがある（業法41条１項３号）。ただし，この罰則は被害者からの告訴を待って適用される（業法41条２項）。

発展問題 両罰規定

問題 法人である通関業者の従業員が，その法人の業務に関し，偽りその他不正の手段により通関業法第31条第１項（確認）に規定する財務大臣の確認を受けたときは，当該従業員が罰せられることがあるほか，当該法人についても罰金刑が科されることがある。

解答 ○

通関業法において規定する罰則のうち，特定の罪については，その行為者を罰するほか，その法人等（業務主）に対して，罰金刑を科することとされている（業法45条）。偽りその他不正の手段により通関士の確認を受ける罪（業法42条１号）はこれに該当する。

第2章

関税法

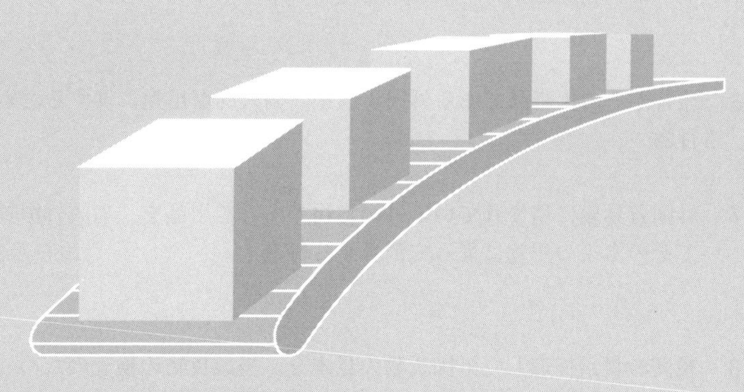

関税法① 定義①

関税法第２条

次の行為のうち，関税法上の輸入に該当するもの又は輸入とみなされるものには○を，いずれでもないものには×をつけなさい。

☑☑ 1　輸出の許可を受けて保税地域に蔵置されている貨物を本邦に引き取る行為

☑☑ 2　保税工場において関税法により認められたところに従って外国貨物である原料を保税作業に使用する行為

☑☑ 3　外国の船舶により公海で採捕された水産物を本邦に引き取る行為

☑☑ 4　保税展示場において観覧者が外国貨物である酒類を試飲する行為

☑☑ 5　保税蔵置場において外国貨物に簡単な加工を行う行為

☑☑ 6　旅客がその携帯品である外国貨物を，個人的な用途に供するために消費する行為

☑☑ 7　外国貿易船に積まれている外国貨物である船用品を，当該外国貿易船においてその本来の用途に従って消費する行為

☑☑ 8　税関職員が採取した外国貨物の見本を，当該貨物の検査のために消費する行為

重要度：★★★

1　○　輸入の対象となる貨物は外国貨物である。輸出の許可を受けた貨物は外国貨物であるので（2条1項3号），これを本邦に引き取る行為は輸入に該当する（2条1項1号）。

2　×　保税地域において関税法により認められたところに従って外国貨物が使用され，又は消費される場合は，輸入とはみなされない（2条3項，施行令1条の2）。本肢はこれに該当する。

3　○　輸入の対象となる貨物は，外国貨物である。外国の船舶により公海で採捕された水産物は，厳密には外国から本邦に到着した貨物ではないが，当該水産物を本邦に引き取ることは，経済的には一般の外国からの貨物を本邦に引き取ることと差異はないので，外国貨物として，これを輸入の対象としている。

4　○　外国貨物が輸入される前に本邦において使用され，又は消費される場合には，その使用し，又は消費する者がその使用又は消費のときに当該外国貨物を輸入するものとみなす（2条3項）。本肢はこれに該当する。

5　×　保税地域において関税法により認められたところに従って外国貨物が使用され，又は消費される場合は，例外として輸入とはみなされない（2条3項かっこ書，施行令1条の2）。本肢の行為はこれに該当する。

6　×　本肢の行為は，みなし輸入の例外に該当し，輸入とはみなされない（2条3項かっこ書，施行令1条の2第2号）。

7　×　外国貨物である船用品を本来の目的に従って消費する行為は，みなし輸入の例外に該当し，輸入とみなされない（2条3項かっこ書，施行令1条の2第1号）。

8　×　本肢の行為は，みなし輸入の例外に該当し，輸入とみなされない（2条3項かっこ書，施行令1条の2第3号）。

☑☑ 9　本邦の船舶により外国の排他的経済水域の海域で採捕された水産物を本邦に引き取る行為

☑☑ 10　外国貿易船に船用品として積み込んだ内国貨物を当該外国貿易船で使用しないこととなったため，本邦に引き取る行為

☑☑ 11　保税蔵置場に蔵置されている外国貨物の所有者が当該保税蔵置場内で当該外国貨物の一部を分析のための見本として消費する行為

☑☑ 12　保税地域に蔵置されている外国貨物の輸入申告の前に，通関業者が当該貨物の関税定率法別表の適用上の所属区分を確認するため，当該保税地域において当該貨物を消費する行為

次の貨物のうち，関税法上，外国貨物とされるものには○を，その他のものには×をつけなさい。

☑☑ 13　輸入の許可を受けた貨物で，保税蔵置場から引き取られる前のもの

☑☑ 14　輸出の許可を受けた貨物及び外国から本邦に到着した貨物（外国の船舶により公海で採捕された水産物を含む。）で輸入が許可される前のもの

☑☑ 15　本邦の船舶により公海で採捕された水産物で，当該船舶により本邦に運送されたもの

9 × 本邦の船舶が外国の排他的経済水域の海域で採捕した水産物は内国貨物である。内国貨物を本邦に引き取ることは，輸入に該当しない。輸入とは，外国から本邦に到着した貨物（外国の船舶により公海で採捕された水産物を含む。）又は輸出の許可を受けた貨物（外国貨物）を本邦に（保税地域を経由するものについては，保税地域を経て本邦に）引き取ることをいう（2条1項1号）。

10 × 内国貨物の引き取りであり，輸入に該当しない。9の解説参照。

11 ○ 外国貨物が輸入される前に本邦において使用され，又は消費される場合には，その使用し，又は消費する者がその使用又は消費の時に当該貨物を輸入するものとみなされる（2条3項）。本肢はこれに該当する。税関職員その他の公務員が権限に基づいて採取した外国貨物である見本等をその権限に基づいて使用し，又は消費する場合と異なることに注意。

12 ○ 本肢の行為は外国貨物が輸入される前に本邦において使用され，又は消費される場合に該当し，みなし輸入にあたる（2条3項）。例外（2条3項かっこ書，施行令1条の2）にはあたらない。

13 × 外国貨物とは，次のものをいう。①輸出の許可を受けた貨物，②外国から本邦に到着した貨物（外国の船舶により公海で採捕された水産物を含む。）で輸入が許可される前のもの。輸入の許可を受けた貨物は，内国貨物である。

14 ○ 外国貨物とは，輸出の許可を受けた貨物及び外国から本邦に到着した貨物（外国船舶により公海で採捕された水産物を含む。）で輸入が許可される前のものをいう（2条1項3号）。

15 × 本邦にある貨物で外国貨物でないもの及び本邦の船舶により公海で採捕された水産物は，「内国貨物」である（2条1項4号）。

次の貨物のうち，「輸出」に該当するものには○を，その他のものには×をつけなさい。

☑☑ 16　内国貨物を外国に向けて送り出す行為

☑☑ 17　本邦の船舶により公海で採捕された水産物を洋上から直接外国に向けて送り出す行為

16 ○ 輸出とは，内国貨物を外国に向けて送り出すことをいう（２条１項２号）。

17 ○ 本邦の船舶により公海で採捕された水産物は内国貨物である。内国貨物を洋上から直接外国に向けて送り出す行為は輸出に該当する（２条１項２号，４号）。本邦の船舶により公海で採捕された水産物を輸出の対象にしたのは，輸入の場合と同様，輸出の持つ経済的効果を考慮したものである。

関税法 ②

定義②

関税法第74条，第75条等

次の貨物のうち，関税法上，外国貨物とされるものには○を，その他のものには×をつけなさい。

☑☑ 1　積戻し申告された貨物で，積戻しの許可を受ける前のもの

☑☑ 2　関税法第76条第5項（郵便物の輸出入の簡易手続）の規定により通知された郵便物

☑☑ 3　輸出申告を行いその許可がされる前の貨物

☑☑ 4　本邦に到着した貨物で，輸入の許可を受ける前に刑事訴訟法の規定により没収が執行された貨物

次の貨物のうち，「輸出」に該当するものには○を，その他のものには×をつけなさい。

☑☑ 5　仮に陸揚げした貨物を外国に向けて送り出す行為

☑☑ 6　本邦の船舶以外の船舶により外国の排他的経済水域の海域で採捕された水産物を当該船舶から他の国に向けて送り出すことは，関税定率法第2条に規定する「輸出」に該当する。

重要度：★★★

1　○　積戻しとは，外国貨物を外国貨物のまま外国に送り出すことである（75条）。したがって，本肢の貨物は外国貨物である。

2　○　郵便物は，名宛人に交付されるまでは外国貨物である（74条）。本肢の郵便物は，交付が行われていないので，外国貨物である。

3　×　輸出申告を行いその許可がされる前の貨物は，内国貨物である（2条1項4号，3号）。

4　×　刑事訴訟法の規定により売却され，没収が執行され，若しくは国庫に帰属した外国貨物は，みなし内国貨物である（74条）。

5　×　仮陸揚貨物は外国貨物であるので，輸出に該当しない（21条）。

6　○　関税定率法では，「輸出」とは，関税法2条1項2号に規定する行為のほか，貨物を特定の国から他の国に向けて送り出すことを意味するとされている。ここでいう「特定の国」には，公海並びに本邦の排他的経済水域の海域及び外国の排他的経済水域の海域で採捕された水産物については，これを採捕したその国の船舶を含むこととされている（定率法2条）。

出題ポイント

定　義

輸入，輸出，外国貨物，内国貨物の定義を中心として，ほぼ毎年出題されている。「**外国貨物**」の**定義を確実に**した上で，主要な用語について**原則と例外を意識**して押さえておく必要がある。

発展問題　特殊船舶

問題 本邦と外国との間を往来する外国の軍艦及び軍用機は，関税法第15条の3第1項に規定する「特殊船舶等」に該当する。

解答 ×

特殊船舶等とは，本邦と外国との間を往来する船舶又は航空機で外国貿易船又は外国貿易機以外のものをいう。ただし，公用船，公用機その他の船舶又は航空機のうち政令で定めるものは除かれている。そして，政令で定めるものとは，外国の軍艦及び軍用機，海上における保安取締り及び海難救助に従事する公用船及び公用機並びに自衛隊の船舶及び航空機とされている（関税法15条の3第1項，施行令13条の3）。

発展問題　「輸出」の具体的時期

問題 関税法第2条第1項第2号に規定する「輸出」の具体的な時期は，外国に仕向けられた船舶等に外国に向けて貨物を積み込んだときである。

解答 ○

関税法第2条第1項第2号に規定する「輸出」の具体的な時期は，外国に仕向けられた船舶等に外国に向けて貨物を積み込んだときである（基本通達2－5）。

ひっかけ注意 **「みなし輸入」の原則と例外**

① **外国貿易船**に積まれている外国貨物である**船用品**を当該船舶において**本来の用途**に従って使用・消費する場合には，輸入とみなさない。しかし，「**本邦の領海内**において，**沿海通航船**が外国貿易船から外国貨物である**船用品の供給を受ける**行為」は，輸入に該当する。**沿海通航船**は**外国貿易船のように特別扱いがされない**ので，単に「**外国貨物を本邦に引き取る行為**」と判断する。

② 「**保税蔵置場**に置かれている外国貨物の一部を，**所有者**又は**認定通関業者**が**分析のための見本**として**消費**する行為」は，原則通り**輸入とみなされる**。**税関職員**又は**公務員**が**権限に基づいて**行う場合**ではない**からである。

関税法③ 輸入通関①（輸入申告・検査①）

関税法第67条等

次の記述のうち，正しいものには○を，誤っているものには×をつけなさい。

☑☑ 1　輸出の許可を受けた貨物を外国貿易船に積み込む前に国内に引き取る場合には，輸入申告を要しない。

☑☑ 2　税関長の承認を受けて船用品として外国貿易船に積み込んだ内国貨物を，当該外国貿易船で使用しないこととなったため，本邦に引き取る場合には，輸入申告を要しない。

☑☑ 3　保税工場における保税作業に外国貨物と内国貨物とを使用した場合において，これによってできた製品を当該保税工場から本邦に引き取るときは，関税法第67条（輸出又は輸入の許可）の規定に基づく輸入申告をすることを要しない。

☑☑ 4　輸出の許可を受けた貨物の全部について，外国に向けて送り出すことが取り止めになり，当該貨物の全部を本邦に引き取る場合は，関税法に基づく輸入の手続を要する。

☑☑ 5　貨物を輸入しようとする者が輸入申告と併せて納税申告を行った場合において，その輸入の許可までに，これらの申告の撤回を申し出たときは，その理由の内容にかかわらず，これらの申告の撤回が認められる。

☑☑ 6　絶滅のおそれのある野生動植物の種の国際取引に関する条約（ワシントン条約）の附属書に掲げる種に該当する動植物及びその派生物については，輸入申告を行うことができる税関官署が制限されている。

☑☑ 7　コンテナーに関する通関条約の適用を受けて免税輸入するコンテナー修理用部分品の輸入申告は，積卸コンテナー一覧表により行うことができる。

1 × 輸出の許可を受けた貨物は外国貨物である。外国貨物を国内に引き取る場合には，輸入申告が必要である（67条，2条1項3号・1号）。

2 ○ 本肢の貨物は内国貨物であるので，これを本邦に引き取る場合，輸入申告を要しない（67条，2条1項1号）。

3 × 保税工場における保税作業に外国貨物と内国貨物とを使用した場合，これによってできた製品は，外国貨物とみなされる。したがって，当該製品を本邦に引き取る場合には，輸入申告をすることを要する（59条1項，67条）。

4 ○ 輸出の許可を受けた貨物は，外国貨物である。したがってこれを本邦に引き取る場合は，輸入の手続が必要である（67条，2条1項1号，3号）。

5 × 貨物を輸入しようとする者が輸入申告と併せて納税申告を行った場合において，輸入の許可までに，これらの申告の撤回を申し出たときは，輸入申告後に貨物を積戻す必要が生じた場合，保税運送をする必要が生じた場合などに限り，これらの申告の撤回が認められる（基本通達7－7）。理由の内容にかかわらず認められるわけではない。

6 ○ 財務大臣が指定する税関官署の長に対してのみ行うことができる（107条，施行令92条3項3号）。

7 × コンテナー修理用部分品については，コンテナー自体の輸入と異なり，積卸コンテナー一覧表により行うことはできない（コンテナー通関条約2条，コンテナー特例法施行令3条）。輸入申告に際して当該部分品の品名及び数量等を記載した書面を税関長に提出する。

☑☑ 8 外国貿易船に積み込んだ状態で輸入申告をすることが必要な貨物を輸入しようとする者は，税関長の承認を受けて，当該外国貿易船の係留場所を所轄する税関長に対して輸入申告をすることができる。

☑☑ 9 貨物を輸入しようとする者は，輸入の許可を受けるためにその輸入申告に係る貨物を入れる保税地域等（保税地域又は税関長が保税地域に置くことが困難若しくは著しく不適当であると認め期間及び場所を指定して保税地域以外の場所に置くことを許可した貨物に係る当該場所）に当該貨物を入れる前に輸入申告を行い，当該貨物を当該保税地域等に入れた後に輸入の許可を受けなければならないこととされている。

☑☑ 10 保税展示場に入れられた外国貨物であって当該保税展示場内で販売されたものを本邦に引き取ろうとする場合には，その販売につきあらかじめ税関長の承認を受けているときは，輸入申告を要しない。

☑☑ 11 輸入貨物の品質保持を目的としてコンテナーに入れて輸入される温度記録計であって，反復使用に適することが明らかなものについては，当該輸入貨物の包装材料に当たるものとして，輸入（納税）申告書の一の欄に輸入貨物と一体に記載することにより，輸入申告を行うことが認められている。

☑☑ 12 保税蔵置場に置くことの承認の際に税関の検査を受けた外国貨物については，輸入申告の際に税関の検査を受けることを要しない。

☑☑ 13 税関職員は，信書を含めすべての郵便物について必要な検査を行う。

☑☑ 14 本邦に本店又は主たる事務所を有しない法人が輸入申告を行おうとする場合には，通関業者を税関事務管理人として定め，当該輸入申告に係る税関長にその旨を届け出なければならないこととされている。

8　○　外国貿易船に積み込んだ状態で輸入申告をすることが必要な貨物を輸入しようとする者は，税関長の承認を受けて，保税地域に搬入することなく，外国貿易船の係留場所を所轄する税関長に対して輸入申告をすることができる（67条の2第2項）。

9　×　貨物を輸入しようとする者は，あらかじめ税関長の承認を受けた場合等の例外を除き，輸入の許可を受けるためにその申告に係る貨物を保税地域等に入れた後に輸入申告を行わなければならない（67条の2第3項）。貨物を入れる前に輸入申告を行うこととされているわけではない。

10　×　保税展示場に入れられた外国貨物が保税展示場内で販売された場合には，その販売が輸入とみなされるので（62条の4第2項），輸入申告をしなければならない。

11　×　輸入貨物の品質保持を目的としてコンテナーに入れて輸入される温度記録計であって，反復使用に適することが明らかなものについては，当該輸入貨物の包装材料には当たらない。したがって，輸入（納税）申告書の一の欄に輸入貨物と一体として記載し，輸入申告を行うことは認められていない（通則5(b)）。

12　×　輸入申告された貨物については，税関により必要な検査が行われる。保税蔵置場に置くことの承認の際に税関の検査を受けた外国貨物についても，輸入申告の際に税関の検査を受けることが必要である（67条，基本通達67－3－8～14）。

13　×　税関職員は，郵便物中にある信書以外のものについて検査を行う（76条1項ただし書）。

14　×　本邦に本店又は主たる事務所を有しない法人が本邦において，業として貨物を輸入し又は輸出するため，税関関係手続等を行う場合には，税関事務管理人を選任しなければならない（95条）。税関事務管理人は，本邦に住所又は居所（法人にあっては，本店又は主たる事業所）を有する者で，当該税関関係手続等の処理につき便宜を有するもののうちから選任しなければならないこととされている。しかし，通関業者を税関事務管理人として定めなければならない旨の規定はない（95条2項，施行令84条1項参照）。

☑☑ 15 はしけに積み込んだ状態で輸入申告をすることが必要な貨物を輸入しようとする者は，税関長の承認を受けて，当該はしけの係留場所を所轄する税関長に対して輸入申告をすることができる。

☑☑ 16 貨物を業として輸入する者は，輸入申告を行って輸入の許可を受けた場合に，当該輸入申告に係る貨物の仕入書を税関長に提出したときは，当該仕入書の写しを関税関係書類として保存することを要しない。

☑☑ 17 輸入貨物に係る帳簿のうち，その貨物の輸入予定地を所轄する税関長の承認を受けることなく，自己が最初の記録段階から一貫して電子計算機を使用して作成し，電磁的記録により備付け及び保存をしているものは，関税関係帳簿に該当することはない。

15 ○ 貨物を輸入しようとする者は，原則として，輸入の許可を受けるために当該貨物を保税地域等に搬入した後に当該保税地域等の所在地を所轄する税関長に対して輸入申告をしなければならない（67条の２第１項，３項）。
ただし，申告に係る貨物の外国貿易船に対する積卸しの際，当該貨物を他の貨物と混載することなくはしけに積み込み，その状態で検査及び許可を受けようとする場合において，当該貨物の性質，形状及び積付けの状況が検査を行うのに支障がなく，かつ，当該貨物を保税地域等に入れることが不適当と認められるときは，税関長の承認を受けることによって保税地域等に搬入せずに申告することができる（67条の２第２項，３項１号，施行令59条の４，59条の５）。この場合の輸入申告は，外国貿易船の係留場所を所轄する税関長に対してすることができる（67条の２第２項）。

16 ○ 関税関係書類の保存についての正しい記述である（68条，94条１項）。

17 × 本肢の輸入貨物に係る帳簿は，関税関係帳簿に該当する（94条の２）。

関税法④ 輸入通関②（輸入申告・検査②）

関税法第67条，第67条の2

次の記述のうち，正しいものには○を，誤っているものには×をつけなさい。

☑☑ 1　保税地域にある外国貨物を見本として一時持ち出そうとする場合は，輸入（納税）申告をしなければならない。

☑☑ 2　関税法施行令第59条の４第１項第１号（本船扱い）の規定により，輸入貨物を外国貿易船に積み込んだ状態で輸入申告することにつき税関長の承認を受けたときは，当該貨物についての関税法第67条（輸出又は輸入の許可）の検査は省略される。

☑☑ 3　貨物を外国貿易船に積み込んだ状態で輸入申告をすることにつき税関長の承認を受けた場合における輸入申告は，当該貨物に係る積荷に関する事項が税関に報告され，又は積荷に関する事項を記載した書面が税関に提出された後に行わなければならない。

☑☑ 4　関税法第67条（輸出又は輸入の許可）の検査は，あらかじめ税関長に届け出ることにより，税関長が指定した場所以外でも受けることができる。

☑☑ 5　関税関係法令以外の法令の規定により輸入に関して検査を必要とする貨物について，輸入申告前に当該検査が行われた場合は，当該貨物に対する税関の検査は行われない。

☑☑ 6　外国貿易船に積み込んだ状態で輸入申告をすることが必要な貨物については，他の貨物と混載することなくその状態で関税法第67条の検査及び許可を受けようとする場合において，その貨物の性質，形状及び積付けの状況が当該検査を行うのに支障がなく，かつ，輸入の許可を受けるために当該貨物を保税地域等に入れることが不適当と認めるときは，税関長の承認を受けて，当該外国貿易船の係留場所を所轄する税関長に対して輸入申告をすることができることとされている。

重要度：★★★

1 × 保税地域にある外国貨物については，税関長の許可を受けて，見本として保税地域から一時持ち出すことが認められている（32条）。一時持ち出す際，輸入（納税）申告をしなければならないわけではない。

2 × 本船扱いの承認を受けた場合であっても，67条の検査は省略されない（67条，67条の２第２項，施行令59条の５第１項１号）。

3 ○ 本船扱いの承認を受けた場合の輸入申告は，当該貨物に係る積荷に関する事項が税関に報告され，又は積荷に関する事項を記載した書面が税関に提出された後に行わなければならない（67条の２第４項）。

4 × 税関長により指定された場所以外の場所で，検査を受けようとする場合は，税関長の許可を受けなければならない（69条２項）。税関長への届出ではない。

5 × 輸入申告があった貨物について既に他の法令の規定による検査が行われている場合であっても，他の法令の規定による検査と税関が行う検査とはその目的が異なるので，税関による検査が免除されることはない。

6 ○ 貨物を輸入しようとする者は，原則として，輸入の許可を受けるために当該貨物を保税地域等に搬入した後に当該保税地域等の所在地を所轄する税関長に対して，輸入申告をしなければならない（67条の２第１項，３項）。ただし，申告に係る貨物を他の貨物と混載することなく外国貿易船に積み込んだ状態で検査及び許可を受けようとする場合において，その貨物の性質，形状及び積付けの状況が検査を行うのに支障がなく，かつ，その貨物を保税地域に入れることが不適当と認められるときは，税関長の承認を受けることによって保税地域等に搬入せずに申告することができる（67条の２第２項，３項１号，施行令59条の５）。この場合の輸入申告は，外国貿易船の係留場所を所轄する税関長に対してすることができる（67条の２第２項）。

☑☑ 7　経済連携協定において関税の譲許が一定の数量を限度として定められている物品について，その譲許の便益の適用を受けて当該物品を輸入しようとする場合における輸入（納税）申告は，当該一定の数量の範囲内において政府が行う割当てに係る関税割当証明書の交付を受けた者の名をもってしなければならない。

出題ポイント

輸入通関　輸入申告・検査

輸入通関は，**通関士試験で最も多く出題**される分野の１つである。テーマ２では，**輸入申告の要否**，**方法**，**申告事項**，**時期及び検査**について取り扱う。出題は多岐にわたるが，**基本事項**をしっかりと身に付けておくことが大切である。

！ひっかけ注意

検査の要否

輸出入貨物に係る税関の検査と，その他の規定による検査，許可，承認等は，別の観点から行われるものであり，それぞれに必要なものである。通関士試験においては，次のような形で過去に問われているので，注意しておこう。

① **保税蔵置場に置くことの承認の際**に税関の検査を受けた外国貨物についても，**輸入申告の際に税関の検査**を受けることを**要する。**

② 輸入貨物を**外国貿易船に積み込んだ状態で輸入申告**することにつき税関長の**承認**を受けたときでも，当該貨物についての**関税法67条（輸出又は輸入の許可）の検査は省略されない。**

③ **輸入**に関して**関税関係法令以外の法令の規定**に基づく検査が行われ，当該検査に合格している貨物を**輸入**しようとする場合でも，当該貨物に対する**税関の検査は省略されない。**

7　○　経済連携協定において関税の譲許が一定の数量を限度として定められている物品については，その譲許の便益は，当該一定の数量の範囲内において政府が行う割当てを受けた者がその受けた数量の範囲内で輸入するものに適用される。そこで，当該物品を輸入しようとする場合における輸入（納税）申告は，当該割当てに係る関税割当証明書の交付を受けた者の名をもってしなければならないこととされている（67条，関税暫定措置法8条の6第1項，2項）。

発展問題　予備審査制

問題　予備申告は，貨物が本邦に到着した後でなければ，行うことができない。

解答　×

輸入貨物については，**本邦に到着する前**であっても，**輸入申告予定日における外国為替相場が公示**された日又は貨物の**船荷証券（航空貨物にあってはAir Waybill）が発行された日**のいずれか**遅い日**から，予備申告を行うことができる。

予備審査制については，このほか，次の点も押さえておくとよい。

① **対象貨物→全ての輸入**貨物

② 予備申告書の**提出官署→原則**として**貨物の蔵置予定場所を管轄**する官署

③ **他法令の許可**，**承認**等を証する書類→**輸出入申告の時まで**に提出すればよい（**予備申告の際**には，税関に**証明する必要はない**）。

④ 税関は，予備申告された貨物に係る**検査の要否についての事前通知**を行った場合であっても，必要があると認めるときは，当該事前通知の**内容を変更することができる**。

発展問題　輸入貨物の数量の確認

問題　輸入申告に係る税関の検査により算出した数量と輸入申告数量との差が，輸入申告数量の5％以内であるときは，当該貨物の数量は，輸入申告数量により確定する。

解答　×

輸入申告数量の5％以内ではなく，3％以内である（基本通達67－3－14(2)イ）。

関税法⑤ 輸入通関③（証明又は確認・原産地虚偽表示等・輸入の許可等）

関税法第70条，第71条

次の記述のうち，正しいものには○を，誤っているものには×をつけなさい。

1 他の法令の規定により輸入に関して許可又は承認を必要とする貨物について，関税法第７条の２（申告の特例）の規定による特例申告を行う場合には，特例申告の際に当該許可又は承認を受けている旨を証明しなければならない。

2 他の法令の規定により輸入に関して許可，承認等を必要とする貨物については，輸入申告の際，当該許可，承認等を受けている旨を税関に証明しなければならない。

3 他の法令の規定により輸入に関して検査又は条件の具備を必要とする貨物については，輸入申告の際，その検査の完了又は条件の具備を税関に証明し，その確認を受けなければならない。

4 課税価格の総額が20万円以下の貨物を輸入しようとする場合には，関税法第70条に規定する他法令の確認を要することはない。

5 原産地の表示がされていない外国貨物については，輸入の許可がされない。

6 税関長は，原産地について直接又は間接に偽った表示がされている外国貨物については，その原産地について偽った表示がある旨を輸入申告をした者に通知し，その表示を消させ，又は訂正させた上で積み戻させなければならないこととされている。

7 輸入貨物自体に真正な原産地が表示されている場合であっても，その包装に虚偽の原産地が表示されているときは，当該輸入貨物について輸入の許可を受けることができない。

重要度：★★★

1 × 他の法令の規定により輸入に関して許可，承認その他の行政機関の処分又はこれに準ずるものを必要とする貨物については，輸入申告の際，当該許可，承認等を受けている旨を税関に証明しなければならない（70条1項）。これは，特例申告を行う場合であっても同様である。特例申告の際ではない。

2 ○ 他の法令の規定により輸入に関して許可，承認その他の行政機関の処分又はこれに準ずるものを必要とする貨物については，輸入申告の際に，当該許可，承認等を受けている旨を税関に証明しなければならない（70条1項）。

3 × 他の法令の規定により，輸入に関して検査又は条件の具備を必要とする貨物については，貨物の検査，その他輸入申告に係る税関の審査の際に，検査の完了又は条件の具備を税関に証明し，その確認を受けなければならない（70条2項）。輸入申告の際ではない。

4 × 本肢の貨物についても他法令の確認が必要である（70条）。課税価格の総額によって他法令の確認が不要となることはない。

5 × 原産地について直接若しくは間接に偽った表示又は誤認を生じさせる表示がされている外国貨物については，輸入の許可がされない（71条1項）。原産地の表示がされていない貨物について輸入の許可がされない旨の規定はない。

6 × 税関長は，輸入申告がされた外国貨物に，原産地について直接又は間接に偽った表示があった場合には，その旨を輸入申告者に，直ちに通知し，期間を指定して，輸入申告者の選択により，その表示を消させ若しくは訂正させ，又は当該貨物を積み戻させなければならない（71条2項）。偽った表示を消した場合又は訂正した場合は当該貨物を輸入することができる。

7 ○ 輸入貨物自体に真正な原産地が表示されている場合であっても，その包装に虚偽の原産地が表示されているときは，間接に偽った表示がされていることとなり，輸入の許可を受けることができない（71条1項，基本通達71－3－1(2)）。

☑☑ 8　原産地を偽った表示がされている外国貨物については，保税蔵置場に置くことの承認を受けることができない。

☑☑ 9　関税を納付すべき外国貨物については，関税を納付できないことに正当な理由がある場合を除き，関税が納付された後でなければ，輸入を許可しない。

☑☑ 10　原産地を偽った表示の抹消又は訂正は，税関長が指定した場所で行わなければならない。

☑☑ 11　税関長は，原産地について誤認を生じさせる表示がされている外国貨物については，輸入を許可しない。

出題ポイント

輸入通関　証明又は確認・原産地虚偽表示等・輸入の許可等

いずれも**頻出事項**であり，**語群選択式でも出題**されている。**内容**について，**表現も含めて正確に**記憶しておく必要がある。

8　×　原産地を偽った表示がされている外国貨物について蔵入承認を受けることができない旨の規定はない。すなわち，蔵入承認を受けることができる。

9　×　本肢のような規定はない。次の場合に関税を納付せずに輸入許可を受けることができる（72条）。
① 関税を納付すべき期限が延長される場合
② 特例申告貨物が輸入される場合

10　×　表示の抹消又は訂正について，税関長が指定した場所で行う旨の定めはない。

11　○　税関長は，輸入申告がされた外国貨物に，原産地について直接若しくは間接に偽った表示又は誤認を生じさせる表示があった場合には，輸入を許可しない（71条1項）。

ひっかけ注意　原産地虚偽表示等

原産地虚偽表示等については，試験対策上次の点に注意すべきである。

① **原産地が表示されていない**貨物については，**特に規制がない。**

② **表示の訂正等**を行う場合は，**輸入申告をした者の選択**による。**税関長の選択ではない。**

③ 原産地虚偽表示等がある場合は，**輸入を許可しない。蔵入承認**等については，受けることが**できる。**

④ 原産地虚偽表示等は，貨物に直接されている場合のみならず，**包装等に間接に表示されている場合も，輸入の許可を受けることができない。**

関税法⑥ 輸入の許可前における貨物の引取り

関税法第73条

次の記述のうち，正しいものには○を，誤っているものには×をつけなさい。

☑☑ 1　輸入許可前引取りの承認申請は，当該申請に係る貨物の輸入申告に先立って行わなければならない。

☑☑ 2　輸入の許可前における貨物の引取りの承認申請は，一の輸入申告に係る貨物の一部についても行うことができる。

☑☑ 3　輸入申告に併せて輸入の許可前における貨物の引取りの承認の申請を行おうとする者は，輸入申告書を提出することなく，輸入許可前貨物引取承認申請書を税関長に提出することにより，当該申告及び申請を行うことができる。

☑☑ 4　輸入許可前引取りの承認は，当該貨物の課税価格に相当する額の担保を提供しなければ，受けることができない。

☑☑ 5　輸入の許可前における貨物の引取りの承認を受けた外国貨物を外国に向けて送り出す場合には，その輸入の許可前であっても，関税法第67条（輸出又は輸入の許可）の規定に基づく輸出の許可を受けなければならない。

☑☑ 6　原産地を偽った表示がされている外国貨物については，引取り後に当該表示を直ちに抹消することを条件として，輸入の許可前における貨物の引取りの承認を受けることができる。

重要度：★★★

1　×　外国貨物を輸入する者は，輸入申告をした貨物を，一定の事情がある場合には，当該輸入申告をした貨物の全部又は一部について関税額に相当する担保を提供し，税関長の承認を受けて，輸入の許可前に引き取ることができる（73条1項）。輸入申告に先立って行うのではない。

2　○　輸入の許可前における貨物の引取承認を受けようとする者は，その承認を受けようとする貨物についての一定の事由を記載した申請書を税関長に提出しなければならない。そして，この場合において，当該輸入申告に係る貨物を分割して引き取ろうとするときは，当該申告書にその旨を附記しなければならない（施行令63条）。すなわち，一の輸入申告に係る貨物の一部についても承認申請を行うことができる。

3　×　輸入申告に併せて輸入の許可前における貨物の引取りの承認申請を行う場合であっても，輸入申告書を提出しなければならない（73条1項，施行令59条1項，63条）。

4　×　当該貨物の関税額に相当する担保を提供しなければならない（73条1項）。課税価格に相当する額ではない。

5　○　輸入の許可前引取承認を受けた外国貨物は，関税法の特定の規定の適用の場合を除いて内国貨物とみなされる。したがって，これを外国へ向けて送り出す場合は，67条に規定する輸出の許可を受ける必要がある（2条1項2号，73条3項，67条）。

6　×　税関長は，当該輸入申告があった外国貨物につき輸入の許可を与えることができない一定の場合に該当するときは，輸入許可前引取りの承認をしてはならない（73条2項）。原産地について偽った表示がされている外国貨物はこれに該当する。その表示が抹消され，又は訂正されれば，承認を受けることができる。

☑☑ 7　関税関係法令以外の法令の規定により輸入に関して許可を必要とする貨物であっても，当該許可を取得するまでに日時を要すると認められる場合には，輸入の許可前における貨物の引取りの承認を受けることができる。

☑☑ 8　輸入の許可前における貨物の引取りの承認申請は，その申請に係る貨物が有税品であるか無税品であるかにかかわらず，行うことができる。

☑☑ 9　特例委託輸入者に係る特例申告貨物については，関税法第73条第１項の承認（輸入の許可前における貨物の引取承認）を受けることはできない。

☑☑ 10　輸入申告の後輸入の許可前の貨物について過少申告加算税が課されることが判明している場合には，当該貨物を輸入の許可前に引き取ろうとする者は，当該過少申告加算税の額を含めた関税額に相当する担保を税関長に提供しなければならない。

☑☑ 11　輸入の許可前における貨物の引取りに係る税関長の承認を受けた外国貨物は，関税法第５条（適用法令）の適用については内国貨物とみなされる。

☑☑ 12　輸入の許可前における貨物の引取りの承認を受けて引き取られた貨物については，過少申告加算税が課されることはない。

☑☑ 13　輸入の許可前における貨物の引取りの承認を受けた外国貨物は，関税法第４条（課税物件の確定の時期）の規定の適用については，内国貨物とみなされない。

7 ✕ 他の法令の規定により輸入に関して許可，承認その他行政機関の処分を受けていること又は検査の完了，条件の具備をしていることが証明されない貨物については，税関長は，輸入の許可前引取りを承認してはならない（73条2項）。

8 〇 輸入許可前引取りの承認の申請があったときは，73条2項（輸入の許可を与えることができない場合）に規定する場合のほか専ら関税の納期限の延長を目的とする等明らかに制度の本旨に反すると認められる場合を除き，その申請に係る貨物が有税品であると無税品であるとにかかわらずその承認をすることができる（基本通達73－3－2）。

9 〇 特例申告貨物については，輸入許可前における貨物の引取制度は適用されない（73条1項かっこ書）。

10 ✕ 外国貨物を輸入申告の後輸入の許可前に引き取ろうとする者は，関税額に相当する担保を提供して税関長の承認を受けなければならない。この関税額とは，過少申告加算税及び重加算税に相当する額を除いた額である（73条1項）。

11 ✕ 輸入許可前における貨物の引取承認を受けた貨物は，原則として内国貨物として取り扱われる。しかし，一定の場合には，関税法上，外国貨物とみなされる（73条3項）。関税法5条の適用はこれに該当する。

12 ✕ 輸入の許可前における貨物の引取りの承認を受けて引き取られた貨物について，過少申告加算税が課されない旨の規定はない。

13 〇 輸入の許可前における貨物の引取りの承認を受けた外国貨物は，関税法の適用については，原則として内国貨物とみなされる。ただし，関税法第4条（課税物件の確定の時期）の規定の適用については，内国貨物とみなされない（73条3項）。

出題ポイント

輸入の許可前における貨物の引取り

頻出項目の１つである。引取承認**申請の時期**，**担保**，**承認の要件**を中心に，基本をしっかりと身に付けておく必要がある。

ひっかけ注意　輸入許可前引取承認の申請時期等

輸入許可前引取承認については，様々な形で受験者の**誤答を誘う問題**が出題されている。過去の出題から，注意すべきポイントを以下に挙げる。

① 承認の**申請**及び**承認**は，**輸入申告の後**に行う。

② 承認**申請**は，一の輸入申告に係る貨物の**一部についても行うことができる**。

③ 輸入貨物の**関税額**に相当する額の担保の提供が必要（必要的担保）。「課税価格に相当する額の担保」ではない。

関税法⑦ 特例輸入申告制度

関税法第７条の２等

次の記述のうち，正しいものには○を，誤っているものには×をつけなさい。

☑☑ 1　税関長は，特例輸入者が特例申告書をその提出期限までに提出しなかったときは，当該特例輸入者の承認を取り消すことができる。

☑☑ 2　特例輸入者の承認を受けようとする者が，関税法その他の国税に関する法律以外の法令の規定に違反して禁錮刑に処せられ，その刑の執行を終わった日から３年を経過していない場合には，税関長は承認をしないことができる。

☑☑ 3　特例輸入者の承認を受けようとする者が承認の申請の日の５年前に関税を滞納したことがある場合には，税関長は当該承認をしないことができる。

☑☑ 4　特例輸入者が輸入貨物に係る地方消費税を滞納したときは，税関長は，特例輸入者の承認を取り消すことができる。

☑☑ 5　特例輸入者が破産手続開始の決定を受けたときは，特例輸入者の承認は効力を失う。

☑☑ 6　関税法第７条の２第１項の承認（特例輸入者承認）が失効した場合において，当該承認を受けていた者又はその相続人は，その失効前に輸入の許可を受けた特例申告貨物に係る特例申告の義務を免れることはできない。

☑☑ 7　特例輸入者が貨物を保税地域に入れて輸入の許可を受けようとする場合には，当該貨物に係る輸入申告を電子情報処理組織（NACCS）を使用して行うときであっても，当該輸入申告は当該保税地域の所在地を所轄する税関長に対してしなければならない。

重要度：★★☆

1 ○ 税関長は，一定の事由に該当したときは，申告の特例の承認を取り消すことができる。特例申告書を提出期限までに提出しなかったときは，これに該当する（7条の12第1項1号ハ）。

2 × 特例輸入者の承認を受けようとする者が，関税法その他の国税に関する法律以外の法令の規定に違反して禁錮刑に処せられ，その刑の執行を終わった日から2年を経過していない場合には，税関長は特例輸入者の承認をしないことができる（7条の5第1号ロ）。3年ではない。

3 × 承認の申請の日前3年間において関税を滞納したことがある場合には，税関長は当該承認をしないことができる（7条の5第1号チ）。

4 ○ 税関長は，一定の事由に該当するに至ったときは，申告の特例の承認を取り消すことができる。本肢はこれに該当する（7条の12第1項1号ロ）。

5 ○ 申告の特例の承認は，一定の事由に該当するに至ったときは，その効力を失う。本肢はこれに該当する（7条の11第1項4号）。

6 ○ 特例輸入者の承認が失効した場合において，特例輸入者の承認を受けていた者又はその相続人は，その失効前に輸入の許可を受けた特例申告貨物に係る帳簿の備付け及び記載並びに帳簿書類の保存の義務並びに関税法その他関税に関する法律の規定により課される当該特例申告貨物に係るその他の義務を免れることはできない（7条の11第2項）。

7 × 特例輸入者は，いずれかの税関長に対して輸入申告をすることができる（67条の19）。この場合の輸入申告は，電子情報処理組織（NACCS）を使用して行わなければならない（施行令59条の20第2項）。このことは，特例輸入者が貨物を保税地域に入れて輸入の許可を受けようとする場合も同様である。

☑☑ 8 特例輸入者は，特例申告貨物で輸入の許可を受けたものについて，品名，数量及び価格その他の必要な事項を記載した帳簿を備え付け，その許可の日の属する月の翌月末日の翌日から7年間保存しなければならない。

☑☑ 9 特例申告書の提出期限までに当該申告書の提出ができなかった場合は，それ以後，当該特例申告書の提出はできない。

☑☑ 10 特例輸入者が特例申告を行う場合は，当該特例申告に係る貨物で輸入の許可を受けたものについて，特例申告書を作成し，当該許可の日の属する月の翌月末日までに当該許可をした税関長に提出しなければならない。

☑☑ 11 特例輸入者が，本邦に迅速に引き取られる必要がない貨物を保税地域等に入れないで輸入申告をする場合は，当該貨物を保税地域等に入れないで輸入申告をすることにつき税関長の承認を受け，かつ，当該輸入申告を電子情報処理組織を使用して行わなければならない。

☑☑ 12 特例輸入者が関税暫定措置法第8条の2第1項（特恵関税等）の規定の適用を受けて特例申告貨物を輸入しようとする場合には，原則として，当該特例申告貨物の輸入申告の際に特恵原産地証明書を税関長に提出する必要はない。

☑☑ 13 特例申告貨物の輸入申告に際しては，特例輸入者は，税関長が輸入の許可の判断のために提出の必要があると認める場合を除き，仕入書を税関長に提出する必要はない。

☑☑ 14 税関長は，特例輸入者に対して関税，内国消費税及び地方消費税につき担保の提供を命ずる場合には，1年を超える期間を指定することができない。

8 ○ 特例輸入者は，帳簿を備え付けて，これに特例申告貨物で輸入の許可を受けたものについて当該許可済特例申告貨物の品名，数量及び価格，仕出人の氏名又は名称並びに当該許可の年月日及びその許可書の番号を記載しなければならない（施行令4条の12第1項）。そして，特例輸入者は，この帳簿についてその許可の日の属する月の翌月末日の翌日から7年間保存しなければならない（施行令4条の12第4項）。

9 × 期限内特例申告書を提出すべきであった者は，その提出期限後においても，税関長の決定処分があるまでは，その期限内特例申告書に記載すべきものとされている事項を記載した特例申告書を特例申告貨物の許可をした税関長に提出することができる（期限後特例申告書）（7条の4，9条2項2号）。

10 ○ 特例輸入者は，特例申告貨物で輸入の許可を受けたものについて，特例申告書を作成したうえ，輸入の許可の日に属する月の翌月末日までに，当該特例申告貨物の輸入の許可をした税関長に提出することにより関税等の納税申告を行い，納付しなければならない（7条の2第1項，2項）。

11 × 関税法67条の19（輸入申告の特例）の規定の適用を受ける特例輸入者又は特例委託輸入者が行う輸入申告（輸入申告の際に提出するものとされている書類の提出を含む。）は，電子通信回線の故障その他の事由により電子情報処理組織を使用して当該申告を行うことができない場合として財務省令で定める場合を除き，電子情報処理組織を使用して行わなければならない（施行令59条の20第2項）。しかし，本肢のような場合に税関長の承認を受ける必要はない。

12 ○ 税関長が特恵受益国原産品であることを確認するために提出の必要があると認めた場合等を除き，特恵原産地証明書を提出する必要はない（暫定措置法施行令27条1項3号）。

13 ○ 特例輸入者は，税関長が輸入の許可の判断のために提出の必要があると認める場合を除き，仕入書を税関長に提出する必要はない（68条）。

14 × 担保の提供期間は原則として1年であるが，やむ得ない理由により必要があると認めるときは，1年を超えて適当と認める期間を指定することができる（7条の8第1項，施行令4条の11，基本通達7の8－1(4)ハ）。

☑☑ 15　特例委託輸入者は，特例申告貨物に係る輸入申告を行う際に，当該貨物に課されるべき関税等の額に相当する額の担保を提供しなければならない。

☑☑ 16　特例輸入者は，特例申告に係る貨物について，輸入の許可ごとに特例申告書を作成し，税関長に提出しなければならない。

☑☑ 17　特例輸入者に係る特例申告貨物について，経済連携協定における関税についての特別の規定による便益の適用を受けようとする場合において，その貨物の課税価格の総額が20万円を超えるときは，当該貨物の輸入申告の際に，当該貨物が当該経済連携協定の規定に基づき当該経済連携協定の締約国の原産品とされるものであることを証明した又は申告する書類を税関長に提出しなければならない。

☑☑ 18　特例輸入者は，税関長が関税の保全のために必要があると認めるときであっても，関税につき担保の提供を命じられることはない。

☑☑ 19　特例輸入者の地位を承継するためには，当該承継についてあらかじめ税関長に届け出る必要がある。

☑☑ 20　特例申告貨物の輸入申告に際しては，納税に関する申告は不要であるが，輸入申告書に当該貨物の数量及び価格は記載しなければならない。

☑☑ 21　特例委託輸入者は，輸入しようとする貨物を保税地域等に入れる前に，電子情報処理組織（NACCS）を使用して当該貨物に係る輸入申告を行うことができる。

15 × 税関長が，関税等の保全のために必要があると認めて，金額及び期間を指定して，関税等につき担保の提供を命じた場合に限り，担保を提供しなければならない（7条の8第1項）。

16 × 特例輸入者は，その選択により，輸入の許可を受けたものについて，輸入の許可を受けた日の属する月の1月間分をまとめて（一括して）特例申告書を提出し，又は，輸入の許可ごとに特例申告書を作成し税関長に提出しなければならない（7条の2第2項，通達7の2－1）。

17 × 特例輸入者に係る特例申告貨物については，輸入申告及び特例申告に際して，当該貨物が当該経済連携協定の規定に基づき当該経済連携協定の締約国の原産品とされるものであることを証明した又は申告する書類を税関長に提出する必要はない。

18 × 税関長は，関税，内国消費税及び地方消費税の保全のために必要があると認めるときは，特例輸入者に対し，金額及び期間を指定して，関税等について担保の提供を命ずることができる（7条の8第1項）。

19 × 特例輸入者の地位を承継するためには，承継する者が法人である場合にはあらかじめ税関長の承認を受ける必要がある。承継する者が個人である場合には被相続人の死亡後60日以内に税関長に承認の申請をすることとされている（7条の13，48条の2第2項，4項）。

20 ○ 特例申告貨物の「数量」，「価格」は輸入申告書に記載すべき輸入に必要な事項である（67条，施行令59条1項1号）。

21 ○ 特例委託輸入者は，特例申告貨物が保税地域に搬入される前であっても，積荷に関する事項が税関に報告され，又は積荷に関する事項を記載した書面が税関に提出された後であれば，いずれかの税関長に対して電子情報処理組織を使用して，輸入申告を行うことができる（67条の2第3項3号，67条の19，施行令59条の6第3項）。

出題ポイント

特例輸入申告制度

例年出題されている項目である。難問もあるが，**制度の概要**を理解したうえで，**通常の輸入手続**（輸入（納税）申告）**との相違点**を意識して準備しておけば，対応できる場合が多い。**特例輸入者承認の要件**については，しっかりと記憶しておいたほうがよい。

MEMO

関税法⑧ 輸出通関①（輸出申告・添付書類・その他）

関税法第67条

次の記述のうち，正しいものには○を，誤っているものには×をつけなさい。

☑☑ 1　本邦の船舶が本邦の排他的経済水域の海域で採捕した水産物を洋上から直接外国に向けて送り出す場合には，輸出申告を要する。

☑☑ 2　本邦から出国する旅客の携帯品については，口頭により輸出申告を税関長がさせることができるとされているが，外国為替令第８条の２第１項第２号（支払手段等の輸出入の届出）に掲げる貴金属（金の地金のうち，当該金の地金の全重量に占める金の含有率が90％以上のものに限る。）であって，その重量が１kgを超えるものを携帯して輸出する場合には，税関長に対して支払手段等の携帯輸出申告書により輸出申告をして許可を受ける必要がある。

☑☑ 3　航空機によって輸出される貨物の輸出申告書に記載すべき価格は，当該貨物の本邦の輸出港における船側渡し価格に準ずる条件による価格である。

☑☑ 4　輸出申告の撤回は，その申告に係る輸出の許可後には認められない。

☑☑ 5　輸出の許可後において貨物を積み込もうとする船舶を変更する場合には，改めて輸出申告を行わなければならない。

☑☑ 6　輸出者は，輸出の許可を受けた貨物が輸出されないこととなったことその他の事由により当該貨物が輸出の許可を受けている必要がなくなったときは，その許可をした税関長に対し，当該許可を取り消すべき旨の申請をすることができる。

☑☑ 7　外国貿易船に積み込んだ状態で輸出申告をすることが必要な貨物について，特定委託輸出申告を行う場合には，本船扱いの手続きを要することなく特定委託輸出申告を行うことができる。

重要度：★★★

1　○　本肢の水産物は内国貨物であるから，これを外国に向けて送り出す行為は輸出であり，輸出申告を要する（2条2項・1項2号，67条）。

2　○　本邦から出国する旅客の携帯品については，口頭により輸出申告を税関長がさせることができる（67条，施行令58条ただし書）。ただし，旅客の携帯品であっても，本肢のような貴金属については，税関長に対して支払手段等の携帯輸出申告書により輸出申告をして許可を受ける必要がある。

3　×　航空機によって輸出される貨物の輸出申告価格は，本邦の輸出港における本船甲板渡し価格に準ずる条件による価格である（施行令59条の2第2項）。

4　○　輸出申告の撤回は，その申告に係る輸出の許可前に限り認められる（基本通達67－1－10）。

5　×　輸出許可後において，積み込もうとする船舶を変更する場合には，船名・数量等変更申請書に輸出許可書を添付して税関に提出し，訂正を受けることができる（基本通達67－1－11）。改めて輸出申告を行う必要はない。

6　×　輸出の許可を受けた後に輸出を取り止める場合には，輸出の許可を受けた貨物は外国貨物である（2条1項3号）ので，当該貨物が船積みされたかどうかにかかわらず，税関長に対し，「輸入（納税）申告書」に所要の書類を添付し提出して，輸入の許可を受けなければならない（基本通達67－1－15）。

7　○　特定輸出者，特定委託輸出者又は特定製造貨物輸出者が特定輸出申告，特定委託輸出申告又は特定製造貨物輸出申告をする貨物については，「本船扱い」及び「ふ中扱い」の手続を要することなく特定輸出申告，特定委託輸出申告又は特定製造貨物輸出申告をすることができる。

☑☑ 8　輸出申告は，当該輸出申告に係る貨物を保税地域等に搬入する前に行うことができる。

☑☑ 9　輸出申告書に記載すべきこととされている事項について，税関長は，貨物の種類又は価格を勘案し，記載の必要がないと認める事項の記載を省略させることができる。

☑☑ 10　輸出申告は，原則として，その申告に係る貨物が置かれている場所の所在地を所轄する税関長に対してしなければならない。

☑☑ 11　輸出申告書に記載すべき貨物の数量は，当該貨物の輸出取引において使用された単位による当該貨物の正味数量である。

☑☑ 12　船舶により輸出される貨物の輸出申告価格は，当該貨物の本邦の輸出港における本船甲板渡し価格であるが，航空機により輸出される貨物の輸出申告価格は当該貨物の価格に仕向地までの運賃及び保険料を加えた価格である。

☑☑ 13　無償で輸出される貨物の申告価格は，当該貨物が有償で輸出されるものとした場合の本邦の輸出港における本船甲板渡し価格である。

☑☑ 14　輸出される貨物の輸出申告価格は，本邦の輸出港における本船甲板渡し価格であるが，保険が付されている場合にはその保険料を加算した額となる。

☑☑ 15　輸出貨物の本船甲板渡し価格を計算する場合において，外国通貨により表示された価格の本邦通貨への換算は，輸入貨物につき課税価格を計算する場合の例による。

☑☑ 16　税関長は，原産地について表示がなされていない貨物について，輸出を許可しないこととされている。

8 ○ 通常の輸出通関手続により貨物を輸出する場合には，当該貨物の輸出申告は，輸入申告と異なり，当該貨物を保税地域等に搬入した後にしなければならないとする制限はない。すなわち，貨物を輸出しようとする者は，保税地域等に搬入する前においてもすることができる（基本通達67－1－2参照）。

9 ○ 貨物を輸出しようとする者は，原則として，その貨物の品名並びに数量及び価格その他必要な事項を輸出申告書に記載しなければならない（67条）。ただし，貨物の種類，価格を勘案して，税関長が記載の必要がないと認めるときは，その必要がないと認める事項の記載を省略させることができる（施行令58条）。

10 × 輸出申告は，輸出の許可を受けるためその申告に係る貨物を入れる保税地域等の所在地を所轄する税関長に対してしなければならない（67条の2第1項）。

11 × 輸出申告書に記載すべき貨物の数量は，財務大臣が貨物の種類ごとに定める単位による輸出貨物の正味の数量とする（施行令58条1号，59条の2第1項）。

12 × 航空機によって輸出される貨物の輸出申告価格は，本邦の輸出港における本船甲板渡し価格に準ずる条件による価格である（施行令58条1号，59条の2第2項）。

13 ○ 無償で輸出される貨物の輸出申告価格は，当該輸出貨物が有償で輸出されるものとした場合の本邦の輸出港における本船甲板渡し価格である（施行令59条の2第2項）。

14 × 輸出申告価格はFOB価格であり，保険料は加算しない（施行令58条1号，59条の2第2項）。

15 ○ 輸出申告価格（本船甲板渡し価格）を計算する場合において，外国通貨で表示された価格の本邦通貨への換算は，輸入貨物につき課税価格を計算する場合の例によることとされている（施行令59条の2第4項）。すなわち，輸出申告をする日の属する週の前々週の実勢外国為替相場の週間平均値に基づき税関長が公示する相場を使用する（定率法施行規則1条）。

16 × 原産地について表示がなされていない貨物について輸出の許可をしないという取扱いはなされていない。

関税法 ⑨

輸出通関②（輸出申告・添付書類・その他）

関税法第67条の2，第68条

次の記述のうち，正しいものには○を，誤っているものには×をつけなさい。

☑☑ 1 貨物（本邦から出国する者がその出国の際に携帯して輸出する貨物及び郵便物並びに特定輸出貨物を除く。）を業として輸出する者は，輸出申告に際して税関に提出したものを除き，当該貨物に係る製造者又は売渡人の作成した仕出人との間の取引についての書類を，当該貨物の輸出の許可の日の翌日から5年間保存しなければならない。

☑☑ 2 特定製造貨物輸出申告については，その申告に係る貨物が置かれている場所から当該貨物を外国貿易船に積み込もうとする開港までの運送を特定保税運送者に委託しなければならない。

☑☑ 3 外国貿易船に積み込んだ状態で輸出申告をすることが必要な貨物を輸出しようとする者は，外国貿易船に貨物を積み込む前に，当該外国貿易船の係留場所を所轄する税関長に届け出なければならない。

☑☑ 4 価格が20万円以下の貨物については，税関長に提出する輸出申告書への貨物の価格の記載を省略することができる。

☑☑ 5 貨物の価格が1万円以下のものについては，輸出申告することなく輸出することができる。

☑☑ 6 輸入の許可を受けた貨物を保税地域から引き取ることなく再び輸出する場合には，輸出の許可を必要としない。

重要度：★★★

1 ○ 貨物（本邦から出国する者がその出国の際に携帯して輸出する貨物及び郵便物並びに特定輸出貨物を除く。）を業として輸出する者は，当該貨物に係る取引に関して作成し又は受領した関税関係書類を整理し，当該貨物の輸出の許可の日の翌日から5年間，輸出者の本店等に保存しなければならない（94条2項，施行令83条2項，8項）。ただし，関税法68条の規定により輸出申告の際に税関に提出した書類については，保存する必要はない。

2 × 本肢のような規定はない。特定委託輸出申告貨物について本肢のような規定がある（67条の3第1項）。

3 × 外国貿易船に積み込んだ状態で輸出申告することが必要な貨物を輸出しようとする者は，あらかじめ税関長の承認を受けて，当該外国貿易船の係留場所を所轄する税関長に対して輸出申告をすることができる（67条の2第2項，施行令59条の5）。届出ではない。

4 × 輸出申告書には，当該輸出貨物の価格を記載しなければならない（67条，施行令58条1号，59条2第2項）。価格が20万円以下の貨物についても同様である。

5 × 輸出しようとする貨物については，その価格にかかわらず輸出申告しなければならない。

6 × 輸入の許可を受けた貨物は内国貨物であり，これを輸出する場合には輸出の許可を要する（67条，2条1項4号・2号）。

☑☑ 7　税関長は，貨物を輸出しようとする者から当該貨物を外国貿易船に積み込んだ状態で輸出申告をすることの承認の申請があった場合には，関税法第67条の検査を要しないと認めるときに限り，当該承認を行うこととされている。

☑☑ 8　輸出申告書に記載すべき貨物の価格は，無償で輸出される貨物にあっては当該貨物が有償で輸出されるものとした場合の本邦の輸出港における本船甲板渡し価格とされているが，これが明らかでない場合にはその記載を省略することができる。

☑☑ 9　ふ中扱いに係る貨物についての関税法第67条に規定する検査及び輸出の許可は，当該貨物がはしけに積載が完了した後に行うものとされている。

☑☑ 10　外国貿易船に積み込んだ状態で輸出申告をすることが必要な貨物について，特定輸出申告を行う場合には，本船扱いの手続を要することなく特定輸出申告を行うことができる。

☑☑ 11　輸出しようとする貨物について税関長が指定した場所以外の場所で関税法第67条の検査を受けようとする者は，当該貨物の置かれている場所を所轄する税関長の許可を受けなければならない。

7 × 貨物を輸出しようとする者から当該貨物を外国貿易船に積み込んだ状態で輸出申告をすることの承認の申請があった場合には，税関長は，当該貨物の性質，形状及び積付けの状況が検査を行うのに支障がなく，かつ，保税地域等に搬入することが不適当と認められる場合に限って，当該承認を行うこととされている（67条の2第2項，施行令59条の5第1項1号）。関税法67条の検査を要しないと認めるときに限り，承認を行うこととされているのではない。

8 × 無償で輸出される貨物の輸出申告価格は，当該輸出貨物が有償で輸出されるものとした場合の本邦の輸出港における本船甲板渡し価格である（施行令59条の2第2項かっこ書）。記載の省略は認められていない。

9 ○ ふ中扱いとは，輸出申告に係る貨物の外国貿易船に対する積込みの際，他の貨物と混載することなくはしけ等に積み込んだ状態で，関税法67条の検査及び輸出の許可を受ける取扱いである（基本通達67の2－3(2)）。

10 ○ 特定輸出申告，特定委託輸出申告又は特定製造貨物輸出申告をする貨物については，「本船扱い」及び「ふ中扱い」につき税関長の承認を受けることなく（「本船扱い」及び「ふ中扱い」の手続を要することなく），特定輸出申告，特定委託輸出申告又は特定製造貨物輸出申告をすることができる（基本通達67の2－1なお書）。

11 ○ 貨物の検査は，税関長が指定した場所で行う（69条1項）。ただし，危険物や巨大重量貨物の場合等は，指定された場所に搬入することが困難である。そこで，あらかじめ税関長の許可を受けたうえで指定された場所以外の場所で検査を受けることができる。この場合，当該貨物の置かれている場所を所轄する税関長の許可を受けなければならない（69条2項）。

出題ポイント

輸出通関（輸出申告・添付書類・その他）

輸出通関は，**通関士試験で最も多く出題**される分野の１つである。**輸入通関**と共通する規定が多いので，これとの**相違点に注目**して学習するとよい。また，細部まで出題されるので，施行令や基本通達レベルまで学習する必要がある。

発展問題　数量変更の取扱い

問題 特定輸出者は，特定輸出申告を行って輸出の許可を受けた後において，外国貿易船に積み込まれた当該特定輸出申告に係る貨物の一部がその船舶の出港前，かつ，船荷証券の発行前に船卸しされた場合であっても，当該貨物に係る輸出の許可数量，価格等の変更を申請できないこととされている。

解答 ×

特定輸出者が行った特定輸出申告の許可後において輸出の許可を受けて積載予定船舶に積み込まれた貨物の一部がその船舶の出港前，かつ，船荷証券発行前に船卸しされた場合においては，それらの貨物に係る輸出の許可数量，価格等の変更が認められる。(基本通達67の３－１－13)。

発展問題 外国貿易船に積み込む前の輸出の取止め

問題 輸出の許可を受けた貨物（関税法第30条第１項（外国貨物を置く場所の制限）に規定する特例輸出貨物を除く。）の全部について，外国貿易船に積み込む前にその輸出が取止めになり，これを国内に引き取る場合は，輸入貿易管理令の規定による輸入の承認を必要とせず，かつ，その引取りに係る輸入申告書への仕入書の添付を省略することができる。

解答 ○

輸出の許可を受けた後に輸出を取り止める場合には，当該貨物が船積みされたかどうかにかかわらず，輸入の許可を受けなければならない（基本通達67－１－15）。船積み前の輸出取止めの場合には，輸入申告書に輸出許可書を添付して提出するが，仕入書を提出する必要はない。また，輸出貿易管理令においては，船積みをもって輸出があったものとして取り扱われるので，船積み前の輸出取止めについては，輸出貿易管理令の適用を受けることはない。すなわち，輸出貿易管理令の規定による輸入の承認を必要としない。

関税法⑩ 輸出申告の特例

関税法第67条の3

次の記述のうち，正しいものには○を，誤っているものには×をつけなさい。

☑☑ 1　特定輸出者が貨物を輸出しようとする場合において，当該貨物の輸出に係る通関手続を通関業者に委託するときは，認定通関業者に委託しなければならない。

☑☑ 2　特定委託輸出申告を行うときは，その申告に係る貨物の通関手続を認定通関業者に委託し，かつ，その申告に係る貨物が置かれている場所から当該貨物を外国貿易船に積み込もうとする港までの運送を特定保税運送者に委託しなければならない。

☑☑ 3　特定輸出者が貨物を保税地域に入れて輸出の許可を受けようとする場合には，その輸出申告を電子情報処理組織（NACCS）を使用して行うときであっても，当該輸出申告は当該保税地域の所在地を所轄する税関長に対してしなければならない。

☑☑ 4　関税法第67条の3第1項（輸出申告の特例）の規定の適用を受ける特定輸出者が行う輸出申告については，電気通信回線の故障その他の事由により電子情報処理組織を使用して当該輸出申告を行うことができない場合として財務省令で定める場合を除き，電子情報処理組織を使用して行わなければならない。

☑☑ 5　特定輸出申告を行う場合には，保税地域等に入れないで輸出の許可を受けようとする旨を輸出申告書に記載しなければならない。

☑☑ 6　特定輸出申告は，あらかじめいずれかの税関長の承認を受けた者が，継続的に輸出しているものとして当該税関長の指定を受けた貨物について行うことができる。

重要度：★★☆

1　×　特定輸出者が貨物を輸出しようとする場合において，当該貨物に係る通関手続を通関業者に委託するときは，認定通関業者以外の通関業者にも委託することができる。認定通関業者に限定されるわけではない。

2　○　特定委託輸出者は，認定通関業者に特定委託輸出申告を委託しなければならない（67条の3第1項2号）。また，特定委託輸出者は，その申告に係る貨物が置かれている場所から当該貨物を外国貿易船等に積み込もうとする開港，税関空港又は不開港までの運送を特定保税運送者に委託しなければならない。

3　×　特定輸出者は，電子情報処理組織を使用して輸出申告を行う場合には，いずれかの税関長に対して輸出申告をすることができる（67条の3，施行令59条の7第3項）。

4　○　関税法67条の3第1項（輸出申告の特例）の規定の適用を受ける輸出申告は，輸出申告の際に提出するものとされている書類の提出を含め，電気通信回線の故障その他の事由により電子情報処理組織を使用して当該申告を行うことができない場合として財務省令で定める場合（電気通信回線の故障，天災その他正当な理由により電子情報処理組織を使用して特定輸出申告を行うことができないことについて税関長が認めた場合）を除き，電子情報処理組織を使用して行わなければならない（施行令59条の7第4項）。

5　○　関税法67条の3第3項（輸出申告の特例）に規定する特定輸出申告（保税地域等へ入れないで輸出の許可を受けようとする貨物につき特定輸出者が行う輸出申告）を行う場合は，その旨を輸出申告書に記載しなければならない（施行令59条の7）。

6　×　本肢のような規定はない。施行令59条の8に規定する貨物（輸出申告の特例を適用しない貨物）を除き，特定輸出申告をすることができる（67条の3第1項，施行令59条の8）。

☑☑ 7　特定輸出申告は，あらかじめいずれかの税関長から特定輸出者として承認を受けた者に限り行うことができる。

☑☑ 8　税関長は，法人である特定輸出者の役員が暴力団員であることが判明した場合，特定輸出者の承認を取り消すことができる。

☑☑ 9　特定輸出者は，特定輸出申告の適用を受ける必要がなくなったときはその旨を承認した税関長に届け出ることができる。

☑☑ 10　税関長は，特定輸出者から関税法67条の４第１項の規定により輸出許可を取り消すべき旨の申請があったとき，特例輸出貨物が外国貿易船等に積み込まれるまでの間に，当該特例輸出貨物に係る輸出の許可を取り消すことができる。

☑☑ 11　特定輸出申告を行おうとする場合には，当該申告を行うことを予定している税関官署をあらかじめ税関長に届け出なければならない。

☑☑ 12　特定輸出申告は，その申告に係る貨物が置かれている場所の所在地又は当該貨物の積出地を所轄する税関長に対してしなければならない。

☑☑ 13　特定輸出申告を行い，輸出の許可を受けた貨物については，その運送に際し，関税法第63条第１項（保税運送）の規定に基づく税関長の承認を受ける必要はない。

☑☑ 14　特定輸出者は，特定輸出申告を行い税関長の輸出の許可を受けた貨物が輸出されないこととなったことにより当該許可を受けている必要がなくなったときは，その輸出申告を撤回する理由を記載した「輸出申告撤回申出書」を当該許可をした税関長に提出し，当該許可を取り消すべき旨及び当該申告を撤回する旨の申請をすることができる。

☑☑ 15　特定輸出者は，特定輸出申告を行い税関長の輸出の許可を受けた特例輸出貨物が保税地域以外の場所にある場合において，当該貨物が亡失したときは，当該許可をした税関長に対し，当該許可を取り消すべき旨の申請をすることができる。

7　○　あらかじめいずれかの税関長から，特定輸出申告をすることができる者として特定輸出者の承認を受けた者に限り行うことができる（67条の３第１項１号）。

8　○　本肢は，特定輸出者の承認の取消事由である（67条の11第２号）。

9　○　特定輸出者は，関税法67条の３第１項（輸出申告の特例）の規定の適用を受ける必要がなくなったときは，その旨を承認を受けた税関長に届け出ることができる（67条の９）。

10　○　税関長は，特定輸出者から輸出の許可の取消しの申請があった場合，その他関税法の実施を確保するため必要があると認めるときは，特例輸出貨物が外国貿易船等に積み込まれるまでの間に当該特例輸出貨物に係る輸出の許可を取り消すことができる（関税法67条の４第２項）。

11　×　特定輸出申告を行うことを予定している税関官署をあらかじめ税関長に届け出なければならないとする規定はない。

12　×　特定輸出申告は，いずれかの税関長に対してすることができる（67条の３第１項）。

13　○　特例輸出貨物については，その運送について保税運送の承認を受ける必要はない（63条１項前段かっこ書）。

14　×　特定輸出者は，特例輸出貨物が輸出されないこととなったことその他の事由により当該特例輸出貨物が輸出の許可を受けている必要がなくなったときは，当該輸出の許可をした税関長に対して，「特例輸出貨物の輸出許可取消申請書」を提出することにより，当該許可を取り消すべき旨を申請することができる（67条の４第１項）。申告の撤回は，特定輸出申告等をした後輸出の許可を受ける前に輸出を取り止める場合に行うことができる。

15　×　輸出の許可を受けた特例輸出貨物が保税地域以外の場所において亡失した場合，特定輸出者は，直ちにその旨を輸出の許可をした税関長に届け出なければならない（67条の５において準用する45条３項）。当該許可をした税関長に対し，当該許可を取り消すべき旨の申請をすることができるのではない。

☑☑ 16 特定輸出者は，その申告に係る貨物が置かれている場所から外国貿易船等に積み込もうとする開港等までの運送を特定保税運送者に委託しなければならない。

☑☑ 17 特定輸出者は，特例輸出貨物に係る取引に関して作成した書類について，関税関係法令の規定により税関長に提出した場合を除き，その特例輸出貨物の輸出の許可の日の翌日から７年間保存しなければならない。

☑☑ 18 関税法の規定に違反して通告処分を受け，その通告の旨を履行した日から３年を経過していない者は，特定輸出者の承認を受けることができない。

☑☑ 19 特定輸出者は，特定輸出申告を行った場合においては，当該特定輸出申告に係る貨物で輸出の許可を受けたものについて，貨物確認書を作成し，当該許可の日の属する月の翌月末日までに当該許可をした税関長に提出しなければならない。

☑☑ 20 特定輸出者は，特定輸出申告が行われ，輸出の許可を受けた貨物が輸出されないこととなったことにより当該貨物が輸出の許可を受けている必要がなくなったときは，その許可をした税関長に対し，当該許可を取り消すべき旨の申請をすることはできず，当該貨物に係る輸入申告を行い，輸入の許可を受けなければならない。

16　×　特定輸出者は，特定保税運送者に委託する必要はない。特定保税運送者に委託しなければならないのは，特定委託輸出者である（67条の3第1項本文後段）。

17　×　輸出の許可の日の翌日から5年間保存しなければならない（施行令59条の12第4項）。7年間ではない。

18　○　関税法若しくは関税定率法その他関税に関する法律又はこれらの法律に基づく命令の規定に違反して刑に処せられ，又は通告処分を受け，その刑の執行を終わり，若しくは刑の執行を受けることがなくなった日又はその通告の旨を履行した日から3年を経過していない者は，特定輸出者の承認を受けることができない（67条の6第1号イ）。

19　×　特定輸出者が特定輸出申告を行った場合において，貨物確認書を作成する必要はない（67条の3第2項）。

20　×　特定輸出者は，特定輸出申告が行われ，輸出の許可を受けた貨物が輸出されないこととなったことにより当該貨物が輸出の許可を受けている必要がなくなったときは，その許可をした税関長に対し，当該許可を取り消すべき旨の申請をすることができる（67条の4第1項）。輸入申告を行い，輸入の許可を受けなければならないわけではない。

出題ポイント

輸出申告の特例

特定輸出申告，**特定委託輸出申告**及び特定製造貨物輸出申告（**認定製造者**制度）について，**制度の基本**をしっかりと理解しておく必要がある。それぞれの制度は他の制度と密接に関連しているので，まず各制度の概要を把握してから細部を学習していくとよい。特定輸出申告制度についての出題が多いが，認定製造者制度についても，今後の出題が予想される。

発展問題　数量変更の取扱い

問題　特定輸出者が行った輸出申告の許可後において輸出の許可を受けて積載予定船舶に積み込まれた貨物の一部が船卸しされた場合には，それがその船舶の出港前，かつ，船荷証券発行前であっても，それらの貨物に係る輸出の許可数量，価格等の変更は認められない。

解答　×

特定輸出者が行った輸出申告の許可後において輸出の許可を受けて積載予定船舶に積み込まれた貨物の一部がその船舶の出港前，かつ，船荷証券発行前に船卸しされた場合においては，それらの貨物に係る輸出の許可数量，価格等の変更を認めることができる（関税法基本通達67の３－１－13）。

発展問題　特定輸出申告等をすることができない貨物

問題 特定輸出者は，輸出しようとする貨物の種類にかかわらず，当該貨物を保税地域等に入れることなく，いずれかの税関長に対して特定輸出申告をすることができる。

解答 ×

特定輸出申告制度は，次の貨物に係る輸出申告については，適用することができない（67条の３第１項，施行令59条の８）。

①輸出貿易管理令別表第１（経済産業大臣の輸出の許可を要する貨物）の１の項（武器）に該当する貨物（施行令59条の８第１号），②輸出貿易管理令別表第４（特定国向けの輸出貨物）に掲げる国又は地域（イラン，イラク及び北朝鮮）を仕向地として輸出される貨物であって経済産業大臣の輸出の許可又は承認を要する貨物（施行令59条の８第２号），③日米相互防衛援助協定に規定する資材，需品又は装備（施行令59条の８第３号）

関税法⑪ 外国貨物の積戻し

関税法第75条

次の記述のうち，正しいものには○を，誤っているものには×をつけなさい。

1　輸入の許可を受けた貨物を，輸入の許可後１年以内に輸入の際の性質及び形状を変えることなく外国に向けて送り出す場合には，積戻し申告を要する。

2　保税工場において外国貨物を原材料として製造した製品を外国に向けて送り出す場合には，当該製品に係る積戻しの手続きを要しない。

3　本邦から外国に向けて外国貨物の積戻しを行う場合には，当該貨物の品名並びに数量及び価格その他必要な事項を税関長に申告する必要があるが，貨物の検査は要しないこととされている。

4　仮に陸揚げされた貨物を外国に向けて送り出す場合には，必ず税関長に積戻し申告をしなければならない。

5　仮に陸揚げされた貨物を外国に向けて積み戻す場合であっても，当該貨物が外国為替及び外国貿易法第48条第１項（輸出の許可等）の規定により経済産業大臣の輸出の許可を受けなければならないものである場合には，関税法第70条（証明又は確認）の規定が適用される。

6　総合保税地域における保税作業による製品である外国貨物を外国に向けて積み戻す場合には，関税法第70条（証明又は確認）に規定する他法令確認を要することはない。

重要度：★★★

1　×　輸入の許可を受けた貨物は，内国貨物であるので，これを外国に向けて送り出す行為は輸出である。したがって，輸出の許可を受けなければならない（2条1項1号・4号・2号）。「輸入の許可後1年以内に輸入の際の性質及び形状を変えることなく外国に向けて送り出す」という点は結論に影響を与えない。

2　×　保税工場において外国貨物を原材料として製造した製品は，外国から本邦に到着した外国貨物とみなされる（59条1項）。したがって，当該製品を外国に向けて送り出す場合には，当該製品に係る積戻しの手続きを要する（75条）。

3　×　積戻しは，実質的に輸出と同じであり，税関長に対し積戻し申告をし，貨物につき必要な検査を経て，その許可を受けなければならない（75条，67条）。

4　×　仮陸揚貨物については，外国為替及び外国貿易法48条1項の規定により経済産業大臣の輸出の許可を受けなければならないものについてのみ，積戻し申告をしなければならない（75条かっこ書）。

5　○　仮に陸揚げされた貨物を外国に向けて積み戻す場合であっても，外国為替及び外国貿易法48条1項の規定により経済産業大臣の輸出の許可を受けなければならないものについては，70条の規定が適用される（75条，70条）。

6　×　総合保税地域における保税作業による製品である外国貨物を外国に向けて積み戻す場合には，70条の規定が準用される。すなわち，70条に規定する他法令確認を要する。

☑☑ 7　関税法第70条第１項（証明又は確認）においては，関税関係法令以外の法令の規定により輸出に関して承認を必要とする貨物については，輸出申告の際，当該承認を受けている旨を税関に証明しなければならないと規定されており，本邦から外国に向けて行う外国貨物の積戻しには，この規定は準用されない。

出題ポイント

外国貨物の積戻し

積戻しは，**外国貨物を**外国に向けて送り出す行為であるが，**輸出通関の規定がほとんど準用**されている。**仮陸揚貨物**の手続について，注意しておく必要がある。

ひっかけ注意

証明又は確認と積戻し

本邦から外国に向けて**外国貨物を積み戻す場合**であっても，**関税法70条（他法令の証明又は確認）の規定が適用される**ことについては，形を変えて何度も出題されている。例えば，「**外国貨物の性質及び形状が，本邦に到着した時の性質及び形状から変更されていない**ことを税関長に証明したとき」であっても，積戻し申告に際しての**証明等の義務は免除されない。**

7　✕　積戻しとは，外国貨物を外国に向けて送り出すことである。貨物を外国に向けて送り出すという点で，実質的に輸出と同一のものであるから，積戻しの手続には輸出通関の規定がほぼ全て準用されている（75条)。証明又は確認の規定（70条）も準用されている。

関税法⑫ 郵便物の輸出入通関手続

関税法第76条

次の記述のうち，正しいものには○を，誤っているものには×をつけなさい。

1　価格が20万円以下の貨物を郵便により外国に向けて送り出す場合には，輸出の許可は要せず，税関職員による検査も要しない。

2　受取人の個人的使用に供される貨物であって，その価格が20万円以下のものを国際郵便により輸出する場合には，関税法第70条（証明又は確認）の規定が適用される。

3　信書以外の郵便物であって，その価格が20万円以下のものを輸出する場合には，仕入書の提出が必要である。

4　課税価格が20万円以下の郵便物については輸入申告を要しないが，日本郵便株式会社から交付された郵便物は，特定の郵便物を除き，輸入の許可がされたものとみなされる。

5　課税標準となるべき価格が20万円を超える郵便物であって寄贈物品に該当するものを輸入しようとする者は，税関長に輸入申告し，貨物につき必要な検査を経て，輸入の許可を受けなければならない。

6　輸入される郵便物にその原産地について偽った表示がされている場合であって，税関長がその旨を日本郵便株式会社に通知したときは，日本郵便株式会社は自ら当該表示を消したうえ，当該郵便物を名宛人に交付することができる。

7　課税標準となるべき価格が20万円以下の郵便物を輸入しようとする者は，関税法第76条第３項（郵便物の輸出入の簡易手続）の規定により当該郵便物が税関長に提示された後は，輸入申告を行う旨の申し出を行うことはできない。

重要度：★★☆

1 × 輸出の許可は必要ではないが，税関職員は当該貨物について必要な検査を行う（76条1項ただし書）。

2 ○ その価格が20万円以下の貨物を国際郵便により輸出する場合において，税関職員が検査を行うものについては，70条の規定が適用される（76条1項ただし書・4項）。

3 × 20万円以下である場合は，輸出申告は不要であるので，仕入書の提出は必要ない（76条1項）。

4 ○ 課税価格が20万円以下の郵便物については，輸入申告は不要である（76条1項）。日本郵便株式会社から交付された郵便物は，特定の郵便物を除き，輸入の許可を受けた郵便物とみなされる（74条）。

5 × 郵便で外国から送られてくる寄贈物品については，輸入者が，その課税標準となるべき価格を知ることが困難である。そこで，寄贈物品については，輸入申告を要しないこととされている（76条1項）。この場合，税関長がその課税価格および関税額を決定する。

6 × 輸入される郵便物中にある信書以外の物にその原産地について直接若しくは間接に偽った表示又は誤認を生じさせる表示がされているときは，税関長は，その旨を日本郵便株式会社に通知しなければならない（78条1項）。そして，日本郵便株式会社は，この通知を受けたときは，名宛人に，その選択により，その表示を消させ，又は訂正させなければならない（78条2項）。

7 × 郵便物が税関長に提示された後においても，当該郵便物について輸入申告を行う旨の申し出を行うことができる（76条3項，施行令66条の3，基本通達76－4－3）。

☑☑ 8　賦課課税方式が適用される郵便物に係る関税を納付しようとする者は，関税法第77条第１項（郵便物の関税の納付等）の書面に記載された税額に相当する金銭に納付書を添えて，これを日本郵便株式会社に交付し，その納付を委託することができる。

☑☑ 9　税関職員は，信書を含めすべての郵便物について必要な検査を行う。

☑☑ 10　輸入される郵便物中にある信書以外の物にその原産地について直接に偽った表示がされているときは，税関長は，その旨を当該郵便物の名宛人に通知しなければならない。

出題ポイント

郵便物の輸出入通関手続

通常の通関手続との相違点を中心に出題されている。**検査，証明又は確認**について気をつけておこう。

8 ○ このような郵便物についての関税の納付については，日本銀行又はその代理店に納付するほか，本肢のような納付方法もある（77条1項，3項，77条の2第1項）。

9 × 税関職員の検査は，郵便物中にある信書以外のものについて行われる（76条1項ただし書）。

10 × 輸入される郵便物に原産地虚偽表示等の郵便物があった場合には，税関長は，その旨を日本郵便株式会社に通知する。そして，この通知を受けた日本郵便株式会社は，名宛人の選択により原産地虚偽表示等を消させ又は訂正させる（78条）。

！ひっかけ注意 検査，証明又は確認の要否

郵便物につき，**検査**及び**他法令の証明又は確認（関税法70条）が必要**であるという点について，例えば次のような形で過去に何度も出題されている。

「貨物を郵便により外国に向けて送る場合には，輸出申告を要しないので，当該貨物については，関税法第70条（証明又は確認）の規定は適用されない。（**→×適用される**）」

なお，**通常の郵便物**については，**輸出入申告の手続が存在**しないため，他法令の許可，承認等が必要なものについては，輸出入申告の際ではなく**検査その他郵便物に係る税関の審査の際**に証明を行う。

関税法⑬ 輸出してはならない貨物

関税法第69条の2等

次の記述のうち，正しいものには○を，誤っているものには×をつけなさい。

☑☑ 1　著作権を侵害する物品は，輸出してはならない貨物であるが，著作隣接権を侵害する物品は，輸出してはならない貨物ではない。

☑☑ 2　不正競争防止法第2条第1項に掲げる行為を組成する物品は，すべて輸出してはならない貨物である。

☑☑ 3　商標権を侵害する物品が輸出されようとする場合には，税関長は，当該物品を直ちに没収して廃棄しなければならない。

☑☑ 4　税関長は，輸出差止申立てがあった場合には，その申立ての際に提出された証拠が当該申立てに係る侵害の事実を疎明するに足りると認められるか否かについて，専門委員に意見を求めることができる。

☑☑ 5　輸出差止申立てが税関長に受理された申立人は，当該差止申立てに係る貨物の認定手続の際に，税関長に対し，当該貨物の見本の検査を申請することができる。

☑☑ 6　税関長は，育成者権を侵害する貨物に該当するか否かについての認定手続において，必要があると認めるときは，農林水産大臣に対し，当該認定のための参考となるべき意見を求めることができる。

☑☑ 7　税関長は，仮に陸揚げされた外国貨物のうちに意匠権を侵害する物品があると思料するときは，当該外国貨物が意匠権を侵害する貨物に該当するか否かについての認定手続を執らなければならない。

重要度：★★★

1 ×　著作権を侵害する物品も，著作隣接権を侵害する物品も，輸出してはならない貨物である（69条の2第1項3号）。

2 ×　輸出してはならない貨物は，第1号から第3号までの物品（周知表示の混同を惹起する物品，著名表示を冒用する物品，形態模倣品），第10号，第17号又は第18号（不正に視聴等するためにアクセスコントロールの無効化に使用される機器，営業秘密侵害品）に規定する物品である（69条の2第1項4号）。

3 ×　税関長は，知的財産権侵害物品又は不正競争防止法違反物品については，認定手続を経た後でなければ，没収して廃棄することはできない（69条の3第4項）。

4 ○　税関長は，輸出差止申立てがあった場合において必要があると認めるときは，その申立ての際に提出された証拠が当該申立てに係る侵害の事実を疎明するに足りると認められるか否かについて，専門委員に意見を求めることができる（69条の5）。

5 ×　輸出差止申立ての場合には，見本の検査を申請することはできない（69条の4第4項参照）。見本の検査をすることを承認するよう申請することができるのは，輸入差止申立ての場合である（69条の16第1項前段，69条の12第7項）。

6 ○　税関長は，育成者権を侵害する貨物に該当するか否かについての認定手続において，その認定をするために必要があると認めるときは，農林水産大臣に当該認定のための参考となるべき意見を求めることができる（69条の8第1項）。

7 ×　税関長は，輸出されようとする貨物のうちに知的財産権侵害物品及び不正競争防止法違反物品に該当する貨物があると思料するときは，当該貨物が知的財産権侵害物品等に該当するか否かを認定するための手続を執らなければならない（69条の3第1項前段）。仮に陸揚げされた貨物は対象とされていない。

☑☑ 8　著作権を侵害する物品であっても，出国する者がその出国の際に携帯して輸出するものである場合には，輸出してはならない貨物に該当しない。

☑☑ 9　税関長は，輸出されようとするものが児童ポルノである場合は，没収して廃棄することができる。

☑☑ 10　税関長は，輸出されようとする貨物のうちに意匠権を侵害する物品に該当する貨物があると思料するときは，その意匠権に係る輸出差止申立てが行われている場合に限り，認定手続を執ることができる。

☑☑ 11　輸出差止申立てが受理された場合において，当該申立人は，当該申立てに係る貨物についての認定手続が終了するまでの間，当該貨物が輸出されないことにより当該貨物を輸出しようとする者が被るおそれがある損害の賠償を担保するため，相当と認められる額の金銭を供託しなければならない。

☑☑ 12　半導体集積回路の回路配置に関する権利である回路配置利用権を侵害する物品は，輸出してはならない貨物に含まれる。

☑☑ 13　意匠権を侵害する物品であっても，郵便物として輸出するものである場合には，輸出してはならない貨物に該当しない。

☑☑ 14　税関長は，輸出されようとする貨物のうちに特許権を侵害する物品に該当する貨物があると思料する場合に，当該特許権に係る輸出差止申立てが行われているときは，当該貨物が特許権を侵害する貨物に該当するか否かについての認定手続を執らなければならない。

☑☑ 15　税関長は，輸出してはならない貨物に係る認定手続を執った場合において，当該認定手続が執られた貨物が商標権を侵害する物品に該当する又は該当しないと認定した旨の通知をする前に，当該貨物が輸出されないこととなったときには，当該貨物に係る商標権者に対し，当該貨物が輸出されないこととなった旨を通知するものとされている。

8　×　出国の際に携帯して輸出するものである場合に，輸出してはならない貨物に該当しないとする規定はない。

9　×　児童ポルノについては没収して廃棄することができない（69条の2第2項）。特別の制度として，税関長は，「児童ポルノ」を輸出しようとする者に対して，輸出してはならない貨物と認めるのに相当の理由のある貨物である旨の通知を行わなければならないこととなっている（69条の2第3項）。

10　×　税関長は，輸出されようとする貨物のうちに意匠権を侵害する物品に該当する貨物があると思料するときは，輸出差止申立てが行われていなくても，職権に基づき認定手続を執らなければならない（69条の3第1項）。

11　×　本肢の場合，税関長は，損害の賠償を担保するために必要があると認めるときは，申立人に対し，期限を定めて，相当と認める額の金銭をその指定する供託所に供託すべき旨を命ずることができる（69条の6第1項）。供託しなければならないということではない。

12　×　回路配置利用権侵害物品は，輸出してはならない貨物に含まれない（69条の2第1項3号，69条の11第1項第9号参照）。

13　×　意匠権を侵害する物品は，輸出してはならない貨物とされている（69条の2第1項3号）。郵便物として輸出するものである場合でも同様である。

14　○　税関長は，輸出されようとする貨物のうちに知的財産権侵害物品に該当する貨物があると思料するときは，当該貨物が知的財産権侵害物品に該当するか否かを認定するための手続を執らなければならない（69条の3第1項前段）。なお，輸出差止申立てが行われていなくても，認定手続を執らなければならない。

15　○　税関長は，認定手続が執られた貨物（疑義貨物）が輸出してはならない貨物に該当すると認定したとき，又は該当しないと認定したときは，その旨及びその理由を特許権者等及び輸出しようとする者に通知しなければならない（69条の3第5項）。また，税関長は，疑義貨物に係る認定の通知をする前にその疑義貨物が輸出されないこととなった場合には，その疑義貨物に係る特許権者等に対し，その旨を通知する（69条の3第6項）。

☑☑ 16 著作権者が，自己の著作権を侵害すると認める貨物について，税関長に対し，輸出差止申立てを行う場合において，当該輸出差止申立てが効力を有する期間として当該著作権者が希望することができる期間は4年以内に限ることとされている。

☑☑ 17 税関長は，特許権を侵害する物品で輸出されようとする貨物を没収することはできるが，これを廃棄することはできない。

出題ポイント

輸出してはならない貨物

対象となる貨物及びこれに対する措置のほか，**認定手続**についての出題も行われている。認定手続は，**輸出差止申立て制度**を中心にまとめておくとよい。

! ひっかけ注意 **認定手続の要否**

荷繰りの都合等により，我が国の保税地域に一時的に仮陸揚げされた貨物の中に商標権を侵害する物品が含まれている場合には，税関長は当該物品について認定手続を執らなければならない。（→×**認定手続は不要**） 【H20－13】

輸出されようとする貨物のうちに**商標権を侵害する物品**が含まれている場合には，税関長は当該物品について**認定手続を執らなければならない**（69条の3第1項）。しかし，**仮陸揚げされた貨物**を外国へ向けて送り出すことは関税法上の「**輸出**」**に該当せず，認定手続を執る必要はない。**

16 ○ 特許権者等は，自己の特許権，実用新案権，意匠権，商標権，著作権，著作隣接権若しくは育成者権又は営業上の利益を侵害すると認める貨物に関し，いずれかの税関長に対し，その侵害の事実を疎明するために必要な証拠を提出し，当該貨物が輸出されようとする場合には，当該貨物について当該税関長（申立先税関長）又は他の税関長が認定手続を執るべきことを申し立てることができる（69条の4第1項前段）。輸出差止申立てをしようとする者は，税関長に提出する申立書に輸出差止申立てが効力を有する期間として希望する期間を記載する必要があるが，その期間は4年以内に限ることとされている（施行令62条の3第5号）。

17 × 税関長は，特許権を侵害する物品で輸出されようとする貨物について，認定手続を経た後，没収して廃棄することができる（69条の2第2項，69条の3第4項）。

関税法⑭ 輸入してはならない貨物

関税法第69条の11等

次の記述のうち，正しいものには○を，誤っているものには×をつけなさい。

☑☑ 1　郵便切手及び郵便切手以外の郵便に関する料金を表す証票の模造品は，郵便切手類模造等取締法の規定により総務大臣の許可を受けて輸入するものを除き，輸入してはならない貨物に該当する。

☑☑ 2　税関長は，育成者権を侵害する貨物に該当するか否かについての認定手続において，その認定をするために必要があると認めるときは，経済産業大臣に対し，当該認定のための参考となるべき意見を求めることができる。

☑☑ 3　税関長は，輸入されようとする貨物が児童ポルノに該当する場合には，当該貨物を輸入しようとする者に対して，その積戻しを命じることができる。

☑☑ 4　麻薬及び大麻は，政府が輸入するもの及び他の法令の規定により輸入することができることとされている者が当該他の法令の定めるところにより輸入するものを除き，輸入してはならない貨物に該当する。

☑☑ 5　税関長は，輸入差止申立てがあった場合には，その申立ての際に提出された証拠が当該申立てに係る侵害の事実を疎明するに足りると認められるか否かについて，専門委員に意見を求めることができる。

☑☑ 6　税関長は，輸入貨物が特許権を侵害する物品に該当するか否かの認定手続において，当該特許権の技術的範囲に関し，専門委員に意見を求めることができる。

☑☑ 7　認定手続において，輸入者から要請があった場合には，税関長は必ず専門委員に意見を求めなければならない。

重要度：★★★

1　○　貨幣，紙幣若しくは銀行券，印紙若しくは郵便切手又は有価証券の偽造品，変造品及び模造品並びに不正に作られたクレジットカード又はキャッシュカード等は輸入してはならない貨物に該当する。ただし，本肢の郵便切手等の模造品については，郵便切手類模造等取締法１条２項の規定により総務大臣の輸入の許可を受けた者は，これらの模造品を輸入することができる（69条の11第１項６号）。

2　×　税関長は，育成者権を侵害する貨物に該当するか否かについての認定手続きにおいて，69条の12第１項の規定による認定をするために必要があると認めるときは，農林水産大臣に，その認定のための参考となるべき意見を求めることができる（69条の18第１項）。

3　×　児童ポルノについては，積戻しを命じることはできない。輸入してはならない貨物に該当すると認めるのに相当の理由がある旨を通知する（69条の11第３項）。

4　○　麻薬及び大麻は，本肢に示された例外を除き，輸入してはならない貨物である（69条の11第１項１号）。

5　○　税関長は，輸入差止申立てがあった場合において必要があると認めるときは，専門委員に対し，その申立ての際に提出された証拠が当該申立てに係る侵害の事実を疎明するに足りると認められるか否かについて，意見を求めることができる（69条の14）。

6　×　税関長は，認定手続において，特許権の技術的範囲等に関しては，特許庁長官に対し，意見を求めることができる（69条の19ただし書，69条の17第１項）。専門委員に意見を求めることはできない。

7　×　税関長は，認定手続において，専門委員に対し，意見を求めることができる（69条の19）。必ず意見を求めなければならないわけではない。

☑☑ 8　税関長は，輸入されようとする貨物のうちに実用新案権を侵害するおそれのあるものがあるときは，当該実用新案権を侵害するおそれのあるものを直ちに没収して廃棄することができる。

☑☑ 9　輸入差止申立てが受理された特許権者が，当該申立てに係る貨物についての認定手続中に当該貨物の点検を申請した場合には，税関長は点検の機会を与えなければならない。

☑☑ 10　税関長は，特許権を侵害するおそれのある貨物についての認定手続を執ろうとする場合には，あらかじめ当該貨物に係る特許権者及び当該貨物を輸入しようとする者に対し，意見を述べる機会を与えなければならない。

☑☑ 11　輸入差止申立てに係る貨物を輸入しようとする者が被るおそれがある損害の賠償を担保するための供託を命じられた権利者が定められた期限までにその定められた金銭の全部について供託をしない場合には，税関長はいつでも当該貨物についての認定手続を取り止めることができる。

☑☑ 12　税関長は，認定手続を経た後でなければ，回路配置利用権を侵害する物品で輸入されようとするものを没収して廃棄し，又はこれを輸入しようとする者にその積戻しを命ずることができない。

☑☑ 13　貨幣若しくは紙幣，郵便切手又は有価証券の偽造品，変造品及び模造品は，財務大臣の許可を受けて輸入することができる。

☑☑ 14　輸入差止申立てが受理された育成者権者は，当該申立てに係る貨物について認定手続が執られている間に限り，税関長に対し，当該認定手続に係る疑義貨物について，当該育成者権者がその見本の検査をすることを承認するよう申請することができる。

8 × この場合，認定手続を経た後でなければ，没収して廃棄することができない（69条の12第4項）。

9 ○ 税関長は，輸入差止申立てを受理し認定手続を執ったときは，申立人と貨物を輸入しようとする者に対し，それぞれの申請により貨物を点検する機会を与えなければならない（69条の13第4項）。

10 × 税関長は，認定手続の開始にあたって当該貨物に係る特許権者等及び当該貨物を輸入しようとする者に対し，意見を述べることができる旨等一定の事項を通知しなければならない（69条の12第1項）。あらかじめ意見を述べる機会を与えなければならないこととされているわけではない。

11 × 税関長は，損害賠償金の担保を供託すべきことを命じられた特許権者等が，定められた期限までにその供託を命じられた金銭の全部について，供託をせず，かつ，銀行等との契約により輸入者に対する損害の賠償の保証を得られた旨の届出をしなかった場合には，その供託の原因となった貨物について認定手続を取りやめることができる（69条の15第10項）。

12 ○ 税関長は，輸入されようとする貨物のうちに「知的財産権侵害物品」に該当する貨物があると思料するときは，当該貨物が侵害物品に該当するか否かを認定するための手続を執らなければならない（69条の12第1項前段）。回路配置利用権はこれに該当する。認定手続を経た後でなければ，当該貨物を没収して廃棄し，又はこれを輸入しようとする者にその積戻しを命ずることができない。

13 × 印紙の模造品にあっては財務大臣の許可を受けて，郵便切手の模造品にあっては総務大臣の許可を受けて輸入することができる。また，貨幣等の偽造品等についてはいかなる場合においても輸入することはできない。

14 ○ 育成者権者は認定手続が執られている間に限り，税関長に対し，当該育成者権者が見本の検査をすることを承認するよう申請することができる（69条の16第1項）。

☑☑ 15　税関長は，風俗を害すべき書籍に該当する貨物で輸入されようとするものについて，当該貨物を輸入しようとする者に対して，当該貨物の積戻しを命ずることができる。

☑☑ 16　税関長は，爆発物又は火薬類に該当する貨物で輸入されようとするものを没収して廃棄することができない。

☑☑ 17　覚醒剤取締法に規定する覚醒剤原料は，政府が輸入するもの及び他の法令の規定により輸入することができることとされている者が当該他の法令の定めるところにより輸入するものを除き，輸入してはならない貨物に該当する。

出題ポイント

輸入してはならない貨物

輸出と同様に，**対象貨物**及びこれに対する**措置**のほか，**輸入差止申立て制度**に関する出題が多い。細部についての出題もあるが，**輸出の場合と比較**しつつ，**基本事項を正確に**押さえておくことが重要である。

15 × 税関長は，公安又は風俗を害すべき書籍，図画，彫刻物その他の物品については，没収して廃棄し，又はこれらの貨物を輸入しようとする者に対してその積戻しを命じることができない。この場合，税関長は，これらの貨物を輸入しようとする者に対して，輸入してはならない貨物に該当すると認めるのに相当の理由がある貨物である旨の通知を行わなければならない（69条の11第1項7号，3項）。

16 × 税関長は，爆発物又は火薬類に該当する貨物で輸入されようとするものを没収して廃棄し，又はこれらの貨物を輸入しようとする者に対して積戻しを命じることができる（69条の11第1項3号，4号，2項）。

17 ○ 麻薬及び向精神薬，大麻，あへん，けしがら，覚醒剤及び覚醒剤原料並びにあへん吸煙具は輸入してはならない貨物に該当する。ただし，他の法令の規定により輸入することができることとされている者が当該他の法令の定めるところにより輸入するものは，輸入することができる（69条の11第1項1号）。

! ひっかけ注意 輸入差止申立てをできる者等

回路配置利用権を侵害する物品は，**輸入してはならない貨物に該当する**が，**回路配置利用権者**は**輸入差止申立て**を行うことが**できない**，という知識については，頻繁に出題されている。このほか，誤りやすいと思われる点について以下に挙げる。

① **児童ポルノ**，**公安又は風俗を害すべき書籍**等に該当すると認めるのに相当の理由があるときは，**輸入しようとする者に対し通知**する。税関長が**没収して廃棄し，又は積戻しを命ずることはできない。**

② 税関長は，**認定手続を経た後**でなければ，**知的財産権侵害貨物等**について**没収して廃棄し，又は積戻しを命ずる**措置をとることができない。

③ 疑義貨物に係る**見本の検査**については，**輸入**差止申立ての場合にのみ認められる。**輸出**差止申立ての場合には**認められていない。**

関税法 ⑮

保税地域総論

関税法第30条等

次の記述のうち，正しいものには○を，誤っているものには×をつけなさい。

1　保税地域にある外国貨物を廃棄しようとする者は，当該外国貨物の滅却について税関長の承認を受けている場合を除き，あらかじめその旨を税関に届け出なければならない。

2　保税展示場以外の保税地域においては，外国貨物を見本として展示することができない。

3　税関長の許可を受けて保税地域以外の場所に置かれている外国貨物については，税関長の許可を受けて見本の展示，簡単な加工その他これらに類する行為を行うことができる。

4　許可を受けて保税地域外に置かれている外国貨物については，内容の点検，改装，仕分けその他の手入れを行うことはできない。

5　指定保税地域において，外国貨物について簡単な加工を行おうとするときは，あらかじめその旨を税関に届け出なければならない。

6　保税地域において貨物を管理する者は，輸出の許可を受けた貨物を除き，その管理する外国貨物についての帳簿を設け，必要な事項を記載しなければならない。

7　税関長の許可を受けて総合保税地域にある外国貨物を見本として一時持ち出した場合には，当該見本の一時持出しに係る事項について帳簿に記載する必要はない。

8　保税蔵置場にある外国貨物を見本として一時持ち出そうとする者は，税関長の許可を受けなければならない。

重要度：★★★

1 ○ 保税地域にある外国貨物を廃棄しようとするときは，あらかじめ税関に届け出なければならない。ただし，税関長の滅却の承認を受けた場合は届出の必要はない（34条）。

2 × 指定保税地域，保税蔵置場，総合保税地域においても，外国貨物を見本として展示することができる（40条2項，49条，62条の8第1項3号）。

3 × 他所蔵置許可場所においては，見本の展示，簡単な加工，その他これらに類する行為を行うことはできない（36条2項）。申請をしても許可を受けることはできない。

4 × 他所蔵置貨物については，あらかじめ税関に届け出ることによって内容の点検又は改装，仕分けその他の手入れをすることができる（36条2項）。

5 × 届出ではなく，税関長の許可が必要である（40条2項）。

6 × 保税地域において貨物を管理する者は，外国貨物（信書を除く）又は輸出しようとする貨物についての帳簿を設け，政令で定める事項を記載しなければならない（34条の2，施行令29条の2）。記載対象には輸出の許可を受けた貨物も含まれている。

7 × 総合保税地域において貨物を管理する者は，その管理する外国貨物等について帳簿を設け，所定の事項を記載しなければならない。見本の一時持出しについては，記帳が必要とされている（施行令29条の2第2項8号）。

8 ○ 保税地域にある外国貨物を見本として一時持ち出そうとする者は，税関長の許可を受けなければならない（32条）。

☑☑ 9　関税法第30条第１項第２号（外国貨物を置く場所の制限）の規定により許可を受け，保税地域以外の指定された場所にある外国貨物については，当該許可を受けた者は，当該貨物についての帳簿を設け，政令で定める事項を記載しなければならない。

出題ポイント

保税地域総論

保税地域等における貨物の取締り（**貨物の取扱い**，**見本の一時持出し**，**記帳義務**等）についての出題が多い。**各保税地域等の特徴と関連させて**理解しておこう。

発展問題　記帳義務者

問題　保税蔵置場において貨物を管理する者は，外国貨物又は輸出しようとする貨物についての帳簿を設け，一定の事項を記載しなければならないが，ここにいう「貨物を管理する者」とは，保税蔵置場の許可を受けた者又は保税蔵置場の許可の特例に係る届出をした者をいう。

解答　○

保税地域（保税工場及び保税展示場を除く）において貨物を管理する者は，外国貨物（信書を除く）又は輸出しようとする貨物についての帳簿を設け，政令で定める事項を記載しなければならない（関税法34条の２）。ここにいう「貨物を管理する者」とは，保税蔵置場にあっては保税蔵置場の許可を受けた者又は保税蔵置場の許可の特例に係る届出をした者をいう（関税法基本通達34の２－２）。

9　×　関税法30条１項２号の規定により許可を受け，指定された場所にある外国貨物（他所蔵置許可貨物）については，記帳義務はない（34条の２，36条１項）。

ひっかけ注意　貨物の取扱い

保税地域以外の場所に置くことにつき税関長の許可を受けた外国貨物について，簡単な加工をしようとするときは，税関長の許可を受けなければならない。

【Ｈ９－８】

まず，「**保税地域以外の場所に置くことにつき税関長の許可**を受けた」という表現から，本問は「**他所蔵置許可場所**」**についての出題**であることを読み取る。**他所蔵置許可場所**においては，見本の展示，**簡単な加工はできない**（＝**許可を受けることはできない**）のであるから，本問は誤りとなる。

関税法⑯ 指定保税地域・保税蔵置場

関税法第37条等

次の記述のうち，正しいものには○を，誤っているものには×をつけなさい。

☑☑ 1　指定保税地域とは，国，地方公共団体等が管理する施設で，外国貨物の積卸し若しくは運搬をし，又はこれを一時置くことができる場所として税関長が許可したものをいう。

☑☑ 2　財務大臣は，指定保税地域を利用して行われる外国貿易の減少その他の事由によりその全部又は一部を存置する必要がないと認めるときは，これについて指定保税地域の指定を取り消すことができる。

☑☑ 3　保税蔵置場に外国貨物を入れる者は，当該貨物をその入れた日から3月（やむを得ない理由により必要があると認めるときは，申請により，税関長が指定する期間）を超えて当該保税蔵置場に置こうとする場合には，その超えることとなる日前に税関長の承認を受けなければならない。

☑☑ 4　保税蔵置場に外国貨物を置くことができる期間は2年であるが，その期間の計算に当たっては，他の保税蔵置場に置かれていた期間は通算されない。

☑☑ 5　保税蔵置場の許可を受けた者は，当該保税蔵置場の業務を廃止しようとするときは，あらかじめ税関長の許可を受けなければならない。

☑☑ 6　保税蔵置場の許可を受けた者は，当該保税蔵置場の貨物の収容能力を増加し，又は減少しようとするときは，あらかじめその旨を税関に届け出なければならない。

☑☑ 7　保税蔵置場の許可が失効した場合において，その失効の際，当該保税蔵置場に外国貨物があるときは，当該貨物については，税関長が指定する期間，その許可が失効した場所を保税蔵置場とみなして，引き続き当該貨物を置くことができる。

☑☑ 8　保税蔵置場にある外国貨物が災害により亡失したときは，当該保税蔵置場の許可を受けた者から，直ちにその関税を徴収する。

重要度：★★★

1 × 指定保税地域とは，国，地方公共団体等が管理する施設で，外国貨物の積卸し若しくは運搬をし，又はこれを一時置くことができる場所として，財務大臣が指定したものをいう（37条１項）。

2 ○ 財務大臣は，指定保税地域を利用して行われる外国貿易の減少その他の事由により，その全部又は一部について指定を取り消すことができる（37条２項）。

3 ○ 保税蔵置場に外国貨物を入れる者は，その入れた日から３月（やむを得ない理由があると認められるときは，申請により，税関長が指定する期間）を超えて置こうとする場合には，その超えることとなる日前に税関長に申請し，その承認を受けなければならない（43条の３第１項）。

4 × 他の保税蔵置場に置かれていた期間を通算し，最初に保税蔵置場に置くことが承認された日から２年である（43条の２第１項）。

5 × 保税蔵置場の許可を受けた期間内に業務を廃止しようとするときは，あらかじめその旨を税関長に届け出なければならない（46条）。許可ではない。

6 ○ 保税蔵置場の収容能力を増減し，又はその改築，移転その他の工事をしようとするときは，あらかじめその旨を税関に届け出なければならない（44条１項）。

7 ○ 許可失効の際に，当該保税蔵置場に外国貨物があるときは，当該外国貨物については，税関長の指定する期間，当該場所を保税蔵置場とみなす（47条３項）。

8 × 保税蔵置場にある外国貨物が亡失したときは，保税蔵置場の許可を受けた者から，直ちにその関税を徴収する（45条１項本文）。ただし，外国貨物が災害その他やむを得ない事情により亡失した場合には，関税の徴収は行われない（45条１項ただし書）。

☑☑ 9　保税蔵置場にある外国貨物であって，輸出の許可を受けた貨物以外のものが亡失したときは，当該貨物を輸入しようとしていた者は，直ちにその旨を税関長に届け出なければならない。

☑☑ 10　保税蔵置場の許可を受けた者に合併があったときは，当該保税蔵置場の業務を承継しない旨を税関長に届け出た場合を除き，当該合併後存続する法人が当該合併により消滅した法人の当該許可に基づく地位を承継する。

☑☑ 11　税関長は，保税蔵置場の許可を受けた法人の従業者が保税蔵置場の業務について関税法の規定に違反したときは，期間を指定して外国貨物又は輸出しようとする貨物を当該保税蔵置場に入れることを停止させることができる。

☑☑ 12　保税蔵置場の許可を受けていた者が，当該許可に基づく地位を承継することにつきあらかじめ税関長の承認を受け，当該保税蔵置場の業務を譲り渡した場合において，その譲渡しの際，当該保税蔵置場に外国貨物があるときは，当該業務を譲り渡した者は，当該外国貨物を当該保税蔵置場から出し終わるまでは，当該保税蔵置場についての義務を免れることができない。

☑☑ 13　保税蔵置場の許可を受けた者であって，当該保税蔵置場の業務の休止を届け出た者は，その業務を再開しようとするときは，あらかじめその旨を税関長へ届け出なければならない。

☑☑ 14　保税蔵置場に置かれている外国貨物は，当該外国貨物を置くことの承認がされた日から２年を経過する日までに輸入申告又は積戻し申告をし，その許可を受けなければならない。

☑☑ 15　税関長は，指定保税地域における貨物管理者が指定保税地域の業務について関税法の規定に違反したときは，期間を指定して，その者の管理に係る外国貨物又は輸出しようとする貨物を当該指定保税地域に入れることを停止させることができる。

9　×　保税蔵置場にある外国貨物（輸出の許可を受けた貨物を含む。）が亡失した場合には，当該保税蔵置場の許可を受けた者は，直ちにその旨を税関長に届け出なければならない（45条3項）。当該貨物を輸入しようとしていた者ではない。

10　×　保税蔵置場の許可を受けた者について合併があった場合において，あらかじめ税関長の承認を受けたときは，合併後存続する法人は，当該合併により消滅した法人の当該許可に基づく地位を承継することができる（48条の2第4項）。本肢のような届出制度はない。

11　○　保税蔵置場の許可を受けた者（その者が法人である場合においては，その役員を含む。）又はその代理人，支配人その他の従業者が保税蔵置場の業務について関税法の規定に違反したときは，税関長は，期間を指定して貨物（外国貨物又は輸出しようとする貨物）を保税蔵置場に入れることを停止させることができる（48条1項1号）。

12　×　保税蔵置場の許可を受けた者がその業務を譲り渡した場合において，あらかじめ税関長に許可の承継についての承認の申請をし，承認を受けたときは，業務を譲り受けた者は，業務を譲り渡した者の許可に基づく地位を承継することとなる（48条の2第4項）。すなわち，業務を譲り受けた者が当該保税蔵置場についての義務を承継するのであり，業務を譲り渡した者が当該保税蔵置場についての義務を免れることができないわけではない。

13　○　保税蔵置場の業務の休止の届出をした者が，その業務を再開しようとするときは，あらかじめその旨を税関長に届け出なければならない（施行令39条2項）。

14　×　本肢のような規定はない。なお，最初に保税蔵置場に置くことが承認された日から2年を経過しても外国貨物が置かれている場合には，税関長はその貨物を収容できるという規定はある（80条1項2号，43条の2第1項）。

15　○　税関長は，指定保税地域において貨物を管理する者又はその代理人，支配人その他の従業者が指定保税地域の業務について関税法の規定に違反したときは，期間を指定して，当該貨物管理者の管理に係る外国貨物又は輸出しようとする貨物を当該指定保税地域に入れることを停止させることができる（41条の2第1項）。

☑☑ 16 保税蔵置場にある外国貨物が腐敗，変質等により本来の用途に供されなくなったことにより，当該外国貨物をくずとして処分しようとする者は，あらかじめその旨を税関に届け出なければならないこととされている。

出題ポイント

指定保税地域・保税蔵置場

保税蔵置場についての出題が多い。**蔵置期間**，**許可の要件**，**許可の失効**等について，正確に記憶しておこう。指定保税地域については，財務大臣の指定により設置されること，長期蔵置機能はないこと，税関長が指定保税地域に入れることのできる貨物の種類を定めることを押さえておこう。また，最近では，許可の承継にも注意が必要である。

発展問題 許可申請書の添付書類の取扱い

問題 関税法第42条第１項に基づく保税蔵置場の許可の申請に当たっては，申請者が法人の場合には，「保税蔵置場許可申請書」に「信用状況を証するに足りる書類」として最近の事業年度における事業報告書を添付しなければならない。

解答 ○

関税法42条１項に基づく保税蔵置場の許可の申請は，申請者が法人の場合には，「保税蔵置場許可申請書」を税関に提出することにより行う（関税法基本通達42－７）。この許可申請書には，「信用状況を証するに足りる書類」を添付することを要し，この書類としては，法人については，最近の事業年度における事業報告書とされている（基本通達42－８(1)イ）。

16 ○ 保税地域にある外国貨物を廃棄しようとする者は，あらかじめその旨を税関に届け出なければならない（34条，基本通達34－1(1)）。ここにいう廃棄とは，腐敗，変質等し，本来の用途に供されなくなった外国貨物をくずとして処分することである。

ひっかけ注意 許可の承継

保税蔵置場の許可を受けた者が**死亡した場合又は合併・分割があった場合**，相続人等は**許可に基づく地位を承継**することができる。この際，

① **相続**の場合→**死亡後60日以内**

② **合併・分割**の場合→**あらかじめ**

税関長に**承認の申請**を行う必要がある。保税蔵置場に関する規定であるが，**保税工場，保税展示場に関しても同様**である（②については総合保税地域も同様）。

発展問題 保税蔵置場の許可の申請

問題 保税蔵置場の許可を受けようとする者は，当該許可を受けようとする保税蔵置場が営業用である場合には，当該許可を受けようとする者の信用状況が確実であることその他の事由により税関長が添付する必要がないと認めた場合を除いて，当該許可に係る申請書に，貨物の保管規則及び保管料率表を添付しなければならない。

解答 ○

保税蔵置場の許可の規定による許可を受けようとする者は，一定の事項を記載した申請書を，その許可を受けようとする蔵置場の所在地を所轄する税関長に提出しなければならない（施行令35条1項）。そしてこの申請書には，税関長が申請者の信用状況が確実であることその他の事由によりその添付の必要がないと認める場合を除き，許可を受けようとする蔵置場が営業用のものであるときは，貨物の保管規則及び保管料率表を添付しなければならない（35条2項4号）。

関税法⑰ 保税工場

関税法第56条，第57条等

次の記述のうち，正しいものには○を，誤っているものには×をつけなさい。

☑☑ 1　保税工場において保税作業をしようとする者は，その開始の際，その旨を税関に届け出る必要があるが，保税作業の終了の際については，届け出る必要はない。

☑☑ 2　保税工場に外国貨物を入れる者は，当該貨物をその入れた日から３月を超えて当該保税工場に保税作業のため置こうとする場合には，その超えることとなる日前に，税関長の承認を受けなければならない。

☑☑ 3　保税工場において，外国貨物について加工又はこれを原料とする製造をしようとする者は，その開始の際，税関長の許可を受けなければならない。

☑☑ 4　保税工場における保税作業において，関税法第59条第２項（外国貨物と内国貨物との混用）の規定に基づき，税関長の承認を受けて，外国貨物と内国貨物とを混じて使用したときは，これによってできた製品は，すべて外国から本邦に到着した外国貨物とみなされる。

☑☑ 5　保税工場の許可を受けた者は，当該保税工場において使用する輸入貨物については，当該貨物を当該保税工場に入れた日から３月までの期間に限り，当該保税工場について保税蔵置場の許可を併せて受けているものとみなされる。

☑☑ 6　保税工場にある外国貨物については，税関長の承認を受けて当該保税工場以外の場所で保税作業をすることができる。

☑☑ 7　税関長の許可を受けて保税工場にある外国貨物を保税工場以外の場所に搬出した場合には，当該搬出に係る事項について帳簿に記載する必要はない。

重要度：★★☆

1 ×　保税工場において保税作業をしようとする者は，その開始及び終了の際，その旨を税関に届け出なければならない。ただし，税関長が取締り上支障がないと認めてその旨を通知した場合には，保税作業の開始について，届出が不要となる（58条）。

2 ○　保税工場に外国貨物を入れた日から3月を超えて置こうとする場合には，その超えることとなる日前に，税関長に申請し，その承認を受けなければならない（61条の4，43条の3第1項）。

3 ×　保税工場において保税作業をしようとする者は，原則として，その作業の開始及び終了の際に税関にその旨の届出をしなければならない（58条）。

4 ×　保税工場における保税作業に外国貨物と内国貨物とを使用したときは，これによってできた製品は，外国から本邦に到着した外国貨物とみなされる（59条1項）。ただし，税関長から内外貨混合使用の承認を受けて，外国貨物と内国貨物とを混じて使用したときは，これによってできた製品のうち当該外国貨物の数量に対応するものを外国から本邦に到着した外国貨物とみなすこととされている（59条2項）。

5 ○　保税工場の許可を受けた者は，当該保税工場において使用する輸入貨物については，当該保税工場に入れた日から3月までの期間に限り，当該保税工場につき保税蔵置場の許可を併せて受けているものとみなす（56条2項）。

6 ×　税関長の承認ではなく，許可を必要とする（61条1項）。

7 ×　本肢のように場外作業を行う場合には，その搬出に係る事項について帳簿に記載しなければならない（61条の3，施行令50条1項4号）。

出題ポイント

保税工場

保税蔵置場と共通する規定も多く，第２章⑰で学習したことを生かしていこう。**内外貨混合使用**，**場外作業**等について，正確に理解しておく必要がある。

ひっかけ注意　内外貨混合使用

保税工場においては，外国貨物のみならず，**内国貨物についても保税作業に使用**することが**できる**。

なお，**税関長の承認**を受けて，外国貨物と内国貨物とを混じて使用したときは，これによってできた製品のうち当該**外国貨物の数量に対応するものが外国貨物とみなされる**（この「**承認**」**を受けることができるのは**，**同種の内国貨物を混じて使用する場合のみ**）。しかし，**同種の内国貨物**を混じて使用する場合**でなくとも，混合使用そのものはできる**（この場合には，製品全体が外国貨物とみなされる）。

発展問題　指定保税工場

問題　関税法第61条の２第１項の規定に基づき，税関長が指定した保税工場において税関長が特定した製品を製造するための保税作業をしようとする者は，その開始及び終了の際に，その旨を税関に届け出なければならない。

解答　×

税関長が**保税作業の性質**等を勘案して取締り上支障がないと認め，**製品及びその原料品である外国貨物を特定**して指定した保税工場（「**指定保税工場**」）については，保税作業の**開始及び終了の際の届出を要しない**。

指定を受けた者は，**原則**として，毎月使用又は製造した原料品及び製品の数量等を記載した**報告書を，その翌月10日までに税関に提出**しなければならない。

MEMO

関税法 ⑱ 保税展示場・総合保税地域

関税法第62条の２等

次の記述のうち，正しいものには○を，誤っているものには×をつけなさい。

☑☑ 1　保税展示場に入れられた外国貨物が当該保税展示場内で販売される場合には，その販売は輸入とみなされない。

☑☑ 2　保税展示場に外国貨物を置くことのできる期間は，関税法第62条の３第１項（保税展示場に入れる外国貨物に係る手続）の規定による税関長の承認を受けた日から２年である。

☑☑ 3　保税展示場においては，税関長に届け出ることにより，外国貨物である食料品を試飲又は試食に供することができる。

☑☑ 4　保税展示場に入れられた外国貨物は，税関長の承認を受けて，当該保税展示場以外の場所において展示することができる。

☑☑ 5　保税展示場において有償で観覧に供される物品については，外国貨物のままで展示し，又は使用することはできないが，実費を超えない対価を徴収して外国貨物を観覧又は使用に供することができる。

☑☑ 6　税関長は，あらかじめ，保税展示場に入れられた外国貨物で消費される見込みがあるものにつき，その関税の額に相当する金額の範囲内で担保の提供を求めることができる。

☑☑ 7　総合保税地域の許可を受けた法人が当該総合保税地域の業務について関税法の規定に違反した場合には，税関長は，当該総合保税地域において外国貨物の内容の点検又は改装，仕分けその他の手入れを行うことを停止させることができる。

重要度：★★☆

1　×　保税展示場内で外国貨物が販売される場合には，その販売を輸入とみなす（62条の４第２項，施行令51条の５第２項）。

2　×　博覧会等の会期を勘案して，税関長が必要と認める期間である（62条の２第２項）。会期に合わせて具体的に決定されるのであり，一律に何年というように定められてはいない。

3　×　試飲又は試食は消費行為なので，輸入とみなされ，輸入許可が必要である（２条３項，62条の２第３項，施行令51条の３第２項）。

4　×　税関長は，関税法の実施を確保する上に支障がないと認めるときは，期間，場所を指定して保税展示場以外の場所で使用することを許可することができる（62条の５）。承認ではない。

5　○　保税展示場において，販売され，消費され，又は有償で観覧若しくは使用に供される貨物については，その展示又は使用はできない。ただし，実費を超えない対価を徴収して観覧又は使用に供されるものは除かれる（62条の２第３項，施行令51条の３第２項１号，施行規則７条）。

6　×　販売見込みがあるものについては，税関長は担保の提供を求めることができる（62条の４第２項）。しかし，あらかじめ消費される見込みがあるものについては，このような規定はない。

7　×　税関長がすることができる処分は，貨物を管理する者及び期間を指定して外国貨物又は輸出しようとする貨物を総合保税地域に入れ，若しくは総合保税地域において，外国貨物の加工又は製造，展示又はこれに関連する使用をすることを停止させ，又は総合保税地域の許可を取り消すことである（62条の14第１項）。

出題ポイント

保税展示場・総合保税地域

保税展示場については，**出題範囲が広く**，難問もあるが，**場内での販売，展示等の承認**を中心に，コツコツ知識を固めていこう。**総合保税地域**については，出題は少ないが，**販売用貨物等を入れる場合の届出**に注意しておく必要がある。

発展問題　記帳義務

問題　保税展示場に入れられた外国貨物のうち販売される見込みがある貨物について蔵置場所の制限が行われた場合には，帳簿にその蔵置場所その他その制限に係る事項を記載しなければならない。

解答　○

保税展示場に入れられた外国貨物のうち，販売され，使用され若しくは消費される貨物又はこれらの見込みがある貨物については，必要に応じて蔵置場所の制限を行うことができる（関税法62条の４第１項）。この制限が行われた場合には，帳簿にその蔵置場所その他その制限に係る事項を記載しなければならない（施行令51条の７第１項第３号）。

！ ひっかけ注意　展示等の承認がない場合の搬出と納税義務

保税展示場に入れられ，**承認を受けて展示等を行った**外国貨物で，保税展示場の**許可の失効の際，当該保税展示場にある**ものについて，税関長が定める**期間内に搬出されない**ときは，当該**保税展示場の許可を受けた者から直ちにその関税が徴収**される（62条の６）。

しかし，保税展示場に入れられた外国貨物で展示等の**承認を行うことができない**ものについては，税関長が定める**期間内に搬出がされない**ときであっても，その**関税は徴収されない。**

発展問題　施設の建設のための機械，器具及び装置

問題 国際博覧会に関する条約の適用を受けて開催される国際博覧会の会場である保税展示場においては，当該保税展示場の施設の建設又は撤去のため，外国貨物である機械，器具及び装置を使用することができる。

解答 ○

国際博覧会に関する条約の適用を受けて開催される**国際博覧会**の会場である保税展示場においては，**施設の建設又は撤去のため**，**外国貨物**である機械，器具及び装置を展示又は**使用することができる**（62条の２第３項，施行令51条の３第１項・２項２号）。

なお，**国際博覧会以外**の博覧会等の会場である保税展示場においては，**施設の建設又は撤去のため**の**外国貨物**である機械等について，点検及び改装，仕分等はできるが，展示又は**使用はできない**。

関税法⑲

貨物の収容

関税法第80条等

次の記述のうち，正しいものには○を，誤っているものには×をつけなさい。

☑☑ 1　保税蔵置場，保税工場又は総合保税地域にある外国貨物については，これらの保税地域に入れた後３年を経過したものでなければ，収容することができない。

☑☑ 2　税関長は，保税蔵置場の許可が失効した場合において，その失効の際，当該保税蔵置場に外国貨物があるときは，直ちに当該貨物を収容することができる。

☑☑ 3　収容された貨物についてその解除を受けようとする者は，収容に要した費用，収容課金及び当該貨物に係る関税を納付して，税関長の承認を受けなければならない。

☑☑ 4　税関長は，指定保税地域にある外国貨物が腐敗又は変質のおそれがあるときは，当該外国貨物を当該指定保税地域に入れた日から１月を経過する前であっても収容することができる。

☑☑ 5　税関長に収容された貨物について，収容の解除の承認を受けた場合には，輸入申告をすることなく当該貨物を国内に引き取ることができる。

☑☑ 6　税関長は，収容された貨物が最初に収容された日から１月を経過してなお収容されているときは，公告した後に当該貨物を公売に付することができる。

☑☑ 7　収容の効力は，収容された貨物から生ずる天然の果実に及ばない。

☑☑ 8　指定保税地域の指定が取り消された場合において，その取消しの際，当該保税地域に外国貨物があるときは，税関長は当該貨物を直ちに収容しなければならない。

重要度：★★☆

1 × 蔵入承認，移入承認，総保入承認を受けてから2年を経過したものであれば，収容することができる（80条1項）。

2 × 税関長が指定する期間が経過した後に収容される（80条1項4号）。

3 × 当該貨物に係る関税を納付する必要はない（83条1項）。収容に要した費用及び収容課金を納付する。

4 ○ 税関長は，指定保税地域にある外国貨物で，当該指定保税地域に入れた日から1月を経過したものを収容することができる（80条1項1号）。ただし，貨物が生活力を有する動植物であるとき，腐敗し，若しくは変質したとき，腐敗若しくは変質のおそれがあるとき，又は他の外国貨物を害するおそれがあるときは，その期間を短縮することができる（80条2項）。

5 × 収容の解除を受けた貨物が外国貨物の場合には，これを国内に引き取るには，輸入申告が必要である（67条）。

6 × 収容された貨物が最初に収容された日から4月を経過してなお収容されているときは，公告した後に当該貨物を公売に付することができる（84条1項）。

7 × 収容の効力は，収容された貨物から生ずる天然の果実に及ぶ（81条1項）。

8 × 税関長は，指定保税地域とみなされた場所にある外国貨物で，税関長が指定する期間を経過したものを，収容することができる（80条1項4号）。直ちに収容しなければならないということではない。

☑☑ 9　収容されて置かれている貨物が最初に収容された日から４月を経過していない場合であっても，公売に付される場合がある。

☑☑ 10　収容される貨物の質権者又は留置権者は，関税関係法令以外の法令の規定にかかわらず，その貨物を税関に引き渡さなければならない。

☑☑ 11　関税法第83条第１項の規定により収容の解除の承認を受け，その際置かれた場所にある貨物で，その承認の日から３日を経過したものは，収容されることがある。

☑☑ 12　税関長は，保税地域にある外国貨物を収容しようとする場合には，当該貨物の所有者，管理者その他の利害関係者にあらかじめその旨を通知しなければならない。

! ひっかけ注意

収容を解除する条件に関税の納付がない点に注意を要する。「関税の納付」は輸入許可の条件であって，収容の解除の条件ではないということである。

9　○　次の場合に該当するときは，収容貨物を公売に付すまでの期間を短縮することができる（84条2項）。
①生活力を有する動植物であるとき
②腐敗し，若しくは変質したとき，腐敗若しくは変質のおそれがあるとき
③他の外国貨物を害するおそれがあるとき

10　○　収容される貨物の質権者又は留置権者は，他の法令の規定にかかわらず，その貨物を税関に引き渡さなければならない（80条の2第2項）。

11　○　税関長は，保税地域の利用についてその障害を除き，又は関税の徴収を確保するため，一定の条件を満たす貨物を収容することができる。本肢はこれに該当する（80条1項7号）。

12　×　税関長は，収容に至るまでの期間を短縮して収容した場合には，収容された貨物の知られている所有者，管理者その他の利害関係者にその旨を通知しなければならない（80条3項）。外国貨物を収容しようとする場合に通知する必要はない。

出題ポイント

貨物の収容

収容の対象貨物についての出題により，間接的に**保税地域等の蔵置期間**を問う場合が多い。保税地域等について学習したことを生かそう。**収容の解除**，**公売**・**随意契約**についても，しっかりと理解しておく必要がある。なお，収容・公売に関する出題が多く，留置についてはほとんど出題されていない。

発展問題　貨物の収容の延期

問題　指定保税地域にある輸入貨物で，税関においてやむを得ない事情があると認められるものについては，当該指定保税地域に入れられた日から１月を経過した日から原則として，３月以内の期間に限り，その収容を延期することができる。

解答　×

指定保税地域にある外国貨物で，税関においてやむを得ない事情があると認められるものについては，当該指定保税地域に入れられた日から１月を経過した日（関税法80条１項１号）から原則として，２月以内の期間に限り，その収容を延期することができる（関税法基本通達80－５⑴）。

ひっかけ注意　期間の短縮

次のような場合には，収容時期（保税地域等の蔵置期間を経過したとき）は**短縮**することができる。

①　貨物が**腐敗**，**変質**したとき又は**腐敗**，**変質のおそれ**があるとき
②　貨物が生活力を有する動植物であるとき
③　他の外国貨物を害するおそれがあるとき

例えば，**指定保税地域**にある外国貨物で**腐敗又は変質のおそれ**があるものは，入れた日から**１月を経過していない場合であっても**，**収容されることがある。**

MEMO

関税法 ⑳ 保税運送等

関税法第63条

次の記述のうち，正しいものには○を，誤っているものには×をつけなさい。

☐☐ 1　税関長が指定する期間内に発送される外国貨物の運送について一括して保税運送の承認を受けた者であっても，当該承認に係る外国貨物の運送に際しては，その都度，運送目録を税関に提示し，その確認を受けなければならない。

☐☐ 2　輸出の許可を受けて外国貿易船に積み込まれた外国貨物を他の外国貿易船に積み替えて運送する場合には，保税運送の手続を要する。

☐☐ 3　本邦に到着した外国貿易船に積まれていた外国貨物を他の外国貿易船に積み替えて他の開港に運送する場合には，税関長に申告してその承認を受けなければならない。

☐☐ 4　輸出の許可を受けた貨物を，沿海通航船に積んで他の開港に運送する場合は，保税運送の承認を要する。

☐☐ 5　外国貨物を保税工場に入れる前に当該貨物を当該保税工場に置くことの承認を受けた場合には，保税運送の承認を受けることを要しない。

☐☐ 6　税関長は，保税運送の承認をする場合において必要があると認めるときは，税関職員に当該承認に係る貨物の検査をさせ，また，関税額に相当する担保を提供させることができる。

☐☐ 7　税関長は，保税運送の承認をする場合においては，相当と認められる運送の期間を指定しなければならないこととされており，その指定後災害が生じたため必要があると認めるときは，その指定した期間を延長することができる。

☐☐ 8　外国貨物である郵便物を外国貨物のまま運送しようとするときは，税関長に申告してその承認を受けなければならない。

重要度：★★★

1　×　一括して保税運送の承認を受けた者は，その指定された期間内に発送された外国貨物に係る運送目録について一括して確認を受けることができる（63条3項ただし書）。

2　×　輸出の許可を受けて外国貿易船に積み込まれた外国貨物で，他の外国貿易船に積み替えられて運送されるものについては，承認を要しない（63条1項，施行令52条2号）。

3　×　本邦に到着した外国貿易船に積まれていた外国貨物で，他の外国貿易船に積み替えられて運送されるものについては，承認を要しない（63条1項，施行令52条1号）。

4　○　輸出の許可を受けた貨物は外国貨物であり，他の開港に運送する場合は，税関長の承認を要する（63条1項）。

5　×　保税工場に置くことの承認を受けた場合でも，保税運送の承認を受ける必要がある（63条1項）。

6　○　税関長は必要があると認めるときは，貨物の検査をさせることができ，また，関税額に相当する担保の提供をさせることができる（63条2項）。

7　○　税関長は，運送の承認をする場合においては，相当と認められる期間を指定しなければならない。この場合において，その指定後災害その他やむを得ない事由が生じたため必要があると認めるときは，税関長は，その指定した期間を延長することができる（63条4項）。

8　×　外国貨物である郵便物については保税運送の承認は不要である（63条1項）。税関長に届け出ることにより外国貨物のまま運送することができる（63条の9第1項）。

9　輸入の許可を受けた貨物を外国貿易船に積んで他の開港に運送する場合は，税関長の運送の承認は不要である。

10　保税運送の承認を受けた貨物（一括して承認を受けた貨物を除く）を運送する場合には，当該貨物の運送に際し，運送目録を税関に提示し，その確認を受けなければならない。

11　税関長が指定する期間内に発送される外国貨物の運送について一括して保税運送の承認をする場合には，税関長は関税額に相当する担保を提供させることはできない。

12　保税運送の承認を受けて運送された外国貨物が運送中に亡失した場合には，当該貨物の所有者からその関税が徴収される。

13　保税運送の期間の延長の申請は，当該運送を承認した税関長のほか，貨物のある場所を所轄する税関長に対しても行うことができる。

14　難破貨物については，税関職員に届け出ることにより外国貨物のまま運送することができる。

15　内国貨物を外国貿易機に積んで本邦内の空港相互間を運送する場合には，税関長の承認を受けることを要しない。

16　保税運送の承認を受けて運送された外国貨物が，運送人の不注意により亡失し，指定された運送の期間内に運送先に到着しないときは，税関長は，当該運送人から直ちにその関税を徴収する。

17　特定輸出申告を行い，輸出の許可を受けた貨物については，その運送に際し，関税法第63条第１項（保税運送）の規定による税関長の承認を受ける必要はない。

9 ×　輸入の許可を受けた貨物は内国貨物である。内国貨物を外国貿易船等に積んで本邦内の場所相互間を運送しようとする者は，税関長に申告してその承認を受けなければならない（66条１項）。無許可輸出防止のためである。

10 ○　運送承認を受けた外国貨物の運送に際しては，運送目録を税関に提示し，その確認を受けなければならない（63条３項）。

11 ×　保税運送の承認をする際に必要があると認めるときは，関税額に相当する担保の提供をさせることができる（63条２項）。一括して保税運送の承認をする場合も同様である。

12 ×　貨物の所有者からではなく，運送の承認を受けた者から，その関税を徴収する（65条１項）。

13 ○　税関長は，運送の承認をする場合においては，相当と認められる期間を指定しなければならない。この場合において，その指定後やむを得ない事由が生じたため必要があると認めるときは，税関長は，その指定した期間を延長することができる（63条４項）。運送期間の延長を受けようとする者は，運送を承認した税関長又は運送貨物のある場所を所轄する税関長に，承認申請をしなければならない（施行令55条）。

14 ×　難破貨物等一定の貨物を外国貨物のまま運送するには，原則として税関長の承認を受けなければならない（64条１項）。

15 ×　内国貨物を外国貿易機に積み込んで，本邦内の場所相互間を運送する際には，税関長に申告し，その承認を受けなければならない（66条１項）。

16 ×　運送の承認を受けた者から直ちにその関税を徴収する（65条１項）。運送人からではない。

17 ○　外国貨物を運送する場合には，原則として税関長の承認を要するが，運送される貨物の特性からみて税関の取締り上支障がないと認められる外国貨物については，保税運送の承認を要しない（63条１項かっこ書）。特例輸出貨物はこれに該当する。

☑☑ 18　輸出の許可を受ける貨物について，保税運送しようとする場合には，当該貨物の輸出申告の際にこれと併せて保税運送の申告をすることができる。

☑☑ 19　外国貨物の移動が同一開港又は同一税関空港の中で行われる場合には，当該外国貨物は，保税運送の承認を受けることなく外国貨物のまま運送することができる。

☑☑ 20　税関長は，運送の状況その他の事情を勘案して取締り上支障がないと認めるときは，１年の範囲内で税関長が指定する期間内に発送される外国貨物の運送について一括して承認することができる。

☑☑ 21　保税運送の承認を受けて運送された外国貨物（輸出の許可を受けた貨物を除く。）がその指定された運送の期間内に運送先に到着しないときは，当該外国貨物の荷受人から，直ちにその関税が徴収される。

☑☑ 22　保税運送の承認を受けて保税地域相互間を外国貨物のまま運送する場合における輸送手段については，海路又は空路に限ることとされている。

18　〇　輸出の許可を受ける貨物について保税運送をしようとするときは，輸出申告の際にこれと併せて保税運送の申告をすることができる（基本通達63－16）。

19　〇　外国貨物を運送する場合には，原則として，税関長の承認を要するが，運送される貨物の特性からみて税関の取締り上支障がないと認められる外国貨物については，保税運送の承認を要しない（63条1項かっこ書，施行令52条）。同一開港内等において移動される外国貨物はこれにあたる（基本通達63－3(1)イ）。

20　〇　税関長は，運送の状況その他の事情を勘案して取締り上支障がないと認めるときは，所定の期間（1年）の範囲内で税関長が指定する期間内に発送される外国貨物の運送について一括して承認することができる（包括保税運送）（63条1項，施行令53条の2第1項）。

21　×　保税運送又は難破貨物の運送の承認を受けた外国貨物（輸出の許可を受けた貨物を除く。）が指定された運送の期間内に運送先に到着しないときは，運送の承認を受けた者から，直ちにその関税が徴収される（65条1項）。当該外国貨物の荷受人からではない。

22　×　保税運送の承認を受けて保税地域相互間を外国貨物のまま運送する場合における輸送手段は，海路又は空路に限定されておらず陸路も含まれる（施行令53条1項，基本通達63－5(1)）。

出題ポイント

保税運送等

保税運送の承認の要否について問われることが多い。特に「**外国貿易船に積まれた貨物**」に注意しておこう。運送の際の手続は，「**運送目録**」に注目して理解しておこう。

発展問題 包括保税運送

問題 税関長が指定する期間内に発送される外国貨物の運送について一括して保税運送の承認を受けた場合であっても，当該貨物の運送の都度，運送目録を税関に提示し，その確認を受けなければならない。

解答 ×

一括して保税運送の承認を受けた貨物については，運送の都度，運送目録を税関に提示し，その確認を受ける**必要はない**。発送確認，到着確認とも，**1月ごとに一括して確認**を受けることができる。

発展問題 輸出又は積戻し貨物の運送

問題 一の輸出申告書を提出することにより輸出申告と保税運送申告を併せて行うことはできない。

解答 ×

輸出又は積戻しの許可を受ける貨物について，保税運送をしようとする場合は，便宜，その貨物の輸出又は積戻しの申告の際にこれと併せて保税運送の申告を行うことができる（基本通達63－16）。

発展問題 保税運送の承認をしない外国貨物

問題 数量の確定していない貨物で，関税法第４条（課税物件の確定の時期）に規定する課税物件の確定上支障があると認められるものについては，原則として保税運送を承認しない。

解答 O

数量の確定していない貨物で，関税法４条（課税物件の確定の時期）に規定する課税物件の確定上支障があると認められるものについては，保税運送を承認しないものとされている。ただし，運送することについて，やむを得ない理由があり，かつ，取締上支障がないと認められる場合には，承認される（関税法基本通達63－１(3)）。

関税法㉑ 保税運送の特例（特定保税運送制度）

関税法第63条の2等

次の記述のうち，正しいものには○を，誤っているものには×をつけなさい。

1　関税法第50条第１項（保税蔵置場の許可の特例）の承認を受けている者でなければ，特定保税運送者の承認を受けることはできない。

2　認定通関業者は，既に定めている法令遵守規則があるので，当該法令遵守規則に特定保税運送に係る事項を記載すれば，税関長の承認を受けることなく特定保税運送者になることができる。

3　特定保税運送者の承認を受けようとする法人の役員が懲役刑に処せられた場合であっても，その起因となった犯罪行為が当該法人の業務に関係しないものである場合には，特定保税運送者の欠格事由に該当しない。

4　特定保税運送者は，特定保税運送に関する業務を他の運送業者に委託することはできない。

5　特定保税運送者は，特定保税運送に際しては，船荷証券を税関に提示しその確認を受けなければならない。

6　特定保税運送者は，特定保税運送に係る外国貨物が運送先に到着したときは，船荷証券を遅滞なく到着地の税関に提出し，その確認を受けた後に当該船荷証券を当該船荷証券の発送の確認をした税関に提出しなければならない。

7　特定保税運送に係る外国貨物が発送の日の翌日から起算して７日以内に運送先に到着しないときは，当該貨物が災害その他やむを得ない事情により亡失した場合又はあらかじめ税関長の承認を受けて滅却された場合を除き，当該外国貨物の所有者から直ちにその関税を徴収する。

重要度：★★★

1　×　特定保税運送者の承認を受けることができる者は，認定通関業者又は国際運送貨物取扱業者（保税蔵置場の許可の特例又は保税工場の許可の特例の承認を受けた者その他の国際運送貨物の運送又は管理に関する業務を行う者として政令で定める要件に該当する者）である（63条の2第1項，施行令55条の2）。

2　×　あらかじめいずれかの税関長の承認を受けなければならない（63条の2第1項）。本肢のような規定はない。

3　×　その起因となった犯罪行為が当該法人の業務に関係しないものであっても，欠格事由に該当する（63条の4第1号ハ，ヘ）。

4　×　特定保税運送に関する業務を他の運送業者に委託することは禁止されていない（63条の4第3号，施行規則7条の4第5号）。

5　×　特定保税運送に際しては，運送目録を税関に提示し，その確認を受けなければならない（63条の2第2項）。船荷証券を提示すべき旨の規定はない。

6　×　貨物が運送先に到着したときは，運送目録を，遅滞なく到着先の税関に提示し，その確認を受けなければならない（63条の2第3項）。そして，確認を受けた運送目録を，発送の確認をした税関の税関長に，到着確認を受けた日から1月以内に提出しなければならない（63条の2第4項，施行令55条の4第2項）。船荷証券ではない。

7　×　外国貨物の所有者からではなく，特定保税運送者から，直ちにその関税を徴収する（65条2項・1項）。

☑☑ 8　認定通関業者又は国際運送貨物取扱業者であって，あらかじめいずれかの税関長の承認を受けた者は，関税法第63条第１項（保税運送）の規定による税関長の承認を受けることを要しない。

☑☑ 9　特定保税運送者が特定保税運送を行う場合であっても，保税運送の承認を受けなければ外国貨物のまま運送することはできない。

出題ポイント

保税運送の特例（特定保税運送制度）

平成20年から出題されている。**承認を受けることができる場合**，**特定保税運送の手続**を中心に，**他のAEO制度と比較**しつつ，理解しておこう。特定保税運送については保税運送の承認が不要であるが，それ以外の手続についてはほぼ通常の保税運送と同じであることを押さえておこう。

8　○　外国貨物を本邦内の場所相互間で運送する場合には，保税運送の承認を受けなければならないが，運送貨物のセキュリティ管理と法令遵守体制の整備された事業者であって，あらかじめいずれかの税関長の承認を受けた者（特定保税運送者）が「特定区間であって政令で定める区間」において行う外国貨物の運送については，保税運送の承認を要しない（63条の2第1項）。そして，特定保税運送者として税関長の承認を受けることができる者は，認定通関業者又は国際運送貨物取扱業者である。

9　×　認定通関業者又は国際運送貨物取扱業者であって，あらかじめいずれかの税関長の承認を受けた者（特定保税運送者）が特定区間であって政令で定める区間において行う外国貨物の運送（特定保税運送）については，保税運送の承認を受けることを要しない（63条の2第1項，施行令55条の3）。

関税法㉒

認定通関業者

関税法第79条

次の記述のうち，正しいものには○を，誤っているものには×をつけなさい。

☑☑ 1　関税法第79条第１項に規定する認定を受けようとする者は，通関業法第６条第１号（欠格事由）に規定する心身の故障により通関業務を適正に行うことができない者として財務省令で定めるものに該当する場合には，当該認定を受けることができない。

☑☑ 2　通関業の許可を受けて３年を経過している者は，輸出及び輸入に関する業務について法令遵守規則を定めていれば，認定通関業者の認定を受けることができる。

☑☑ 3　税関長は，認定通関業者が，その通関業に係る経営の基礎が確実でなくなった場合には，関税法第79条第１項の認定を取り消すことができる。

☑☑ 4　禁錮（こ）以上の刑に処せられた者であっても，その執行を終わり，又は執行を受けることがなくなってから２年を経過している場合には，認定通関業者の認定を受けることができる。

☑☑ 5　税関長は，関税法第79条の５第１項（認定の取消し）の規定により認定通関業者の認定を取り消した場合には，その旨及びその理由を記載した書面によりその認定を受けていた者に通知しなければならない。

☑☑ 6　関税法第109条（輸入してはならない貨物を輸入する罪）の規定に違反して通告処分を受けた者であっても，その通告の旨を履行した日から２年を経過している場合には，認定通関業者の認定を受けることができる。

☑☑ 7　関税法第79条の２（規則等に関する改善措置）の規定による税関長の求めに応じなかったため認定通関業者の認定を取り消された通関業者であっても，法令遵守規則を整備することにより，直ちに認定通関業者の認定を受けることができる。

重要度：★★☆

1 ○ 通関業法第6条に規定する欠格事由のいずれかに該当する者については，通関業者の認定は行われない（79条3項1号ニ，通関業法6条1号）。

2 × このことだけで認定を受けることができるわけではない。79条3項（認定通関業者の認定の要件）に定める基準に適合している必要がある。

3 ○ 税関長は，認定通関業者が許可の基準に該当するに至ったときは，その認定を取り消すことができる。本肢は，これに該当する（79条の5第1項1号，79条3項1号ハ，通関業法5条1号）。

4 × 認定通関業者の認定を受けるためには，その執行を終わり，又は執行を受けることがなくなってから3年を経過している必要がある（79条3項1号ニ，通関業法6条3号）。

5 ○ 税関長は，通関業者の認定を取り消した場合には，その旨及びその理由を記載した書面によりその認定を受けていた者に通知しなければならない（79条の5，施行令69条の3）。

6 × 関税法109条の規定に違反して通告処分を受けた者であって，その通告の旨を履行した日から3年を経過していない場合には，認定通関業者の認定を受けることができない（79条3項1号ニ，通関業法6条4号イ）。

7 × 本肢の場合，当該認定を取り消された日から3年を経過しなければ認定を受けることができない（79条3項1号イ）。

☑☑ 8　通関業務その他の輸出及び輸入に関する業務を適正かつ確実に遂行することができるものと認められる通関業者については，税関長は，当該通関業者からの申請によることなく，認定通関業者として認定することができる。

出題ポイント

認定通関業者

認定の要件について問われることが多い。**一般の通関業者と異なる点**をしっかりと理解しておこう。通関業法でも出題されているが，「**認定通関業者も通関業者であり，通関業法の規定に服する**」点に注意しておこう。また，特定輸出者の承認の要件と比較して覚えておこう。

! ひっかけ注意　認定の手続き

通関業務その他の輸出及び輸入に関する業務を適正かつ確実に遂行することができるものと認められる通関業者については，税関長は，当該通関業者からの申請によることなく，認定通関業者として認定することができる。【H20－27】

通関業者は，**申請により**，通関業務その他の**輸出及び輸入に関する業務**を**適正かつ確実に遂行**することができるものと認められる旨の税関長の**認定**を受けることができる。したがって，本問は誤りとなる。

! ひっかけ注意

通関業者の認定の要件は，特定輸出者の承認の要件と似ている。しかし，異なる点もあるので，この点に注意しよう。すなわち，認定の要件は大きく分けると以下の3つとなる。

①　欠格事由（通関業法）に該当しないこと

②　電子情報処理組織を使用して業務を行う等の能力を有していること

③　法令遵守規則を定めていること

このうち②，③については同じであるが，①について少し異なる点があるので，この点に注意しよう。

8　×　通関業者は，申請により，通関業務その他の輸出及び輸入に関する業務を適正かつ確実に遂行することができるものと認められる旨の税関長の認定を受けることができる（79条1項）。申請が必要である。

関税法㉓ 課税物件の確定の時期

関税法第４条

関税の課税物件の確定の時期に関する次の記述のうち，正しいものには○を，誤っているものには×をつけなさい。

☑☑ 1　保税蔵置場に置くことの承認を受けた外国貨物については，当該承認の申請がされた時である。

☑☑ 2　保税蔵置場に置かれた外国貨物であるブランデーの原酒（アルコール分が60％で，100リットルの容器に入ったもの）については，当該保税蔵置場に置くことが承認された時の現況による。

☑☑ 3　船用品の積込みの承認を受けて保税地域から引き取られた外国貨物である船用品で，その指定された積込みの期間内に船舶に積み込まれないものについては，当該指定された積込みの期間が経過した時である。

☑☑ 4　保税運送の承認を受けて運送された外国貨物であって，運送途上で亡失したものについては，当該亡失の時である。

☑☑ 5　留置された貨物で，随意契約により売却されたものについては，その売却の時である。

☑☑ 6　輸入申告をした後輸入の許可を受ける前に国内に引き取られた貨物については，その引取りの時である。

☑☑ 7　保税展示場に入れられた外国貨物であって，当該保税展示場において当該外国貨物を加工して得た製品については，その加工の時である。

☑☑ 8　保税展示場において外国貨物を原料として製造して得た製品のうち，使用により価値の減少があったもので，税関長の承認を受けたものについては，当該承認の時の現況により課税される。

☑☑ 9　関税の課税対象となる輸入貨物の課税物件の確定の時期は，原則として輸入許可の時である。

重要度：★★★

1　×　課税物件の確定の時期は，保税蔵置場に置くことの承認の時である（4条1項1号）。

2　×　本肢の原酒の課税物件の確定時期は，輸入申告の時の現況による（4条1項1号かっこ書，施行令2条1項5号）。

3　×　課税物件確定の時期は，当該積込みが承認された時である（4条1項5号）。

4　×　保税運送の承認を受けて運送された外国貨物が，運送途上で亡失し，運送期間を経過しても運送先に到着しない場合には，当該保税運送が承認された時が課税物件の確定時期となる（4条1項5号）。

5　○　収容又は留置された貨物で公売等されたものについては，公売・随意契約による売却の時が課税物件の確定時期となる（4条1項7号）。

6　×　輸入申告をした後輸入の許可を受ける前に国内に引き取られた貨物の課税物件の確定の時期は輸入申告の時である（4条1項本文）。

7　×　保税展示場において外国貨物の加工・製造等によってできた製品を輸入する場合は，加工・製造原材料である外国貨物を保税展示場に入れることの承認の時が課税物件の確定時期となる（4条1項3号の2）。

8　×　この場合は原則通り輸入申告の時である（4条1項本文）。

9　×　関税の課税対象となる輸入貨物の課税物件の確定時期は，原則として輸入申告の時である（4条1項本文）。

☑☑ 10 保税運送の承認を受けて運送された外国貨物で運送途中に災害その他やむを得ない事由により亡失したものについては，当該亡失のときの現況により課税される。

☑☑ 11 税関長に届け出て外国貨物のまま運送された郵便物で，亡失により発送の日の翌日から起算して7日以内に運送先に到着しないものに対し関税を課す場合の基礎となる当該郵便物の性質及び数量は，当該亡失の時における現況による。

☑☑ 12 保税展示場に入れられた外国貨物で保税展示場における販売を目的とするものについては，当該販売のための輸入の時の現況により課税される。

☑☑ 13 保税工場外における保税作業を許可された外国貨物で，その指定された期間が経過した後においても，もとの保税工場に戻し入れられないものについては，当該許可がされた時の現況により課税される。

☑☑ 14 関税法第63条第1項後段（保税運送）の規定により一括して保税運送の承認を受けて運送された外国貨物で，運送先に到着する前に亡失したものについては，その運送が承認された時の現況により課税される。

☑☑ 15 税関長の承認を受けて保税蔵置場に置かれている外国貨物があらかじめ税関長の承認を受けることなく滅却された場合において，当該外国貨物に関税を課する際の基礎となる貨物の性質及び数量は，当該外国貨物の滅却の時における現況による。

☑☑ 16 外国貿易船に積まれている外国貨物であって船用品でないものが輸入される前に本邦において消費された場合において，当該外国貨物に関税を課する際の基礎となる貨物の性質及び数量は，当該外国貨物の消費の時における現況による。

☑☑ 17 総合保税地域に置くことの承認を受けた外国貨物であって，亡失したものについては，当該保税地域に置くことが承認された時の現況による。

☑☑ 18 特例委託輸入者により電子情報処理組織を使用して輸入申告がされた貨物であって，輸入の許可を受けたもの（関税法第4条第1項第5号の3に掲げるもの）に対し関税を課する場合の基礎となる当該貨物の性質及び数量は，当該輸入申告の時における現況による。

10 × 災害その他やむを得ない事由により亡失した場合は，納税義務を免れる（65条1項）。

11 × 本肢の場合，亡失の時ではなく，当該発送された時の現況による（4条1項5号の2）。

12 × 展示等承認の時の現況により課税される（4条1項3号の2）。

13 ○ 保税工場外作業に出すことの許可の時の現況により課税される（4条1項3号）。

14 × 一括して保税運送の承認を受けた外国貨物については，当該承認に係る外国貨物が発送された時の現況により課税される（4条1項5号かっこ書）。

15 × 当該外国貨物に関税を課する際の基礎となる貨物の性質及び数量は，当該保税蔵置場に置くことの承認を受けた時における現況による（4条1項1号，43条の3第1項）。

16 ○ 本肢では，当該外国貨物の消費の時に当該外国貨物を輸入するものとみなされる。したがって，当該外国貨物に関税を課する際の基礎となる貨物の性質及び数量は，当該外国貨物の消費の時における現況による（2条3項）。

17 ○ 本肢の貨物についての課税物件の確定の時期は，置くことの承認を受けた時の現況による（4条1項1号，4号）。

18 × 本肢の貨物に対し関税を課する場合の基礎となる当該貨物の性質及び数量は，当該輸入許可の時における現況による（関税法4条1項5号の3，67条の2第3項3号）。

☑☑ 19 輸入申告がされた後に，輸入の許可を受けないで輸入された貨物に対し関税を課する場合の基礎となる当該貨物の性質及び数量は，その輸入の時における現況による。

出題ポイント

課税物件の確定の時期

関税を課する場合の基礎となる貨物の**性質及び数量**は，当該貨物の**輸入申告の時**における現況によるのが原則である（**課税物件の確定の時期**）。例外となる場合について，適用法令，納税義務者と関連付けて覚えておくようにしよう。また，関税額の計算問題の基礎となるので，しっかり学習する必要がある。

発展問題　欠減が生ずるものとして政令で定める貨物

問題 保税蔵置場に置かれた外国貨物であるウィスキーの原酒（アルコール分が50%以上で2リットル以上の容器に入ったもの）についての関税の課税物件の確定の時期は，保税蔵置場に置くことが承認された時である。

解答 ×

通常保税蔵置場等に置かれる期間が長期にわたり，その間に**欠減が生ずるものとして政令で定める**もの（**ウィスキー**，ブランデー等のうち**アルコール分が50%以上**のもの，ラム又はタフィア等で**2リットル以上の容器入り**のもの）については，**輸入申告の時**が課税物件の確定の時期となる（施行令2条1項，ジン，ウオッカ，リキュール等は含まれていない）。

19　×　本肢の貨物に対し関税を課する場合の基礎となる当該貨物の性質及び数量は，その輸入申告の時における現況による（4条1項）。

発展問題　保税展示場で有償で観覧又は使用に供されるもの

問題　保税展示場へ入れることの承認を受けた外国貨物で，保税展示場において有償で観覧又は使用に供されるものについては，承認がされた時が課税物件確定の時期である。

解答　〇

有償で観覧又は使用に供されるということは，販売又は消費を目的とすることに類する。したがって，保税展示場に入れることの承認を受けた時が課税物件の確定の時期となる（関税法4条1項3号の2，施行令2条4項1号）。

発展問題　一括して機用品の積込みの承認を受けて保税地域から引き取られた貨物

問題　一括して機用品の積込みの承認を受けて保税地域から引き取られた外国貨物である機用品で，その指定された期間内に航空機に積み込まれなかったものについては，当該積込みの承認の時が課税物件確定の時期である。

解答　×

一括して機用品の積込みの承認を受けて保税地域から引き取られた貨物である機用品で，その指定された期間内に航空機に積み込まれなかったものについては，当該承認に係る外国貨物が保税地域から引き取られた時である（関税法4条1項5号かっこ書）。

関税法 ㉔ 適用法令

関税法第５条

関税を課する場合の適用法令に関する次の記述のうち，正しいものには○を，誤っているものには×をつけなさい。

1　保税蔵置場に置かれた外国貨物で，輸入申告がされた後輸入の許可がされる前に当該外国貨物に適用される法令の改正があったものについては，当該輸入申告の日において適用される法令による。

2　賦課課税方式が適用される郵便物であって日本郵便株式会社から税関長に提示がされたものについては，当該提示がされた時の属する日において適用される法令による。

3　収容された外国貨物で，公売に付されるものについては，その公売の日において適用される法令による。

4　保税蔵置場にある外国貨物で，あらかじめ税関長の承認を受けることなく滅却されたものについては，当該貨物を当該蔵置場に入れた日において適用される法令による。

5　保税作業のため，許可を受けて保税工場から当該保税工場以外の場所に出された外国貨物で，指定された期間を経過して当該場所に置かれているものについては，当該許可の日において適用される法令による。

6　特定保税運送に係る外国貨物で，その発送の日の翌日から起算して７日以内に運送先に到着しないものについては，その発送の日の翌日から起算して７日を経過した日において適用される法令による。

7　一括して保税運送の承認を受けた外国貨物で，運送の指定期間内に運送先に到着しないものについては，当該承認の日において適用される法令による。

8　総合保税地域に置かれた外国貨物については，当該貨物を引き取る日において適用される法令による。

重要度：★★★

1 × 輸入申告された後，輸入の許可がされる前に，法令の改正があった場合，適用される法令は，輸入許可の日の法令である（5条2号）。

2 ○ 本肢の郵便物についての適用法令は，当該提示がされた時の属する日において適用される法令である（5条1号，4条1項6号）。

3 ○ 収容又は留置された貨物で公売等されたものについては，その公売等の時の属する日において適用される法令が適用される（5条1号）。

4 × 保税地域にある外国貨物が滅却された時は，滅却された時の属する日において適用される法令が適用される（5条1号）。

5 ○ 保税工場外作業の許可を受けた貨物で指定期間を経過しても当該保税工場に戻らない貨物については，保税工場外作業に出すことの許可の日において適用される法令が適用される（5条1号）。

6 × 特定保税運送に係る外国貨物で，発送の日の翌日から起算して7日以内に運送先に到着しないものは，当該貨物が発送された日において適用される法令が適用される（5条1号）。

7 × 一括して保税運送の承認を受けた外国貨物で指定された運送の期間内に運送先に到着しないものについては，当該承認に係る外国貨物が発送された時の属する日において適用される法令が適用される（5条1号）。

8 × 輸入申告の日において適用される法令による（5条本文）。

☑☑ 9　総合保税地域に置くことの承認を受けた外国貨物で，蔵置中に滅却したものについては，当該滅却の日において適用される法令により課税される。

☑☑ 10　保税蔵置場に置くことが承認された貨物は，当該承認された日において適用される法令により課税される。

☑☑ 11　船用品の積込みの承認を受けて保税地域から引き取られた外国貨物である船用品で，船舶への積込み前に亡失したものについては，当該亡失の日において適用される法令により課税される。

☑☑ 12　特例輸入者が保税地域に入れることなく電子情報処理組織（NACCS）を使用して輸入申告をした貨物であって，輸入の許可を受けたものについては，当該輸入申告の日において適用される法令による。

9 ○ 総保入承認を受けた貨物で蔵置中に滅却したものについては，その滅却の日において適用される法令により課税される（5条1号，4条1項4号）。

10 × 蔵入承認貨物は，輸入申告の日において適用される法令により課税される。原則どおりである（5条本文）。

11 × 本肢の場合，船用品の積込みの承認がされた日において適用される法令により課税される（5条1号）。

12 × 本肢の貨物については，当該輸入の許可の時の属する日において適用される法令による（5条1号，4条1項5号の3）。当該輸入申告の日ではない。

出題ポイント

適用法令

関税を課する場合に適用される法令は，輸入申告の日の法令によるのが原則である（適用法令）。例外となる場合について，特に**課税物件の確定の時期**と関連付けて押さえておいてほしい。また，他の問題と関連させて出題されることもあるので，確実に理解しておく必要がある。

発展問題　関税率の種類

問題 同一品目について関税定率法別表に規定する税率（基本税率）と関税暫定措置法別表第1に規定する税率（暫定税率）とがある場合においては，基本税率は適用されない。

解答 ○

基本税率は，関税定率法別表の関税率表において輸入貨物のすべてについて定められているものであり，関税の税率の基本をなすものである。暫定税率は，特定の貨物につき，その時々の経済的要請等を勘案して，一定期間に限り適用するものとして関税暫定措置法別表第1及び第1の3に定められているものである。関税暫定措置法は関税定率法に対し特例法の関係にあるので，暫定税率は基本税率に優先して適用される。

ひっかけ注意 一括承認の場合

保税運送の承認を受けて運送された外国貨物で，指定された**期間内に運送先に到着しない**ものについては，**原則**として**承認の日の法令が適用**される。

しかし，**一括して保税運送の承認**を受けた外国貨物ついては，承認期間の間に**何回かにわたって保税運送が行われる**ため，適用法令を当該承認の日において適用される法令とすることは，合理的でない。そこで，到着しない**貨物が発送された日**の法令が適用される。

課税物件の確定の時期についても同様であるので，一括して船（機）用品積込承認を受けた場合と併せて，以下にまとめる。

① **一括して保税運送の承認**を受けた場合

課税物件の確定の時期	承認に係る外国貨物が**発送された時**
適用法令	承認に係る外国貨物が**発送された日**

② **一括して積込みの承認**を受けた場合

課税物件の確定の時期	承認に係る外国貨物が**保税地域から引き取られた時**
適用法令	承認に係る外国貨物が**保税地域から引き取られた日**

関税法㉕ 納税義務者

関税法第６条等

関税の納税義務に関する次の記述のうち，正しいものには○を，誤っているものには×をつけなさい。

□□ 1　保税蔵置場にある外国貨物で輸入申告後輸入の許可前に亡失したものの関税については，当該輸入申告をした者が関税を納付する義務を負う。

□□ 2　保税展示場の許可の期間の満了の際に当該保税展示場にある外国貨物で，税関長が定めた期間内に搬出されないものの関税については，当該貨物の出品者が関税を納付する義務を負う。

□□ 3　保税展示場にある外国貨物（輸出の許可を受けたものを除く。）が亡失したときは，当該貨物の所有者がその関税を納める義務を負う。

□□ 4　国内に引き取られる予定の外国貨物で，開港内に停泊している外国貿易船の船上で消費されたものの関税については，その消費をした者が関税を納付する義務を負う。

□□ 5　輸入の許可を受けた貨物について，納付された関税に不足額があった場合において，その輸入の許可の際に輸入者とされた者の住所及び居所が明らかでないときは，当該貨物の輸入に際してその通関業務を取り扱った通関業者が当該輸入者に代わって当該関税を納める義務を負う。

□□ 6　総合保税地域において外国貨物が亡失し，当該外国貨物に係る関税が徴収される場合において，当該総合保税地域の許可を受けた法人が当該外国貨物を管理していなかったときは，当該法人は，当該関税を納める義務を負わない。

□□ 7　軽減税率（関税暫定措置法第９条第１項）の適用を受けて輸入された貨物が，税関長の承認を受けることなくその輸入の許可の日から２年以内に当該軽減税率の適用を受けた用途以外の用途に供するために譲渡された場合に徴収することとされている関税については，当該貨物を譲渡した者が納税義務を負う。

重要度：★★★

1 × 保税蔵置場に置かれた外国貨物が亡失し，又は滅却されたときは，保税蔵置場の許可を受けた者から直ちにその関税が徴収される（45条1項）。

2 × 保税展示場に入れられた外国貨物が，許可の期間の満了後に，税関長が指定した期間内に搬出されない時は，当該保税展示場の許可を受けた者から，直ちにその関税が徴収される（62条の6第1項）。

3 × 本肢の場合，保税展示場の許可を受けた者がその関税を納める義務を負う（62条の7，45条1項）。当該貨物の所有者ではない。

4 ○ 外国貨物が輸入される前に本邦において消費される場合には，その消費する者がその消費の時に当該外国貨物を輸入するものとみなし（2条3項），納税義務を負う（6条）。

5 × 本肢に示された場合のほか，その者が当該貨物の輸入者でないと申し立て，かつ，当該貨物の通関業務を取り扱った通関業者がその通関業務の委託を受けた者を明らかにすることができないときに限り，通関業者は補完的納税義務を負う（13条の3）。

6 × 総合保税地域にある外国貨物が亡失した場合に，当該総合保税地域において貨物を管理していた者が，総合保税地域の許可を受けた法人以外の者であるときには，当該貨物の管理をしていた者は，総合保税地域の許可を受けた法人と連帯して当該外国貨物に係る関税を納める義務を負う（62条の13）。

7 ○ 関税定率法及び関税暫定措置法の規定により特定の用途に使用することを条件として関税の軽減，免除又は軽減税率の適用を受けた貨物を，その特定の用途以外の用途に供し，若しくはそのために譲渡し，その他軽減，免除の条件に反した場合には，それらに該当することとなった者から，直ちにその関税が徴収される（暫定措置法11条等）。

☑☑ 8　外国貿易船に船用品として積み込むことが承認された外国貨物が指定された期間内に積み込まれなかった場合に徴収することとされている関税については，当該外国貿易船の船長が納税義務を負う。

☑☑ 9　税関長が保税地域に置くことが困難であると認め期間及び場所を指定して保税地域以外の場所に置くことを許可した外国貨物であって，その指定された場所にあるもの（輸出の許可を受けたものを除く。）が，税関長の承認を受けることなく滅却されたときは，その保税地域以外の場所に置くことの許可を受けた者がその関税を納める義務を負う。

☑☑ 10　保税蔵置場にある外国貨物があらかじめ税関長の承認を受けることなく滅却された場合に徴収することとされている関税については，当該保税蔵置場の許可を受けた者が納税義務を負う。

☑☑ 11　保税作業をするため総合保税地域以外の場所に出すことの許可を受けた外国貨物で，その許可の際に指定された場所に指定された期間を経過した後も置かれているものに対し関税を課する場合には，当該総合保税地域の許可を受けた者がその関税を納める義務を負う。

☑☑ 12　関税は，関税法又は関税定率法その他関税に関する法律に別段の規定がある場合を除き，貨物を輸入する者が納税義務を負う。

☑☑ 13　保税運送の承認を受けて運送された外国貨物が，運送人の不注意により運送中に亡失し，その指定された運送の期間内に運送先に到着しないときは，その運送の承認を受けた者が関税を納める義務を負うほか，当該運送人が，その運送の承認を受けた者と連帯して当該関税を納める義務を負う。

☑☑ 14　関税定率法第10条第２項（変質，損傷等の場合の減税又は戻し税等）の規定による関税の払戻しが，当該払戻しを受ける者の申請に基づいて過大な額で行われた場合には，国税徴収の例により，その過大であった部分の金額に相当する関税額について，当該関税の払戻しを受けた者が納める義務を負う。

☑☑ 15　本邦と外国との間を往来する船舶の乗組員がその携帯品である外国貨物を輸入する前にその個人的な用途に供するため使用した場合には，当該外国貨物を輸入したものとみなし，当該乗組員がその関税を納める義務を負う。

8　×　当該外国貿易船の船長ではなく，当該積込みの承認を受けた者が納税義務を負う（23条6項）。

9　○　本肢の場合の納税義務者は，保税地域以外の場所に置くことの許可を受けた者である（36条1項，45条1項）。

10　○　保税蔵置場にある外国貨物が亡失し，又は滅却されたときは，当該保税蔵置場の許可を受けた者が納税義務を負う（45条1項）。

11　○　本肢の場合の納税義務者は当該総合保税地域の許可を受けた者である（62条の15，61条5項）。

12　○　原則的納税義務者についての正しい記述である（6条）。

13　×　本肢の場合，その運送の承認を受けた者が関税を納める義務を負う（65条1項）。しかし，運送人がその運送の承認を受けた者と連帯して当該関税を納める義務を負うとする規定はない。

14　○　税関長は，関税の払戻し又は還付を受ける者の誤った申請に基づいて過大に関税の払戻し等をした場合には，国税徴収の例により，その過大であった部分の全額に相当する関税額を，その関税の払戻し等を受けた者から徴収する（13条の2，施行令11条）。関税定率法10条2項の規定による関税の払戻しが行われた場合はこれに該当する。

15　×　旅客又は乗組員がその携帯品である外国貨物をその個人的な用途に供するため使用し，又は消費する場合は，その行為は輸入とはみなされない（2条3項かっこ書，施行令1条の2）。したがって，納税義務は発生しない。

☑☑ 16 税関長からの検査が終了した旨の通知に係る郵便物が，名宛人に交付される前に亡失し，又は滅却されたときは，当該郵便物が災害その他やむを得ない事情により亡失した場合又はあらかじめ税関長の承認を受けて滅却された場合を除き，日本郵便株式会社がその関税を納める義務を負う。

☑☑ 17 指定保税地域にある外国貨物（輸出の許可を受けた貨物を除く。）が亡失し，又は滅却されたときは，当該外国貨物が災害その他やむを得ない事情により亡失した場合又はあらかじめ税関長の承認を受けて滅却された場合を除き，当該外国貨物を管理する者がその関税を納める義務を負う。

☑☑ 18 税関長に届け出て税関空港と保税地域との相互間を外国貨物のまま運送された郵便物（輸出されるものを除く。）が発送の日の翌日から起算して７日以内に運送先に到着しないときは，当該郵便物が災害その他やむを得ない事情により亡失した場合又はあらかじめ税関長の承認を受けて滅却された場合を除き，その届出をした者がその関税を納める義務を負う。

☑☑ 19 関税法第９条の６第１項に規定する納付受託者が，関税を納付しようとする者から納付の委託を受けた関税を納付期日までに完納しないときは，税関長は，その関税を当該納付受託者から徴収することとされているが，当該納付受託者に対して滞納処分をしてもなお徴収すべき残余がある場合には，その残余の額について当該関税に係る納税者から徴収することができる。

16 ○ 税関長から検査の終了又は検査不要の通知があった郵便物が，名宛人に交付される前に亡失し，又は滅却されたときは，日本郵便株式会社から，直ちにその関税が徴収される。ただし，災害その他やむを得ない事情により亡失した場合，又は税関長の承認を受けて滅却された場合には，納税義務は免除される（76条の2第1項）。

17 ○ 指定保税地域にある外国貨物（輸出の許可を受けた貨物を除く。）が亡失し又は滅却されたときは，外国貨物を管理する者から直ちにその関税が徴収される。ただし，その外国貨物が災害その他やむを得ない事由により亡失した場合又はあらかじめ税関長の承認を受けて滅却された場合には，その関税の納税義務が免除される（41条の3，45条1項）。

18 ○ 保税運送の届出により運送された郵便物が発送の日の翌日から起算して7日以内に運送先に到着しないときは，保税運送の届出者から，直ちにその関税が徴収される。ただし，災害その他やむを得ない事情により亡失し，又は税関長の承認を受けて滅却された場合には，納税義務が免除される（65条の2第1項）。

19 ○ 納付受託者が政令で定める日までに完納しないときは，税関長は，その関税を納付受託者から徴収する（9条の7第3項）。そして，当該納付受託者に対して滞納処分をしてもなお徴収すべき残余がある場合には，その残余の額について当該関税に係る納税者から徴収することができる（9条の7第4項）。

ひっかけ注意 補完的納税義務

1　まず，補完的納税義務が発生するためには，輸入許可又は輸入許可前引取承認を受けて引き取られた貨物について関税額に不足額があるという条件が必要となる。

2　その上で以下の要件を満たす必要がある。

⑴　その貨物の輸入者とされた者の住所及び居所が明らかでない場合，又はその輸入者とされた者が，貨物の輸入者ではないと申し立てた場合

⑵　通関業者が通関業務の依頼を受けたという委託関係を明らかにすることができない

以上の要件を満たした場合にのみ補完的納税義務が発生する。

出題ポイント 納税義務者

関税の納税義務者は，原則として貨物を**輸入する者**である。例外となる場合について，**課税物件の確定の時期**，適用法令と関連付けて覚えておこう。

ひっかけ注意 無条件免税の場合

1　関税定率法第15条第１項（特定用途免除）の適用を受けて輸入された貨物がその輸入の許可の日から２年以内に当該特定用途以外に供するため譲渡された場合においては，当該譲渡をした者から，当該免除を受けた関税を，直ちに徴収する。

【Ｈ９－３，Ｈ17－３】

2　関税定率法第14条第６号（注文の取集めのための見本の無条件免税）の適用を受けて輸入された貨物がその輸入の許可の日から２年以内に注文の取集めのための見本の用途以外の用途に供された場合においては，その供させた者から，当該免除を受けた関税を，直ちに徴収する。【Ｈ９－３】

無条件免税の対象貨物については，**用途外使用等による関税の徴収の規定はない**ことに注意。１は正しく，２は誤りとなる。

MEMO

関税法㉖ 関税額の確定

関税法第６条の２

次に掲げる関税のうち，申告納税方式が適用されるものには○を，その他のものには×をつけなさい。

☑☑ 1　課税価格が20万円以下の郵便物に対する関税

☑☑ 2　関税法第９条の２（納期限の延長）の規定により納付すべき期限の延長を受けることができる関税

☑☑ 3　関税定率法第15条第１項（特定用途免税）の適用を受けて輸入された貨物であって，当該輸入の許可の日から２年以内に転売されたものに係る関税

☑☑ 4　輸入の許可前引取りの承認を受けて国内に引き取る貨物に係る関税

☑☑ 5　過少申告加算税及び無申告加算税

☑☑ 6　関税定率法第16条第１項各号（外交官用貨物等の免税）に掲げる貨物に対する関税

☑☑ 7　保税運送の承認を受けて運送された外国貨物であって，当該承認の際に指定された運送の期間内に運送先に到着しなかったものに係る関税

☑☑ 8　修正申告により納付することとなった関税と併せて納付する延滞税

☑☑ 9　本邦に入国する者がその入国の際に携帯して輸入する貨物

重要度：★★★

1　×　課税価格が20万円以下の郵便物に対する関税は，賦課課税方式の関税である（6条の2第1項2号ロ）。

2　○　納期限の延長の規定により納付すべき期限の延長を受けることができる関税は，申告納税方式の関税である（6条の2第1項1号，9条の2）。

3　×　特定用途免税の適用を受けた貨物を用途外使用した時に徴収するものとされている関税は，賦課課税方式の関税である（6条の2第1項2号ニ，8条1項2号，定率法15条2項）。

4　○　輸入許可前引取りの承認の場合は，申告納税方式による（6条の2第1項1号，7条1項・2項）。

5　×　過少申告加算税及び無申告加算税は，賦課課税方式の関税である（6条の2第1項2号ヘ，8条2項）。

6　×　外交官用貨物に対する関税は，賦課課税方式の関税である（6条の2第1項2号イ，施行令3条2項4号）。

7　×　保税運送の承認を受けて運送された外国貨物が，その指定期間内に運送先に到着しなかった時に徴収するものとされている関税は，賦課課税方式の関税である（6条の2第1項2号ニ，8条1項2号，65条1項）。

8　×　延滞税は，特別な手続を要しないで，延滞税債務の成立と同時に，納付すべき税額が確定する（6条の2第2項）。申告納税方式でも賦課課税方式でもない。

9　×　携帯品は賦課課税方式であり，税関長が「賦課決定」を行う（6条の2第1項2号イ）。

☑☑ 10　本邦と外国との間を往来する航空機に積まれていた外国貨物である機用品で，当該航空機で外国貨物として使用しないこととなったものに対する関税

☑☑ 11　期限後特例申告をする場合に，その特例申告に係る関税に併せて納付することとされている延滞税

10 ×　本肢の関税の税額の確定については，賦課課税方式が適用される（6条の2第1項2号イ，施行令3条2項3号）。

11 ×　延滞税は，特別の手続を要しないで，納付すべき税額が確定する（6条の2第2項）。

出題ポイント

関税額の確定

関税額を確定する方法には，申告納税方式と賦課課税方式とがある。例外的なケースである**賦課課税方式の関税について正確に記憶**しておくことが大切である。

発展問題　関税法7条3項（申告）に規定する教示

問題 1　文書により事前照会をした者は，当該事前照会に対する回答について再検討を希望する場合であっても，その旨の意見を申し出ることはできないこととされている。

2　口頭による事前照会に対する回答は，輸入（納税）申告の際に尊重されないこととされている。

解答　1×　2○

関税法7条3項（申告）による教示は，原則として，文書により照会を受け，文書で回答することとされているが，口頭による照会があった場合には，口頭で回答することとされている。そして，口頭による場合には，文書による場合と異なる取扱いがなされている。すなわち，文書による回答は，照会者が再検討を希望する場合は，意見の申出を行うことが可能であるが，口頭による回答は，意見の申出を行なうことはできない。

また，文書による回答は，一定条件の下で，輸入申告の際，回答書に記載された内容について尊重される取扱いが行われるのに対して，口頭による回答については，尊重される取扱いが行われるものではない。

発展問題 更正及び決定

問題 輸入の許可を受けないで保税地域で消費された貨物について，犯則として処罰までに至らない場合には，税関長は，調査により輸入貨物の課税標準及び納付税額を確定するため，決定処分を行うことができる。

解答 ○

税関長は，納税申告が必要とされている貨物について，納税義務者からその輸入の時までに納税申告がなかった場合には，調査により輸入貨物の課税標準及び納付税額を確定するため，決定処分を行う（関税法７条の16第２項）。具体的には，輸入の許可を受けないで保税地域等で使用又は消費された貨物について，犯則として処罰するまでに至らない場合は，決定の対象となる。

関税法 ㉗ 関税額の訂正①（修正申告・更正の請求）

関税法第７条の14，第７条の15

次の記述のうち，正しいものには○を，誤っているものには×をつけなさい。

☑☑ 1 修正申告は，納税申告又は更正に係る税額が過大又は過少である場合で，当該税額の変更をしようとするときに行うことができる。

☑☑ 2 先にした納税申告に係る税額につき税関長による更正があった場合において，その更正後の税額になお不足額があるときは，当該不足額につき税関長の更正があるまでは既になされた更正に係る税額について修正申告をすることができる。

☑☑ 3 先にした納税申告に不足額がない場合であっても，当該納税申告の課税標準に誤りがあるときは，修正申告をすることができる。

☑☑ 4 先にした納税申告により納付すべき税額に不足額がある場合において，当該納税申告に係る貨物の輸入の許可前にする修正申告は，当該納税申告に係る書面に記載した税額等を補正することにより行うことができることとされている。

☑☑ 5 税関長に対し納税申告を行った者から当該申告に係る貨物を買い受けた者は，納付された税額が過大であることを知ったときは，当該税関長に対し，更正の請求をすることができる。

☑☑ 6 更正の請求は，納税申告により納付すべき税額が過大である場合のほか，税関長の行った更正後の税額が過大である場合についてもすることができる。

☑☑ 7 環太平洋パートナーシップに関する包括的及び先進的な協定の規定に基づき同協定の原産品とされる貨物に係る納税申告をした者は，当該納税申告に係る貨物について同協定の規定に基づく関税の譲許の便益の適用を受けていない場合において，当該貨物につき当該譲許の便益の適用を受けることにより，当該納税申告に係る納付すべき税額が過大となるときは，当該貨物の輸入の許可の日から５年以内に限り税関長に対し，当該納税申告に係る税額について更正の請求をすることができる。

重要度：★★★

1 × 修正申告は，納税申告，更正に係る納付税額が過少である場合に行うことができる（7条の14第1項）。

2 ○ 更正後の税額になお不足額があるときは，当該不足額につき税関長の更正があるまでは既になされた更正に係る税額について修正申告をすることができる（7条の14第1項1号）。

3 × 課税標準に誤りがあっても，税額に不足額がない場合には，修正申告を行うことはできない（7条の14第1項）。増額変更を伴わない課税標準の誤りが単独で修正申告の対象となることはない。

4 ○ 貨物の輸入の許可前にする修正申告は，先にした納税申告（当初申告）に記載した税額等を補正することにより行うことができる（7条の14第2項）。この取扱いによることができるのは，関税の納付前に限られることとされている（基本通達7の14－2(1)）。

5 × 更正の請求ができる者は，納税申告をした者であり，納税義務者である（7条の15第1項）。

6 ○ 更正の請求ができる場合は，納税申告者がした納税申告に係る納付すべき税額が過大である場合，税関長の更正があった場合の更正後の税額が過大である場合である（7条の15第1項）。

7 × 本肢に規定される者は，当該貨物の輸入の許可の日から1年以内に限り，税関長に対し，当該納税申告に係る税額について更正の請求をすることができる（関税暫定措置法12条の2，関税法7条の15第1項，施行令61条4項）。5年以内ではない。

☑☑ 8　税関長は，納税申告をした者から更正の請求があった場合に，その請求に係る税額等について調査をした結果，更正をしないこととした場合には，更正をすべき理由がない旨を請求者に通知しなければならない。

☑☑ 9　修正申告は，輸入の許可の日から６月を経過した日以降は行うことができない。

☑☑ 10　輸入の許可後にした修正申告により納付すべき関税は，当該修正申告をした日の翌日から起算して１月を経過する日までに納付しなければならない。

☑☑ 11　納税申告が必要とされている貨物についてその輸入の時までに当該申告がないとして，当該貨物に係る課税標準又は納付すべき税額の決定を受けた者は，当該決定により納付すべき税額が過大である場合には，当該決定について更正があるまでは，当該決定に係る課税標準又は納付すべき税額を修正する申告をすることができる。

☑☑ 12　先の納税申告に係る書面に記載した課税標準及び税額を補正することにより修正申告をしようとする者は，税関長にその旨を申し出て当該納税申告に係る書面の交付を受け，当該書面に記載した課税標準及び税額その他関係事項の補正をし，これを税関長に提出しなければならない。

☑☑ 13　納税申告をした者は，当該申告に係る税額等の計算が関税に関する法律の規定に従っていなかったことにより，当該申告により納付すべき税額が過大である場合には，当該申告に係る貨物の輸入の許可の日から３年以内に限り，税関長に対し，その申告に係る税額等につき更正をすべき旨の請求をすることができる。

☑☑ 14　輸入の許可後の修正申告により納付すべき関税の額を修正したときは，過少申告加算税が課されることとなった場合であっても，当該修正申告に係る納税義務者は，当該過少申告加算税については納税申告をする必要はない。

8　○　更正をしない場合には，その理由がないことを文書により，請求者に通知する（7条の15第2項）。

9　×　税関長の更正があるまでは修正申告を行うことができる（7条の14第1項）。

10　×　本肢の場合，修正申告をした日までに納付しなければならない（9条2項4号）。

11　×　修正申告ができる場合は，先の納税申告，税関長がした更正又は決定に係る「課税標準又は納付すべき税額に誤りがある場合」で，かつ，「納付税額の増額変更を要する」次の場合である（7条の14第1項）。①納税申告，更正又は決定による納付すべき税額に不足額があるとき，②納税申告，更正又は決定により納付すべき税額がないとされた場合において，その納付すべき税額があるとき。納付すべき税額が過大である場合には，修正申告することはできない。

12　○　貨物の輸入の許可前にする修正申告は，先にした納税申告に記載した税額等を補正することにより行うことができる。この場合，税関長にその旨を申し出て当該納税申告に係る書面の交付を受け，当該書面に記載した課税標準及び税額その他関係事項の補正をし，これを税関長に提出しなければならない（施行令4条の16第2項）。

13　×　本肢のような場合，当該申告に係る貨物の輸入の許可の日から5年以内に限り，税関長に対し，その申告に係る税額等につき更正をすべき旨の請求をすることができる（7条の15第1項）。3年ではない。

14　○　過少申告加算税は賦課課税方式により税額が確定するので，過少申告加算税については納税申告をする必要はない（8条2項）。

☑☑ 15 関税法第73条第１項の規定により輸入の許可前における貨物の引取りに係る税関長の承認を受けた者は，当該承認の日から起算して５年を経過する日と輸入の許可の日とのいずれか遅い日までの間に限り，その貨物の納税申告に係る課税標準につき更正をすべき旨の請求をすることができる。

☑☑ 16 特例申告をした者は，当該申告に係る納付すべき税額の計算に誤りがあったことにより，当該申告により納付すべき税額が過大である場合には，当該申告に係る特例申告書の提出期限から５年以内に限り，税関長に対し，その申告に係る納付すべき税額につき更正をすべき旨の請求をすることができる。

出題ポイント

関税額の訂正　修正申告・更正の請求

修正申告及び更正の請求を行える場合，**手続**について正確に押さえておく必要がある。**更正の請求**については，請求**期間**についても注意しておこう。

ひっかけ注意 **修正申告**

① **修正申告をできる期間**は，税関長による**更正があるまで**である。「**○○から１年**」**のように，具体的な期間は定められていない**。また，更正後の税額につき，なお不足額がある場合は，修正申告を行うことができる。

② **原則**として関税**修正申告書**を提出。**輸入の許可前かつ関税の納付前**に限り，**補正**（先に提出した申告書等を訂正）により行うことができる。

③ すでに確定した納付すべき税額についての納税義務に影響を及ぼさない。すなわち，修正申告により**増額された税額にのみ**，**修正申告の効力**が生じる。

15　×　関税法73条１項の規定により輸入の許可前における貨物の引取りに係る税関長の承認を受けた者は，「当該承認の日の翌日」から起算して５年を経過する日と輸入の許可の日とのいずれか遅い日までの間に限り，その貨物の納税申告に係る課税標準又は納付すべき税額につき更正をすべき旨の請求をすることができる（７条の15第１項)。「当該承認の日」ではない。

16　○　更正の請求ができるのは，納税申告者がした納税申告に係る納付すべき税額が，次のいずれかの理由により，過大であった場合である（７条の15第１項)。①納税申告に係る税額等の計算が関税関係法令の規定に従っていなかったこと，②納税申告に係る税額等の計算が関税関係法令の規定に従っているが，その計算に誤りがあったこと。
そして，更正の請求ができる期間は，特例申告貨物については，特例申告書の提出期限から５年以内である。

! ひっかけ注意　更正の請求

① **納税申告をした者のみ**できる。決定を受けた者等は行うことができない。

② 納付すべき**税額**（更正があった場合には，更正後の税額）**が過大**である場合に行うことができる。税額が**過少である場合には行うことができない。**

③ 更正の請求は，税関長の減額更正を求める手続である。したがって，**更正の請求によっては，納付すべき税額は確定しない。**なお，更正の請求を受けた税関長は**調査**を行う。

関税法 ㉘

関税額の訂正②（更正及び決定）

関税法第７条の16

次の記述のうち，正しいものには○を，誤っているものには×をつけなさい。

☑☑ 1　更正とは，納税申告があった場合において，その申告に係る税額等の計算が関税に関する法律の規定に従っていなかったとき，その他当該税額等が税関長の調査したところと異なっているときに，税関長が，その調査により当該税額等を変更するために行うものである。

☑☑ 2　税関長により更正がされた場合には，当該更正により関税額が確定する。

☑☑ 3　税関長は，納税申告に係る貨物の関税の納付前にする更正であって，課税標準又は納付すべき税額を増額するものに限り，更正通知書の送達に代えて，当該納税申告をした者に当該納税申告に係る書面に記載した納付すべき税額を是正させ，又はこれを是正してその旨を当該納税申告をした者に通知することによってすることができる。

☑☑ 4　既に確定した納付すべき税額を減少させる更正は，その更正により減少した税額に係る部分以外の部分の関税についての納税義務に影響を及ぼさない。

☑☑ 5　決定とは，納税申告が必要とされている貨物についてその輸入の時（特例申告貨物については，特例申告書の提出期限）までに納税申告がない場合に，税関長がその調査により当該貨物に係る税額等を決定する処分である。

☑☑ 6　納税申告が必要とされている貨物についてその輸入の時までに当該申告がない場合の税関長の決定は，当該貨物の輸入の日から３年を経過した日以後においてはすることができない。

重要度：★★☆

1 ○ 更正とは，納税申告に係る税額等の計算が関税関係法令の規定に従っていなかったとき，その他その税額等が税関長が調査したところと異なっているときに行う，税関長の処分である（7条の16第1項）。

2 ○ 税関長の行う更正，決定等は，関税額確定の手続の1つである。

3 × 更正又は決定は，税関長が当該更正又は決定に係る課税標準，当該更正又は決定により納付すべき税額その他の事項を記載した更正通知書又は決定通知書を送達して行う。ただし，税関長は，減額更正のうち，関税の納付前で，かつ，輸入の許可前にする減額更正に限って関税更正通知書を送達することなく，納税申告者が先に提出した納税申告書に記載した課税標準又は税額を是正させるか，又は是正したうえでその旨を納税申告者に通知する（7条の16第4項）。増額の場合は是正することはできない。

4 ○ 減額更正は，その更正により減少した税額に係る部分以外の部分の関税についての納税義務に影響を及ぼさない（7条の16第5項，国税通則法29条2項）。

5 ○ 税関長は，納税申告が必要とされている貨物について，納税義務者からその輸入の時（特例申告貨物については，特例申告書の提出期限）までに納税申告がなかった場合には，調査により輸入貨物の課税標準及び納付税額を決定するため，決定処分を行う（7条の16第2項）。

6 × 法定納期限等（本肢の場合，当該貨物の輸入の日）から5年を経過した日以後においてはすることができない（14条1項）。

7　税関長は，納税申告が必要とされている貨物について，その輸入の時までに当該申告がない場合であって，その調査により，当該貨物に係る納付すべき税額を決定したときは，その決定した納付すべき税額が過大であることを知ったときに限り，当該決定に係る納付すべき税額を更正する。

8　納税申告に係る貨物の輸入の許可後にする更正は，当該納税申告に係る書面に記載した課税標準又は税額を是正することにより行うことができる。

出題ポイント

関税額の訂正　更正及び決定

更正，**決定**は，**税関長により**行われる処分である。用語の意味を正確に理解したうえで，特に「**是正**」に注意しておこう。

発展問題　更正及び決定

問題　関税法第118条第３項に掲げる「輸入制限貨物等」以外の貨物を納税申告することなく，国内に引き取った場合であって，当該貨物が関税法第119条等の規定による領置若しくは差押え又は刑事訴訟法の規定による押収が行われている場合には，税関長は，決定処分を行う。

解答　×

税関長は，納税申告が必要とされている貨物について，納税義務者からその輸入の時までに納税申告がなかった場合には，調査により輸入貨物の課税標準及び納付税額を確定するため，決定処分を行う（関税法７条の16第２項）。具体的な場合の１つとして，関税法第118条第３項に掲げる「輸入制限貨物等」以外の貨物を納税申告することなく，国内に引き取った場合であって，当該貨物が関税法119条等の規定による領置若しくは差押え又は刑事訴訟法の規定による押収が行われていない場合には，税関長は，決定処分を行う。

7　×　税関長は，納税申告が必要とされている貨物についてその輸入の時までに当該申告がないときは，その調査により，当該貨物に係る税額等を決定する。この場合において，その決定をした税額等が過大又は過少であることを知ったときは，その調査により，当該決定に係る税額等を更正する（７条の16第２項，３項）。過大であることを知ったときに限られるわけではない。

8　×　納税申告に係る貨物の輸入の許可後にする更正は，更正通知書を送達して行うこととされている（７条の16第４項）。

！ひっかけ注意　更正の請求と減額更正

税関長は，**納税申告**に係る**税額等がその調査したところと異なる**ときは，**更正**をする。**減額**更正の場合，納税申告をした者からの更正の請求により調査をした上でする場合もあるが，必ずしも「**更正の請求を待って**」**行う必要はない**（**更正の請求がない場合であっても**，自らの調査により減額更正をすることができる）。

なお，更正の請求があった場合の手続の流れについて，以下の図に示す。

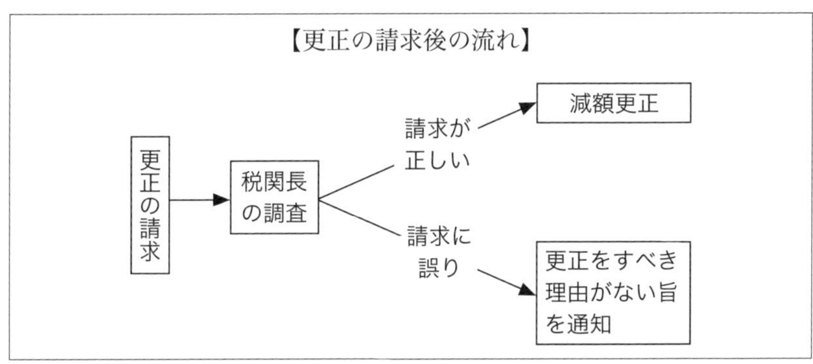

関税法㉙ 関税の納付

関税法第９条の４

次の記述のうち，正しいものには○を，誤っているものには×をつけなさい。

☑☑ 1　関税を納付しようとする者は，その関税の額が1,000円未満であるときは，印紙によりその関税を納付することができる。

☑☑ 2　関税は，納付すべき金額を超過しない国債証券の利札（記名式のものを除く。）で，支払期限が到来しているものをもって納付することができる。

☑☑ 3　関税を納付しようとする者は，その税額に相当する金銭に納付書（納税告知書の送達を受けた場合には，納税告知書）を添えて，これを日本銀行（国税の収納を行う代理店を含む。）又はその関税の収納を行う税関職員に納付しなければならないこととされており，この「金銭」には，ドルその他の外国の通貨を含むこととされている。

☑☑ 4　賦課課税方式が適用される郵便物に係る関税以外の関税を金銭により納付しようとする者は，日本銀行（国税の収納を行う代理店を含む。）又はその関税の収納を行う税関職員に納付しなければならない。

☑☑ 5　納付書は，税関職員が作成したものでなければ，関税の納付に際し使用することはできない。

☑☑ 6　金銭をもって関税を納付しようとする者は，日本銀行（国税の収納を行う代理店を含む。）以外には，納付することはできない。

重要度：★★★

1 × 関税を納付しようとする者は，その税額に相当する金銭に納付書（納税告知書の送達を受けた場合には，納税告知書）を添えて，これを日本銀行（国税の収納を行う代理店を含む。）又はその関税の収納を行う税関職員に納付しなければならない（９条の４本文)。印紙による納付は認められていない。

2 ○ 関税は，金銭に代えて証券をもって納付することができ（９条の４)，納付に使用できる証券として支払期限が到来した国債証券の利札がある（証券納付法１条，証券納付法勅令１条１項２号)。また，納付すべき金額を超過したものであってはならない。

3 × ここにいう「金銭」とは，強制通用力を有する本邦の貨幣をいう。ドルその他の外国の通貨を含まない（基本通達９の４－１(1))。

4 ○ 関税を納付しようとする者は，その税額に相当する金銭に納付書（納税告知書の送達を受けた場合には，納税告知書）を添えて，これを日本銀行（国税の収納を行う代理店を含む。）又はその関税の収納を行う税関職員に納付しなければならない（９条の４本文)。なお，郵便物について関税を納付する場合は，その税額に相当する金銭に納付書を添えて，これを日本銀行（国税の収納を行う代理店を含む。）に納付しなければならない（77条４項本文)。郵便物の場合は，税関職員への納付が規定されていない。

5 × 本肢のような規定はない。関税の納付は関税法に規定する様式の納付書を使用して行う（９条の４，施行規則１条の４参照)。

6 × 日本銀行（国税の収納を行う代理店を含む。）のほか，関税の収納を行う税関職員に納付することもできる（９条の４)。

☑☑ 7　関税定率法第15条第１項各号（特定用途免税）の規定により関税の免除を受けた貨物が，当該各号に掲げる用途以外の用途に供したことにより納付すべき関税の納付は，納税告知書により行う。

☑☑ 8　関税に係る過誤納金として還付すべき金額は，還付を受ける者の他に納付すべきこととなった関税に充当することはできない。

☑☑ 9　税関長は，重加算税を徴収しようとするときは，納税の告知をしなければならない。

☑☑ 10　関税は，国税徴収法，地方税法その他の法令の規定にかかわらず，当該関税を徴収すべき外国貨物について，他の公課及び債権に先だって徴収する。

☑☑ 11　国際郵便物を受け取ろうとする者は，必ず当該郵便物を受け取る際に，日本郵便株式会社から交付された書面に記載された税額に相当する関税を納付しなければならない。

☑☑ 12　本邦と外国との間を往来する船舶に積まれていた外国貨物である船用品で，当該船舶で船用品として使用しないこととなったものに対し関税を課する場合における当該関税額の確定については，賦課課税方式が適用される。

☑☑ 13　国税徴収の例により徴収する場合における関税及びその滞納処分費の徴収の順位は，それぞれ国税徴収法に規定する国税及びその滞納処分費と同順位とする。

☑☑ 14　関税法の規定により一定の事実が生じた場合に直ちに徴収するものとされている関税については，同法第９条の２（納期限の延長）の規定による関税を納付すべき期限の延長を受けることができない。

☑☑ 15　納税申告をした者が，当該申告に係る税額につき，更正をすべき旨の請求をした場合であっても，当該請求の時点では，当該申告に係る税額を当該請求に係る更正後の税額に変更する効果は生じない。

7 ○ 特定用途免税の規定により免除を受けた関税が追徴される場合は，関税額に相当する金銭に税関長から送達された納税告知書を添付して納付する（9条の4）。

8 × 税関長は，過誤納金を還付する場合において，その還付を受ける者に納付すべき関税があるときは，その還付すべき金額をその関税に充当することとされている（13条7項）。

9 × 税関長は，重加算税を徴収しようとするときは，納税の告知は不要である（9条の3第1項3号）。

10 ○ 関税は他の法令の規定にかかわらず，他の公課及び債権に先だって徴収する（9条の5第1項）。

11 × 郵便物を受け取ろうとする者は，当該郵便物を受け取る前に，日本郵便株式会社から交付された書面に記載された税額に相当する関税を納付し，又は関税の納付を日本郵便株式会社に委託しなければならない（77条3項）。

12 ○ 本肢の場合は，賦課課税方式となる（施行令3条2項3号）。

13 ○ 関税は，関税以外の国税，地方税及び他の債権に優先して徴収される。ただし，国税徴収の例により徴収する場合は，他の国税と同順位となる（9条の5第2項）。

14 ○ 関税法の規定により一定の事実が生じた場合に直ちに徴収するものとされている関税は，賦課課税方式が適用される。納期限の延長は，申告納税方式が適用される貨物にのみ適用され，賦課課税方式が適用される貨物には適用されない（6条の2第1項2号ニ，9条の2）。

15 ○ 更正の請求を受けた税関長はその請求に係る税額等について調査を行う（7条の15）。したがって，納税申告をした者が，当該申告に係る税額につき更正をすべき旨の請求をした場合，その請求の時点では，当該申告に係る税額を当該請求に係る更正後の税額に変更する効果は生じない。

出題ポイント

関税の納付

関税の納付を行う際の手続については，関税の収納を行う機関に**直接納付**する手続（原則）に出題が集中している。**金銭のほか，一定の証券によって納付することができる**ことに注意しておこう。

ひっかけ注意 納付書

一品目で関税及び内国消費税が課されるものについては，**それぞれについての納付書を使用**しなければならない。すなわち，関税額と内国消費税額を**合計して一枚の納付書に記載することはできない。**

上記は**頻出項目**であり，注意しておく必要がある。このほか，次の2点についても確認しておこう。

① 関税の納付に際し使用する**納付書**について，「**税関職員が作成したものでなければならない**」**旨の規定はない。**関税の納付は**関税法に規定する様式の納付書**を使用して行う。

② 関税は，**印紙をもって納付することはできない。**

MEMO

関税法 30　納期限と法定納期限①

関税法第９条等

次の記述のうち，正しいものには○を，誤っているものには×をつけなさい。

☑☑ 1　特例申告貨物を輸入した特例輸入者は，期限内特例申告書により納税申告をした関税を，当該特例申告書の提出期限までに納付しなければならない。

☑☑ 2　輸入の許可前引取り承認を受けて引き取られた貨物に係る税額等の税関長の通知に係る関税の納期限は，当該貨物の輸入の許可の日である。

☑☑ 3　税関長が発した決定通知書に記載された関税の納期限は，当該決定通知書の発せられた日の翌日から起算して10日を経過する日である。

☑☑ 4　輸入の許可後にした修正申告に係る関税の納期限は，当該修正申告をした日である。

☑☑ 5　輸入の許可後にされた更正に係る関税の納期限は，更正通知書が発せられた日の翌日から起算して１月を経過する日である。

☑☑ 6　賦課課税方式が適用される郵便物に係る関税の納期限は，当該郵便物の交付の日である。

☑☑ 7　関税法第77条第６項の規定により関税の納付前の受取りの承認を受けた郵便物の関税の納期限は，当該承認の日の翌日から起算して１月を経過する日である。

☑☑ 8　関税の納期限は，提供された担保の額を超えない範囲内において特定の１月分をまとめて，当該特定月の末日の翌日から１月以内に限り延長することができる。

☑☑ 9　特例輸入者が期限後特例申告書により納税申告をした場合の関税の納期限は，当該期限後特例申告書を提出した日である。

重要度：★★★

1 ○ 特例申告による場合の納期限は，期限内特例申告を行った場合は，特例申告書の提出期限である（9条2項1号）。

2 × 納付通知書又は更正通知書の発せられた日の翌日から起算して1月を経過する日である（9条2項3号）。

3 × 決定による場合の関税の納期限は，決定通知書が発せられた日の翌日から起算して1月を経過する日である（9条2項6号）。

4 ○ 輸入の許可後にした修正申告に係る書面に記載された税額に相当する関税の納期限は，当該修正申告をした日である（9条2項4号）。

5 ○ 輸入の許可後にされた更正に係る更正通知書に記載された納付すべき税額に相当する関税の納税義務者は，当該更正通知書が発せられた日の翌日から起算して1月を経過する日までに当該税額を納付しなければならない（9条2項5号）。

6 ○ 郵便物を受け取る日，すなわち，当該郵便物の交付の日である（77条3項）。

7 × 関税の納付前の受取りの承認を受けた郵便物の関税の納期限は，納税告知書の発せられた日の翌日から起算して1月を経過する日である（9条の3第2項，施行令7条の2第1項3号）。

8 × 当該特定月の末日の翌日から3月以内に限り延長することができる（9条の2第2項）。1月以内ではない。

9 ○ 期限後特例申告書に記載された納付すべき税額に相当する関税の納期限は，当該期限後特例申告書を提出した日である（9条2項2号）。

☑☑ 10 賦課課税方式が適用される入国者の携帯品の関税は，当該携帯品を輸入する日までに納付しなければならない。

発展問題 納付受託者に対する納付の委託

問題 納税者は，関税を納付すべき外国貨物について，関税法第 9 条の 5 第 1 項の規定により関税の納付を委託する場合においては，同法第 9 条の 6 第 1 項に規定する納付受託者がその委託を受けた後であれば，当該納付受託者が当該関税を納付する前であっても，輸入の許可を受けることができる。

解答 O

関税を納付しようとする者は，一定の場合，納付受託者に納付を委託することができる（9 条の 5 第 1 項）。この場合，納付受託者が当該関税を納付しようとする者の委託を受けたときは，当該委託を受けた日に当該関税の納付があったものとみなされる（9 条の 5 第 2 項）。すなわち，納付受託者がその委託を受けた後であれば，当該納付受託者が当該関税を納付する前であっても，輸入の許可を受けることができる。

10 ○ 入国者の携帯品の関税についての正しい記述である（9条の3，施行令7条の2第1項1号）。

関税法 31 納期限と法定納期限②

関税法第12条

次の記述のうち，正しいものには○を，誤っているものには×をつけなさい。

1　輸入の許可前における貨物の引取りの承認を受けて引き取られた貨物につき納付すべき関税の法定納期限は，当該貨物の輸入の許可の日である。

2　輸入の許可後にした修正申告により納付すべき関税の法定納期限は，当該修正申告をした日である。

3　輸入の許可後にされた更正に係る関税の法定納期限は，更正通知書が発せられた日の翌日から起算して1月を経過する日である。

4　輸入の許可を受けないで輸入された貨物についてなされた決定により納付すべき関税の法定納期限は，当該貨物を輸入した日である。

5　関税定率法の規定により一定の事実が生じた場合に徴収するものとされている関税の法定納期限は，当該関税に係る賦課決定通知書が発せられた日の翌日から起算して1月を経過する日である。

6　関税法第9条の2第1項（納期限の延長）の規定により納付すべき期限が延長された関税の法定納期限は，輸入の許可の日である。

7　関税定率法第7条第3項（相殺関税）若しくは関税定率法第8条第2項（不当廉売関税）の規定により課する関税の法定納期限は，当該関税に係る納税告知書に記載された納期限である。

8　輸入のときまでに納税申告がなかった貨物について発せられた決定通知書に記載された関税の法定納期限は，当該決定通知書が発せられた日の翌日から起算して1月を経過する日である。

重要度：★★★

1 × 輸入許可前貨物の引取承認により引き取られた貨物につき納付すべき関税の法定納期限は，関税法7条の17に規定する通知書（納付通知書），又は更正通知書が発せられた日である（12条9項3号）。

2 × 輸入の許可後にした修正申告に係る関税の法定納期限は，その貨物を輸入する日，すなわち輸入許可の日である（12条9項）。

3 × 輸入の許可後にされた更正に係る関税の法定納期限は，その貨物を輸入する日，すなわち輸入許可の日である（12条9項）。

4 ○ 輸入の時までに納税申告がなかった場合の決定通知書に係る関税の法定納期限は，その貨物を輸入する日である（12条9項）。

5 × 本肢の場合の関税の法定納期限は，当該事実が生じた日である（12条9項6号）。

6 × 関税の納期限について延長を受けた場合の関税の法定納期限は，その延長された期限である（12条9項2号）。

7 ○ 関税定率法7条3項（相殺関税）若しくは8条2項（不当廉売関税）の規定により課する関税の法定納期限は，当該関税に係る納税告知書に記載された納期限である（12条9項5号）。

8 × 本肢の場合の関税の法定納期限は，輸入する日である（12条9項）。

出題ポイント

納期限と法定納期限

納期限と法定納期限については，少なくともいずれかが毎年のように出題されている。原則と例外を覚えきってしまえば**確実に得点できる分野**である。**納期限の延長**についても，基本事項を押さえておきたい。

! ひっかけ注意　法定納期限，納期限の着眼点

法定納期限，納期限については，次の点を意識しておくと覚えやすい。

① **法定納期限**については，「○○の**翌日から起算して１月を経過する日**」となる**場合はない**。すなわち，この表現で出題される選択肢は**すべて誤り**。

② 逆に，**納期限**については，「○○の**翌日から起算して１月を経過する日**」となる**場合が多い**ので，これ**以外の形で規定されている場合について注意**しておく（例：輸入許可後の修正申告）。

③ **納期限が延長**される場合には，**法定納期限**についても**当該延長された期限**となる。

! ひっかけ注意　特例申告における納期限の延長

1　期限内特例申告書を提出する場合に限られる。

この制度を利用するためには，特例申告書の提出期限までに，輸入の許可を受けた税関長に納期限の延長を申請し，担保を提供しなければならない。

特例申告書の提出期限の翌日から２月以内まで納期限を延長してもらうことができるが，実質的には３月以内の延長ということになる。特例申告の場合は，はじめから納税申告の期限が１月猶予されているからである。

2　また，期限内特例申告書を提出した場合の納期限の延長の場合は，担保を提供しなければならない。特例申告を行う際の担保は，提供しなければならない場合と提供しなくてよい場合がある点に注意する必要がある。

MEMO

関税法 32

担　保

関税法第９条の６

次の記述のうち，正しいものには○を，誤っているものには×をつけなさい。

1　関税の担保として金銭を提供した納税義務者は，担保として提供した金銭をもって関税の納付に充てることができる。

2　金銭を担保として提供しようとする者は，当該金銭を税関長に提出しなければならない。

3　保証人の保証をもって担保に充てようとする者は，保証人の保証を証する書面を供託して，その供託書の正本を税関長に提出しなければならない。

4　担保を提供した者は，税関長に届け出ることにより，担保物又は保証人を変更することができる。

5　税関長は，保証人の資力が納税を担保するのに不充分となったと認めるときは，その担保を提供した者に対し，保証人の変更を命ずることができる。

6　関税の担保として国債又は土地を提供した納税義務者は，担保として提供した国債又は土地をもって関税の納付に充てることができる。

7　関税法又は関税定率法その他関税に関する法律の規定により，関税の担保として税関長が確実と認める保証人の保証が提供された場合であっても，当該保証人は，国税徴収法第10章（罰則）の規定の適用について，納税者とはみなされない。

8　担保として提供された社債の価額は，債権金額による。

9　輸入貨物に係る関税の担保を提供しようとする者は，自己の所有する土地に抵当権を設定して，これを供託して担保にすることができる。

重要度：★☆☆

1 〇 関税の担保として金銭を提供した関税の納税義務者は，税関長に対して，「担保として提供した金銭担保を，当該担保に係る関税に充てる。」旨の書面を提出することにより，提供してある金銭担保をその担保に係る関税の納付に充当することができる（10条1項，施行令8条の5）。

2 × 金銭を担保として提供する場合には，供託所に供託して，その供託書正本を税関長に提出する（施行令8条の2第1項）。

3 × 保証人の保証を証する書面を税関長に提出する（施行令8条の2第4項）。

4 × 担保提供者は，税関長の承認を受けた場合に限り，担保物又は保証人を変更することができる（9条の11第2項，施行令8条の3第3項）。

5 〇 担保物の価値が減少したとき，または保証人の資力が不充分となったと認めるときは，税関長は期間を定めて担保の増額を命ずること，または保証人の変更その他担保の変更を命じることができる（9条の11第2項，施行令8条の3第1項）。

6 × 金銭担保の場合のみ関税の納付に充てることができる（10条1項，施行令8条の5）。金銭以外の担保については，滞納処分の例により処分をしたうえで関税に充当しなければならない。

7 × 税関長が確実と認める保証人の保証が関税の担保として提供された場合には，当該保証人は，国税徴収法第10章（罰則）の規定の適用については，納税者とみなされる（9条の11第1項，10条3項，国税通則法50条）。

8 × 社債の価額は，税関長の定める金額による（施行令8条）。

9 × この場合，抵当権設定に必要な書類（権利証等）を税関長に提出しなければならない（施行令8条の2第3項）。税関長が抵当権の設定登記を委嘱する。

☑☑ 10 関税法の規定により関税の担保を提供しようとする者は，建物を当該担保として提供することができる。

☑☑ 11 関税法の規定により関税の担保を提供しようとする者は，登記されている船舶で保険に付したものを当該担保として提供することができる。

☑☑ 12 地方債については，担保として提供することが認められていない。

☑☑ 13 関税法第９条の２第１項（納期限の延長）の規定により，関税の納期限の延長を受けようとする輸入者は，その関税額に相当する額の担保を提供しなければならないが，災害その他やむを得ない理由により，その延長された納期限について同法第２条の３の規定により更に延長を受けようとするためには，同条の規定により追加の担保を提供する必要はない。

出題ポイント

担　保

頻出項目ではないが，**担保の種類**，**提供及び変更の手続**，**充当の可否**について，一通りの知識は持っていたほうがよい。また，担保価額についても押さえておこう。

発展問題　代替担保の提供義務

問題 関税の担保として提供した国債が償還を受けることとなったときは，直ちにこれらに代る担保を提供しなければならない。

解答 ○

関税の**担保を提供した者**は，その提供した**国債**，**地方債**，**社債その他の債券が償還**（起債者からの弁済）を受けることとなったときは，**直ちにこれらに代る担保を提供**しなければならない（施行令８条の３第２項）。国債等債券の**返付を受けて起債者に提出する必要**があり，税関に担保物がなくなってしまうためである。

10 ○ 建物は担保として認められている（国税通則法50条４号）。

11 ○ 登記されている船舶で保険に付したものは担保として認められている（国税通則法50条４号）。

12 × 地方債については，担保として提供することが認められている（９条の11第１項で準用する国税通則法50条）。

13 ○ 申告納税方式が適用される貨物について納税申告をした者は，輸入する日までに関税を納付しなければならない（９条１項，72条）。ただし，関税に相当する額の担保の提供を条件として，納期限の延長が認められる（９条の２第１項～３項）。この場合において，関税法２条の３（災害等による期限の延長）の規定により更に延長を受けようとするときに追加の担保を提供しなければならない旨の規定はない。

関連知識　必要的（強制）担保と任意的担保

必要的担保	① **納期限の延長**を受ける場合
	② **輸入許可前引取承認**を受ける場合
任意的担保（例）	① **特例申告貨物**を輸入する場合
	② **保税運送の承認**を受ける場合
	③ **保税工場（総合保税地域）外の作業の許可**を受ける場合
	④ **郵便物の関税納付前受取の承認**を受ける場合
	⑤ **再輸出免税**（定率法17条）の適用を受ける場合
	⑥ **製造用原料品の減税又は免税**（定率法13条）を受ける場合

関税法 ㉝

附帯税

関税法第12条等

次の記述のうち，正しいものには○を，誤っているものには×をつけなさい。

☑☑ 1　税関長の承認を受けて輸入の許可前に引き取られた貨物につき納付すべき関税については，当該貨物の輸入の許可の日が延滞税の期間計算の始期となる。

☑☑ 2　延滞税の額に千円未満の端数がある場合においては，これを切り捨てる。

☑☑ 3　延滞税の額の計算の基礎となる関税額が1万円未満である場合においては，延滞税の納付は要しない。

☑☑ 4　過少申告加算税の額の計算の基礎となる税額が10,000円未満である場合においては，過少申告加算税は課さず，当該税額に10,000円未満の端数がある場合においては，これを切り捨てて計算する。

☑☑ 5　無申告加算税の額が10,000円未満である場合においては，無申告加算税は徴収されない。

☑☑ 6　本邦に入国する者が，その入国の際に携帯して輸入する貨物に係る関税についても，無申告加算税は課される。

☑☑ 7　修正申告が，その申告に係る関税についての調査があったことにより当該関税について更正があるべきことを予知してされたものでない場合において，その申告に係る関税についての調査に係る税関による事前通知がある前に行われたものであるときは，過少申告加算税は課されない。

☑☑ 8　修正申告が，その申告に係る関税についての税関による調査があったことにより当該関税について更正があるべきことを予知してされた場合であっても，当該修正申告が更正の前に行われたときは，過少申告加算税は課されない。

重要度：★★★

1 ×　当該関税に係る7条の17の書類（納付通知書）もしくは更正通知書が発せられた日が法定納期限となり，その翌日が延滞税の期間計算の始期となる（12条9項3号）。

2 ×　計算された延滞税額に100円未満の端数があるときは，これを切り捨てる（12条4項）。

3 ○　延滞税の額を計算する基礎となる未納関税額が1万円未満の場合には，延滞税は課されない（12条3項）。

4 ○　過少申告加算税取扱いについての正しい記述である（12条の2第5項において準用する12条3項）。

5 ×　無申告加算税の額が5,000円未満である場合には，無申告加算税は課されない（12条の3第7項，12条4項）。

6 ×　本邦に入国する者が，その入国の際に携帯して輸入する貨物に係る関税は賦課課税方式の関税であるので（6条の2第1項2号イ），無申告加算税は課されない（12条の3）。無申告加算税が課されるのは，申告納税方式が適用される貨物に係る関税についてのみである。

7 ○　修正申告が，税関長の調査があったことにより，その関税について更正があるべきことを予知してされたものではない場合であって，税関による調査の事前通知がある前に行われたものであるときは，過少申告加算税は課されない（12条の2第4項）。

8 ×　当該関税について更正があるべきことを予知してされた場合には，修正申告が更正の前に行われたときであっても，過少申告加算税が課される（12条の2第1項）。

☑☑ 9　重加算税は，過少申告加算税又は無申告加算税が加算される場合で，納税義務者の関税の課税標準や税額の計算の基礎となるべき事実を偽った場合に，当該過少申告加算税又は無申告加算税に代えて課されるものである。

☑☑ 10　延滞税の額は，未納等に係る関税額に対し，納期限の翌日から当該関税額を納付する日までの日数に応じて計算する。

☑☑ 11　輸入許可後にした修正申告により納付すべき関税が当該修正申告をした日に納付された場合には，延滞税は発生しない。

☑☑ 12　修正申告により納付することとなった関税と併せて納付する延滞税は，賦課課税方式によりその税額が確定する。

☑☑ 13　関税と延滞税を併せて徴収する場合において，未納税額の一部が納付されたときは，未納関税額及び未納延滞税額のそれぞれの一部に充てられる。

☑☑ 14　関税法第７条第１項（申告）の規定による申告に係る修正申告がされたときは，当該修正申告が，その申告に係る関税についての税関長による調査があったことにより当該関税について更正があるべきことを予知してされたものであっても，納税義務者に対して当該修正申告に基づき納付すべき税額に100分の５の割合を乗じて計算した全額に相当する過少申告加算税が課される。

☑☑ 15　法定納期限までに関税が完納されない場合には，その未納に係る関税額に対し，その法定納期限の翌日から当該関税額が納付される日までの日数に応じて，延滞税が課される。

☑☑ 16　延滞税が課される場合において，税関長が国税徴収の例により国税徴収法第153条第１項の規定による滞納処分の執行の停止をしたときは，その停止をした関税に係る延滞税のうち，当該執行の停止をした期間に対応する部分の金額の２分の１に相当する金額が免除される。

9 × 「事実を偽った場合」ではなく，「事実を隠蔽，又は仮装した場合」である（12条の4第1項）。

10 × 「納期限の翌日から」ではなく「法定納期限の翌日から」とされている（12条1項）。

11 × 輸入許可後にした修正申告により納付すべき関税の法定納期限は，輸入許可の日である。そして，延滞税の対象となる期間は，法定納期限の翌日から関税を納付する日までである。したがって，延滞税は発生することになる（12条1項）。

12 × 延滞税は，特別の手続を要しないで，納付すべき税額が確定する。すなわち，延滞税は，申告納税方式又は賦課課税方式の特別な確定手続をすることなく，延滞税債務の成立と同時に税額が自動的に確定する（6条の2第2項）。

13 × 関税と延滞税を併せて徴収する場合において，未納税額の一部が納付されたときは，未納関税額に達するまでは，関税額に充当する（12条5項）。

14 × 本肢の場合は，納税義務者に対して当該修正申告に基づき納付すべき税額に100分の10の割合を乗じて計算した金額に相当する過少申告加算税が課される（12条の2第1項）。

15 ○ 延滞税についての正しい記述である（12条1項）。

16 × 国税徴収法153条1項の規定による滞納処分の執行の停止をした場合，その停止をした関税に係る延滞税のうち，当該執行の停止をした期間に対応する部分の金額に相当する金額のうち特例延滞税額を超える部分の金額に相当する金額を免除する（12条7項1号，附則昭29，4法第61号4項）。

出題ポイント

附帯税

近年は**語群選択式での出題も目立つ**ので，基本事項はよく整理しておく必要がある。**計算問題**にも対処できるよう，**非課税**，**非徴収となる場合や端数処理について**，**金額を正確に記憶**しておくことも大切である。

発展問題 過少申告加算税に係る「正当な理由」の取扱い

問題 申告貨物と同一種の貨物について，過去において同じ適用税番で通関が認められた事実が確認できる場合には，過少申告加算税が課されることはない。

解答 ×

申告貨物と同一種の貨物について，過去に同じ適用税番等で通関が認められた事実が確認できる場合には，過少申告加算税は課されない。ただし，当該同一種貨物について税関が現物検査を行った場合又は見本等分類決定に要する資料等が提出された場合に限ることとされている（関税法基本通達12の2－1⑵）。

ひっかけ注意 「計算の基礎となる関税額」と「○○税の額」

延滞税，加算税の非課税等についての問題を解くときは，問題文の表現に気をつけよう。特に，「延滞税（加算税）の**計算の基礎となる関税額**」と「**延滞税（加算税）の額**」については誤りやすいので注意。

発展問題 延滞税納付の特例

問題 やむを得ない理由により税額等に誤りがあったため法定納期限後に未納に係る関税額が確定し，かつ，その事情につき税関長の確認があった場合であって，当該法定納期限後に当該関税に係る修正申告をした場合の延滞税については，その法定納期限の翌日から当該修正申告をした日までの日数に対応する部分の金額を免除する。

解答 ○

本問の場合の延滞税については，**法定納期限の翌日から当該修正申告をした日までの日数に対応する部分の金額を免除**する（12条6項）。

発展問題 関税の充当

問題 納税義務者が，法定納期限までに関税を完納しなかったことにより，その未納に係る関税額に対し，延滞税を納付しなければならない場合において，その納税義務者が納付した税額が未納に係る関税額に達するまでは，その納付した税額は，当該関税額に充てられたものとされる。

解答 ○

本来ならば修正申告により追加納付すべきである。しかし，未納に係る部分について延滞税が納付された場合は，当該関税額に充てられたものとされる（12条5項）。

関税法 ㉞ 還付及び充当・期間制限

関税法第13条，第14条等

次の記述のうち，正しいものには○を，誤っているものには×をつけなさい。

☑☑ 1 関税に過誤納金があるときは，過誤納金の還付を受ける者に他に納付すべき関税があったとしても，その還付を受けるべき金額をその関税に充当することはできない。

☑☑ 2 関税の徴収権の時効は，納税に関する告知に係る部分の関税については，その告知の効力が生じた時に更新事由が生じ，その告知に指定された納付に関する期限までの期間を経過した時から新たに進行する。

☑☑ 3 税関長は，納税申告が必要とされている貨物についてその輸入の時までに当該申告がないときは，その調査により，当該貨物に係る税額等を決定するが，この決定は，原則として当該貨物の輸入の日から５年を経過した日以後においては，することができない。

☑☑ 4 更正は，輸入の許可の日から１年を経過した日以後においては，することができない。

☑☑ 5 本邦に入国する者がその入国の際に携帯して輸入する貨物に対する関税で課税標準の申告がなかったものに係る賦課決定は，当該貨物の輸入の日から３年を経過した日以後においては，することができない。

☑☑ 6 関税の徴収権で，偽りその他不正の行為によりその全部又は一部の税額を免れた関税に係るものの時効は，当該関税の法定納期限等から５年間は，進行しない。

☑☑ 7 関税の徴収権の時効については，その援用を要せず，また，その利益を放棄することができない。

重要度：★☆☆

1　×　関税に過誤納金があり，その過誤納金を還付すべき場合において，その還付を受ける者に納付すべき関税があるときは，その還付すべき金額をその関税に充当する（13条7項）。

2　○　関税の徴収権の時効は，税関長が関税の徴収権の行使として納税の告知を行った場合には，その告知に係る関税については，その告知の効力が生じた時に時効の更新事由が生じる。そして，その納税告知書に指定された納付に関する期限までの期間を経過した時から新たに時効が進行する（14条の2第2項，国税通則法73条3項3号）。

3　○　7条の16第2項の規定による決定は，法定納期限等から5年を経過した日以後においては，することができない（14条1項）。

4　×　更正は，法定納期限等から5年を経過した日以後においては，することができない（14条1項）。

5　×　本肢の場合の賦課決定は，法定納期限等から5年を経過した日以後においては，することができない（14条1項）。

6　×　5年ではなく2年である（14条の2第2項，国税通則法73条3項本文）。

7　○　関税の徴収権は，時効期間の経過によって消滅するものであり，援用を必要としない。また，時効期間経過により徴収権は絶対的に消滅するのであり，時効の利益の放棄は認められない（関税法14条の2第2項，国税通則法72条2項）。

☑☑ 8　還付加算金の額が5,000円未満である場合においては，還付加算金は加算せず，還付加算金の額に100円未満の端数がある場合においては，その端数を切り捨てる。

☑☑ 9　関税についての関税の徴収権の時効が更新した場合であっても，その更新した部分の関税に係る延滞税についての関税の徴収権については，その時効は更新しない。

☑☑ 10　税関長は，関税に係る過誤納金を還付すべき場合において，その還付を受けるべき者につき納付すべきこととなった関税があり，その還付すべき金額をその納付すべきこととなった関税に充当したときは，その旨をその還付を受けるべきであった者に通知しなければならない。

出題ポイント

還付及び充当・期間制限

これらの項目については，細部にまでこだわる必要はないが，最近出題が増える傾向にあるので，基本的な事項については確実に理解しておく必要がある。

8　×　還付加算金の額が1,000円未満である場合には，還付加算金は加算しない。5,000円ではない。また，還付加算金の額に100円未満の端数がある場合には，その端数を切り捨てる（13条５項）。

9　×　関税についての徴収権の時効が更新した場合には，その更新した部分の関税に係る延滞税についての関税の徴収権につき，その時効は更新する（14条の２第２項，国税通則法73条５項）。

10　○　関税の還付・充当についての正しい記述である（13条７項，施行令10条２項）。

! ひっかけ注意　起算日に注目

更正，決定等の期間制限及び消滅時効については，「３年」「５年」といった数字について問われる場合が大部分であるが，起算日についても誤答を誘う問題が出題されている。次の問題を解いてみてほしい。

税関長は，納税申告があった場合において，当該申告に係る税額等の計算が関税に関する法律の規定に従っていなかったときは，その調査により，当該申告に係る税額等を更正するが，この更正は，当該申告のあった日から３年を経過した日以後においては，することができない。　【H10－３】

納税申告があった場合の更正は，関税の**法定納期限等**（＝輸入の許可を受ける貨物については**輸入の許可の日**）**から**５年を経過した日以後においては，することができない（14条１項及び７条の４第１項）。「（納税）**申告のあった日から**」**ではない**ことに注意。したがって，本問は誤りとなる。

なお，期間制限及び消滅時効の**起算日となる「法定納期限等」とは，通常法定納期限**となる日をいうが，次の関税については，注意しておく必要がある。

① **輸入許可前引取承認**を受けて引き取られた貨物につき納付すべき関税……当該**承認の日**

② **郵便物の関税納付前受取り**の規定により税関長の**承認**を受けて受け取られた郵便物につき納付すべき関税……当該**承認の日**

③ **相殺関税**，**不当廉売関税**の規定により課する関税等……**当該関税を課することができることとなった日**

関税法 ㉟ 不服申立て①

関税法第89条等

次の記述のうち，正しいものには○を，誤っているものには×をつけなさい。

1　財務大臣は，関税法の規定による税関長の処分について審査請求があった場合において，その審査請求人から関税等不服審査会への諮問を希望しない旨の申出がされているときは，当該審査請求に参加する者から当該諮問をしないことについて反対する旨の申出がされている場合を除き，当該諮問をすることを要しない。

2　関税法又は他の関税に関する法律の規定による税関職員の処分に不服がある者は，再調査の請求をすることができる。

3　関税の確定又は徴収に関する処分の取消しの訴えは，当該処分についての審査請求に対する裁決を経ることなく，提起することができる。

4　関税法の規定による税関長の処分について再調査の請求があったときは，税関長は，関税等不服審査会に諮問しなければならない。

5　税関長が輸入されようとする貨物のうちに風俗を害すべき書籍に該当すると認めるのに相当の理由がある貨物があるとして，当該貨物を輸入しようとする者に対し，その旨を通知した場合において，当該通知の取消しの訴えを行おうとする者は，当該通知についての審査請求をすることなく，当該取消しの訴えを提起することができる。

6　関税法第69条の2第3項（輸出してはならない貨物）の規定による児童ポルノに該当する旨の通知に不服がある場合には，不服申立てを行うことができる。

重要度：★★★

1 ○ 財務大臣又は税関長の処分について審査請求があったときは，財務大臣は，一定の場合を除き，関税等不服審査会に諮問しなければならない（91条）。審査請求人から，その諮問を希望しない旨の申出がされている場合は，この一定の場合に該当する。ただし，この場合であっても，審査請求へ参加する利害関係者から，当該諮問をしないことについて反対する旨の申出がされている場合は，諮問を要することとされている（91条1号）。

2 ○ 関税法又は他の関税に関する法律の規定による税関長の処分に不服がある者は，再調査の請求をすることができる（89条1項）。関税法又は他の関税に関する法律の規定による税関職員の処分は，再調査の請求及び審査請求の規定の適用に関しては，その税関職員の属する税関の税関長がした処分とみなす（89条2項）。

3 × 関税の確定若しくは徴収に関する処分又は滞納処分の取消しの訴えは，当該処分についての審査請求に対する裁決を経た後でなければ，提起することができないこととされている（93条1号）。

4 × 税関長への再調査の請求があった場合に関税等不服審査会に諮問すべき旨の規定はない。

5 × 税関長から本肢の通知があった場合は，その通知についての審査請求に対する裁決を経た後でなければ，取消しの訴えを提起することはできない（93条2号）。

6 ○ 行政庁の処分に不服がある者は，不服申立てをすることができる（行政不服審査法2条，関税法89条1項）。本肢はこれに含まれる（基本通達89－1(4)）。

☑☑ 7　特例輸入者が期限後特例申告書を提出する前に行われた関税法第7条の16第2項（決定）の規定に基づく税額等の決定の取消しの訴えは，当該処分についての審査請求に対する財務大臣の裁決を経た後でなければ提起できない。

☑☑ 8　関税の確定又は徴収に関する税関長の処分に不服がある者は，当該税関長に対して再調査の請求をすることができる。

☑☑ 9　関税法の規定による税関長の処分について審査請求があった場合には，財務大臣は，当該審査請求が不適法であり，却下するときであっても，関税等不服審査会に諮問しなければならない。

7　○　関税法では，一定の処分又は通知の取消しの訴えは，当該処分又は通知についての審査請求に対する裁決を経た後でなければ提起することができないこととされている（93条1号）。本肢はこれに該当する。

8　○　関税法又は他の関税に関する法律の規定による税関長の処分に不服がある者は，再調査の請求をすることができる（89条1項）。

9　×　財務大臣又は税関長の処分について審査請求があったときは，財務大臣は，審理の公正性を確保するために，一定の場合を除き，関税等不服審査会に諮問しなければならない（91条）。本肢は一定の場合に該当するので，関税等不服審査会に諮問する必要はない（91条2号）。

関税法 ㊱ 不服申立て②

関税法第91条等

次に掲げる税関長の処分のうち，当該処分の取消しの訴えが，当該処分についての審査請求に対する財務大臣の裁決を経た後でなければ提起することができないものには○を，その他のものには×をつけなさい。

☑☑ 1　保税蔵置場において亡失した外国貨物についての関税の賦課決定

☑☑ 2　特例輸入者の承認の取消し

☑☑ 3　関税が納付されていない外国貨物の収容

☑☑ 4　関税法第69条の11第３項（輸入してはならない貨物）の規定による通知

☑☑ 5　関税法第69条の12第１項（輸入してはならない貨物に係る認定手続）の規定による認定

次の記述のうち，正しいものには○を，誤っているものには×をつけなさい。

☑☑ 6　関税法の規定による税関長の処分について審査請求が行われた場合であっても，行政不服審査法第46条第１項（処分についての審査請求の認容）の規定により審査請求に係る処分（法令に基づく申請を却下し，又は棄却する処分及び事実上の行為を除く。）の全部を取り消すとき（当該処分の全部を取り消すことについて反対する旨の意見書が提出されている場合及び口頭意見陳述においてその旨の意見が述べられている場合を除く。）は，財務大臣は，関税等不服審査会に諮問する必要はない。

☑☑ 7　関税法第89条第１項に規定する再調査の請求をすることができる税関長の処分には，同法第11章（犯則事件の調査及び処分）に規定する処分が含まれる。

重要度：★★★

1 ○ 関税の確定若しくは徴収に関する処分であり，財務大臣の裁決を経る必要がある（93条1号）。

2 × 財務大臣の裁決を経る必要はない（93条参照）。

3 × 財務大臣の裁決を経る必要はない（93条参照）。

4 ○ 輸入してはならない貨物に該当する旨の通知であり，財務大臣の裁決を経る必要がある（93条2号）。

5 × 財務大臣の裁決を経る必要はない（93条参照）。

6 ○ 関税法又は他の関税に関する法律の規定による財務大臣又は税関長の処分について審査請求があったときは，財務大臣は，一定の事由に該当する場合を除き，関税等不服審査会に諮問しなければならない。本肢は，この一定の事由に該当する（91条3号）。

7 × 関税法89条1項に規定する再調査の請求をすることができる税関長の処分には，同法11章（犯則事件の調査及び処分）に規定する処分は含まれない（関税法89条第1項，行政不服審査法7条1項7号）。

☑☑ 8　関税法第89条第1項に規定する税関長の処分について再調査の請求をすることができる期間は，正当な理由がある場合を除き，原則として当該処分があったことを知った日の翌日から起算して3月以内とされている。

☑☑ 9　税関長が輸入されようとする貨物のうちに特許権を侵害する物品に該当する貨物があると認定して，当該貨物を輸入しようとする者に対し，その旨及びその理由を通知した場合において，当該通知の取消しの訴えを行おうとする者は，当該通知についての審査請求に対する裁決を経ることなく，当該取消しの訴えを提起することができる。

☑☑ 10　税関長が輸入されようとする貨物のうちに児童ポルノに該当すると認めるのに相当の理由がある貨物があるとして，当該貨物を輸入しようとする者に対し，その旨を通知した場合において，当該通知の取消しの訴えを行おうとする者は，当該通知についての審査請求に対する裁決を経た後でなければ，当該取消しの訴えを提起することができない。

☑☑ 11　税関長による関税の滞納処分についての再調査の請求は，当該処分があったことを知った日の翌日から起算して3月又は当該処分があった日の翌日から起算して1年を経過したときは，正当な理由があるときを除き，することができない。

出題ポイント

不服申立て

出題頻度の高い項目であるが，**得点源にしやすい分野**でもある。**制度の流れ**を押さえたうえで，**基本事項**についてしっかりと記憶しておこう。特に，不服申立てができる期間，審査請求と関税等不服審査会の関係，審査請求と訴訟との関係を押さえておこう。

8 ○ 再調査の請求をすることができる期間についての正しい記述である（行政不服審査法18条1項）。

9 ○ 行政処分に不服がある者は，審査請求等の不服申立てをすることができるほか，不服申立てをすることなく直ちに処分の取消しの訴えを提起することができる。ただし，処分について審査に対する裁決を経た後でなければ処分の取消しの訴えを提起することができない旨の定めがある場合には，例外的に審査請求を先に経なければならない（行政事件訴訟法8条1項）。関税法では，一定の処分又は通知の取消しの訴えは，当該処分又は通知についての審査請求に対する裁決を経た後でなければ，提起することができないこととされている（関税法93条）。本肢はこの例外に該当しない。

10 ○ 上記4で述べたように，関税法においては，例外として，一定の処分又は通知の取消しの訴えは，当該処分又は通知についての審査請求に対する裁決を経た後でなければ，提起することができないこととされている（93条）。本肢はこの例外に該当する（93条2号）。

11 ○ 再調査の請求は，処分があったことを知った日の翌日から起算して3月を経過したときは，することができない。ただし，正当な理由があるときは，この限りでない（行政不服審査法54条1項）。また，再調査の請求は，処分があった日の翌日から起算して1年を経過したときはすることができない。ただし，正当な理由があるときは，この限りでない（行政不服審査法54条2項）。

関税法 37

罰則等①

関税法第111条，第114条の2等

次の記述のうち，正しいものには○を，誤っているものには×をつけなさい。

☑☑ 1　関税法第67条（輸出又は輸入の許可）の輸入申告に際し，通関業者が偽った申告をし，貨物を輸入することとなった場合には，当該偽った申告をした通関業者は，関税法の規定に基づき罰せられることがある。

☑☑ 2　外国から本邦に到着した外国貨物である船用品を，税関長の承認を受けて，外国貨物のまま保税地域から本邦と外国との間を往来する船舶に積み込んだ場合であって，その事実を証する書類を税関に提出しなかった者は，1年以下の懲役に処される場合がある。

☑☑ 3　輸入された貨物について，その輸入者が，関税法第105条第1項（税関職員の権限）の規定による税関職員からの当該貨物についての書類の提示の要求に対し，正当な理由なく当該書類を提示しなかった場合であっても，関税法の規定に基づき罰せられることはない。

☑☑ 4　重大な過失により関税法第32条の規定に違反して税関長の許可を受けないで保税地域にある外国貨物を見本として一時持ち出した者は，関税法に基づき罰せられることはない。

☑☑ 5　関税法第69条の21第1項（専門委員）に規定する専門委員が，その知り得た秘密を漏らした場合は，国家公務員法第100条第1項（秘密を守る義務）の規定に違反した罪で罰せられるが，関税法で罰せられることはない。

☑☑ 6　税関長の許可を受けることなく不正に輸入された貨物であることを知らない善意の第三者がこれを取得した場合，当該貨物は没収されることなく，その犯罪が行われた時の当該貨物に係る価格に相当する金額を犯人から追徴する。

☑☑ 7　火薬類を不正に輸出した者は，関税法第108条の4第1項（輸出してはならない貨物を輸出する罪）の規定により10年以下の懲役又は3千万円以下の罰金に処せられることがある。

重要度：★☆☆

1 ○ 通関業者は，委託を受けて通関業務を行う者であり輸出者又は輸入者ではないが，その通関手続上において果たしている重要な役割を考慮し，通関業者の偽った申告若しくは証明又は偽った書類の提出により貨物を輸出し，又は輸入することとなった場合には，このような通関業者も，関税法の規定に基づき罰せられることとなる（111条２項）。

2 ○ １年以下の懲役又は50万円以下の罰金に処せられることがある（114条の２第８号）。

3 × 本肢の場合，１年以下の懲役又は50万円以下の罰金に処せられる（105条６号，114条の２第17号）。

4 × 本肢の場合，115条の２第６号により，罰金刑に処せられることがある（116条）。

5 × ６月以下の懲役又は50万円以下の罰金に処せられることがある（115条の３）。

6 ○ 本肢のとおりである。没収すべき犯罪貨物等を没収することができない場合又は没収しない場合には，その没収することができないもの又は没収しないものの犯罪が行われた時の価格に相当する金額が犯人から追徴される（118条１項２号，118条２項）。

7 × 輸出してはならない貨物を輸出した者は，10年以下の懲役又は3000万円以下の罰金に処せられることがあるが，火薬類はこれに該当しない（108条の４第１項，69条の２第１項）。

☑☑ 8　商標権を侵害する物品を輸入した者は関税法に基づき罰せられることがあるが，当該物品を輸出した者は関税法に基づき罰せられることはない。

☑☑ 9　輸入貨物の通関業務を取り扱った通関業者が，関税法第105条第１項第６号（税関職員の権限）の規定による税関職員の質問に対して答弁しなかったとしても，当該通関業者が関税法に基づき罰せられることはない。

☑☑ 10　麻薬等を輸出した者又は輸入した者は，７年以下の懲役若しくは3000万円以下の罰金に処せられ，又はこれを併科されることがある。

☑☑ 11　関税法第110条（関税を逃れる等の罪）に該当する違反行為をした者が法人の代表者であるときは，行為者である代表者が罰せられるほか当該法人に対して罰金刑が科されることがあるが，当該違反行為をした者が法人でない社団の代表者であるときは，当該社団に対して罰金刑が科されることはない。

☑☑ 12　仕入書を改ざんして不正に関税を免れようとする得意先の輸入担当者から輸入通関の依頼を受けた通関業者が，当該仕入書の改ざんに気づきながらも依頼どおりに税関に申告した場合は，当該通関業者は当該通関業務を代行したことについて関税法に基づき罰せられることがある。

☑☑ 13　関税法第110条第１項（関税を免れる等の罪）の犯罪に係る貨物について，その事情を知って当該貨物を有償又は無償で取得した者は，関税法に基づき罰せられることがある。

☑☑ 14　関税法第118条第１項の規定により没収された犯罪貨物等については，その犯罪を犯した者から当該貨物に係る関税を徴収する。

☑☑ 15　関税法第62条の３第１項（保税展示場に入れる外国貨物に係る手続）の規定による申告をせずに保税展示場に外国貨物を展示した場合は，１年以下の懲役に処される場合がある。

☑☑ 16　関税法第23条第１項（船用品又は機用品の積込み等）に規定する税関長の承認を受けないで外国貨物である機用品を本邦と外国との間を往来する航空機に積み込んだ者は，１年以下の懲役又は50万円以下の罰金に処せられることがある。

8　×　当該物品を輸出した者も10年以下の懲役若しくは1000万円以下の罰金に処せられることがある（108条の4第2項）。

9　×　本肢の場合，当該通関業者は1年以下の懲役又は50万円以下の罰金に処せられることがある（114条の2第16号）。

10　×　7年以下の懲役ではなく10年以下の懲役である（108条の4第1項）。

11　×　人格のない社団等（法人でない社団又は財団で代表者又は管理人の定めがあるもの）も両罰規定の対象となる（117条3項）。

12　○　本肢の場合，当該通関業者は，5年以下の懲役若しくは1000万円以下の罰金に処せられることがある（111条1項2号，2項）。

13　○　本肢の場合，112条1項によって罰せられることがある。

14　×　本肢の場合，その貨物に係る関税を徴収しない（118条4項）。

15　○　本肢の場合，1年以下の懲役又は30万円以下の罰金に処せられることがある（115条の2第13号）。

16　○　本肢の場合，1年以下の懲役又は50万円以下の罰金に処せられることがある（23条1項，114条の2第7号）。

☑☑ 17　関税法第109条（輸入してはならない貨物を輸入する罪）の犯罪行為の用に供した船舶については，当該船舶がその犯人以外の者の所有に係り，かつ，その所有する者が，その犯罪が行われた後，その情を知らないで当該船舶を取得したと認められるときは，没収されることはない。

☑☑ 18　関税法第32条（見本の一時持出）に規定する税関長の許可を受けないで保税地域にある外国貨物を見本として一時持ち出した者については，その一時持出しを行った後に当該外国貨物を保税地域に戻した場合であっても，1年以下の懲役又は30万円以下の罰金に処せられることがある。

☑☑ 19　輸入申告に際し，偽った書類を提出して貨物を輸入する目的をもってその予備をした者は，当該予備の行為によっては関税法の規定に基づき罰せられることはない。

☑☑ 20　貨物を保税地域等に入れた後にしなければならない輸入申告に際し，その申告に係る貨物を保税地域等に入れたと偽って申告をして，当該貨物を輸入した者は，関税法の規定により罰せられることがある。

17 ○ 次に掲げる犯罪貨物等は，没収される（118条１項）。
①関税法第108条の４から第109条の２までの犯罪に係る貨物
②同法110条及び111条の犯罪に係る貨物のうち輸入制限貨物等
③同法112条の犯罪に係る貨物のうち108条の４又は109条の犯罪に係る貨物及び輸入制限貨物等
④同法108条の４から111条までの犯罪の用に供した船舶又は航空機
ただし，犯罪貨物等が犯人以外の者の所有に係り，かつ，次のいずれかに該当するときは，没収しない（118条１項ただし書）。
(1)108条の４から112条までの犯罪が行われることをあらかじめ知らないでその犯罪が行われた時から引き続き犯罪貨物等を所有していると認められるとき，
(2)(1)に掲げる犯罪が行われた後，その情を知らないで犯罪貨物等を取得したと認められるとき
本問は④(2)に該当する。

18 ○ 関税法第32条（見本の一時持出）の規定に違反して許可を受けないで外国貨物を見本として一時持ち出した者は，１年以下の懲役又は30万円以下の罰金に処せられることがある（115条の２第６号）。このことは，当該外国貨物を保税地域に戻した場合であっても，影響を受けない。

19 × 本肢の場合，３年以下の懲役若しくは500万円以下の罰金に処され，これらが併科されることがある（111条１項２号，111条４項）。

20 ○ 本肢の場合，５年以下の懲役若しくは1000万円以下の罰金に処せられ，これらが併科されることがある（111条１項２号）。

関税法 ㊳ 罰則等②

関税法第117条等

次の記述のうち，正しいものには○を，誤っているものには×をつけなさい。

☑☑ 1　一般輸出貨物を業として輸出する者は，輸出の許可を受けた貨物の品名，数量及び価格，仕向人の氏名又は名称その他の必要な事項を記載した帳簿を一定期間保存する必要がある。

☑☑ 2　輸出貨物に係る質問検査権に基づく税関職員による輸出者等への質問又は帳簿書類の検査は，関税法第75条の規定に基づき本邦から外国に向けて積み戻された外国貨物についても適用される。

☑☑ 3　関税法第77条の５第２項（違法行為等の是正）の規定による報告をせず，又は偽った報告をした者は，１年以下の懲役又は50万円以下の罰金に処せられることがある。

次に掲げる関税法上の罪のうち，両罰規定が適用されるものには○を，されないものには×をつけなさい。

☑☑ 4　関税を納付すべき貨物について，不正の行為により関税を納付しないで輸入する罪

☑☑ 5　税関長の許可を受けないで貨物を輸出する罪

☑☑ 6　関税法第69条の11第１項第１号から第４号まで，第５号の２及び第６号（輸入してはならない貨物）に掲げる貨物（輸入の目的以外の目的で本邦に到着したものに限る。）を外国貨物のまま運送する罪

☑☑ 7　あらかじめ届出をしないで行政機関の休日又はこれ以外の日の税関の執務時間外に貨物の積卸しをする罪

☑☑ 8　関税法第67条（輸出又は輸入の許可）の申告又は検査に際し，偽った申告若しくは証明をし，又は偽った書類を提出する罪

重要度：★☆☆

1 ○ 一般輸出貨物を業として輸出する者は，一定の事項を記載した帳簿を，輸出の許可の日の翌日から５年間保存しなければならない（94条２項，施行令83条８項）。

2 × 105条１項４号の２に基づく輸出された貨物に係る調査権は，積み戻された外国貨物については適用されない。

3 ○ 77条の５第２項（違法行為等の是正）の規定による報告をせず，又は偽った報告をした者は，１年以下の懲役又は50万円以下の罰金に処せられることがある（114条の２第15号）。

4 ○ 関税を免れる等の罪については，両罰規定が適用される（117条１項，110条１項２号）。

5 ○ 許可を受けないで輸出入する等の罪については，両罰規定が適用される（117条１項，111条１項１号）。

6 ○ 両罰規定が適用される（117条１項，109条の２第１項）。

7 ○ 両罰規定が適用される（117条１項，115条の２第４号）。

8 ○ 両罰規定が適用される（117条１項，111条１項２号）。

出題ポイント

罰則等

税関職員の権限，**両罰規定**，**罰則**等についても出題されるようになってきている。学習しにくい分野であり優先順位は低いが，出題されたものについてはできる限り目を通しておくのが望ましい。

発展問題　予備の場合

問題 関税法第108条の４第２項（輸出してはならない貨物を輸出する罪）の罪を犯す目的をもってその準備をした者であっても，実行の着手に至らなかった場合には，処罰されることはない。

解答 ×

関税法108条の４第２項（輸出してはならない貨物を輸出する罪）の罪を犯す目的をもってその準備（予備）をした者は，５年以下の懲役若しくは500万円以下の罰金に処せられることがあり，またこれらを併科される場合もある（108条の４第５項)。すなわち，実行の着手に至らない場合でも，処罰されることがある。

発展問題　重大な過失による場合

問題 重大な過失により関税法第20条第１項（不開港への出入）の規定に違反して外国貿易船を不開港に出入させた場合には，関税法第116条（重過失）の規定により罰金刑が科されることはない。

解答 ×

関税法116条（重過失）の規定により罰金刑が科される場合は，一定の罪の場合に限定されている。本肢はこの一定の罪に該当する。

ひっかけ注意　輸出入された貨物に係る質問の対象者

輸出者，輸入者に限られず，その輸出入に係る通関業務を取り扱った**通関業者**等が**含まれる**ことに注意しておこう。

発展問題　質問又は帳簿書類の検査ができる期間

問題　輸出貨物に係る質問検査権に基づく税関職員による輸出者等への質問又は帳簿書類の検査は，輸出の許可の日から2年を経過した日以後は行うことができない。

解答　×

税関職員が**質問又は検査をすることができる期間**については，**関税法には規定されていない**ため，輸出の許可の日の翌日から**2年を経過した日後においてもできる**こととなる。ただし，帳簿書類の検査は，**事実上**，輸出者（特定輸出者以外の輸出者で貨物を業として輸出するもの）における輸出貨物についての**帳簿書類の保存期間（輸出の許可の日の翌日から5年間）に限定される**ことになる。

発展問題　未遂の場合

問題　関税法第67条（輸出又は輸入の許可）の申告に際し，偽った書類を提出して貨物を輸入しようとしたが，当該偽った書類を提出したことを当該貨物の輸入の許可前に税関職員に発見された場合は，関税法に基づき罰せられることはない。

解答　×

輸出又は輸入の申告又は検査に際し，偽った申告若しくは証明をし，又は偽った書類を提出して貨物を輸出し，又は輸入した者は，5年以下の懲役又は1000万円以下の罰金に処せられることがある（111条1項2号）。併科の場合もある。そして，本罪については，実行に着手してこれを遂げない者，すなわち未遂犯についても同様に罰せられることがある（111条3項）。

第3章

関税定率法等

関税定率法等 ①

課税価格の原則的決定方法

定率法第４条１項

次の記述のうち，正しいものには○を，誤っているものには×をつけなさい。

□□ 1　買手が売手に対して輸出した輸出貨物の代金と輸入貨物の代金が相殺されている場合には，当該相殺されている代金は，課税価格に算入される。

□□ 2　輸入貨物に係る輸入取引が延払条件付取引である場合であって，その延払金利の額が明らかである場合には，当該延払金利の額は課税価格に算入されない。

□□ 3　輸入貨物が輸入港に到着するまでの運送に要する運賃，保険料その他当該運送に関連する費用は課税価格に算入することとされており，「その他当該運送に関連する費用」には，当該輸入貨物につき現実に支払われた又は支払われるべき価格に含まれていない限度において，輸出国において要したコンテナー・サービス・チャージが含まれる。

□□ 4　輸入取引の買手が売手に支払う輸入貨物の仕入書価格に当該輸入貨物が本邦の輸入港に到着した後の国内運送に要する運賃が含まれている場合において，当該運賃の額を明らかにすることができないときは，当該仕入書価格から当該国内運送に通常要すると認められる運賃の額を控除して当該輸入貨物の課税価格を計算する。

□□ 5　輸入貨物に保険が付されていない場合には，当該貨物と同種の貨物に係る通常の保険料が課税価格に算入される。

□□ 6　輸入貨物に係る輸入取引に関し，買手により負担される売手の販売代理人に対する販売手数料は，課税価格に算入される。

□□ 7　課税価格に算入される輸入貨物の包装に要する費用には，材料費のほか，人件費その他の費用も含まれる。

重要度：★★★

1 〇 輸入者が輸出者に対し債権を有しているときで，輸入代金の支払債務と相殺した後の金額を仕入書価格とする場合は，相殺前の価格を現実支払価格とする（4条1項）。相殺された額は加算費用である。

2 〇 当該輸入貨物に係る輸入取引が延払条件付取引である場合における延払金利は，その額が明らかである場合には，現実支払価格から控除しなければならない（施行令1条の4第4号）。

3 〇 輸入申告を行うに当たっては，輸入貨物に係る現実支払価格に含まれていない限度において，「当該輸入貨物が輸入港に到着するまでの運送に要する運賃，保険料その他当該運送に関連する費用」を，当該現実支払価格に加算しなければならない（4条1項1号）。
「その他当該運送に関連する費用」とは，輸入貨物の輸入港までの運送に付随して発生する積卸しその他の役務の対価として支払われる費用をいう。
輸出国において要したコンテナー・サービス・チャージはこれに含まれる（基本通達4－8(5)11)。

4 × 当該輸入貨物の輸入港到着後の国内運送の運賃の額は，その額が不明な場合には，その額を含んだ当該支払いの総額を現実支払価格とする（施行令1条の4ただし書）。

5 × 輸入貨物に保険が付されていない場合は，通常必要とされる保険料を見積もることとはならない（基本通達4－8(4)イ）。

6 〇 輸入貨物の売手による販売に関し当該売手に代わり業務を行う者に対し，買手が支払う手数料は，課税価格に算入される（4条1項2号イ）。

7 〇 包装の費用には，材料費のほかに，包装作業をする者の人件費その他の費用を含む（4条1項2号ハ，基本通達4－11)。

☑☑ 8　輸入取引に関連して買手が負担した特殊な包装に要した費用は，課税価格に算入される。

☑☑ 9　輸入貨物の売手が当該輸入貨物に係る特許権の権利者の下請会社である場合において，当該輸入貨物の買手が当該特許権者に対して支払う当該輸入貨物に係る当該特許権の使用に伴う対価は，当該輸入貨物の課税価格に含まれる。

☑☑ 10　輸入取引契約に付されている価格調整条項の適用により，輸入貨物に係る仕入書価格を引き上げるための調整が行われる場合，調整を行った後の当該輸入貨物に係る価格が，現実支払価格である。

☑☑ 11　委託販売契約ではない輸入貨物の輸入取引の条件として，買手による当該輸入貨物の再販売に係る収益の一部を買手が売手に支払う取決めがなされている場合において，当該売手に支払う当該収益の一部の額が明らかなときは，当該収益の一部の額は当該輸入貨物の課税価格に含まれる。

☑☑ 12　買手が自己のために実施する輸入貨物についての広告宣伝活動に要する費用は，その効果が当該輸入貨物の売手に帰属すると認められる場合であっても，課税価格に算入されない。

☑☑ 13　輸入貨物の生産に必要な触媒を買手が無償で提供する場合であっても，当該触媒が輸入貨物の生産の過程で消費されるときは，当該触媒に要する費用の額は課税価格に算入されない。

8 ○ 通常の包装であっても，特殊な包装であっても，その費用は，課税価格に算入される（4条1項2号ハ）。

9 ○ 本肢は，輸入貨物に係るものであり，かつ，当該輸入貨物に係る取引の状況その他の事情からみて当該輸入貨物の取引をするために直接又は間接に支払われるもの（4条1項4号）にあたるので，当該輸入貨物の課税価格に含まれる。

10 ○ 現実支払価格は，輸入貨物の輸入取引に係る仕入書であって，当該輸入取引の価格その他の条件を正当に表示するものがある場合には，その仕入書価格に基づき認定される。ただし，一定の場合には，現実支払価格と仕入書価格とが一致しないこととなるので，それぞれの場合において，現実支払価格を調整し，課税価格を計算する。輸入貨物に係る輸入取引に付されている価格調整条項の適用により当該輸入貨物に係る仕入書価格が引き上げられる場合は，当該引上げ後の輸入貨物に係る価格が現実支払価格となる（基本通達4－2(3)ニ）。

11 ○ 輸入取引の条件として，買手による輸入貨物の処分又は使用による収益の一部が直接又は間接に売手に帰属する旨の取決めがなされている場合には，当該売手に帰属する収益は当該輸入取引に係る輸入貨物の課税価格に算入する（4条1項5号）。当該輸入貨物の再販売に係る収益はこれに該当し，その額が明らかなときは課税価格に含まれる。

12 ○ 買手が自己のために行う広告宣伝活動の費用は，売手の利益になると認められる活動の費用であっても，売手に対する間接的な支払いとはみなされない。したがって，課税価格に算入しない（基本通達4－2(4)）。

13 × 輸入貨物の生産に関連して，買手により無償で直接又は間接に提供された物品で，当該輸入貨物の生産の過程で消費されるものの費用の額は，課税価格に算入される（定率法4条1項3号ハ）。触媒の費用はこれに該当する。

☑☑ 14　関税定率法第４条第１項第１号に規定する輸入港までの運賃等は，輸入貨物（同法第４条の６第１項（航空運送貨物等に係る課税価格の決定の特例）に規定する貨物に該当するものを除く。）の運送が，当該輸入貨物の運送契約成立の時以後に，輸出者又は輸入者の責めに帰し難い理由に起因して当該契約に基づく運送方法及び運送経路以外の方法及び経路で運送されたことにより，当該輸入貨物の実際に要した当該輸入港までの運賃等の額が当該輸入貨物の通常必要とされる当該輸入港までの運賃等の額を著しく超えるものである場合には，当該通常必要とされる当該輸入港までの運賃等とすることとされている。

☑☑ 15　輸入貨物の生産及び輸入取引に関連して，買手により無償で直接に提供され，当該輸入貨物に組み込まれているラベルであって，我が国の法律に基づき表示することが義務付けられている事項のみが表示されているものに要する費用の額は，当該輸入貨物の課税価格に含まれる。

☑☑ 16　輸入取引において，買手が，輸入貨物の代金について，売手から現金値引きを受けた場合であって，当該輸入貨物に係る納税申告の際に当該値引き額が確定しているときは，当該値引き額は現実支払価格に含まれない。

☑☑ 17　輸入貨物の売手が買手に対して過去の輸入取引に係る賠償金を支払うこととされている場合で，当該賠償金の額を当該輸入貨物の価格から控除した残額が当該輸入貨物の仕入書価格とされているときは，当該控除された額は課税価格に算入されない。

☑☑ 18　輸入取引の条件に従って輸入貨物が売手から買手に引き渡されるまでの間に積替え国で売手が当該輸入貨物を保管する場合で，当該保管に要した費用を買手が負担するときは，当該費用は課税価格に算入されない。

14 ○ 輸入港までの運賃等は，輸入貨物（定率法4条の6第1項（航空運送貨物に係る課税価格の決定の特例）に規定する貨物に該当するものを除く。）の運送が特殊な事情の下において行われたことにより，当該輸入貨物の実際に要した当該輸入港までの運賃等の額が当該輸入貨物の通常必要とされる当該輸入港までの運賃等の額を著しく超えるものである場合には，現実支払価格に実際に要した運賃等の額を加算することなく，輸入取引契約が前提とする運送方法及び経路により運送されたものとした場合の通常必要とされる当該輸入港までの運賃等とする（施行令1条の5第1項）。例えば，輸入貨物の輸入取引に係る契約又は輸入貨物の運送契約の成立の時以後に，天災，戦争，動乱，港湾ストライキ等当該貨物の輸出者又は輸入者の責めに帰し難い理由により，当該契約に基づく運送方法及び運送経路により運送することができなかった場合は，実際の運送方法及び運送経路のいかんにかかわらず，当該契約が前提とする運送方法及び運送経路により運送されたとした場合の通常の運賃による（基本通達4－8(8)イ）。

15 × 買手が，輸入貨物の生産又は輸入取引に関連して，無償で又は値引きをして，直接又は間接に提供した物品又は役務のうち法令により定められたものに要する費用は，現実支払価格に含まれていない限度において現実支払価格に加算する（4条1項3号）。ただし，輸入貨物に組み込まれているラベル等我が国の法律等に基づき表示することが義務付けられている事項のみが表示されているラベルは含まないので，当該ラベルに要する費用の額は課税価格に算入しない（基本通達4－12(1)）。

16 ○ 輸入貨物の輸入取引に係る契約において「現金値引き」が取り決められている場合，当該輸入貨物に係る納税申告の時までに代金が支払われていないときであっても，買手が当該値引き後の価格を現実に支払うことを予定しているときは，当該値引き後の価格を現実支払とする（基本通達4－4(2)）。

17 × 本肢は，貨物代金債権と買手に対する損害賠償債務の相殺である。これは，事務処理負担を軽減するための措置であり，当該取引価格に影響を及ぼすものではない。したがって，当該相殺額を，仕入書に記載された代金に加算して課税価格を決定しなければならない（4条1項本文，施行令1条の4　通達4－2－(3)－ハ）。

18 × 輸入貨物が，その輸入取引に係る取引条件に従って売手から買手に引き渡されるまでの間に積替え国で保管される場合，当該保管に要する費用で買手が負担するものは現実支払価格に含まれる（通達4－2(5)）。

第1編（肢別編）　第3章・関税定率法等

☑☑ 19　買手による輸入貨物に係る仕入書価格の支払後に，当該輸入貨物の輸入取引に付されている価格調整条項の適用により当該輸入貨物の価格の調整が行われ，その支払の額の一部が売手から買手に返金された場合であっても，当該返金された額は課税価格に算入される。

☑☑ 20　輸出国における輸入貨物の製造の過程で，買手の子会社の従業員が当該輸入貨物の検査を行う場合に，当該検査と併せて製造作業に従事しているときは，買手が負担する当該検査及び製造作業に係る当該従業員の賃金は，課税価格に算入される。

☑☑ 21　買手により無償で売手に提供された金型が輸入貨物の生産のために提供される前に使用されたものである場合には，課税価格に含まれる当該金型に要する費用の額の計算においてその使用度は考慮される。

☑☑ 22　輸入貨物の生産に関連して，買手が金型を売手に提供するための運送費用を当該売手が負担した場合には，当該運送費用は当該金型に要する費用の額の一部として当該輸入貨物の現実支払価格に加算される。

☑☑ 23　輸入貨物に係る輸入取引に関し買手により負担される当該輸入貨物の容器の費用のうち，当該輸入貨物の通常の容器と同一の種類及び価値を有するものの費用は，当該輸入貨物の課税価格に含まれる。

☑☑ 24　輸入貨物の輸入港における船内荷役に係る費用は，その額が明らかである場合には，現実支払価格に含まれない。

☑☑ 25　データ処理機器に使用されるソフトウェアを記録したキャリアメディアの課税価格は，当該ソフトウェアの価格がキャリアメディアの価格と区別される場合には，キャリアメディアの価格とする。

☑☑ 26　輸入貨物の生産及び輸入取引に関連して，買手により売手に無償で燃料が提供された場合において，当該燃料が当該輸入貨物の生産の過程で消費されたときは，当該燃料に要する費用の額は当該輸入貨物の課税価格に含まれない。

19 × 当該輸入貨物の輸入取引がされたときの価格が現実支払価格となる。したがって，調整後の価格となり，課税価格に算入しない（4条1項，施行令1条の4，通達4－2の2－(3)）。

20 ○ 輸入貨物の製造過程において買手が検査を行う場合，当該検査に要する費用は課税価格に算入しない。ただし，検査と合わせて製造作業に従事している場合は，買手が売手のために間接的に支払った費用に該当し，課税価格に算入される（4条1項，施行令1条の4，基本通達4－2の3－(3)ただし書き）。なお，当該従業員の賃金は上記の費用に該当する。

21 ○ 買手により無償で売手に提供された金型が提供される前に使用されたものである場合には，課税価格に含まれる当該金型に要する費用の額の計算において，使用度に応じて減額される（基本通達4－12(5)イ）。つまり，使用度は考慮される。

22 × 売手が負担しているので，すでに原料コストに含まれている（4条1項3号ロ，施行令1条の5第2項）。すなわち加算されない。

23 ○ 容器の費用についての正しい記述である（4条1項2号ロかっこ書）。

24 ○ 本肢の費用は，輸入港到着後の運送に関連する費用であり，その額が明らかな場合には，現実支払価格に含まれない（施行令1条の4第2号）。

25 ○ 輸入貨物の課税価格は原則として輸入取引契約における取引価格である。しかし，コンピュータソフトウェアがキャリアメディアに記録されて輸入される場合には，ソフトウェアの価格を除いた価格を課税価格とする（基本通達4－5）。

26 × 買手が，輸入貨物の生産又は輸入取引に関連して，無償で又は値引きをして，直接又は間接に提供した物品又は役務のうち法令により定められたものに要する費用は，現実支払価格に含まれていない限度において現実支払価格に加算する（4条1項3号）。輸入貨物の生産の過程で消費された物品はこの対象となる（4条1項3号ハ）。「輸入貨物の生産の過程で消費された物品」には，燃料，触媒等を含む（基本通達4－12(3)）。

☑☑ 27　輸入貨物の生産及び輸入取引に関連して，買手により無償で直接に提供された役務に要する費用のうち，当該輸入貨物の生産のために必要とされた技術であって，本邦において開発されたものに要する費用の額は，当該輸入貨物の課税価格に含まれる。

次に掲げる輸入貨物の輸入取引に関連して買手により負担される費用等のうち，当該輸入貨物の課税価格に算入されるものには○を，されないものには×をつけなさい。

☑☑ 28　輸入貨物の輸入申告の後に行われる当該輸入貨物の据付けに要する役務の費用で，その額が明らかなもの

☑☑ 29　当該輸入貨物の輸入港到着の日以後，当該輸入貨物の輸入申告の日前に行われる当該輸入貨物に係る組立て又は整備に要する役務の費用で，その額が明らかなもの

☑☑ 30　当該輸入貨物の輸入港到着後の運送に要する費用，保険料その他当該運送に関連する費用で，その額が明らかなもの

☑☑ 31　本邦において当該輸入貨物に課される関税その他の公課

☑☑ 32　輸出国において当該輸入貨物の輸出の際に払戻しを受けるべき関税その他の公課

☑☑ 33　買手の代理人に対して支払われる買付手数料

☑☑ 34　買手から売手に無償で提供された輸入貨物の生産に使用される金型で，本邦において製造されたものに要する費用

☑☑ 35　当該輸入貨物の生産のために必要とされたデザインであって，本邦において開発されたものの購入費用

27 ✕ 買手が，輸入貨物の生産又は輸入取引に関連して，無償で又は値引きをして，直接又は間接に提供した物品又は役務（技術等）のうち法令により定められたものに要する費用は，現実支払価格に含まれていない限度において現実支払価格に加算する（4条1項3号）。輸入貨物の生産のために必要とされた技術，設計，考案，工芸及び意匠であって本邦以外において開発されたものがこれにあたる（4条1項3号ニ，施行令1条の5第3項）。
本邦において開発されたものに要する費用の額は当該輸入貨物の課税価格に含まれない。

28 ✕ 本肢の役務の費用は，その額が明らかである場合には，課税価格に含まれない（施行令1条の4第1号）。

29 ○ 輸入申告の日前に行われる組立て又は整備に要する役務の費用は，課税価格に含まれる（施行令1条の4第1号）。

30 ✕ 輸入港到着後の運送に関連する費用は，その額が明らかである場合には，課税価格に含まれない（施行令1条の4第2号）。

31 ✕ 本邦において課される関税その他の公課は，課税価格に含まれない（施行令1条の4第3号）。

32 ✕ 輸出国において払戻しを受ける関税その他の公課は，課税価格に含まれない（4条1項かっこ書）。

33 ✕ 買手に代わり業務を行う者に対し買手が支払う買付手数料は課税価格に算入しない（4条1項2号イかっこ書）。

34 ○ 無償で提供された輸入貨物の生産に使用される金型の費用は，課税価格に算入される（4条1項3号ロ）。

35 ✕ 本邦以外で開発されたものの役務の費用に限り，課税価格に算入される（4条1項3号ニ，施行令1条の5第3項）。

☑☑ 36　輸入貨物に係る著作権の使用に伴う対価で，当該輸入貨物の輸入取引の条件として，売手以外の第三者である著作権者に対して支払われるもの

☑☑ 37　売手が権利を所有する意匠が実施されているおもちゃの原型が輸入された場合において，買手が当該売手に対して，当該原型の代金とは別に当該原型を使用して同じおもちゃを本邦において製造する権利の対価を支払っているときは，当該対価は当該原型の課税価格に含まれる。

☑☑ 38　輸入貨物が輸入港に到着するまでの運送に要する運賃は，当該輸入貨物の課税価格に含まれる。

☑☑ 39　輸入貨物に係る特許権の使用の対価で，当該輸入貨物の輸入取引の状況等からみて，当該輸入貨物の輸入取引をするためのものとして売手以外の第三国に居住する特許権者に支払われるロイヤルティ

☑☑ 40　買手による輸入貨物に係る仕入書価格の支払後に，当該輸入貨物の輸入取引に付されている価格調整条項の適用により当該輸入貨物に係る価格について調整が行われ，その調整により別払金の支払が行われる場合の当該別払金

☑☑ 41　輸入貨物の利潤分配取引に基づき買手が売手に分配する利潤は，その額が明らかである場合には，当該輸入貨物の課税価格に含める。

☑☑ 42　買手による輸入貨物の使用によって得られる賃貸料で直接に売手に帰属するよう取り決めたものについては，当該賃貸料の額が明らかなときであっても，当該賃貸料の額は当該輸入貨物の課税価格に算入されないこととされている。

36 ○ 輸入貨物の取引の状況その他の事情からみて当該輸入貨物の輸入取引をするため買手により売手に間接に支払われる場合であり，課税価格に算入される（4条1項4号）。

37 × 特許権，意匠権等の対象となっている輸入貨物について，当該輸入貨物を本邦において複製する権利の対価は，当該輸入貨物の現実支払価格に加算する対象から除かれている（4条1項4号かっこ書）。本肢はこれに該当する（基本通達4－13(5)ニ）。

38 ○ 輸入貨物が輸入港に到着するまでの運送に要する運賃，保険料その他当該運送に関連する費用は加算要素であり，現実支払価格に含まれていない限度において加算する（4条1項1号）。

39 ○ 輸入貨物に係る特許権，意匠権，商標権等で政令で定めるものの使用に伴う対価で，当該輸入貨物に係る取引の状況その他の事情からみて当該輸入貨物の輸入取引をするために買手により直接又は間接に支払われるものは，課税価格に算入される（4条1項4号）。

40 ○ 本肢の価格調整は，当該輸入貨物の輸入取引に付されているものであり，当該別払金は課税価格に算入される（4条1項）。

41 ○ 買手による当該輸入貨物の処分又は使用による収益で直接又は間接に売手に帰属するものとされているものは，加算要素となる（4条1項5号）。「輸入貨物の処分又は使用による収益」とは，当該輸入貨物の再販売その他の処分又は使用により得られる売上代金，賃貸料，加工賃等を構成するものをいい，課税価格に算入することとなる収益の1つとして，輸入貨物の利潤分配取引に基づき買手が売手に分配する利潤がある（基本通達4－14）。

42 × 買手による輸入貨物の使用によって得られる賃貸料で直接に売手に帰属するよう取り決めたものは売手帰属収益に該当する。当該賃貸料の額が明らかなときは，当該賃貸料の額は当該輸入貨物の課税価格に算入される（4条1項5号，基本通達4－14(1)）。

出題ポイント

課税価格の原則的決定方法

「関税法等」のほか，「**通関実務**」**においても出題**される。**合否を分ける最重要分野**の一つである。**現実支払価格**についてよく理解したうえで，**加算要素**について正確に記憶しておく必要がある。

ひっかけ注意　買付手数料

輸入貨物の輸入取引に関する買付手数料は，それをいずれかの者が負担するかにかかわりなく，課税価格に算入されない。【H14−14】

買手が負担する買付手数料は課税価格に**算入されない**。買手により買付けに係る業務の対価として支払われるものが買付手数料であり，買手以外の者が負担するものはこれに該当しない。したがって，本問は誤りとなる。

発展問題　「役務」の意味

問題　輸入取引の買手が，外国の売手における輸入貨物の生産を支援するために買手が雇用した当該外国に居住するアルバイトを売手のもとに派遣し，当該輸入貨物を製造する作業に従事させた場合には，当該アルバイトの雇用に要する費用は，関税定率法第4条第1項第3号ニに規定する「当該輸入貨物の生産に関する役務」に要する費用に該当する。

解答　×

「役務」に要する費用とは，**技術**，**設計**，**考案**，**工芸及び意匠**であって**本邦以外において開発**されたものをいう（4条1項3号ニ）。**用語の定義**を問う問題であり，「**課税価格に算入されるか否か**」**は関係がない**ことに注意。

発展問題

問題1 輸入貨物の生産に関連して，買手が自己と特殊関係にある金型の生産者から取得した金型を無償で売手に提供している場合には，課税価格に含まれる当該金型に要する費用の額は，買手が当該生産者から当該金型を取得した価格による。

2 買手により無償で提供された金型を使用して貨物の生産が行なわれた場合において，当該貨物のうち一部を買手が我が国に輸入し，残余を生産国で販売しているときは，当該金型の費用の総額を我が国輸入分と生産国での販売分に按分し，生産国での販売分に按分される額は，買手が輸入する貨物の現実支払価格に加算されない。

解答 1× 2○

材料，部分品，金型等に要する費用の額は，買手が当該物品を自己と特殊関係にない者から取得した場合には，当該物品の当該買手による取得価格による。買手が当該物品を自己と特殊関係にある生産者から取得し又は買手が自らこれを生産した場合には，当該物品の生産費による。

また，買手により提供された金型等を使用して輸入貨物の生産が行われた場合において，生産された貨物のうち一部を買手が輸入し，残余を生産国で販売し又は第三国へ輸出しているときは，それらの物品の費用の総額を本邦輸入分と生産国での販売分等に按分した額とする。生産国での販売分に按分される額は，買手が輸入する貨物の現実支払価格に加算されない（施行令1条の5第2項）。

関税定率法等 ② 原則的決定方法を適用できない場合

定率法第４条２項

次に掲げる輸入取引に関する事情のうち，関税定率法第４条第１項（課税価格の決定の原則）に規定する方法により課税価格を決定することができない事情（特別な事情）に該当するものには○を，しないものには×をつけなさい。

1　買手が一定期間展示用として使用することを条件として輸入貨物の取引価格が値引きされている場合

2　買手が輸入貨物を本邦で再販売できる地域が，当該買手と売手との間の合意により本邦の特定の地域に限定されている場合

3　貨物の輸入について必要とされる手続はすべて売手が行う旨の条件が付されている場合

4　買手による輸入貨物の処分又は使用についての制限であって，法令により又は国若しくは地方公共団体により課され又は要求されるものがある場合

5　輸入取引に係る契約により輸入貨物の取引価格が決められた後，当該契約の時から実際に当該輸入貨物を輸入する時までの間に，当該輸入貨物と同種の貨物の国際相場が大幅に下落した場合

6　買手による輸入貨物の使用について，商品見本としてのみ使用することを条件に，実際の取引価格より引き下げて取引を行う場合

7　輸入貨物に係る輸入取引が延払条件付取引である場合

8　買手及び売手が親族関係にあるが，その関係が輸入貨物の取引価格に影響を与えているとは認められない場合

9　買手による輸入貨物の処分による収益で間接に売手に帰属するものとされているものの額が明らかでない場合

重要度：★★★

1　○　本肢の事情は，買手による当該輸入貨物の処分又は使用につき制限がある場合に該当するので，特別な事情に該当する（4条2項1号）。

2　×　本肢の事情は，輸入貨物の処分又は使用の制限に該当しないので，特別な事情に該当しない（4条2項1号，施行令1条の7第1号）。

3　×　本肢は，特別な事情に該当しない（4条2項参照）。

4　×　本肢は，輸入貨物の処分又は使用の制限に該当しないので，特別な事情に該当しない（4条2項1号かっこ書，施行令1条の7第2号）。

5　×　本肢は，特別な事情に該当しない（4条2項参照）。

6　○　買手による当該輸入貨物の処分または使用につき制限がある場合であり，特別な事情に該当する（4条2項1号）。

7　×　本肢は，特別な事情に該当しない（4条2項参照）。

8　×　親族関係にあることは特殊関係に該当するが，取引価格に影響を与えているとは認められない場合には，特別な事情があるとはいえない（4条2項4号）。

9　○　買手による当該貨物の処分による収益で，直接又は間接に売手に帰属するものとされているものの額が明らかでないことは，特別な事情に該当する（4条2項3号）。

☑☑ 10　輸入貨物の取引価格が，当該輸入貨物の買手から売手に販売される輸出貨物の取引価格に依存している場合

☑☑ 11　輸入貨物の製造に使用される材料を，買手が無償で売手に提供することとされている場合

☑☑ 12　輸入貨物の運送が特殊な事情の下において行われたことにより，当該輸入貨物の実際に要した輸入港までの運賃の額が当該輸入貨物の通常必要とされる当該輸入港までの運賃の額を著しく超えるものである場合

☑☑ 13　本邦において開催されるオークションにおける委託販売のためにその委託販売契約の受託者が貨物を輸入する場合

10 ○ 特別な事情に該当する（4条2項2号）。

11 × 本肢は課税価格を決定することができない事情に該当しない。材料の費用を現実支払価格に加えることによって課税価格を決定する（4条1項3号ハ）。

12 × 本肢の場合，通常必要とされる当該輸入港までの運賃により課税価格が決定されるのであり，課税価格を決定することができない事情には該当しない（施行令1条の5第1項）。

13 ○ 輸入取引によらないで輸入する一定の貨物には，輸入取引におけるような現実支払価格がないため，課税価格の決定の原則により課税価格を計算することができない（基本通達4－1の2(1)）。本邦において開催されるオークションで委託販売のために受託者により輸入される貨物はこれにあたる（基本通達4－1の2(1)ロ）。

出題ポイント

原則的決定方法を適用できない場合

しばしば出題される項目である。原則的決定方法を適用できない「**特別な事情**」がある場合について，**正確に理解**しておくことが重要である。

ひっかけ注意　無償で輸入される貨物

無償で輸入される貨物（例えば，寄贈品，見本，宣伝用物品）の課税価格は，輸入港に到着するまでに要する**運賃及び保険料の合計額とはならない。輸入取引**（＝輸入売買契約）**によらない**輸入貨物であり，**原則的決定方法により課税価格を計算することができない**こととなるので，**例外的決定方法により**課税価格を計算することとなる。

輸入取引によらない輸入貨物には，ほかに次のようなものがある。

① **委託販売**のために輸入される貨物（例えば，本邦において開催されるオークションで販売するために受託者により輸入される貨物）

② **売手の代理人によって輸入**され，その後売手の計算と危険負担によって輸入国で販売される貨物

③ **賃貸借契約**に基づき輸入される貨物

ひっかけ注意　輸入貨物の課税価格の決定を困難とする条件

輸入貨物の取引価格が当該輸入貨物の売手と買手との間で取引される当該輸入貨物の取引数量に依存して決定されるべき旨の条件が当該輸入貨物に係る輸入取引に付されている場合には，関税定率法第４条第１項の規定により課税価格を決定することはできない。【H20－17】

輸入貨物の取引価格が当該輸入貨物の売手と買手との間で取引される当該輸入貨物**以外の貨物**の取引数量又は取引価格に**依存**して決定されるべき旨の条件が輸入取引に付されている場合には，「**輸入貨物の課税価格の決定を困難とする条件**が付されている場合」として，関税定率法４条１項の規定（原則的決定方法）より課税価格を決定することはできない。

しかし，本問は「**当該輸入貨物の**取引数量に依存」して決定されるべき旨の条件が付されている場合であるので，「**特別な事情**」**には該当せず**，**原則的決定方法により課税価格を決定することが可能**である。したがって，本問は誤りである。

関税定率法等③ 課税価格の例外的決定方法

定率法第４条２項，第４条の２，第４条の３

次の記述のうち，正しいものには○を，誤っているものには×をつけなさい。

☑☑ 1　輸入貨物と同種の貨物の取引価格による方法が適用できる場合であっても，輸入しようとする者が希望する旨を税関長に申し出たときは，これに先立って当該輸入貨物の製造原価に基づき計算する方法が適用される。

☑☑ 2　同種の貨物に係る取引価格により輸入貨物の課税価格を決定する場合における同種の貨物は，輸入貨物の本邦への輸出の日又はこれに近接する日に本邦へ輸出されたもので，当該輸入貨物の生産国で生産されたものに限られる。

関税定率法第４条の２（同種又は類似の貨物に係る取引価格による課税価格の決定）の規定に関する次の記述のうち，正しいものには○を，誤っているものには×をつけなさい。

☑☑ 3　関税定率法第４条の２（同種又は類似の貨物に係る取引価格による課税価格の決定）の規定により輸入貨物の課税価格を計算する場合において，当該輸入貨物の生産者により生産された同種の貨物に係る取引価格と当該生産者以外の者により生産された同種の貨物に係る取引価格の双方があるときは，いずれか高い方の取引価格が優先される。

☑☑ 4　輸入貨物の生産者が生産した同種の貨物に係る取引価格と，他の生産者が生産した同種の貨物に係る取引価格との双方があるときは，いずれか低い取引価格を用いる。

☑☑ 5　輸入貨物と同種の貨物との間に運送距離又は運送形態が異なることにより輸入港までの運賃等に相当の差異がある場合には，その差異により生じた価格差について必要な調整を行っても，当該同種の貨物の取引価格を用いることはできない。

☑☑ 6　同種又は類似の貨物は，輸入貨物の取引段階及び取引数量と同一の取引段階及び取引数量により輸入された貨物に限られる。

重要度：★★★

1　×　輸入しようとする者が希望する旨を税関長に申し出た場合において輸入貨物の製造原価に基づいて課税価格を決定する方法が優先するのは，国内販売価格に基づく方法によることができる場合である（4条の3第3項）。

2　○　同種の貨物又は類似の貨物とは，当該輸入貨物の本邦への輸出の日又はこれに近接する日に本邦へ輸出されたものであって，かつ，当該輸入貨物の生産国で生産されたものに限る（4条の2第1項かっこ書）。

3　×　本肢の場合，当該輸入貨物の生産者により生産された同種の貨物に係る取引価格が優先される（4条の2第1項，施行令1条の10第1項）。

4　×　輸入貨物の生産者が生産した同種の貨物に係る取引価格と他の生産者が生産した同種の貨物に係る取引価格の双方があるときは，輸入貨物の生産者が生産した同種の貨物に係る取引価格が優先する（施行令1条の10第1項）。

5　×　輸入貨物と同種の貨物との間に運送距離又は運送形態が異なることにより輸入港までの運賃に相当の差異があるときは，その差異により生じた価格差を調整した後の取引価格を用いる（4条の2第1項）。

6　×　取引段階及び取引数量の差異による当該輸入貨物と当該同種又は類似の貨物との間の価格差について必要な調整を行った後の同種又は類似の貨物に係る取引価格を用いることができる（4条の2第2項，施行令1条の10第3項）。

関税定率法第4条の3（国内販売価格又は製造原価に基づく課税価格の決定）の規定に関する次の記述のうち，正しいものには○を，誤っているものには×をつけなさい。

☑☑ 7　国内販売価格に基づく課税価格の決定方法が適用できる場合であっても，輸入貨物の製造原価が確認できる場合は，当該製造原価に基づく課税価格の決定方法によることとなる。

☑☑ 8　輸入貨物の国内販売価格に基づき課税価格を計算する場合の当該輸入貨物の国内販売価格は，当該輸入貨物の課税物件確定の時の属する日後90日以内に当該輸入貨物が国内販売された場合の最も低い価格である。

☑☑ 9　課税物件確定の時における性質及び形状により国内において販売された輸入貨物に係る国内販売の単価が複数ある場合は，当該単価のうち最小のものに基づいて国内販売価格を計算する。

☑☑ 10　国内販売価格に基づく課税価格の決定方法を用いる場合においては，輸入貨物と同類の貨物で輸入されたものの国内における販売に係る通常の手数料は控除する。

☑☑ 11　課税物件確定の時における性質及び形状により国内において販売された輸入貨物又はこれと同種若しくは類似の輸入貨物に係る国内販売価格がない場合には，輸入者からの希望する旨の申出の有無を問わず，課税物件確定の時の属する日後加工の上で国内において販売された当該輸入貨物に係る国内販売価格に基づいて課税価格を計算する。

☑☑ 12　関税定率法第4条の3第1項第2号の規定により輸入貨物の課税価格を計算する場合において，当該輸入貨物の国内における加工により付加された価額は当該輸入貨物の国内販売価格から控除される。

☑☑ 13　国内販売価格又は製造原価により課税価格を決定する場合において，国内販売価格に基づく課税価格の決定方法が製造原価に基づく課税価格の決定方法に優先して適用されるが，輸入貨物の製造原価を確認することができ，かつ，輸入者が製造価格によることを希望する旨を税関長に申し出た場合はこの限りではない。

7 ✕ 当該輸入貨物の製造原価が確認できる場合で，かつ，輸入者からの希望する旨の申出がある場合に，国内販売価格に基づく方法に先立って，製造原価に基づく課税価格の決定方法が適用される（4条の3第3項）。

8 ✕ 本肢のような規定はない。なお，輸入貨物の国内販売価格は，当該輸入貨物の課税物件確定の時の属する日又はこれに近接する日におけるこれらの貨物に係る国内販売価格とし，これらの国内販売価格がないときは，当該課税物件確定の時の属する日後90日以内の最も早い日におけるこれらの貨物に係る国内販売価格とする（施行令1条の11第1項）。

9 ✕ 国内販売が二以上あり，その単価が異なるときは，当該異なる単価ごとの販売に係る数量が最大である単価に基づいて計算を行う（施行令1条の11第2項かっこ書）。

10 ○ 当該輸入貨物と同類の貨物の国内販売に係る通常の手数料は，当該輸入貨物の国内販売価格から控除する（4条の3第1項1号イ）。

11 ✕ 輸入貨物が加工の上，国内販売されているときの課税価格の決定方法により課税価格を求めることができるのは，輸入貨物が輸入申告の時の性質・形状により国内販売されているときの方法が適用できない場合で，かつ，輸入者がこの方法を希望する旨を申し出た場合である（4条の3第1項ただし書）。

12 ○ 本肢の場合，当該加工により付加された価額は控除される（4条の3第1項2号）。

13 ○ 輸入貨物の製造原価に基づき課税価格を計算する方法は，輸入貨物の原価を確認することができる場合において，当該輸入貨物を輸入しようとする者が希望する旨を税関長に申し出たときは，輸入貨物の国内販売価格に基づき課税価格を計算する方法に優先して適用する（4条の3第3項）。

☑☑ 14　輸入貨物の輸入者と生産者との間に代理人が存在する場合には，当該貨物の製造原価を確認できるときであっても，当該製造原価に基づいて課税価格を決定することはできない。

☑☑ 15　関税定率法第４条の３の規定により輸入貨物の課税価格を決定する場合には，当該輸入貨物の製造原価によって課税価格を計算できないときに限り，当該輸入貨物又は当該輸入貨物と同種若しくは類似の貨物に係る国内販売価格に基づき課税価格を計算することとされている。

出題ポイント

課税価格の例外的決定方法

例外的決定方法については，**表現が難解**であり学習しにくいと感じられるかもしれないが，**おおまかな内容**と**適用の優先順位**を理解していれば容易に解ける問題が多い。得点源としてほしい。近年は，同種又は類似の貨物の取引価格を適用する方法等細かい問題も出題されるので，細部にも注意する必要がある。

発展問題　製造原価による方法における「同類の貨物」

問題　関税定率法第４条の３第２項の規定に基づき，製造原価により課税価格を決定する場合には，当該輸入貨物の製造原価に当該輸入貨物と同類の貨物の本邦への輸出のための販売に係る通常の利潤及び一般経費並びに当該輸入貨物の輸入港までの運賃等の額を加えた価格が課税価格となるが，当該同類の貨物の生産国は，当該輸入貨物の生産国と同一であることを要しない。

解答　×

製造原価により決定する場合の課税価格は，当該輸入貨物の製造原価に，**当該輸入貨物の生産国で生産された同類の貨物**の本邦への輸出のための販売に係る通常の利潤等の額を加えた価格である（４条の３第２項）。

14　○　この規定の適用は，当該輸入貨物を輸入しようとする者と当該輸入貨物の生産者との間の当該輸入貨物に係る取引に基づき当該輸入貨物が本邦に到着することとなる場合に限られる（4条の3第2項かっこ書）。したがって，当該輸入者と生産者との間に代理人等が存在する場合は，この条件に合致するものとして取り扱われていない（基本通達4の3－2(5)）。

15　×　定率法4条1項（課税価格の決定の原則）及び4条の2（同種又は類似の貨物に係る取引価格による課税価格の決定）の規定により課税価格を決定できない場合において，①輸入貨物の国内販売価格，又は②当該輸入貨物と同種又は類似の貨物に係る国内販売価格があるときは，これらの国内販売価格を基礎として当該輸入貨物の課税価格を計算する（4条の3第1項1号）。本肢のような規定はない。

! ひっかけ注意　国内販売価格による方法における優先順位

「**加工の上で国内において販売**された**輸入貨物**に係る国内販売価格」と，「**課税物件確定の時における性質及び形状により国内において販売**された**同種**の輸入貨物に係る国内販売価格」とがある場合には，当該**同種の輸入貨物に係る国内販売価格に基づいて**課税価格を計算する。当該「輸入貨物」であるか「同種」の輸入貨物であるかということよりも，「加工」の有無に注目して優先順位を判断する。

関税定率法等 ④ 航空運送貨物に係る課税価格の決定の特例等

定率法第４条の６

次の記述のうち，正しいものには○を，誤っているものには×をつけなさい。

☑☑ 1　外国に所在する法人から本邦に所在する別の法人に社内使用のために寄贈された物品で，航空機により運送されたものの課税価格は，航空機による運送方法以外の通常の運送方法による運賃及び保険料の額に基づいて計算する。

☑☑ 2　取替えのため無償で輸入される貨物が航空機により本邦まで運送された場合は，当該航空機による運送に要した運賃の額が20万円を超えるときであっても，航空機による運送方法以外の通常の運送方法による運賃及び保険料の額に基づいて当該貨物の課税価格を計算する。

☑☑ 3　輸入申告の時までに輸入貨物に変質があったと認められる場合の当該輸入貨物の課税価格は，当該変質がなかったものとした場合に計算される課税価格からその変質があったことによる減価に相当する額を控除して得られる価格である。

☑☑ 4　課税価格を計算する場合において，外国通貨により表示された価格の本邦通貨への換算は，輸入貨物に係る輸入取引契約がなされた日における外国為替相場による。

☑☑ 5　ニュース映画の上映用に供するニュースフィルムで，航空機による運賃に基づいて算出した課税価格の総額が25万円のものについては，関税定率法第４条の６第１項（航空運送貨物等に係る課税価格の決定の特例）の規定が適用される。

☑☑ 6　航空機により運送された輸入貨物のうち，当該航空機による運賃及び保険料により計算した場合の課税価格が20万円以下の無償の見本については，航空機による運送方法以外の通常の運送方法による運賃及び保険料により課税価格を計算する。

重要度：★★☆

1　×　航空機による運送方法の運賃及び保険料の額に基づいて課税価格を決定する。航空運賃特例には該当しない。なお，外国に住所を有する者から本邦に住所を有する者（法人を含まない。）に個人的な使用に供するために寄贈された物品で，10万円以下のものには航空運賃特例が適用される。

2　○　修繕又は取替えのための無償物品については，課税価格による制限はない（4条の6第1項，施行令1条の13第2項7号）。

3　○　当該輸入貨物の課税価格は，変質がなかったものとした場合に計算される課税価格から変質があったことによる減価に相当する額を控除して得られる価格である（4条の5）。

4　×　本邦通貨への換算は，輸入申告の日の属する週の前々週における実勢外国為替相場の当該週間の平均値に基づき税関長が公示した相場による（4条の7第1項，規則1条）。

5　○　ニュース映画の上映用に供するニュースフィルムについては，課税価格の総額にかかわらず，航空運賃特例が適用される（4条の6第1項，施行令1条の13第2項2号）。

6　○　航空機により輸入される貨物については，航空機により運送される場合に実際に要する運賃及び保険料を課税価格に算入するのが原則である。ただし，一定の場合には，課税価格に算入する運賃及び保険料は，航空機による運送方法以外の通常の運送方法による運賃及び保険料による（4条の6）。本肢はこの例外に該当する。

☑☑ 7　航空機により運送された輸入貨物のうち，修繕のため無償で輸入される物品についての輸入港に到着するまでの運送に要する運賃及び保険料は，航空機による運送方法以外の通常の運送方法による運賃及び保険料によるものとされている。

☑☑ 8　輸入貨物が航空機により運送された無償の見本であって，その航空機による運賃及び保険料により計算した場合の課税価格が30万円以下のものについての輸入港に到着するまでの運送に要する運賃及び保険料は，航空機による運送方法以外の通常の運送方法による運賃及び保険料によるものとされている。

出題ポイント

航空運送貨物に係る課税価格の決定の特例等

航空運送貨物に係る課税価格の決定の特例（航空運賃特例）については，その**適用の有無を正確に判断**できるようにしておけば，確実に得点することができる。

発展問題　航空運送貨物に係る課税価格の決定の特例

問題　海外支店から輸入者である本社に無償で贈与されるハロウィングッズで，輸入後に当該輸入者により販売されるものについては，関税定率法第４条の６第１項に規定する航空運送貨物に係る課税価格の決定の特例が適用される。

解答　×

外国に住所を有する者（外国に本店又は主たる事務所を有する法人を含む）から本邦に住所を有する者にその個人的使用に供するため寄贈された物品で，航空機による運賃及び保険料に基づいて算出した課税価格の総額が10万円以下のものについては，航空運賃特例が適用される（定率法４条の６第１項，施行令１条の13第２項１号，定率法基本通達４の６－１(5)）。法人に贈与される場合は，航空運賃特例は適用されない。

7　○　本肢の物品については，航空運賃特例が適用される。すなわち，輸入港に到着するまでの運送に要する運賃及び保険料は，航空機による運送方法以外の通常の運送方法による運賃及び保険料によるものとされている（4条の6第1項，施行令1条の13第2項7号）。

8　×　一定の輸入貨物が航空機により運送された場合には，現実支払価格に，航空機により運送したことにより実際に要した輸入港までの航空運賃等を加算することなく，通常の運送方法である船舶により輸入港まで運送される場合の運賃等を加算する。航空機による運賃及び保険料により計算した場合の課税価格が20万円以下の無償の見本はこれにあたる（4条の6第1項，施行令1条の13第1項）。30万円以下ではない。

関税定率法等 ⑤

特殊関税制度（相殺関税）

定率法第７条

関税定率法第７条に規定する相殺関税に関する次の記述のうち，正しいものには○を，誤っているものには×をつけなさい。

☑☑ 1　相殺関税は，５年を超えて課されることはない。

☑☑ 2　相殺関税を課することの求めは，何人でも行うことができる。

☑☑ 3　政府は，相殺関税を課することの求めがあった場合を除いては，関税定率法第７条第６項の規定に基づく相殺関税に関する調査を開始してはならない。

☑☑ 4　関税定率法第７条第６項の規定に基づく相殺関税に関する調査は，当該調査を開始した日から１年以内に終了しなければならないが，特別の理由により必要があると認められる場合には，６月以内に限り延長することができる。

☑☑ 5　外国において生産又は輸出について直接又は間接に補助金の交付を受けた貨物の輸入が，当該補助金の交付を受けた輸入貨物と同種の貨物を生産している本邦の産業に実質的な損害を与える事実がある場合には，当該本邦の産業を保護するため必要があると認められるか否かにかかわらず，相殺関税を課することができる。

☑☑ 6　相殺関税を課す場合には，当該相殺関税が課される貨物，当該貨物の輸出者若しくは生産者又は輸出国若しくは原産国，期間，税率その他当該相殺関税の適用に関し必要な事項を政令で定めることとされている。

重要度：★★★

1　×　補助金の交付を受けた指定貨物の輸入及び当該輸入の本邦の産業に与える実質的な損害等の事実が，指定された期間の満了後に継続し又は再発するおそれがあると認められるときは，指定期間を延長することができる（7条22項）。

2　×　補助金の交付を受けた輸入貨物と同種の貨物を生産している本邦の産業に利害関係を有する者に限られる（7条5項）。

3　×　政府は，調査の必要があると認めた場合にも調査を開始することができる（7条6項）。

4　○　原則として1年以内に終了させることとなっているが，特別の理由により必要があると認められる場合には，6月以内に限り延長することができる（7条7項）。

5　×　相殺関税を課することが認められるのは，外国において生産又は輸出について直接又は間接に補助金の交付を受けた貨物の輸入が本邦の産業に実質的な損害を与え，若しくは与えるおそれがあり，又は本邦の産業の確立を実質的に妨げる事実がある場合において，当該本邦の産業を保護するため必要があると認められるときである（7条1項）。本邦の産業を保護するため必要があると認められるか否かにかかわらず相殺関税を課することができるわけではない。

6　○　相殺関税を課することとなった場合には，政令により貨物，供給者又は供給国，期間及び適用税率その他必要な事項を定める（7条1項，33項）。

☑☑ 7　関税定率法第７条第６項の規定に基づく相殺関税に関する調査が開始された日から60日を経過する日以後であれば，その調査が完了する前であっても６月以内に限り，補助金の額に相当すると推定される額の担保の提供が命じられることがある。

☑☑ 8　相殺関税の額は，相殺関税を課そうとする輸入貨物について交付された補助金の額と同額以下でなければならない。

☑☑ 9　政府は，外国において補助金の交付を受けた貨物の輸入の事実及び当該輸入が当該補助金の交付を受けた輸入貨物と同種の貨物を生産している本邦の産業に実質的な損害を与え，若しくは与えるおそれがあり，又は当該本邦の産業の確立を実質的に妨げる事実についての十分な証拠がある場合において，必要があると認めるときは，当該本邦の産業に利害関係を有する者から求めがないときであっても，これらの事実の有無につき調査を行うものとされている。

☑☑ 10　政府が，外国において補助金の交付を受けた貨物の輸入の事実及び当該輸入が当該補助金の交付を受けた輸入貨物と同種の貨物を生産している本邦の産業に実質的な損害を与え，若しくは与えるおそれがあり，又は当該本邦の産業の確立を実質的に妨げる事実の有無につき調査を開始した場合において，当該調査に係る貨物の輸出者から政府に対し，当該貨物に係る補助金の本邦の産業に及ぼす有害な影響が除去されると認められる価格に当該貨物の価格を修正する旨の約束の申出があり，政府がその約束の申出を受諾したときは，政府は当該約束に係る貨物の供給国の当局が当該調査を完了させることを希望する場合を除き，当該調査を取りやめることができる。

☑☑ 11　相殺関税は，当該相殺関税を課されることとなる貨物の輸入者が納める義務がある。

！ ひっかけ注意　納税義務者

相殺関税において重要なポイントとなるのが補助金の交付である。相殺関税では，補助金の効果をなくすため，通常の関税のほか，補助金の額と同額以下の関税を課すことができる。ここで注意を要するのが，相殺関税を納付する者が輸入者であるという点である。相殺関税の趣旨からすると輸出者が納税義務者となるとも思えるが，納税義務者はあくまで輸入者である。

7 ×　4月以内の期間を指定し，当該指定期間内に輸入されるものにつき，当該貨物を輸入しようとする者に対し，補助金の額に相当すると推定される額の担保の提供が命じられることがある（7条10項）。

8 ○　通常の関税のほか，輸入貨物について交付を受けた補助金の額と同額以下の相殺関税を課することができる（7条1項）。

9 ○　政府は，本邦の産業に利害関係を有する者の求めがあった場合その他補助金の交付を受けた貨物の輸入の事実及び当該輸入の本邦の産業に与える実質的な損害等事実についての十分な証拠がある場合において，必要があると認めるときは，これらの事実の有無につき調査を行うものとされている（7条6項）。すなわち，政府は，本邦の産業に利害関係を有する者の求めがないときであっても，調査を行うものとされている。

10 ○　調査が開始された場合において，当該調査に係る貨物の輸出者は，政府に対し，当該貨物に係る補助金の本邦の産業に及ぼす有害な影響が除去されると認められる価格に当該貨物の価格を修正する旨の約束（当該貨物の供給国の当局が同意している場合に限る）の申出をすることができる（7条8項）。そして，政府がその約束の申出を受諾したときは，政府は，当該約束に係る貨物の供給国の当局が当該調査を完了させることを希望する場合を除き，当該調査を取りやめることができる（7条8項2号，9項）。

11 ○　相殺関税の納税義務者は，相殺関税を課されることとなる貨物の輸入者である（7条4項）。

出題ポイント

特殊関税制度　相殺関税

特殊関税制度については，相殺関税，不当廉売関税，緊急関税のいずれか（複数の場合もあり）について，**平成18年本試験以降毎年出題**されている。**相殺関税**については，難問もあるが，比較的**基本的な事項**を問うことも多い。**発動の要件**，**期間**等の基本事項についての知識を確実にしておきたい。

発展問題　補助金を撤廃する旨の約束の申出

問題　関税定率法第７条第６項の規定に基づく相殺関税に関する調査が開始された場合において，当該調査に係る貨物の補助金を撤廃する旨の約束の申出を行うことができる者は，当該貨物の輸出国の政府に限られる。

解答　×

調査に係る貨物の**補助金を撤廃する旨の約束の申出**を行うことができる者は，当該貨物の「**供給国**（＝輸出国**又は原産国**）の当局」である（７条８項）。「**輸出国の政府**」**に限られてはいない。**

発展問題

問題　外国において生産又は輸出について直接又は間接に補助金の交付を受けた貨物の輸入が本邦の産業に実質的な損害を与え，かつ，国民経済上緊急に必要があると認められるときは，相殺関税を課すことができる。

解答　×

相殺関税を課すためには，①外国において生産又は輸出について直接又は間接に補助金の交付を受けた貨物の輸入があること，②その輸入が本邦の産業に実質的な損害を与え，若しくは与えるおそれがあり，又は本邦の産業の確立を実質的の妨げていること，③本邦の産業を保護するため必要があると認められること，という要件をすべて満たす必要がある。

発展問題　政府の調査

問題　補助金の交付を受けた貨物の輸入の事実及び当該輸入の本邦の産業に与える実質的な損害等の事実の有無についての政府の調査は，利害関係を有する者からの求めがあった場合に限り行われる。

解答　×

補助金の交付を受けた貨物の輸入の事実及び当該輸入の本邦の産業に与える実質的な損害等の事実の有無についての政府の調査は，利害関係を有する者からの求めがあった場合のほか，補助金の交付を受けた貨物の輸入の事実及び当該輸入の本邦の産業に与える実質的な損害等の事実についての十分な証拠がある場合において，必要があると認めるときは，これらの事実の有無につき調査を行うものとする（定率法 7 条 6 項）。

発展問題　仮の決定の通知等

問題　財務大臣は，関税定率法第 7 条第 6 項の調査が開始された場合において，同条第 9 項又は第10項に規定する補助金の交付を受けた貨物の輸入の事実及び当該輸入の本邦の産業に与える実質的な損害等の事実を推定することについての決定がされたときは，その旨及び当該決定の基礎となった事実を直接の利害関係人に対し口頭又は書面により通知しなければならない。

解答　×

財務大臣は，補助金付輸入の事実及びその輸入による本邦の産業の損害等の事実があるかどうかについての調査（定率法 7 条 6 項）が開始された場合において，関税定率法 7 条 9 項又は10項に規定する補助金の交付を受けた貨物の輸入の事実及び当該輸入の本邦の産業に与える実質的な損害等の事実を推定することについての決定がされたときは，その旨及び当該決定の基礎となった事実を直接の利害関係人に対し書面により通知しなければならない（相殺関税に関する政令10条の 2 ）。

関税定率法等 ⑥

特殊関税制度（不当廉売関税・緊急関税）

定率法第８条，第９条１項

次の記述のうち，正しいものには○を，誤っているものには×をつけなさい。

☑☑ 1　不当廉売とは，本邦において消費されている同種の貨物の通常の価格より低い価格で本邦に向けて貨物を輸出のために販売することをいう。

☑☑ 2　不当廉売された貨物の輸入が当該貨物と同種の貨物を生産している本邦の産業に実質的な損害を与えるおそれがある場合において，当該本邦の産業を保護するために必要があると認められるときは，不当廉売関税を課することができる。

☑☑ 3　不当廉売関税は，不当廉売される貨物の正常価格と当該貨物の不当廉売価格との差額に相当する額と同額でなければならない。

☑☑ 4　政府は，不当廉売された貨物の輸入の事実及び当該輸入が本邦の産業に実質的な損害を与える事実についての十分な証拠がある場合において，必要があると認めるときは，当該本邦の産業に利害関係を有する者からの求めがないときであっても，これらの事実の有無につき調査を行うものとされている。

☑☑ 5　特定の種類の貨物の輸入の増加により，当該貨物の輸入が，これと同種の貨物その他用途が直接競合する貨物の生産に関する本邦の産業に重大な損害を与える事実がある場合において，国民経済上緊急に必要があると認められるときには，緊急関税を課すことができる。

☑☑ 6　関税定率法第９条第６項の規定に基づく緊急関税に関する調査は，１年以内に終了しなければならない。

☑☑ 7　緊急関税が課されていた貨物について，その措置が終了した直後に必要がある場合には，１年以内の期間に限り，同一貨物について再度，緊急関税を課することができる。

重要度：★★★

1 × 輸出国における消費に向けられる当該貨物と同種の貨物の通常の商取引における価格より低い価格で本邦に向けて貨物を輸出のために販売することである（8条1項）。

2 ○ 不当廉売により，本邦の同種の産業に実質的な損害を与え，若しくは与えるおそれがあり，又は本邦の産業の確立を妨げる事実がある場合において，当該本邦の産業を保護する必要があると認められるときは，不当廉売関税を課することができる（8条1項）。

3 × 不当廉売関税の課税額は，「正常価格」と「不当廉売価格」との差額に相当する額と同額以下とされている（8条1項）。「同額」ではない。

4 ○ 政府は，不当廉売関税の賦課申請があった場合又はその他調査の必要があると認めた場合には，「不当廉売された貨物の輸入の事実」及び「本邦の産業に与える実質的な損害等の事実」の有無に関する調査を行う（8条5項）。すなわち，政府は当該本邦の産業に利害関係を有する者からの求めがないときであっても，調査を行うものとされている。

5 ○ 特定の種類の貨物の輸入が増加し，当該貨物の輸入が，これと同種の貨物その他用途が直接競合する貨物の生産に関する本邦の産業に重大な損害を与え，又は与えるおそれがある場合において，国民経済上緊急に必要があると認められるときに課すことができる（9条1項）。

6 × 特別の理由により必要がある場合には，必要があると認められる期間に限り，その期間を延長できる（9条7項ただし書）。

7 × 一定の条件の下に180日の期間に限り，同一貨物について再度，緊急関税を課すことができる（9条13項ただし書）。

8　緊急関税措置をとる場合において，関税定率法第９条第１項の規定により指定しようとする期間が１年を超えるものであるときは，当該措置は，当該指定しようとする期間内において一定の期間ごとに段階的に緩和されたものでなければならない。

9　緊急関税について，外国における価格の低落その他予想されなかった事情の変化による特定の種類の貨物の輸入の増加の事実，及びこれによる当該貨物の輸入がこれと同種の貨物その他用途が直接競合する貨物の生産に関する本邦の産業に重大な損害を与え，又は与えるおそれがある事実の有無につき，政府が行う調査は，当該調査を開始した日から１年以内に終了するものとされており，特別の理由により必要があると認められる期間に限り，その期間を延長することができる。

10　外国における価格の低落その他予想されなかった事実の変化による特定の種類の貨物の輸入の増加の事実があり，当該貨物の輸入がこれと同種の貨物その他用途が直接競合する貨物の生産に関する本邦の産業に重大な損害を与え，又は与えるおそれがある事実がある場合には，国民経済上緊急に必要があると認められるか否かにかかわらず，関税定率法第９条第１項（緊急関税）の規定による措置をとることができる。

11　内閣は，緊急関税措置をとったときは，当該緊急関税措置に係る暫定的な緊急関税措置をとらなかった場合であっても，遅滞なく，その内容を国会に報告しなければならない。

12　特恵関税が適用される物品であっても，特恵関税のほか緊急関税を課することができる。

13　関税定率法第９条第１項（緊急関税）の規定による措置は，貨物及び期間を指定してとることができる。

14　本邦の産業を保護するため必要があると認められる場合には，指定された供給者又は供給国に係る指定された貨物（指定貨物）の正常価格と不当廉売価格との差額を超える額の不当廉売関税を課することができる。

8 ○ 緊急関税措置の期間が１年を超える場合は，当該措置は，一定の期間ごとに段階的に緩和されたものでなければならないこととされている（９条２項）。

9 ○ 緊急関税について，政府は，特定の貨物の輸入増加の事実及びその輸入による本邦の産業の重大な損害等の事実について十分な証拠があり，必要があると認めるときは，これらの事実の有無について調査を行う。この調査は，その開始した日から原則として１年以内に終了することとされており，特別な理由がある場合には，調査の期間を延長することができることとされている（９条７項）。

10 × 緊急関税の発動が認められるのは，外国における価格の低落その他予想されなかった事情の変化による特定の種類の貨物の輸入の増加の事実があり，当該貨物の輸入が，これと同種の貨物その他用途が直接競合する貨物の生産に関する本邦の産業に重大な損害を与え，又は与えるおそれがある事実がある場合において，国民経済上緊急に必要があると認められるときである（９条１項)。「国民経済上緊急に必要があると認められるか否かにかかわらず」ではない。

11 ○ 緊急関税措置をとったときは，内閣は，暫定的な緊急関税措置をとったかどうかにかかわらず，遅滞なく，その内容を国会に報告しなければならないこととされている（９条14項）。

12 ○ 特恵対象物品についても，緊急関税を課すことができる（暫定措置法８条の５第１項）。

13 ○ 関税定率法９条１項による緊急関税の措置は，貨物及び期間を指定してとることとされている。

14 × 本肢のような場合，正常価格と不当廉売価格との差額と同額以下の関税を課することができる（８条１項)。差額を超える額の不当廉売関税を課することはできない。

出題ポイント

特殊関税制度　不当廉売関税・緊急関税

不当廉売関税については，**相殺関税との共通点が多く**，これを意識して学習すると効率がよい。**緊急関税**とともに細かい知識を問う難問もあるが，基本的な事項とともに「**暫定措置**」についてはある程度理解しておきたい。

 **発展問題**

不当廉売関税の暫定措置

問題 1 政府は，関税定率法第８条第５項の調査が開始された日から60日を経過する日以後において，その調査の完了前においても，十分な証拠により，不当廉売された貨物の輸入の事実及び当該輸入の本邦の産業に与える実質的な損害等の事実を推定することができ，当該本邦の産業を保護するため必要があると認められるときは，暫定的な関税を課することができる。

2 暫定的な関税は，当該関税を課することとして指定した貨物の正常価格と推定される価格と不当廉売価格と推定される価格との差額に相当する額と同額以下としなければならない。

3 暫定措置により課された暫定的な関税の額が関税定率法第８条第２項の規定により課される不当廉売関税の額より少ない場合には，税関長は，その差額に相当する額の関税を直ちに徴収することができる。

解答 1 ○　政府は，関税定率法８条５項の調査が開始された日から**60日**を経過する日以後において，その**調査の完了前**においても，**本肢の要件を満たす**ときは，**暫定的な関税を課することができる**（定率法８条９項）。

2 ○　暫定的な関税は，指定した貨物の**正常価格と推定される価格と不当廉売価格と推定される価格**との**差額に相当する額と同額以下**としなければならない（８条９項１号）。

3 ×　８条２項の規定により課することができる**不当廉売関税の額**は，暫定措置により課された**暫定的な関税**又は８条９項２号の規定により提供を命ぜられた**担保により保証された額**を**限度**とする（８条２項）。したがって，本肢の場合に，その差額に相当する額の関税を徴収することは**できない**。

MEMO

関税定率法等 ⑦

再輸出に係る減免・戻し税①

定率法第17条

関税定率法第17条（再輸出免税）の規定に関する次の記述のうち，正しいものには○を，誤っているものには×をつけなさい。

□□ 1　修繕される貨物で輸入され，その輸入の許可の日から１年以内に輸出されるものについては，関税定率法第17条第１項（再輸出免税）の規定の適用を受けることができる。

□□ 2　関税の免除を受けて輸入した貨物を，再輸出すべき所定の期間内に輸出した場合には，当該貨物の輸入を許可した税関長にその旨を届け出なければならない。

□□ 3　船員の厚生用物品に関する通関条約第５条（厚生用施設において使用される厚生用物品の一時的免税輸入）の規定に該当して輸入される船員の厚生用物品で，同条約の加盟国から輸入され，その輸入の許可の日から２年以内に再輸出されるものについては，関税定率法第17条第１項（再輸出免税）の規定の適用を受けることができる。

□□ 4　再輸出免税を受けた貨物は，輸入の許可の日から原則として１年以内に輸出されるのであれば，分割して輸出することができる。

□□ 5　関税定率法第17条第１項（再輸出免税）の規定の適用を受けて輸入した貨物を再輸出しないこととなった場合であっても，当該貨物が税関長の承認を受けて滅却された場合には，免除された関税を納付しなくてもよい。

□□ 6　国際的な運動競技会において使用される物品で輸入され，その輸入の許可の日から１年以内に輸出されるものについては，関税定率法第17条第１項（再輸出免税）の規定により，その関税の免除を受けることができる。

□□ 7　輸出時における貨物の性質及び形状が輸入時における当該貨物の性質及び形状と変わらないことが確実なものに限り，関税定率法第17条第１項（再輸出免税）の規定の適用を受けることができる。

重要度：★★★

1 ○ 修繕される貨物で輸入され，その輸入の許可の日から1年以内に輸出されるものについては，関税が免除される（17条1項4号）。

2 ○ 輸出済みの記載のある輸入許可書を交付された日から1月以内に再輸出貨物の輸入を許可した税関長に輸出をした旨を届け出る必要がある（施行令39条4項）。

3 × その輸入の許可の日から6月以内に再輸出されるものである（関税定率法施行令33条の3第3号）。2年以内ではない。

4 ○ 分割して輸出できないとする規定はない。

5 ○ 関税の免除を受けた貨物が税関長の承認を受けて滅却された場合には，関税は徴収されない（17条5項，13条7項ただし書）。

6 ○ 国際的な運動競技会において使用される物品で輸入され，その輸入の許可の日から1年以内に輸出されるものについては，関税定率法17条1項（再輸出免税）の規定により，その関税の免除を受けることができる。

7 × 加工される貨物及び修繕される貨物も再輸出免税の対象とされている（17条1項1号，4号）。

☑☑ 8 関税定率法第17条第１項（再輸出免税）の規定により関税を免除する場合においては，税関長は，その免除に係る関税の額に相当する担保を提供させることができる。

☑☑ 9 関税定率法第17条第１項第７号の２（再輸出免税）の規定により関税の免除を受けて国際的な運動競技会で使用される物品を輸入した者は，その輸入の許可の日から１年以内に当該物品を国際的な運動競技会以外の用途に供する場合には，あらかじめ，その輸入地を所轄する税関長の承認を受けなければならない。

☑☑ 10 再輸出免税を受けた貨物を用途外使用に供した場合において，当該貨物について変質，損傷等の理由による価値の減少があったときは，直ちに徴収されることとなる関税につき，その軽減を受けることができる。

☑☑ 11 再輸出期間の始期は，保税地域を経由する貨物については，保税地域から引き取る日となっている。

☑☑ 12 ステンレス線材の輸出の際の容器として反復使用される巻取容器で輸入され，その輸入の許可の日から６月後に輸出されるものについては，関税定率法第17条第１項第３号（再輸出免税）の規定の適用を受けることができる。

☑☑ 13 再輸出免税の適用を受けようとする者は，その免税を受けようとする貨物の輸入申告の際に，その品名，数量及び輸入の目的，輸出の予定時期及び予定地並びに使用の場所を記載した書面を税関長に提出しなければならない。

8 ○ 関税を免除する場合には，税関長は，その免除に係る関税の額に相当する担保を提供させることができる（17条2項，13条3項）。

9 × 定率法17条1項各号（再輸出免税）の規定により関税の免除を受けた者は，その免除を受けた貨物を再輸出期間内に用途外使用に供する場合には，あらかじめ当該貨物が置かれている場所を所轄する税関長に届出書を提出しなければならない（施行令37条1項）。

10 ○ 関税の免除を受けた貨物が変質，損傷その他やむを得ない理由による価値の減少があったときは，その徴収する関税につきその軽減を受けることができる（17条5項，13条7項ただし書）。

11 × 再輸出期間の始期は，輸入許可の日である（17条1項本文）。

12 ○ ステンレス線材の輸出の容器として反復使用される巻取容器で輸入され，その輸入の許可の日から1年以内に輸出されるものについては，関税定率法17条1項3号（再輸出免税）の規定の適用を受けることができる（17条1項3号，施行令33条2号，基本通達17－1⑷ロ）。

13 ○ 免税の手続は，輸入申告の際に，「再輸出貨物減免税明細書」を税関長に提出しなければならないこととされている。その記載事項は本肢のとおりである（施行令34条）。

出題ポイント

再輸出に係る減免・戻し税

出題頻度の高い項目である。**対象貨物**，**要件**をしっかり押さえるほか，**輸入時及び輸入後の手続**についても意識して学習しておく必要がある。

ひっかけ注意 性質及び形状

関税定率法第17条第１項（再輸出免税）の規定の適用を受けることができる貨物は，当該貨物の輸出時における性質及び形状が輸入時における性質及び形状と変わらないことが確実なものに限られる。【H17−11】

再輸出免税の対象となる貨物については，「輸入時と輸出時における**貨物の性質及び形状が変わらないもの**」**である必要はない**。したがって，本問は誤りとなる。

再輸出又は再輸入の場合の要件については，次の２点に注意しておこう。

① **期間制限があるか**

再輸出期間，再輸入期間等の制限があるかどうかに注意する必要がある。

② **貨物の性質，形状**

例えば，「輸入の際」と「輸出の際」における貨物の性質及び形状に変化があっても適用されるか，ということである。

発展問題　輸入後加工された貨物の輸出手続

問題　関税の免除を受けて輸入された貨物で，その輸入後加工されたものをその輸入の許可の日から１年以内に輸出する場合には，その輸出申告の際に，その加工をした者が作成した加工証明書を税関長に提出しなければならない。

解答　○

本問の貨物の**輸出申告の際**には，輸入の許可書又はこれに代わる税関の証明書に，その**加工をした者が作成した加工証明書**を添付して税関長に**提出**しなければならない（施行令39条１項）。

発展問題

問題　再輸出免税の適用を受けた貨物を所定の再輸出期間内に輸出した場合には，輸入許可書又はこれに代わる税関の証明書で輸出済みの旨を記載したものの交付を受けた日から１月以内に，当該貨物の輸入を許可した税関長にその旨を届け出なければならない。

解答　○

関税の免除を受けた貨物を再輸出期間内に輸出しようとする者は，その輸出申告の際に，その貨物の輸入許可書又はこれに代わる税関の証明書を税関長に提出しなければならない。税関長は，当該貨物が輸出されたときは，その貨物の輸入許可書又はこれに代わる税関の証明書に輸出済みの旨を記載して輸出申告者に交付する。

そして，上述の輸出済みの旨を記載した輸入許可書等が交付された日から１月以内に，輸出の届出書をその貨物の輸入を許可した税関長に提出しなければならない。

関税定率法等 ⑧

再輸出に係る減免・戻し税②

定率法第19条の3

関税定率法第19条の3（輸入時と同一状態で再輸出される場合の戻し税等）に規定する関税の払戻しに関する次の記述のうち，正しいものには○を，誤っているものには×をつけなさい。

☑☑ 1　関税を納付して輸入された貨物で，その輸入の時の性質及び形状が変っていないものを本邦から輸出する場合であって，その輸入の許可の日から1年以内に輸出されるものについては，関税定率法第19条の3第1項（輸入時と同一状態で再輸出される場合の戻し税）の規定の適用を受けることができる。

☑☑ 2　関税の払戻しを受けようとする貨物については，当該貨物の輸入の許可の日から6月以内に再輸出されなければならない。

☑☑ 3　関税の払戻しを受けようとする貨物を輸入しようとする者は，当該貨物の輸入申告書に当該貨物の再輸出の予定時期等を記載して，税関長の確認を受けなければならない。

☑☑ 4　関税の払戻しを受けようとする貨物については，郵便により外国に向けて送り出すことができる。

☑☑ 5　輸出に代え廃棄することがやむを得ないと認められる場合であっても，廃棄した貨物について関税の払戻しを受けることができる。

☑☑ 6　関税を納付して輸入した貨物について関税の払戻しを受けようとする者は，当該関税の払戻しを受けようとする貨物の輸出の際に，輸出の理由等を記載した申請書を輸入申告をした税関に提出しなければならない。

☑☑ 7　関税定率法第19条の3（輸入時と同一状態で再輸出される場合の戻し税）に規定する関税の払戻しの額は，輸出した貨物について納付した関税の全額（延滞税，過少申告加算税及び重加算税を含む）である。

重要度：★★★

1　○　関税を納付して輸入の際に戻し税の適用を受けようとする旨を税関長に届け出た貨物で，その輸入のときの性質及び形状が変わっていないものを，輸入許可の日から1年以内に再輸出する場合，納付済みの関税が払い戻される（19条の3第1項）。

2　×　輸入の許可の日から原則として1年以内である（19条の3第1項）。

3　×　本肢のような規定はない。関税の払戻しを受けようとする貨物を輸入しようとする者は，当該貨物の輸入申告の際に，当該貨物の再輸出の予定時期等を記載した書面を税関長に提出して，その確認を受ける（施行令54条の13第1項）。

4　○　郵便により外国に向けて送り出す場合にも，関税の払戻しを受けることができる（19条の3第1項）。

5　×　再輸出する場合に限定されている（19条の3第1項）。

6　×　関税の払戻しを受けようとする者は，貨物の輸出申告の際に，一定の書類を輸出申告をした税関に提出する（施行令54条の16）。

7　×　関税の全額が払い戻されるが，延滞税等は除かれる（施行令54条の15）。

☑☑ 8　輸入後において，輸入の時の性質及び形状に変更が加えられた貨物については，関税の払戻しを受けることはできない。

☑☑ 9　関税の払戻しの申請書は，払戻しに係る貨物の輸入地を所轄する税関長に当該貨物の輸入許可書又はこれに代わる税関の証明書を添付して提出しなければならない。

☑☑ 10　関税の払戻しを受けようとする者は，当該貨物の輸出申告の際に，その品名及び数量並びに輸出の理由を記載した申請書を税関長に提出し，その承認を受けなければならない。

☑☑ 11　関税を納付して輸入された貨物で，その輸入の許可の日から1年以内に税関長の承認を受けて滅却された貨物については，その関税の払戻しを受けることができる。

8 ○ 輸入時と同一状態で再輸出される場合の戻し税の適用を受けるためには，関税を納付して輸入された貨物で，その輸入時の性質，形状が変わっていないものを本邦から輸出することという要件を満たす必要がある（19条の3第1項）。

9 × 関税の払戻しを受けようとする者は，当該貨物の輸出申告の際に，一定の事項を記載した申告書に必要書類を添付して，輸出申告をした税関の税関長に提出することとされている（施行令54条の16）。

10 × 関税の払戻しを受けようとする者は，当該貨物の輸出申告の際に，その品名及び数量並びに輸出の理由を記載した申請書を税関長に提出する必要がある。しかし，税関長の承認は不要である（施行令54条の16）。

11 × 関税の払戻しを受けるためには，その輸入の許可の日から1年（1年を超えるやむを得ない理由があり，税関長の承認を受けたときは，1年を超え税関長が指定する期間）以内に再輸出されるものである必要がある（19条の3第1項）。税関長の承認を受けて滅却された貨物については，その関税の払戻しを受けることはできない。

関税定率法等 ⑨

再輸出に係る減免・戻し税③

定率法第20条

関税定率法第20条（違約品等の再輸出又は廃棄の場合の戻し税等）の規定に関する次の記述のうち，正しいものには○を，誤っているものには×をつけなさい。

☑☑ 1　輸入の許可の日から3月以内に保税地域又は税関長が指定した場所に入れられた貨物に限り，関税の払戻しを受けることができる。

☑☑ 2　輸入後において輸入の時の性質及び形状に変更が加えられた貨物についても，関税の払戻しを受けることができる。

☑☑ 3　関税の払戻しを受けようとする貨物は，その輸出に際し，関税法，関税定率法その他関税に関する法律以外の法律の規定による輸出の許可又は承認等を受けることを要しないものでなければならない。

☑☑ 4　通信販売により購入し輸入された個人用物品の品質等が，輸入者の予期しなかったものである貨物については，当該貨物が輸出される場合に限り，関税の払戻しを受けることができる。

☑☑ 5　輸入した貨物の品質又は数量等が契約の内容と相違するため，輸入者が当該貨物を第三者に販売する目的で輸出する場合であっても，関税の払戻しを受けることができる。

☑☑ 6　関税を納付して輸入された貨物のうち，品質が契約の内容と相違するため返送することがやむを得ないと認められるもので，その輸入の時の性質及び形状に変更を加えないものを，その輸入の許可の日から6月以内に保税地域に入れ，返送のため輸出する場合には，その関税の払戻しを受けることができる。

☑☑ 7　輸出した貨物に係る関税の払戻しに係る申請書は，払戻しに係る貨物の輸入地を所轄する税関長に提出しなければならない。

☑☑ 8　関税定率法第20条の規定による関税の払戻しを受けるためには，当該払戻しに係る貨物の品質及び数量が契約内容と相違していなければならない。

重要度：★★★

1 × 輸入の許可の日から原則として6月以内である（20条1項）。

2 × 輸入後において輸入のときの性質及び形状に変更が加えられた貨物については，関税の払戻しを受けることはできない（20条1項）。

3 × 輸入された貨物が，その輸出に際し，関税関係法令以外の法令の規定に基づく輸出の許可又は承認を受けることを要しないものであるという点は，20条1項の要件とはされていない。

4 × 返送のため輸出する場合，又は輸出に代えて廃棄することがやむを得ないと認められる場合に，関税の払戻しを受けることができる（20条1項2号・2項）。

5 × 違約品及び個人用物品の輸出の場合は，返送のための輸出に限られている（20条1項）。違約品等を第三者に販売するため輸出する場合は，関税の払戻しを受けることはできない。

6 ○ 違約品等の再輸出の場合の戻し税についての正しい記述である（20条1項本文，1号）。

7 × 輸出申告をする税関長に提出する（施行令56条1項）。

8 × 貨物の品質及び数量が契約内容と相違していない場合であっても，輸入後において，法令によりその販売若しくは使用が禁止されるに至ったため輸出することがやむを得ないと認められる貨物については，関税の払戻しを受けることができる（20条1項3号）。

☑☑ 9　再輸出をした場合に払い戻される関税の額は，当該輸出した貨物について納付した関税の全額（附帯税の額を除く。）である。

☑☑ 10　特例申告貨物については，違約品等の戻し税の適用を受けることができない。

出題ポイント　**再輸出に係る減免・戻し税**

ここも出題頻度の高い項目である。**定率法19条の３と20条を比較**しつつ，**要件**，**手続**についてまとめておこう。

ひっかけ注意　**「再輸出期間」の制限**

（関税定率法第20条の規定による）関税の払戻しを受けようとする貨物がその輸入の許可の日から６月以内に輸出されるものである場合に限り，その関税を払い戻すことができる。【H10−12】

６月以内に保税地域等に入れられたものである場合に限り，その関税を**払い戻す**ことができる（20条１項）。**再輸出期間については制限されていない**。したがって，本問は誤りである。

ひっかけ注意　**「返送」に限り払戻しが行われる場合**

次のうち①②の貨物については，**返送のため輸出**するときに限り，**払戻しを受けることができる**。「**第三者に販売する目的で輸出**」される場合には，**払戻しを受けることができない**。なお，**廃棄**の場合には①～③**のいずれも払戻しを受けることができる**。

① **品質又は数量等が契約の内容と相違**する貨物（**違約品**）
② **個人的な使用**に供する物品で**通信販売**の方法により販売されたものであって品質等が当該物品の**輸入者が予期しなかった**もの
③ **輸入後**において**法令**等によりその**販売**，**使用**等が**禁止**された貨物

9 **○** 関税の払戻しの額は，輸出をした貨物について納付をした関税の全額である。ただし，附帯税の額は除かれる（施行令55条1項）。

10 **×** 特例申告貨物についても適用される（20条4項）。

発展問題 保税地域への搬入期間延長の承認

問題 保税地域への搬入期間延長の承認申請書は，輸入を許可した税関長又は搬入を予定する保税地域の所在地を所轄する税関長のどちらにでも提出することができる。

解答 ○

搬入期間延長の承認申請書は，貨物の**輸入を許可した税関長に提出**するのが**原則**だが，搬入予定保税地域の所在地を所轄する税関長と輸入を許可した税関長とが**異なるとき**は，輸入の許可書等を添付して，当該**保税地域の所在地を所轄する税関長に提出することができる**（施行令56条の2）。

関連知識 20条との比較

【関税定率法第19条の3と20条との主な相違点】

	19条の3	20条
対象となる貨物の性質，形状	輸入の時の**性質及び形状が変わっていない**もの	輸入の時の**性質及び形状に変更を加えない**もの
再輸出期間	輸入の許可の日から**1年以内に輸出**	**制限なし**（ただし，**6月以内に保税地域等へ搬入**）
払戻し	**廃棄**の場合は払戻し**なし**	**再輸出又は廃棄**の場合
輸入時の手続	**届出 → 確認**が必要	**不要**

関税定率法等 ⑩ 再輸入に係る減免税①

定率法第14条10号，第11条

次の記述のうち，正しいものには○を，誤っているものには×をつけなさい。

☑☑ 1　本邦から輸出された貨物で，その輸出の許可の際の性質及び形状が変わっていないものについては，その輸出の許可の日から１年以内に再輸入されるものに限り，関税定率法第14条第10号（無条件免税）の規定の適用を受けることができる。

☑☑ 2　関税定率法第14条第10号（再輸入貨物の無条件免税）の規定の適用を受けるためには，貨物を輸出する際に，当該貨物を再輸入する旨の税関長の確認を受けなければならない。

☑☑ 3　関税定率法第14条第10号（再輸入貨物の無条件免税）の規定の適用を受けることができる貨物は，本邦において製造したものに限られる。

☑☑ 4　修繕のために本邦から輸出された貨物で，輸出の許可の日から２年以内に輸入するものについては，関税定率法第11条（加工又は修繕のため輸出された貨物の減税）の規定の適用を受けることができる。

☑☑ 5　加工のため本邦から輸出され，その輸出の許可の日から１年以内に輸入される貨物については，本邦においてその加工をすることが困難であると認められる場合には，関税定率法第11条（加工又は修繕のため輸出された貨物の減税）の規定による関税の軽減を受けることができる。

☑☑ 6　関税定率法第11条（加工又は修繕のため輸出された貨物の減税）の規定は，加工又は修繕のため本邦から輸出された貨物が，その輸出の許可の日から１年以内に輸入される場合に適用を受けることができるが，その再輸入の期間の延長について税関長の承認を受けようとする者は，当該貨物の輸出の許可の日から１年以内に，当該貨物の輸出を許可した税関長に申請書を提出しなければならない。

重要度：★★★

1 × 再輸入の期間は限定されていない（14条10号）。

2 × 輸出の際の確認手続は特に定められていない。

3 × 輸出された貨物とは，関税法67条の輸出の許可を受けた貨物をいい，その貨物が外国産品であるか国産品であるかを問わない。

4 × 加工又は修繕のため本邦から輸出され，その輸出の許可の日から原則として１年以内に輸入される貨物については，その関税が軽減される（11条）。

5 ○ 加工又は修繕のため本邦から輸出され，その輸出の許可の日から原則として１年以内に輸入される貨物については，「当該輸入貨物の関税の額」に，「当該貨物が輸出の許可の際の性質及び形状により輸入されるものとした場合の課税価格」の「当該輸入貨物の課税価格」に対する割合を乗じて算出した額の全額において，その関税を軽減することができる。ただし，加工のためのものについては，本邦においてその加工をすることが困難であると認められるものに限られている（11条）。

6 ○ 加工又は修繕のため本邦から輸出され，その輸出の許可の日から１年以内に輸入されるものである必要がある。再輸入期間の延長について税関長の承認を受けようとする場合には，その貨物の輸出の許可の日から１年以内に，その貨物の輸出を許可した税関長に申請書を提出しなければならない（定率法11条，施行令５条の３）。

☑☑ 7　本邦から外国に向けて積み戻された外国貨物で，その積戻しの許可の際の性質及び形状が変わっていないものを輸入する場合には，関税定率法第14条第10号（無条件免税）の規定の適用を受けることができる。

☑☑ 8　本邦において容易に加工することができる貨物についても，関税定率法第11条（加工又は修繕のため輸出された貨物の減税）の規定の適用を受けることができる。

☑☑ 9　関税定率法第11条（加工又は修繕のため輸出された貨物の減税）の規定を受ける貨物に対し，税関長は，関税の額に相当する担保を提供させることができる。

☑☑ 10　関税定率法第11条（加工又は修繕のため輸出された貨物の減税）の規定の適用を受けるためには，輸出許可の日から１年以内にその貨物を輸入することが必要であり，その期間の延長は認められない。

☑☑ 11　関税定率法第14条第10号（再輸入貨物の無条件免税）の規定の適用を受けるためには，その貨物が，本邦からの輸出の際に，輸出を条件とする関税の軽減，免除又は払戻しをうけていないことが要件となっている。

☑☑ 12　関税定率法第14条第10号（再輸入貨物の無条件免税）の規定の適用を受けるためには，その貨物の原産地が外国でないことが要件となっている。

☑☑ 13　関税定率法第11条（加工又は修繕のため輸出された貨物の減税）の規定に関しては，その貨物の輸入者と使用者とが異なる場合には，その使用者の名をもって輸入申告しなければならない。

☑☑ 14　関税定率法第11条（加工又は修繕のため輸出された貨物の減税）の規定に関して，加工のためのものについては，本邦において加工をすることが困難であると認められる場合に限り関税が軽減される。

7 × 関税定率法14条10号（無条件免税）にいう輸出された貨物とは，関税法67条の輸出の許可を受けた貨物をいう。本邦から積み戻された貨物は含まない。

8 × 加工については，定率法11条の規定の適用を受けるためには，本邦においてその加工をすることが困難な場合に限られる（11条）。

9 × 本肢のような規定はない。

10 × 1年を超えることがやむを得ないと認められる理由がある場合において，税関長の承認を受けたときは，1年を超え税関長が指定する期間とすることができる（11条）。

11 ○ 輸出品の再輸入免税（14条10号）の規定の適用を受けるためには，その貨物が輸入される前に輸出を条件として関税の軽減，免除，払戻しを受けていないことが要件となる。

12 × 再輸入貨物の無条件免税については，原産地に関する制限はない。

13 × 11条について本肢のような規定はない。

14 ○ 加工・修繕のための輸出貨物の減税についての正しい記述である（11条）。

関税定率法等 ⑪

再輸入に係る減免税②

関税暫定措置法第８条

関税暫定措置法第8条（加工又は組立てのため輸出された貨物を原材料とした製品の減税）の規定に関する次の記述のうち，正しいものには○を，誤っているものには×をつけなさい。

1　加工又は組立てのため本邦から輸出された貨物を原材料とした製品については，その製品の種類にかかわらず，関税の軽減を受けることができる。

2　関税暫定措置法第8条の規定により関税の軽減を受けようとする者が原材料である貨物を輸出した者と異なる場合であっても，その輸出の際に，当該原材料である貨物が加工又は組立てのため輸出するものであることを証する書類を輸出申告書に添付した場合においては，関税の軽減を受けることができる。

3　関税暫定措置法第8条（加工又は組立てのため輸出された貨物を原材料とした製品の減税）の規定により関税の軽減を受けることができる物品は，本邦から輸出された貨物を材料として加工又は組立てされた製品であって，本邦においてその加工または組立てをすることが困難であると認められるものに限られる。

4　特恵関税の適用を受けて輸入する物品についても，関税の軽減を受けることができる。

5　輸入される製品に係る関税の額から軽減される関税の額は，輸出された原材料が，その輸出の許可の際の性質及び形状のまま輸入されるものとした場合に課される課税額に相当する額である。

6　輸出する際に必要な手続を行っていない原材料を使用した製品を輸入した場合であっても，当該原材料を本邦から輸出したことが明らかであれば，関税の軽減を受けることができる。

重要度：★★★

1　×　減税の対象とされる製品の種類は限定されている。8条1項に掲げる製品についてのみ関税の軽減を受けることができる。

2　○　暫定措置法施行令22条2項，23条2項により正しい。原材料の輸出の際に，その輸出申告書に加工又は組立てのため輸出するものであることを証する書類を添付しなかった場合においては，当該製品の輸入申告は，当該原材料を輸出した者の名をもってしなければならないこととされている。

3　×　関税暫定措置法8条の規定により関税の軽減を受けるための要件は，①加工又は組立てのため，本邦から輸出された特定の貨物を原料又は材料とした特定の製品を輸入すること，②輸出の許可の日から1年以内に輸入されるものであること（1年を超えることがやむを得ないと認められる理由がある場合において，税関長の承認を受けたときは，1年を超え税関長が指定する期間），③特恵関税の規定の適用を受ける物品以外のものであること（8条）である。本肢のような要件は規定されていない。

4　×　特恵関税の適用を受ける物品については，この減税制度の適用は受けられない（8条2項）。

5　×　軽減される関税の額は，製品の関税の額に，原材料が輸出の許可の際の性質及び形状により輸入されるものとした場合の課税価格相当価格の当該製品の課税価格に対する割合を乗じて算出した額である（8条1項，施行令21条）。

6　×　関税の軽減を受けるためには，原材料の輸出の際に税関の確認を受けなければならない。施行令22条に定める手続を行う必要がある。

☑☑ 7　特例申告貨物について関税暫定措置法第８条の規定により関税の軽減を受けようとする者は，当該貨物の輸入申告書に，当該貨物について同条の規定により関税の軽減を受けようとする旨を付記しなければならない。

☑☑ 8　本邦から輸出された貨物を材料として加工された製品について関税の軽減を受けようとする者は，当該輸出された貨物の輸出許可の日から１年以内に当該製品を輸入すれば，その製品の種類に関係なく当該関税の軽減を受けることができる。

☑☑ 9　加工のため輸出された貨物を原材料とした製品について，関税暫定措置法第８条の規定により関税の軽減を受けようとする者は，当該原材料の使用について，あらかじめ税関長の承認を受けなければならない。

☑☑ 10　関税暫定措置法第８条第１項の規定により関税の軽減を受けようとする貨物の原材料である生地を輸出しようとする者は，その輸出の際に，必ず生地見本を提出しなければならない。

7　○　特例申告貨物についても，関税暫定措置法８条の規定による関税の軽減を受けることができる。特例申告貨物について関税の軽減を受けようとする者は，当該特例申告貨物の輸入申告書に，関税の軽減を受けようとする旨を付記しなければならない（施行令23条４項）。

8　×　一定の製品に限定される（８条１項，施行令20条１項）。

9　×　本肢の場合，その輸出の際に，加工又は組立てのため輸出する旨をその輸出申告書に付記するとともに一定の事項を記載した申告書を添付して，当該申告書の記載事項につき税関長の確認を受けなければならない（施行令22条１項）。あらかじめ承認を受けるのではない。

10　×　本邦から輸出した原材料をもとに外国で製造された繊維製品を関税の軽減を受けて輸入する場合において，輸入通関時に「加工・組立輸出貨物確認申告書」によっては同一性の確認ができないと思われる場合には，税関長は輸出申告の際に生地見本の提出を求める。

ただし，次の場合は生地見本の提出は不要である（８条１項，施行令22条１項，３項，基本通達８－４(5)，(6)）。

①「加工・組立輸出貨物確認申告書」により必要な内容が確認できるとき

②一契約に係る２回目以降の輸出原材料の輸出の場合

出題ポイント

再輸入に係る減免税

定率法14条10号と11条はともに**再輸入貨物**についての減免税制度である。①**期間制限**，②**性質**，**形状**，③**輸出時の手続の要否**について，比較しつつまとめておこう。また，定率法11条と関税暫定措置法８条の制度趣旨は共通であるが，いくつかの相違点があるので，これを意識して学習しておく必要がある。

ひっかけ注意　再輸入免税についての注意点

再輸入免税については，次の点に注意しておこう。

①　**再輸入期間は特に制限なし**

②　輸出許可の際の**性質**，**形状が変わっていないもの**であることが必要

③　**輸出の際**，**確認の手続は必要ない**

ひっかけ注意　11条についての注意点

①　**再輸入期間の制限あり**（輸出の許可の日から原則**１年以内**）

②　修繕のためのものについては，**本邦において修繕をすることが困難**である**必要はない**

③　**輸出の際**，**確認の手続**が必要

ひっかけ注意　関税定率法第11条との異同

本邦から輸出された貨物を材料として加工された製品について（関税暫定措置法第8条の規定により）関税の軽減を受けようとする者は，当該輸出された貨物の輸出許可の日から1年以内に当該製品を輸入する必要があるが，その期間の延長は認められない。　【H11－11】

原則として輸出許可の日から**1年以内**に輸入する必要があるが，**やむを得ないと認められる理由**がある場合において，**税関長の承認**を受けたときは，**期間の延長が認められる**（1年を超え税関長が指定する期間以内，暫定措置法8条1項）。したがって，本問は誤りである。

再輸入期間，**輸出の際に確認の手続が必要**である点については，**関税定率法11条の場合と同様**であることに注意。

逆に，次の点については**関税定率法第11条の場合と異なり**，**適用要件として次のことが必要**とされている。

① 加工又は**組立て**のため，本邦から輸出された**特定の貨物を原料又は材料**とした**特定の製品**を輸入すること（**特定の加工**又は**組立て方法によるものを除く**）

② **特恵関税の規定の適用を受ける物品以外**のものであること

関税定率法等 ⑫ 減免・戻し税①(無条件免税・特定用途免税)

定率法第14条，第15条

次に掲げる輸入貨物のうち，関税定率法第14条（無条件免税）の規定の適用を受けることができるものにはAを，第15条（特定用途免税）の規定の適用を受けることができるものにはBを，その他のものについてはCをつけなさい。

☑☑ 1　国際博覧会への参加国が発行した当該博覧会のための公式のパンフレット

☑☑ 2　注文の取集めのための見本で，見本用にのみ適すると認められるもの

☑☑ 3　録画済みのニュース用のテープ

☑☑ 4　本邦の在外公館から送還された公用品

☑☑ 5　本邦にある外国の大使館に属する公用品

☑☑ 6　本邦に住所を移転する目的で本邦に入国する者が，個人的な使用に供するため別送して輸入する自動車

☑☑ 7　国際連合教育科学文化機関（ユネスコ）から寄贈された教育用の物品

☑☑ 8　貨物を輸入する者が当該輸入に係る貨物の性能を試験するため使用する物品

☑☑ 9　博覧会への参加者が，当該博覧会の会場において観覧者に無償で提供する博覧会の記念品

☑☑ 10　国が経営する大学に寄贈された学術研究用品

☑☑ 11　人工衛星の打上げに使用する装置

☑☑ 12　外国赤十字社から日本赤十字社に寄贈された器具で，日本赤十字社が直接医療用に使用するもの

☑☑ 13　本邦から外国に向けて輸出された外国貨物で，その輸出の許可の際の性質及び形状が変わっていないもの

重要度：★★★

1　**A**　（14条3号の3）

2　**A**　（14条6号）

3　**A**　（14条17号）

4　**A**　（14条9号）

5　**C**　（16条1項1号）

6　**B**　（15条1項9号）

7　**A**　（14条3号の2）

8　**C**　（17条1項6号の2）

9　**B**　（15条1項5号の2）

10　**B**　（15条1項2号）

11　**C**　（関税暫定措置法4条）

12　**B**　（15条1項5号）

13　**A**　（14条10号）

☑☑ 14　航空機の発着を安全にするために使用する機器

☑☑ 15　身体障害者用に特に製作された器具

☑☑ 16　記録文書

☑☑ 17　国際親善のため，国にその用に供するものとして寄贈された物品

☑☑ 18　本邦に来遊する外国の元首の配偶者に属する物品

出題ポイント

減免・戻し税　無条件免税・特定用途免税

免税の**対象となる貨物**を覚えておきたい。数の少ない**15条の貨物はすべて**記憶し，**14条**の貨物についても，**見本**や**携帯品**等を中心にできる限り押さえていこう。**17条も含めた比較**をしておこう。

！ひっかけ注意　注文の取集めのための見本

無条件免税（14条）が適用される「注文の取集めのための見本」は，**次の①又は②のものに限られている。**

① **見本用にのみ適する**と認められるもの

② 次に掲げる物品（**酒類を除く**）で課税価格の**総額が5,000円以下**のもの

イ　**見本のマーク**を付した物品その他**見本の用に供するための処置**を施した物品

ロ　上記イに掲げるものを除き，**見本に供する範囲内の量に包装**した物品又は**1個の課税価額が1,000円以下**の物品（種類及び性質を同じくするものについては，そのうちの１個に限る）

- **見本用にのみ適する**と認められるものであれば，課税価格の総額が**5,000円以下のものでなくとも**適用対象となる。
- **見本のマーク**を付し，又は**見本の用に供するための処置**を施した物品**以外**のものであっても，適用対象となる場合がある。

14　**B**　(15条8号)

15　**A**　(14条16号)

16　**A**　(14条4号)

17　**B**　(15条1項3号の2)

18　**A**　(14条2号)

ひっかけ注意　「用途外使用」の期間

航空機の発着を安全にするため使用する機械のうち政令で指定するもので輸入され，その輸入の許可の日から3年以内にその用途以外の用途に供されないものについては，関税定率法第15条第1項（特定用途免税）の規定の適用を受けることができる。　【H21−23】

用途外使用が制限される期間は，**2年以内**である（15条2項）。

ひっかけ注意　特定用途免税が適用される自動車等

関税定率法第15条第1項第9号（自動車等の引越荷物の特定用途免税）の規定の適用を受けようとする物品は，本邦に入国する者が入国前に2年以上使用したものでなければならない。　【H10−10】

自動車については，**使用期間の制限は設けられていない。船舶及び航空機**については，入国前に**1年以上**使用したものであればよい（15条1項9号）。

関税定率法等 ⑬ 減免・戻し税②（その他の減免税又は戻し税①）

定率法第10条，第13条，第14条の3

次の記述のうち，正しいものには○を，誤っているものには×をつけなさい。

1　数量を課税標準として関税を課される貨物が輸入申告の前に損傷した場合には，関税定率法第10条第１項（変質又は損傷の場合の減税）の規定により，その関税の軽減を受けることができる。

2　輸入の許可を受けた貨物が，輸入の許可後引き続き保税地域に置かれている間に，災害その他やむを得ない理由により滅失した場合においては，関税定率法第10条第２項（変質，損傷等の場合の減額又は戻し税等）の規定により関税の払戻しを受けることができる。

3　輸入の許可を受けて保税地域から引き取られた貨物が，当該貨物の使用場所への運送途上において災害その他やむを得ない理由により滅失し，又は損傷した場合には，関税定率法第10条第２項（変質，損傷等の場合の減税又は戻し税等）の規定の適用を受けることができる。

4　配合飼料の製造のために輸入するとうもろこしで，その輸入の許可の日から１年以内に税関長の承認を受けた製造工場で当該製造が終了するものについては，関税定率法第13条第１項（製造用原料品の減税又は免税）の規定の適用を受けることができる。

5　本邦から出漁した本邦の船舶内において，本邦から出漁した本邦の船舶によって外国で採捕された水産物を原料として製造して得た製品で，輸入されるものについては，関税定率法第14条の３第１項（外国で採捕された水産物等の減税又は免税）の規定による関税の免除を受けることができる。

6　関税定率法第13条第１項（製造用原料品の減税又は免税）の規定により製造用原料品に係る関税を免除する場合においては，税関長は，その免除に係る関税の額に相当する担保を提供させることができる。

重要度：★★☆

1 ○ 従量税品の場合，輸入許可前に変質・損傷したときは，その関税の軽減を受けることができる（10条1項ただし書）。

2 ○ 輸入許可後，引き続き，保税地域等に置かれている間に，災害その他やむを得ない理由により滅失し，又は変質・損傷した場合には，その関税の全部又は一部の払戻しを受けることができる（10条2項）。

3 × 10条2項（戻し税）の適用があるのは，貨物が保税地域等に置かれている間である。輸入許可後に保税地域から引き取られた貨物については，適用を受けることができない。

4 ○ 一定の原料品で輸入され，その輸入の許可の日から1年以内に，税関長の承認を受けた製造工場で当該製造が終了するものについては，定率法13条1項の規定の適用を受けることができる。本肢はこれに該当する（13条1項1号，施行令6条の2第1項）。

5 ○ 次に掲げる貨物で輸入されるものについては，その関税が免除される（14条の3第1項）。

① 本邦から出漁した本邦の船舶によって外国で採捕された水産物

② 本邦から出漁した本邦の船舶内において当該水産物に加工し，又はこれを原料として製造して得た製品

6 ○ 製造用原料品の減税又は免税においては，税関長が必要と認めた場合には，減免する関税額に相当する担保を提供させることができる（13条3項）。

関税定率法等 ⑭

減免・戻し税③（その他の減免税又は戻し税②）

定率法第16条，第19条，関税暫定措置法第４条等

次の記述のうち，正しいものには○を，誤っているものには×をつけなさい。

1　本邦に派遣された外交官が，関税定率法第16条第１項（外交官用貨物等の免税）の規定により関税の免除を受けて輸入した旅行バッグをその輸入の許可の日から２年以内に売却しても，当該免除を受けた関税は徴収されない。

2　本邦に派遣された外交官が輸入する自動車で，その輸入の許可の日から２年以内に当該外交官の自用以外の用途に供されないものについては，関税定率法第16条第１項（外交官用貨物等の免税）の規定の適用を受けることができる。

3　輸出貨物の製造に使用される原料品のうち政令で定めるもので輸入され，税関長の承認を受けた製造工場で製造されるものについては，当該原料品の輸入の許可の日から１年以内に当該製品が輸出される場合に限り，関税定率法第19条（輸出貨物の製造用原料品の減税，免税又は戻し税等）の規定による当該原料品の関税の払戻しを受けることができる。

4　関税暫定措置法第４条（航空機部分品等の免税）の規定の適用を受けることができる物品は，本邦において製作することが困難であると認められるものに限られる。

5　関税暫定措置法第９条（軽減税率の適用手続）に規定する軽減税率の適用を受けた貨物を，その輸入の許可の日から２年以内に当該軽減税率の適用を受けた用途以外の用途に供したときは，当該輸入の許可を受けた者が軽減された関税を納める義務を負う。

6　輸出される精製糖の製造に使用するための砂糖で輸入され，税関長の承認を受けた製造工場で当該製造がされてその精製糖が当該砂糖の輸入の許可の日から３年以内に輸出されるものについては，関税定率法第19条（輸出貨物の製造用原料品の減税，免税又は戻し税等）の規定の適用を受けることができる。

重要度：★☆☆

1 ○ 定率法16条２項，定率法施行令28条により正しい。自動車，酒類及びたばこについて，その輸入の許可の日から２年以内に一定の用途以外の用途に供された場合には，その供させた者から免除を受けた関税が直ちに徴収される。

2 ○ 定率法16条１項２号，定率法16条２項，定率法施行令28条１号により正しい。本邦に派遣された外国の大使，公使その他これらに準ずる使節及びこれらの者の家族に属する自用品でこれらの使節が輸入するものについて免除される。

3 × 関税の払戻しについては，輸出期間の制限はない（定率法19条１項）。

4 ○ 関税暫定措置法４条の適用を受けることができる物品は，同条に掲げる物品で，本邦において製作することが困難と認められるものである必要がある。

5 × 当該軽減税率の適用を受けた用途以外の用途に供した者が軽減された関税を納める義務を負う（関税暫定措置法11条）。

6 × 輸入許可の日から３年以内ではなく，２年以内に輸出する必要がある（定率法19条，施行令47条１項）。

☑☑ 7　宇宙開発の用に供する人工衛星を開発するためのロケットの部分品であって，本邦において製作することが困難と認められないものについては，関税暫定措置法第４条（航空機部分品等の免税）の規定による関税の免除を受けることができない。

出題ポイント

減免・戻し税　その他の減免税又は戻し税

テーマ７～12までのものと比較すると，学習すべき優先順位は低いが，**各制度の概要と主な要件**については，理解しておく必要がある。

ひっかけ注意　各制度の適用要件のポイント

1　変質，損傷等の場合の戻し税（10条２項）

① **輸入の許可後**引き続き，**保税地域等に置かれている間**に，

② **災害その他やむを得ない理由**により滅失，変質，又は損傷

→関税の全部又は一部を**払い戻す**ことができる

2　輸出貨物の製造用原料品の減税，免税又は戻し税（定率法19条）

① **減免税**→原料品の輸入許可の日から**２年以内**に製品を輸出

② **戻し税**→再輸出期間は**特に制限なし**

3　外国で採捕された水産物等の減税又は免税（14条の３）

① **免税**→「**本邦の船舶によって採捕**」された場合

② **減税**→「**外国の船舶によって採捕**」された場合

4　外交官用貨物等の免税（定率法16条）

本邦に派遣された外交官等又はその家族が，輸入の許可の日から**２年以内**に本邦においてその**職又はその地位から離れた後**，自動車等を引き続きその**個人的な使用に供する**ときは，免除された**関税は徴収されない。**

5　航空機部分品等の免税（暫定措置法４条）

対象貨物は，**本邦において製作することが困難**と認められるものに**限定**

7　○　航空機部分品等について関税の免除を受けるためには，一定の物品のうち，本邦において製作することが困難と認められるもので，政令で定めるものである必要がある（暫定措置法４条）。

発展問題

問題　本邦にある外国の大使館の職員が関税定率法第16条（外交官用貨物等の免税）の規定により関税の免除を受けて輸入した物品については，その輸入の許可の日から２年を経過した後に他の者に譲渡した場合であっても，直ちに関税が徴収される。

解答　×

　本邦にある外国の大使館の職員が外交官用貨物の免税の規定により関税の免除を受けて輸入した，自動車，酒類及びたばこについては，その輸入の許可の日から２年以内に一定の範囲内の用途以外の用途に供された場合には，その供させた者から免税を受けた関税が直ちに徴収される。すべての品目について直ちに関税が徴収されるわけではない。また，上記の品目についても，輸入の許可の日から２年経過後に一定の範囲内の用途以外の用途に供させた場合には，関税は徴収されない。

関税定率法等 ⑮ 減免・戻し税④（担保・限定申告者）

定率法第13条等

次に掲げる規定の適用を受けて，関税を軽減し，又は免除する場合において，税関長がその軽減又は免除に係る関税の額に相当する担保を提供させることができるものには○を，できないものには×をつけなさい。

1　関税定率法第11条（加工又は修繕のため輸出された貨物の減税）

2　関税定率法第12条第１項（生活関連物資の減税又は免税）

3　関税定率法第13条第１項（製造用原料品の減税又は免税）

4　関税定率法第14条（無条件免税）

5　関税定率法第15条第１項（特定用途免税）

6　関税定率法第17条第１項（再輸出免税）

次に掲げる関税の免税制度のうち，その適用を受けるため，輸入物品の使用者等政令で特定されている者の名をもって輸入申告を行うことが要件とされているものには○を，いないものには×をつけなさい。

7　配合飼料製造用原料品の免税（関税定率法第13条第１項第１号）

8　本邦から輸出された貨物でその輸出の許可の際の性質及び形状が変わっていないものの免税（関税定率法第14条第10号）

9　国際連合又はその専門機関から寄贈された教育用又は宣伝用の物品の免税（関税定率法第14条第３号の２）

10　博覧会への参加者が，当該博覧会の会場において観覧者に無償で提供する博覧会の記念品の免税（関税定率法第15条第１項第５号の２ロ）

重要度：★★☆

1　×　担保提供の規定はない。

2　×　担保提供の規定はない。

3　○　その軽減又は免除に係る関税の額に相当する担保を提供させることができる（13条3項）。

4　×　担保提供の規定はない。

5　×　担保提供の規定はない。

6　○　その免税に係る関税の額に相当する担保を提供させることができる（17条2項，13条3項）。

7　○　この場合の輸入申告は，製造工場の承認を受けた製造者の名をもってしなければならない（13条1項，施行令7条）。

8　×　限定申告者とはされていない。

9　×　限定申告者とはされていない。

10　○　輸入申告は，当該物品の出品者の名をもってしなければならない（施行令21条の2第2項）。

☑☑ 11　学術研究用品で輸入され，その輸入の許可の日から１年以内に輸出されるものの免税（関税定率法第17条第１項第５号）

☑☑ 12　航空機及びその部分品の免税（関税暫定措置法第４条）

☑☑ 13　国際親善のため国に寄贈される物品の免税（関税定率法第15条第１項第３号の２）

☑☑ 14　加工又は修繕のため本邦から輸出された貨物に係る減税（関税定率法11条）

☑☑ 15　礼拝の用に直接供するため宗教団体に寄贈された祭壇用具の免税（関税定率法第15条第１項第４号）

☑☑ 16　輸出貨物製造用原料品の払戻し申請書の提出（関税定率法第19条）

11　×　限定申告者とはされていない。

12　○　この場合における輸入申告は，当該物品を使用する者の名をもってしなければならない（施行令８条２項）。

13　○　この場合の輸入申告は，その寄贈を受けた者の名をもってしなければならない（施行令20条３項）。

14　×　限定申告者とはされていない。

15　○　この場合の輸入申告は，祭壇用具の寄贈を受けた者の名をもってしなければならない（施行令20条３項）。

16　○　この戻し税の申請書は，原則として貨物の製造者又は輸出者の名をもって税関長に提出しなければならない（施行令53条の３第４項）。

出題ポイント

減免・戻し税　担保・限定申告者

各種減免・戻し税制度につき，**担保提供の規定の有無**，輸入申告が**限定申告者**となるかについて問われることがある。**わずかなことを覚えきれば得点できる**ので，しっかりと準備しておこう。

関連知識　担保と限定申告者

1　担保（任意的担保）提供の規定がある減免税制度

次に掲げる規定の適用を受けて，関税を軽減し，又は免除する場合においては，税関長はその関税の額に相当する**担保を提供させることができる。**

① 製造用原料品の減免税（定率法13条１項）
② 再輸出免税（17条１項）
③ 再輸出減税（18条１項）
④ 輸出貨物の製造用原料品の減税又は免税（19条１項）

2　限定申告者となる場合

次に掲げる制度の適用を受けるためには，**政令で特定されている者の名をもって輸入申告**を行うことが要件とされている（**限定申告者**）。

① 製造用原料品の減免税（13条１項）
② 身体障害者用に特に製作された器具等の無条件免税（14条16号）
③ 特定用途免税（15条１項各号）
④ 輸出貨物の製造用原料品の減税，免税又は戻し税（19条１項）
⑤ 内貨原料品による製品の輸出に係る振替免税（19条の２第１項）
⑥ 軽減税率（20条の２，暫定措置法９条）
⑦ 航空機部分品等の免税（暫定措置法４条）

関連知識　用途外使用等の場合の関税徴収

輸入の許可の日から一定の期間内に関税の免除を受けた用途以外の用途に供した場合において，免除を受けた関税が徴収される場合を次に掲げる。

1　１年以内

① 製造用原料品の減税又は免税（定率法13条１項）
② **再輸出免税**（17条）→「**輸入した者**」**から関税を徴収。これ以外の場合は，「供**

した者」「譲渡した者」から徴収

2　**2年以内**

① 特定用途免税（15条1項）

② **外交官用貨物等の免税**（16条1項）（**次の場合に限る**）

イ　**自動車**

ロ　**一定のアルコール飲料等**

ハ　**たばこ及び製造たばこ代用品**

③ 輸出貨物の製造用原料品の減税，免税又は戻し税（19条1項）

④ 軽減税率（20条の2，暫定措置法9条）

⑤ 航空機部分品等の免税（関税暫定措置法4条）

例題　次に掲げる関税の免除を受けた物品のうち，その輸入の許可の日から2年以内に関税の免除を受けた用途以外の用途に供した場合において，その免除を受けた関税が徴収されるものはどれか。すべてを選び，その番号をマークしなさい。

【H14－11改】

1　関税定率法第14条（無条件免税）の規定の適用を受けた注文の取集めのための見本

2　関税定率法第15条第1項（特定用途免税）の規定の適用を受けた国際親善のため外国の姉妹都市から本邦の市に寄贈された装飾用の織物

3　関税定率法第16条第1項（外交官用貨物等の免税）の規定の適用を受けて大使館が公用品として輸入した葉巻たばこ

4　関税定率法第16条第1項（外交官用貨物等の免税）の規定の適用を受けて領事館の領事が自用品として輸入した革製のかばん

5　関税暫定措置法第4条（航空機部分品等の免税）の規定の適用を受けた人工衛星の打上げに使用する本邦で製作が困難な装置

解答　2，3，5

特恵関税制度

関税暫定措置法第８条の２～第８条の５

次の記述のうち，正しいものには○を，誤っているものには×をつけなさい。

☑☑ 1　特別特恵受益国とは，特恵受益国等のうち国際連合総会の決議により後発開発途上国とされている国で，特恵関税について特別の便益を与えることが適当であると認められる国である。

☑☑ 2　経済が開発の途上にある国については，当該国が関税暫定措置法第８条の２に規定する特恵関税の便益を受けることを希望するか否かにかかわらず，同条第１項に規定する特恵受益国等とされる。

☑☑ 3　国際郵便路線により輸入する物品及び本邦に入国する者が携帯し又は別送して輸入する物品については，特恵関税は適用されない。

☑☑ 4　農水産物に係る特恵関税の税率は，基本税率，協定税率及び暫定税率のうちいずれか低いものの２分の１である。

☑☑ 5　農水産物に係る特恵関税については，特恵関税適用のための限度額等が設けられている。

☑☑ 6　関税暫定措置法第８条の２第１項に規定する特恵受益国等を原産地とする物品について，同項の特恵関税の適用を受けようとする場合であっても，当該物品の課税価格の総額が20万円以下であるときは，当該特恵関税に係る原産地証明書を税関長に提出することを要しない。

☑☑ 7　一の特恵受益国において，本邦から輸出された魚を原料として生産された魚肉調製品については，特恵関税の適用を受けることができない。

☑☑ 8　特恵原産地証明書は，税関長の承認を受けた場合を除き，その証明に係る物品の輸入申告の日において，その発給の日から６月以上を経過したものであってはならない。

重要度：★★★

1　○　特恵受益国等のうち，国際連合総会の決議により後発開発途上国とされている国で，特恵関税について特別の便益を受けることが適当であるものとして政令で定める国である（8条の2第3項）。

2　×　希望するもののうち政令で定めるものが特恵受益国等とされる（8条の2第1項，施行令25条1項）。

3　×　郵便物，携帯品，別送品を除外する旨の規定はない。特恵関税の適用要件を満たしている物品であれば，国際郵便により輸入する物品や本邦に入国する者が携帯し又は別送して輸入する物品についても特恵関税が適用される。

4　×　農水産物等特恵関税率表（暫定措置法別表第2）に定める税率である。実行税率からおおむね5～100％引き下げた税率である（8条の2，別表第2）。

5　×　農水産物については，限度額等は設けられていない。

6　○　特恵受益国等を原産地とする物品について特恵関税の適用を受けようとする場合には，原則として原産地証明書を税関長に提出しなければならない。ただし，課税価格の総額が20万円以下の物品については，原産地証明書の提出を要しないこととされている（施行令27条1項2号）。

7　×　一の特恵受益国において，本邦から輸出された魚を原料として生産された魚肉調製品は自国関与品であり，暫定措置法施行令別表第2に規定する一定の物品を除き，特恵関税の適用を受けることができる（施行令26条2項）。

8　×　原産地証明書は，その証明に係る物品について輸入申告の日において，その発給の日から1年以上を経過したものであってはならない（施行令29条）。

9　一の特恵受益国の船舶により本邦の排他的経済水域の海域で採捕された水産物は，当該特恵受益国において完全に生産された物品である。

10　特恵受益国であるＡ国を原産地とする物品が特恵受益国であるB国において保存のために冷凍され，その関税率表の項が異なることとなった場合であっても，Ａ国が特恵関税適用上の原産地となる。

11　本邦から一の特恵受益国に輸出された物品を原料の全部として当該特恵受益国において生産された物品は，すべて当該特恵受益国において完全に生産された物品とみなされる。

12　インドネシアから本邦に輸出される物品で，当該物品の生産がインドネシア，フィリピン及びベトナムの三か国のうち二以上の国を通じて行われたものについて特恵関税を適用する場合には，当該二以上の国を一の国とみなして原産地を認定することができる。

13　一の特恵受益国等（関税暫定措置法第８条の２第１項に規定する特恵受益国等）を原産地とする物品であって，同項の特恵関税の適用の対象とされるものであっても，当該一の特恵受益国等を原産地とする当該物品の有する国際競争力の程度その他の事情を勘案して当該関税を適用することが適当でないと認められるものがある場合においては，当該物品の原産地である特恵受益国等及び当該物品を指定し，当該物品について当該特恵関税を適用しないことができる。

14　関税暫定措置法第８条の２第１項の特恵関税に係る原産地証明書は，その証明に係る物品についての輸入申告の日において，その発給の日から１年以上を経過したものであってはならないが，災害その他やむを得ない理由によりその期間を経過した場合において，税関長の承認を受けたときは，この限りでない。

15　関税暫定措置法第８条の３第１項に規定する特恵関税の緊急停止措置は，農水産品については適用されない。

16　特恵関税の適用を受けようとする物品の課税価格の総額が20万円を超える場合であっても，税関長が物品の種類又は形状によりその原産地が明らかであると認めた物品については，特恵原産地証明書の提出を要しない。

9　○　1つの国又は地域の船舶により公海並びに本邦の排他的経済水域の海域及び外国の排他的経済水域の海域で採捕された水産物は，完全に生産された物品である（施行令26条1項1号，施行規則8条6号）。

10　○　保存のための冷凍は，実質的な変更を加えたこととならないので，A国が原産地である（施行令26条1項2号，施行規則9条ただし書）。

11　×　自国関与品のうち，暫定措置法施行令別表2に掲げる物品は，特恵供与を受けることができない（施行令26条2項）。

12　○　東南アジア諸国を構成する1つの国から本邦へ輸出される物品で，その物品の生産が東南アジア諸国を構成する2つ以上の国を通じて行われたものについては，東南アジア諸国を1つの国とみなして，原産地認定をする（施行令26条3項）。

13　○　特恵受益国等を原産地とする物品であっても，当該特恵受益国等を原産地とする物品の有する国際競争力の程度その他の事情を勘案して，特恵関税の便益を与えることが適当でないと認められるものがある場合においては，政令で定めるところにより，当該物品の原産地である特恵受益国等及び当該物品を指定し，特恵関税の便益を与えないこととされている（8条の2第2項）。

14　○　特恵関税に係る原産地証明書は，原則として，その証明に係る物品についての輸入申告の日において，その発給の日から1年以上を経過したものであってはならない。ただし，災害等のやむを得ない理由によりその期間を経過した場合において，税関長の承認を受けたときは，この限りでないとされている（施行令29条）。

15　×　農水産品には緊急停止措置が適用される（8条の3第1項）。

16　○　税関長が物品の種類又は形状によりその原産地が明らかであると認めた物品については，特恵原産地証明書を提出する必要はない（施行令27条1項1号）。

☑☑ 17 特恵関税の対象物品について関税定率法第8条（不当廉売関税）の規定により不当廉売関税が課されることとなった場合，当該物品については，特恵関税の適用を受けることができない。

☑☑ 18 特例申告貨物である物品について，特恵関税の適用を受けようとする場合であって，特例申告書にその旨及び特恵原産地証明書の発給を受けている旨を記載したときは，特恵原産地証明書の提出を要しない。

☑☑ 19 特恵原産地証明書は，必ずその証明に係る物品の輸出の際に原産地の税関が発給したものでなければならない。

☑☑ 20 関税暫定措置法第8条の2に規定する特恵関税に係る原産地証明書は，税関長がやむを得ない特別の事由があると認める場合を除き，その証明に係る物品の輸出の際に，当該物品の輸入者の申告に基づき，原産地の税関又は当該原産地証明書の発給につき権限を有するその他の官公署若しくは商業会議所その他これに準ずる機関で税関長が適当と認めるものが発給したものでなければならない。

☑☑ 21 輸入申告の際に提出する原産地証明書は，税関長の承認を受けた場合を除き，その証明に係る物品についての輸入申告の日において，その発給の日から1年以上を経過したものであってはならない。

☑☑ 22 特恵関税の適用を受けようとする物品について保税蔵置場に置くことの承認を受ける場合には，原則として保税蔵置場に置くことの承認の申請の際に，特恵原産地証明書を提出しなければならない。

☑☑ 23 特恵受益国ではないA国において生まれ，かつ，成育した鳥が特恵受益国であるB国にておいて産卵した卵は，B国の原産品である。

☑☑ 24 原産地証明書の有効期間は，災害その他やむを得ない理由により税関長の承認を受けた場合を除き，その発給の日からその日の属する年度の末日までである。

17 × 特恵関税の対象物品について，関税定率法の規定により特殊関税（不当廉売関税等）が課されることとなった場合には，特恵税率による関税のほか，特殊関税が適用される（8条の5第1項）。特恵関税の適用を受けることができなくなるわけではない。

18 ○ 特例申告貨物である物品については，特例申告書に特恵関税の適用を受けようとする旨及び特恵原産地証明書の発給を受けている旨を記載すれば，特恵原産地証明書の提出を要しない（施行令27条3項）。

19 × この他，発給についての権限を有する他の官公署又は商業会議所等で，税関長が適当と認めるものが発給したものでもよい（施行令27条4項）。

20 × 当該物品の「輸入者」の申告に基づくのではなく，当該物品の「輸出者」の申告である（施行令27条4項）。

21 ○ 特恵原産地証明書は，その証明に係る物品の輸入申告の日において，発給の日から1年以上を経過したものであってはならない。災害等やむを得ない理由によりその期間を経過した場合において，税関長の承認を受けたときは有効なものとされる（施行令29条）。

22 ○ 蔵入申請等がされる物品については，当該蔵入申請の際に特恵原産地証明書を提出しなければならない（施行令28条）。

23 ○ 一の国又は地域において完全に生産された物品については，これらの物品が採取，収穫等された国又は地域を原産地とする（施行令21条1項1号）。一の国又は地域において動物（生きているものに限る）から得られた物品は，採取，収穫等がされた国又は地域の完全生産品とされ，当該国又は地域を原産地とするものである（暫定法施行令26条1項1号）。したがって，本肢の成育した鳥がB国において産卵した卵は，B国の原産品である。

24 × 輸入申告の日においてその発給の日から1年以上経過したものであってはならない（施行令29条）。

25　本邦から輸出された物品のみを原材料として，一の特恵受益国において生産された物品について特恵関税の適用を受けようとする場合には，当該物品に係る原産地証明書のみを税関長に提出すればよい。

26　課税価格の総額が10万円以下である郵便物について，特恵関税の適用を受けようとする者は，当該郵便物の交付の時までに原産地証明書を税関長に提出しなければならない。

27　特恵受益国において完全に生産された物品以外の物品については，税関長が物品の種類又は形状によりその原産地が明らかであると認めた物品であっても，当該物品について特恵関税の適用を受けようとする者は，税関長に原産地証明書を提出しなければならない。

28　特恵受益国原産品であることを確認するために原産地証明書の提出の必要があると税関長が認めるものについては，特例申告貨物である物品であっても，特恵関税の適用を受けようとする場合には，原産地証明書を税関長に提出しなければならない。

29　A国を原産地とする物品を原料としてB国で製品を製造する際に生じたくずは，B国の完全生産品である。

30　特恵関税の適用を受ける製品であっても，関税暫定措置法第８条（加工又は組立てのため輸出された貨物を原材料とした製品の減税）の規定の適用を受けることができる。

31　課税価格の総額が20万円以下である貨物について特恵税率の適用を受けようとする場合には，特恵原産地証明書の提出を要しない。

32　特例申告貨物について特恵税率の適用を受けようとする場合には，原則として特恵原産地証明書の提出を要しない。

33　特恵受益国等を原産地とする物品について，特恵関税の適用を受けようとする者は，当該物品が特恵受益国原産品であることを証明する書類を作成し，輸入申告の際に税関長に提出しなければならない。

25 × 本肢の場合には，当該物品に係る原産地証明書のほか，その証明書の発給者が自国関与品であることを証明した書類を添付しなければならない（施行令30条１項）。

26 × 課税価格が20万円以下のものは，原産地証明書の提出を要しない（施行令27条１項２号）。

27 × 税関長が物品の種類又は形状によりその原産地が明らかであると認めた物品については，原産地証明書の提出を要しない（施行令27条１項１号）。

28 ○ 原則として提出不要であるが，税関長が必要と認めた場合は，提出しなければならない（施行令27条１項３号かっこ書）。

29 ○ 一の国又は地域において行われた製造の際に生じたくずは，その国又は地域の完全生産品である（施行令26条１項）。

30 × 本肢の場合には，関税暫定措置法第８条の適用を受けることはできない（８条２項）。

31 ○ 本肢は，原産地証明書の提出を要しない場合に該当する（施行令27条１項２号）。

32 ○ 正しい記述である。ただし，税関長が必要と認めた場合は，提出しなければならない（施行令27条１項３号，３項）。

33 × 特恵関税の適用を受けるためには，原則として，特恵受益国の原産品であることを証明した特恵原産地証明書を，当該物品の輸入申告等（蔵入れ申請等を含む）又は関税法76条１項ただし書の検査その他郵便物に係る税関の審査の際に税関長に提出しなければならない（関税暫定措置法施行令28条前段）。特恵原産地証明書は輸入者が作成するものではなく，また，必ず輸入申告の際に提出することとされているのではない。

☑☑ 34　特例申告貨物について特恵関税の適用を受けようとする者は，いかなる場合であっても，輸入申告の際に当該貨物が特恵受益国原産品であることを証明した書類を税関長に提出する必要はない。

☑☑ 35　特恵原産地証明書は，特恵受益国の正当な発給機関が証明したものであれば，いかなる様式であってもかまわない。

☑☑ 36　原産地である特恵受益国から本邦へ向けて直接運送される物品でなければ，特恵関税の適用を受けることができない。

☑☑ 37　関税暫定措置法第８条の２第１項に規定する特恵受益国等を原産地とする物品のうち，その原産地である特恵受益国等から非原産国を経由して本邦へ向けて運送されるものについては，その課税価格の総額が20万円以下である場合又は特例申告貨物である場合に限り，同条に規定する特恵関税の便益の適用を受けることができる。

☑☑ 38　関税暫定措置法第８条の２第１項に規定する特恵受益国等を原産地とする物品のうち，その原産地である特恵受益国等から非原産国（当該特恵受益国等以外の地域）を経由して本邦に向けて運送される物品で，当該非原産国において積替え及び一時蔵置又は博覧会，展示会その他これらに類するものへの出品以外の取扱いがされたものについては，同項の特恵関税の適用を受けることはできない。

☑☑ 39　特恵受益国を原産地とする物品が，当該特恵受益国から当該特恵受益国以外の地域を経由して本邦へ向けて運送される場合において，当該地域において運送上の理由により積み替えられたときは，特恵関税の適用を受けることができない。

34 × 税関長が必要と認めた場合は，提出しなければならない，また，特例申告貨物について特恵関税の適用を受けようとする場合において，特例委託輸入者に係る特例申告貨物の場合には，関税の徴収の確保に支障があると認められる場合のみ提出を要する（基本通達67－3－4(4)）。

35 × 特恵原産地証明書は，財務省令によりその様式が定められている（暫定措置法施行規則10条1項）。

36 × 特恵関税が適用されるのは，原則として，原産地である特恵受益国等から非原産国を経由しないで本邦へ向けて直接に運送される物品に限られている（施行令31条1項1号）。ただし，次の物品については，例外的に特恵関税の適用を認めている。①運送上の理由による積替え及び一時蔵置以外の取扱いがされなかったもの②非原産国における一時蔵置又は博覧会等への出品のため輸出された物品で，その輸出をした者により当該非原産国から本邦に輸出されるもの（施行令31条1項2号，3号）。

37 × 非原産国を経由しても特恵関税の適用が認められる例外的場合は，①運送上の理由による積替え及び一時蔵置以外の取扱いがされなかったもの②非原産国における一時蔵置又は博覧会等への出品のため輸出された物品で，その輸出をした者により当該非原産国から本邦に輸出されるものである（施行令31条1項，2号，3号）。その課税価格の総額が20万円以下である場合又は特例申告貨物である場合ではない。

38 ○ 特恵受益国等を原産地とする物品について特恵関税の適用を受けるためには原則として，非原産国を経由せず本邦へ向けて直接に運送される必要がある。例外として非原産国を経由して本邦へ向けて運送される物品について特恵関税の適用を受けるためには，当該非原産国における運送上の理由による積替え及び一時蔵置又は博覧会，展示会その他これらに類するものへの出品以外の取扱いがされていないことが必要である（施行令31条1項）。

39 × 例えば，運送上の理由による積替えの場合は，特恵関税の適用を受けることができる（施行令31条1項2号）。

出題ポイント

特恵関税制度

毎年出題されているテーマである。**語群選択式の出題も多く**，表現についても正確に押さえておく必要がある。**開発途上国の産業発展を支援**する趣旨であるが，**本邦の産業保護**の観点も忘れないように注意しよう。

発展問題　特例申告貨物の特恵適用と自国関与品についての特恵適用

問題 1　特例申告貨物である物品について，特恵関税の適用を受けようとする者は，輸入申告書にその適用を受けようとする旨及び原産地証明書の発給を受けている旨を記載して税関長に提出しなければならない。

2　本邦から輸出された物品をその原料として特恵受益国において生産された物品について，特恵関税の適用を受けようとする者は，当該物品に係る原産地証明書の提出に際し，当該原産地証明書に，本邦から輸出された物品をその原料として使用したことを当該生産された物品の生産者が証明した書類を添付しなければならない。

解答　1×　2×

1　特例申告貨物である物品について，特恵関税の適用を受けようとする者は，特例申告書にその適用を受けようとする旨及び原産地証明書の発給を受けている旨を記載して税関長に提出しなければならない（暫定措置法施行令27条 3 項)。輸入申告書ではなく，特例申告書に特恵関税の適用を受けようとする旨を記載する。

2　本邦から輸出された物品をその原料として特恵受益国において生産された物品について，特恵関税の適用を受けようとする者は，当該物品に係る原産地証明書の提出に際し，当該原産地証明書に，本邦から輸出された物品をその原料として使用したことを当該原産地証明書を発給した者が証明した書類を添付しなければならない（暫定措置法施行令30条 1 項)。当該生産された物品の生産者が証明した書類を添付するのではない。

ひっかけ注意　「くず」についての原産地の認定

完全生産品に関する認定基準は，一の国または地域において完全に生産されたかどうかを基準とするものである。一の国または地域において行われた製造の際に生じたくずは，他国から輸入された原材料を使用した場合であっても完全生産品とされることに注意。

発展問題　特恵原産地証明書の発給国

問題　原産地である特恵受益国から他の特恵受益国における展示会に出品された物品について特恵関税の適用を受けようとする場合は，当該他の特恵受益国が発給した特恵原産地証明書を提出しなければならない。

解答　×

特恵原産地証明書は，**原産地の**税関等が発給したものでなければならない（施行令27条4項）。「**他の特恵受益国が発給**」**ではない**ことに注意。

関税定率法等 ⑰

経済連携協定

施行令61条等

次の記述のうち，正しいものには○を，誤っているものには×をつけなさい。

☑☑ 1　ベトナム協定に基づく締約国原産地証明書の様式については，関税暫定措置法第８条の２（特恵関税等）の規定による特恵関税制度に基づく原産地証明書の様式が使用される。

☑☑ 2　税関長の承認を受けて保税蔵置場に置こうとする貨物につき，経済連携協定における関税についての特別の規定による便益の適用を受けようとする場合において，当該承認の申請の際に，当該貨物が経済連携協定の規定に基づき当該経済連携協定の締約国の原産品とされるものであることを証明した書類を提出したときは，当該貨物の輸入申告の際には，当該書類の提出を要しない。

☑☑ 3　オーストラリア税率の適用を受けようとする貨物について，関税法第73条第１項の規定に基づき輸入の許可前における貨物の引取りの承認を受ける場合における締約国原産品申告書の提出は，当該貨物に係る輸入申告後相当と認められる期間内にしなければならない。

☑☑ 4　タイ協定に基づく原産地証明書は，災害その他やむを得ない理由による場合を除き，その証明に係る貨物の輸入申告の日において，その発給の日から１年以上を経過したものであってはならない。

☑☑ 5　課税価格の総額が20万円以下の貨物については，オーストラリア協定に基づく締約国原産地証明書，締約国原産品申告書及び運送要件証明書のいずれも税関長に提出する必要はない。

☑☑ 6　アセアン包括協定に基づきタイ原産品とされる貨物についてアセアン税率の適用を受けるためには，アセアン加盟国以外の第三国を経由した場合であっても，輸入申告の際にアセアン包括協定に基づきタイ原産品とされる貨物であることを証明した原産地証明書のみを提出すればよい。

重要度：★★★

1 ×　ベトナム協定に基づく締約国原産地証明書の様式については，ベトナム協定に規定する原産地証明書の様式が使用される。特恵関税制度に基づく原産地証明書の様式が使用されるのではない（68条，施行令61条1項2号イ，基本通達68－5－11）。

2 ○　税関長の承認を受けて保税蔵置場に置こうとする貨物について経済連携協定における関税についての特別の規定による便益の適用を受けようとする場合には，当該承認の申請の際に，当該貨物が経済連携協定の規定に基づき当該経済連携協定の締約国の原産品とされるものであることを証明した書類を提出しなければならない。この場合，当該貨物の輸入申告の際には，当該書類を提出する必要はない（43条の3第1項，施行令36条の3第3項）。

3 ○　関税法73条1項（輸入の許可前における貨物の引取り）に規定する税関長の承認を受ける場合には，当該貨物に係る輸入申告後相当と認められる期間内に提出しなければならない（施行令61条4項）。

4 ○　災害その他やむを得ない理由による場合を除き，その証明に係る貨物の輸入申告の日において，その発給の日から1年以上を経過したものであってはならない（68条，施行令61条5項）。

5 ○　輸入する原産品の課税価格の総額が20万円以下である場合は締約国原産地証明書又は締約国原産品申告書を税関に提出することを要しない（施行令61条1項2号イかっこ書）。また，課税価格の総額が20万円以下の貨物については，運送要件証明書の提出も不要である（施行令61条1項2号イ，ロ）。

6 ×　輸入する締約国原産品が，締約国から締約国以外の地域を経由して本邦に向けて運送されたものであるときは，当該貨物の課税価格の総額が20万円以下のものを除き当該貨物について運送要件証明書を提出しなければならない。

☑☑ 7　オーストラリア協定における関税についての特別の規定による便益に係る税率の適用を受けるために締約国原産品申告書を税関長に提出する場合は，税関長がその提出の必要がないと認めるときを除き，輸入貨物がオーストラリア原産品であることを明らかにする書類を併せて提出しなければならない。

☑☑ 8　輸入申告に係る貨物について，経済連携協定における関税についての特別の規定による便益の適用を受けようとする場合において，当該貨物の課税価格の総額が20万円以下であるときは，当該貨物が当該経済連携協定の規定に基づき当該経済連携協定の締約国の原産品とされるものであることを証明した又は申告する書類を税関長に提出することを要しない。

☑☑ 9　オーストラリア協定における関税についての特別の規定による便益に係る税率の適用を受けるために税関長に提出する締約国原産地証明書は，輸入貨物に係る輸出者，生産者又は輸入者のいずれかが自ら作成することができる。

☑☑ 10　オーストラリア協定における関税についての特別の規定による便益に係る税率の適用を受けるために税関長に提出する締約国原産品申告書は，輸入貨物に係る輸出者，生産者又は輸入者のいずれかが自ら作成することができる。

☑☑ 11　タイ協定に基づく税率の適用を受けようとする貨物を輸入する者は，輸入申告に先立ち文書による事前教示を行い，当該貨物についてタイ協定に基づく原産品である旨の回答を得た場合には，輸入申告の際に当該貨物に係る締約国原産地証明書を税関長に提出する必要はない。

☑☑ 12　オーストラリア協定における関税についての特別の規定による便益に係る税率の適用を受けるため，税関からオーストラリア原産品であるとの事前照会に対する文書回答の交付を受けた場合には，締約国原産品申告書を税関長に提出する必要はない。

☑☑ 13　TPP11協定に基づく締約国原産品申告書は，これに係る貨物の輸入申告の日において，その作成の日から６月以上を経過したものであってはならない。

7　○　締約国原産品申告書により関税についての特別の規定による便益に係る税率の適用を受けようとする場合は，原則として当該輸入貨物がオーストラリア原産品であることを明らかにする書類を併せて提出しなければならない（関税法68条，施行令61条1項2号イ(2)）。税関長がその提出の必要がないと認めるときは除かれる。

8　○　経済連携協定締約国から輸入する貨物について，経済連携協定に規定する便益の適用を受けるためには，その輸入申告に際して，税関長に対して締約国原産品であることを証する書類として締約国原産地証明書又は締約国原産品申告書及び締約国品目証明書を提出しなければならない。ただし，輸入する締約国原産品の課税価格の総額が20万円以下であるときは，その輸入申告に際して締約国原産地証明書又は締約国原産品申告書を税関に提出することを要しない（施行令61条1項2号イ）。

9　×　オーストラリア協定における締約国原産地証明書の発給権限を有する機関は，the Australian Chambers of Commerce and Industry 又は the Australian Industry Group である（基本通達68－5－14）。

10　○　締約国原産品申告書は，事業者（生産者，輸出者，輸入者のいずれか）自身が，作成することができる。

11　×　本肢の場合であっても，輸入申告の際に当該貨物に係る締約国原産地証明書を税関長に提出する必要がある（関税法68条，施行令61条1項2号イ(1)，基本通達67－3－4(4)参照）。提出不要とする旨の規定はない。

12　×　本肢の場合に，締約国原産品申告書の提出を不要とする規定はない。なお，当該貨物がオーストラリア原産品であることを明らかにする書類の提出を不要とする旨の規定がある（68条，施行令61条1項2号イ(2)）。

13　×　本肢の申告書は，これに係る貨物の輸入申告の日において，その作成の日から1年以上を経過したものであってはならない。6月ではない（施行令61条5項）。

☑☑ 14　オーストラリア協定における関税についての特別の規定による便益に係る税率の適用を受けようとする貨物の課税価格の総額が25万円以下の場合には，締約国原産品申告書の提出を要しない。

☑☑ 15　オーストラリア協定による締約国原産品申告書を作成した輸入者は，当該原産品申告書を輸入申告に際して税関に提出した場合であっても，その輸入の許可の日の翌日から５年間保存しなければならない。

☑☑ 16　オーストラリア協定における関税についての特別の規定による便益に係る税率の適用を受けようとする貨物について，関税法第43条の３第１項の規定に基づき外国貨物を置くことの承認を受けようとする場合における締約国原産品申告書の提出は，災害その他やむを得ない理由があると税関長が認める場合を除き，当該承認の申請の際にしなければならない。

☑☑ 17　スイス協定における関税についての特別の規定による便益に係る税率の適用を受けようとする者は，スイス連邦の権限ある機関によって認定された輸出者が作成したスイス協定に基づく原産品である旨の記載のある仕入書等の商業文書によって当該税率の適用を受けることができる。

☑☑ 18　税関長は，TPP11協定の規定に基づきTPP11協定税率の適用を受けようとする貨物を輸入する者がTPP11協定税率の適用を受けるために必要な手続をとらないときは，当該貨物について，TPP11協定の規定に基づき，TPP11協定税率の適用をしないことができることとされている。

☑☑ 19　世界貿易機関を設立するマラケッシュ協定（WTO）の規定による関税についての便益の適用を受けるための原産地認定基準については，関税法令に規定はなく，WTO協定の規定が直接適用されている。

14 ×　課税価格の総額が20万円以下の場合には，締約国原産品申告書の提出を要しない（施行令61条1項2号イかっこ書）。25万円ではない。

15 ×　輸入者は，輸入貨物に係る取引に関して作成し又は受領した書類等政令で定めるものを当該貨物の輸入の許可の日の翌日から5年間保存しなければならない。ただし，当該貨物の輸入申告に際して，68条の規定により税関に提出した書類については保存することを要しない。本肢の書類はこれに該当するので，保存する必要はない（94条1項，施行令83条3項において準用する4条の12第2項第5号）。

16 ○　本肢の貨物について，外国貨物を置くことの承認を受ける場合は，当該貨物についての締約国原産品申告書は，当該承認申請の際に提出しなければならない。ただし，税関長が災害その他やむを得ない理由があると認める場合は除かれる（43条の3第1項，施行令36条の3第3項）。

17 ○　スイス協定においては，スイス連邦の権限ある機関によって認定された者が作成した当該貨物が締約国原産品であることを証明した仕入書等の商業文書によって当該税率の適用を受けることができる（68条，施行令61条1項2号イ(1)）。

18 ○　税関長は，TPP11協定の規定に基づきTPP11協定税率の適用を受けようとする貨物を輸入する者がTPP11協定税率の適用を受けるために必要な手続をとらないときは，当該貨物について，TPP11協定の規定に基づき，TPP11協定税率の適用をしないことができることとされている（暫定措置法12条の4第6項2号）。

19 ×　世界貿易機関を設立するマラケッシュ協定（WTO協定）の規定による関税についての便益の適用を受けるための原産地認定基準については，関税法施行令，施行規則，基本通達に規定されている。WTO協定の規定が直接適用されるわけではない。

出題ポイント

経済連携協定

締約国原産地証明書については，かなり細かい知識を問われることもあるが，提出の要否と有効期間を押さえておけば対応できる場合が多い。**協定原産地証明書と比較**しておこう。

関連知識

1　仕入書等

従来は原則として仕入書を提出しなければならなかったが，改正により原則として提出不要となり，次のように規定された。

税関長は，①輸出又は輸入の申告があった場合において，輸出もしくは輸入の許可の判断のために必要があるとき，②関税についての条約の特別の規定による便益を適用する場合において必要があるときは，契約書，仕入書その他の申告の内容を確認するために必要な書類又は当該便益を適用するために必要な書類で政令で定めるものを提出させることができる。

2　原産地証明書の提出が不要となる場合

協定税率，便益関税の適用を受けようとする場合，経済連携協定における関税についての特別の規定による便益を適用する場合は，特例申告貨物については，提出不要である。

特恵関税の適用を受けようとする場合も，特例申告貨物については，原則として提出不要である。ただし，特恵受益国の原産品であることを確認するために原産地証明書の提出の必要があると税関長が認めるものについては提出を要する。

MEMO

関税定率法等 ⑱

NACCS法

NACCS法

電子情報処理組織による輸出入等関連業務の処理等に関する法律（以下「NACCS法」という）及び同法施行令等に関する次の記述のうち，正しいものには○を，誤っているものには×をつけなさい。

☑☑ 1　NACCS法において「電子情報処理組織」とは，税関の使用に係る電子計算機と，通関業者その他の輸出入等関連業務を行う者の事務所その他の事業場に設置される入出力装置とを電気通信回線で接続した電子情報処理組織をいう。

☑☑ 2　NACCS法に規定する「輸出入等関連業務」とは，税関手続及び税関手続に先行し，又は後続する業務をいう。

☑☑ 3　NACCS法において「関税等」とは，関税及び輸入する物品に対する内国消費税のことをいい，その他の国税は含まれない。

☑☑ 4　電子情報処理組織を使用して輸入申告を行う者は，関税等に関する法令において書面に記載すべきこととされている事項と同一の事項を入出力装置から入力しなければならず，入力する事項の省略は認められていない。

☑☑ 5　関税法第67条の規定による輸入の申告は，電子情報処理組織（NACCS）を使用して行うことはできない。

☑☑ 6　電子情報処理組織を使用して行われる輸入（納税）申告については，輸出入・港湾関連情報処理センター株式会社の使用に係る電子計算機に備えられたファイルへの記録がされた時に税関に到達したものとみなされる。

☑☑ 7　電子情報処理組織を使用して行われる輸入申告に対する許可の通知については，輸出入・港湾関連情報処理センター株式会社の使用に係る電子計算機に備えられたファイルへの記録がされた時に，輸入申告をした者に到達したものと推定する。

重要度：★★☆

1 × 輸出入・港湾関連情報処理センター株式会社の使用に係る電子計算機と税関その他の関係行政機関（港湾管理者を含む）の使用に係る電子計算機及び当該関係行政機関以外の輸出入等関連業務を行う者の使用に係る電子計算機とを電気通信回線で接続した電子情報処理組織をいう（NACCS法２条１号）。

2 × 輸出入関連業務とは，国際運送貨物に係る税関手続その他の業務で政令で定めるものをいう（NACCS法２条２号，施行令１条）。

3 × 関税等とは，関税，とん税，特別とん税及び輸入品に対する内国消費税の徴収等に関する法律２条１号に規定する内国消費税をいう（NACCS法２条３号）。

4 × 輸出入・港湾関連情報処理センター株式会社の使用に係る電子計算機に備えられたファイルへの記録により明らかにすることができる事項，その他不要と認めた事項については，その入力を省略させることができる（施行令３条１項）。

5 × 輸入申告もNACCSによって行うことができる（２条２号イ，施行令１条１項１号，別表第39号）。

6 ○ 電子情報処理組織を使用して輸出入申告等の入力を行う者が，電子情報処理組織を使用して当該申告等の入力を行った場合には，当該申告等の入力内容が輸出入・港湾関連情報処理センターの使用に係る電子計算機に備えられたファイルへの記録がされたときに，税関に到達したものとみなされる（NACCS法３条１項，情報通信技術利用法３条３項）。

7 × 当該処分通知が当該処分通知を受ける者の使用に係る電子計算機に備えられたファイルへの記録がされた時に当該処分通知を受ける者に到達したものとみなされる（NACCS法３条１項，情報通信技術利用法４条３項）。

☐☐ 8 関税法第68条の規定による税関長の求めに応じ提出する輸入申告の内容を確認するために必要な契約書の提出は，電子情報処理組織（NACCS）を使用して行うことはできない。

☐☐ 9 通関業者は，通関士が通関業務に従事している営業所における通関業務として他人の依頼に応じて税関官署に対してする輸入申告書の提出を電子情報処理組織（NACCS）を使用して行う場合において，その申告の入力の内容を通関士に審査させるときは，当該内容を電子情報処理組織（NACCS）に係る入出力装置の表示装置に出力して当該審査を行うことはできない。

☐☐ 10 食品衛生法第27条（食品等の輸入の届出）の規定による届出は，電子情報処理組織を使用して行うことができる。

☐☐ 11 通関業者は，電子情報処理組織を使用して輸入申告を行う場合には，関税法第68条（輸入申告に際しての提出書類）の規定により税関に提出すべきものとされている仕入書その他の書類を税関に提出する必要はない。

☐☐ 12 通関業者は，電子情報処理組織を使用して他人の依頼による申告等（通関業法第14条（通関士の審査等）に規定する通関書類を提出することにより行うべきこととされている申告等に限る。）を行う場合には，当該申告等の入力の内容を審査した通関士にその通関士識別符号を使用させて当該申告等の入力をさせなければならない。

☐☐ 13 関税法第７条第３項（申告）の規定による輸入貨物に係る関税定率法別表の適用上の所属に関する教示の求めは，電子情報処理組織を使用して行うことができる。

☐☐ 14 関税法第98条第１項の規定による開庁時間外の事務の執行の求めに関する届出は，電子情報処理組織（NACCS）を使用して行うことができない。

8 × 68条の規定による書類の提出も，NACCSを使用して行うことができる（2条2号イ，施行令1条1項1号，別表第42号）。

9 × 通関業者は，他人の依頼による輸出入申告等を電子情報処理組織を使用して行う場合において，当該申告等の入力の内容を通関士に審査させるときは，入力の内容を紙面又は入出力装置の表示装置に出力させて，通関士に審査させなければならないこととされている（NACCS法5条，施行令6条）。

10 ○ 食品衛生法又は検疫法に基づく申請等又は処分通知等であって政令で定めるものに関する業務は，電子情報処理組織を使用して行うことができる（2条2号ハ，施行令1条3項2号）。

11 × 電子情報処理組織を使用して輸出入申告等の入力を行った者は，関税等に関する法令により申告等に際して税関に提出すべきものとされている仕入書その他の書類について，当該輸出入申告等の入力の後，税関長が指定する期限までに，税関に提出しなければならない（NACCS法施行令3条2項）。すなわち，輸出入申告等を受理した税関長が，輸出または輸入の許可等の判断のために必要があるとして仕入書その他申告内容を確認するために必要な書類の提出を求めた一定の場合には，税関長が指定した期限までに，仕入書等を税関に提出しなければならないということである。

12 ○ 通関業者は，電子情報処理組織を使用して他人の依頼による申告等（通関業法14条（通関士の審査等）に規定する通関書類を提出することにより行うべきこととされている申告等に限る。）を行う場合には，当該申告等の入力の内容を審査した通関士にその識別符号を使用させて当該申告等の入力をさせなければならない（NACCS法施行規則4条）。

13 ○ 関税法7条3項（申告）の規定による輸入貨物に係る関税定率法別表の適用上の所属に関する教示の求めは，電子情報処理組織を使用して行うことができる（NACCS法施行令1条1号，別表一）。

14 × 税関長は，税関手続その他の輸出入等関連業務又は申請等に対する処分の通知で，一定のものについては，電子情報処理組織を使用して行わせ，又は行うことができる。関税法98条1項の規定による開庁時間外の事務の執行の求めに関する届出は，これにあたる（NACCS法施行令別表47）。

☑☑ 15 関税暫定措置法施行令第27条第１項の規定による関税暫定措置法第８条の２第１項の特恵関税に係る原産地証明書の提出は，電子情報処理組織（NACCS）を使用して行うことができる。

15 ○ 上記と同様，本肢も電子情報処理組織を使用して行うことができるものである（NACCS法施行令別表72の３）。

関税定率法等 ⑲

外為法・輸出貿易管理令①

輸出貿易管理令等

輸出貿易管理令別表第１に掲げる貨物を輸出する場合における経済産業大臣の輸出の許可又は承認に関する次の記述のうち，正しいものには○を，誤っているものには×をつけなさい（１から７については，輸出貿易管理令別表第１に掲げる貨物を輸出する場合であるものとする)。

☑☑ 1　外国貿易船が自己の用に供する船用品を輸出しようとする場合であって，当該船用品が輸出貿易管理令別表第１の１の項の中欄に掲げる貨物以外の貨物であるときは，輸出の許可を受ける必要はない。

☑☑ 2　本邦からの貨物の輸出が輸出貿易管理令第４条（特例）の規定に該当する場合を除き，その貨物が生活用品として用いられる場合であっても，輸出の許可が必要である。

☑☑ 3　仮に陸揚げした貨物であって，本邦以外の地域を仕向地とする船荷証券により運送されたものを輸出する場合には，その貨物の種類にかかわらず経済産業大臣の輸出の許可を要しない。

☑☑ 4　輸出貿易管理令別表第１の１の項の中欄に掲げる銃砲に該当する貨物を輸出する場合において，当該貨物が外国貿易船が自己の用に供する船用品に該当するときは，経済産業大臣の輸出の許可を受けることを要しない。

☑☑ 5　海外にある本邦の大使館あてに貨物を送付する場合には，すべての貨物について輸出の許可を必要としない。

☑☑ 6　現に使用中の猟銃を携帯して輸出する場合には，輸出の許可を必要としない。

☑☑ 7　本邦から輸出された貨物を本邦で修理するために輸入し，当該修理を行った後に再輸出する場合には，当該再輸出が有償で行われる場合であっても，輸出の許可を必要としない。

重要度：★★☆

1 ○ 外国貿易船又は航空機が自己の用に供する船用品又は航空機用品は，輸出貿易管理令別表第１の１の項の中欄に掲げる貨物を除き，輸出の許可を受ける必要はない（４条１項２号イ）。

2 ○ 生活用品として用いられるか否かは，許可の要否と関係ない。

3 × 仮陸揚貨物の輸出についても，その貨物が輸出貿易管理令別表第１の１の項に該当する場合には輸出の許可を要する（４条１項ただし書）。

4 × 輸出貿易管理令別表第１の１の項に掲げる貨物（武器）は，いかなる場合であっても特例から除外されている（４条１項ただし書）。

5 × 輸出貿易管理令別表第１の１の項に掲げられている貨物については，いかなる場合でも特例から除外されている（４条１項ただし書）。すなわち輸出の許可を要する。

6 × 猟銃は，別表第１の１の項(1)に掲げる銃砲に該当し，輸出の許可が必要である（１条１項）。

7 × 有償で再輸出される場合には，輸出の許可が必要である（４条１項２号ホ，経済産業大臣告示）。その再輸出が無償で行われる場合に限り，経済産業大臣の輸出の許可を受けることを要しない。

☑☑ 8　経済産業大臣は，貨物を輸出した者から報告を徴することはできるが，貨物を生産した者から報告を徴することはできない。

☑☑ 9　国際郵便により送付され，かつ，受取人の個人的使用に供される職業用具を輸出しようとする場合には，当該貨物が輸出貿易管理令別表第２の１の項の中欄に掲げるダイヤモンドに該当するときであっても，経済産業大臣の輸出の承認を受けることを要しない。

☑☑ 10　皮革製品の製造加工を内容とする委託加工貿易契約に基づき皮革を輸出する場合には，経済産業大臣の輸出の承認を要するが，総価額が300万円以下の場合には，当該承認を要しない。

☑☑ 11　経済産業大臣の輸出の承認の有効期間は，その承認をした日から６月であるが，経済産業大臣は，特に必要があると認めるときは，当該承認について，６月と異なる有効期間を定め，又はその有効期間を延長することができる。

☑☑ 12　本邦の公共的機関から外国の公共的機関に友好を目的として寄贈される貨物を輸出する場合は，すべて輸出の承認を要しない。

☑☑ 13　輸出貿易管理令別表第１の16の項の中欄に掲げる貨物に該当する貨物をアメリカ合衆国を仕向地として輸出しようとする場合には，経済産業大臣の輸出の許可を受けることを要する。

☑☑ 14　総価額が５万円以下のうなぎの稚魚を輸出する場合は，輸出の承認を要しない。

☑☑ 15　国立国会図書館が国際的交換のため輸出する出版物は，すべて輸出貿易管理令の規定に基づく経済産業大臣の輸出の承認を要しない。

☑☑ 16　貨物を輸出しようとする者は，輸出貿易管理令別表第二中欄に掲げる貨物を同表下欄に掲げる地域を仕向地として輸出しようとする場合に限り，輸出の承認を受けなければならない。

☑☑ 17　一時的に出国する者が携帯して象牙（絶滅のおそれのある野生動植物の種の国際取引に関する条約附属書Ⅰに掲げる種に属する動物に該当）を輸出する場合には，経済産業大臣の輸出の承認を受けなければならない。

8　×　経済産業大臣は，輸出令の施行に必要な限度において，貨物を輸出しようとする者，貨物を輸出した者又は当該貨物を生産した者その他の関係人から必要な報告を徴することができる（10条）。

9　×　国際郵便で送付される受取人の身廻品，家庭用品，職業用具又は商業用具の小型包装物，郵便小包等については，経済産業大臣の輸出の承認を要しないこととされている。ただし，ダイヤモンドは除外されている（4条2項2号イ）。

10　×　本肢の場合，総価額が100万円以下の場合には，輸出の承認を要しない（4条4項）。

11　○　輸出の許可又は承認の有効期間は，輸出の許可又は承認をした日から6月である。ただし，経済産業大臣は，特に必要があると認めるときは，6月と異なる有効期間を定め，又はその有効期間を延長することができる（8条）。

12　×　輸出の承認を必要とする貨物もある（4条2項ただし書，2項2号イ）。ワシントン条約該当貨物等がこれにあたる。

13　×　輸出貿易管理令別表第1の16の項に掲げる貨物については，輸出管理徹底国であるアメリカ合衆国は規制の対象とされていない（別表第1の16の項の下欄）。

14　○　総価額が5万円以下であれば，輸出の承認を要しない（4条3項，別表第7の2の項，別表第2の33の項）。

15　×　原則として承認を要しないが，一定の貨物について例外として承認を要する（4条2項，別表第5第6号）。

16　×　この他に，別表第2の2に掲げる貨物（北朝鮮を仕向地とする貨物）の輸出や，外国にある者に外国での加工を委託する委託加工貿易契約による貨物の輸出の場合がある（2条）。

17　×　特例が適用され，輸出の承認を要しない（4条2項）。なお，一時的に入国して出国する者が携帯して輸出する場合には，輸出の承認は必要である。

☑☑ 18 外国にある者に外国での加工を委託する委託加工貿易契約により原材料を輸出する場合には，必ず輸出の承認を要する。

☑☑ 19 物品の一時輸入のための通関手帳に関する通関条約（ATA条約）に規定するATAカルネにより輸入した貨物を当該ATAカルネにより輸出する場合には，すべて輸出の承認を要しない。

☑☑ 20 原産地を誤認させるべき貨物のうち，仮に陸揚げした貨物であって，「MADE IN JAPAN」又はこれと類似の表示を付した外国製のものを輸出しようとする場合には，経済産業大臣の輸出の承認を受けることを要しない。

☑☑ 21 輸出貿易管理令別表第２の25の項の中欄に掲げる船舶に該当する貨物を輸出しようとする場合において，水産庁長官の確認を受けたときは，経済産業大臣の輸出の承認を受けることを要しない。

☑☑ 22 輸出貿易管理令別表第１の４の項の中欄に掲げる無人航空機に該当する貨物であって，総価額が100万円のものをアメリカ合衆国を仕向地として輸出しようとするときは，経済産業大臣の輸出の許可を受けることを要しない。

18 × 当該委託加工貿易契約に係る加工の全部又は一部が経済産業大臣が定める加工に該当するものに限られている（2条1項2号)。また，原材料の総価額が100万円以下の場合，輸出の承認は不要である。

19 × 基本的には輸出の承認の特例適用貨物とされているが，4条2項等により除外されている貨物（ワシントン条約該当貨物等）もある。

20 × 仕向国における特許権，実用新案権，意匠権，商標権若しくは著作権を侵害すべき貨物又は原産地を誤認させるべき貨物であって，経済産業大臣が指定するものについては，常に経済産業大臣の輸出の承認を受けることを要する。本肢はこれに該当する（輸出令別表2の44の項に基づき，経済産業大臣が指定する原産地を誤認させるべき貨物，経済産業省告示56号)。

21 × 水産庁長官の確認を受けることによって経済産業大臣の輸出の承認が不要となる旨の規定はない。

22 × 本肢の場合，経済産業大臣の輸出の許可を受けることを要する（輸出令4条)。

関税定率法等 ⑳ 外為法・輸出貿易管理令②

外為法，輸出貿易管理令等

次の記述のうち，正しいものには○を，誤っているものには×をつけなさい。

1 経済産業大臣は，外国為替及び外国貿易法第48条第１項の規定による許可を受けないで同項に規定する貨物の輸出をした者に対し，３年以内の期間を限り，輸出を行うことを禁止することができる。

2 輸出貿易管理令別表第１の２の項の中欄及び同令別表第２の20の項の中欄に掲げる核燃料物質に該当する貨物を輸出しようとする場合において，経済産業大臣の輸出の許可を受けたときは，経済産業大臣の輸出の承認を受けることを要しない。

3 財務大臣が貨物の輸出を行う場合には，輸出の許可又は承認を受けることを要しない。

4 経済産業大臣が貨物の輸出を行う場合には，輸出の許可又は承認を受ける必要はない。

5 輸出貿易管理令別表第２の43の項の中欄に掲げる貨物（国宝，重要文化財，特別天然記念物等）に係る輸出の承認の権限については，すべて経済産業大臣から税関長に委任されている。

6 価額の全部につき支払手段による決済を要しない貨物に係る輸出の承認の権限は，すべて税関長に委任されている。

7 経済産業大臣から税関長に委任されている権限は，価額の全部につき支払手段による決済を要しない貨物及び保税地域に搬入し，蔵入れし，又は移入された貨物であって保税地域から積み戻す貨物に係る承認の権限のみである。

8 輸出の承認に係る内容の訂正又は変更は，すべて税関長に委任されている。

重要度：★★☆

1 ○ 経済産業大臣は，48条1項の規定による許可を受けないで同項に規定する貨物の輸出をした者に対し，3年以内の期間を限り，輸出を行うことを禁止することができる（外為法53条1項）。

2 × 輸出令別表第2の20の項に掲げる核燃料物質を輸出する場合には，輸出貿易管理令1条の輸出の許可を受けたものであっても，輸出の承認を併せて受けなければならない（規則1条1項3号）。

3 × 輸出貿易管理令13条1項参照。経済産業大臣以外の政府機関が貨物の輸出を行う場合は，輸出貿易管理令の規定が適用される。したがって，許可又は承認を要する場合がある。

4 ○ 経済産業大臣が貨物の輸出をする場合には，輸出貿易管理令は適用されない（13条1項）。

5 × 委任されていない権限もある（12条1号かっこ書，経済産業大臣告示）。43の項については，36の項及び37の項のうち特定の希少野生動植物が除外されている。

6 × 経済産業大臣の指示する範囲内のものに限られている（12条2号イ）。

7 × その他にも委任されている権限がある（12条2号参照）。例えば，本肢に挙げられている承認をする際に条件を付する権限がある。

8 × 輸出の承認に係る内容の訂正又は変更は，税関長に委任されていない。委任されているのは，承認の有効期間を延長する権限や一定の場合の承認に条件を付する権限である（12条2号ニ）。

☑☑ 9　経済産業大臣の輸出の承認の有効期間を延長する権限であって，経済産業大臣の指示する範囲内のものは，税関長に委任されるものとされている。

出題ポイント

外為法・輸出貿易管理令

許可，**承認の要否**を中心に出題されている。難問もあり，すべてを網羅することは難しいが，**原則と例外の概略**を押さえたうえで，過去に出題されたものを少しずつ覚えていくとよい。**語群選択式**でも出題されており，**制度の趣旨を正確に**しておくことが重要である。

! ひっかけ注意　輸出の許可，承認の要否

輸出の許可，承認が不要となる場合（特例）をすべて覚えきるのは難しい。しかし，**特定の貨物**については，**常に輸出の許可**，**承認が必要**とされている（特例に該当しない貨物が存在する）ことから，問題文の表現として，「**すべての貨物について（貨物の種類にかかわらず）**」→「**輸出の許可（承認）を要しない**」となっている選択肢は，**すべて誤り**であると判断することができる。

! ひっかけ注意　許可，承認制度に違反した場合

①　**許可**を受けないで貨物を輸出　→　**3年以内**の輸出等禁止
②　輸出入の**承認**を受けないで貨物を輸出入　→　**1年以内**の輸出等禁止

9　○　許可又は承認の有効期間を延長する権限であって，経済産業大臣の指示する範囲内のものは，税関長に委任されている（12条2号ニ）。

発展問題

問題　輸出貿易管理令別表第2の19の項に掲げる血液製剤で総価額200万円の商品見本を無償で輸出する場合には，輸出の承認を要する。

解答　○

総価額200万円以下の商品見本又は宣伝用物品を無償で輸出する場合は，原則として輸出の承認を要しない（別表第5第2号）。しかし，**血液製剤**及び漁ろう設備を有する船舶等（別表第2の19の項，25の項の貨物）については，**25万円以下の場合に限り**，**輸出の承認を要しない**こととされている（2条1項1号，4条2項2号，別表第5第2号，経済産業大臣告示）。

発展問題

問題　物品の一時輸入のための通関手帳に関する通関条約（ATA条約）に規定するATAカルネにより輸入した貨物を当該ATAカルネにより輸出する場合には，その貨物の種類にかかわらず経済産業大臣の輸出の承認を要しない。

解答　×

無償で輸出すべきものとして無償で輸入した貨物のうち，経済産業大臣が告示で定めるものは輸出承認が不要となる。この中には，ATAカルネにより輸入された貨物であって，ATAカルネにより輸出されるものが含まれる。

しかし，輸出貿易管理令別表2の35の3の項(1)及び(6)並びに37から45までの項に掲げる貨物については，常に輸出承認が必要となる。貨物の種類にかかわらず経済産業大臣の輸出の承認が不要となるわけではない。

関税定率法等 ㉑

外為法・輸入貿易管理令

輸入貿易管理令等

次の記述のうち，正しいものには○を，誤っているものには×をつけなさい。

☑☑ 1　輸入割当てを受けるべきものとして公表された品目に該当する有償の貨物であっても，その総価額が18万円以下であれば，輸入割当ては要しない。

☑☑ 2　貨物を仮に陸揚げしようとするときは，輸入割当て及び輸入の承認を要しない。

☑☑ 3　冷凍したさばを輸入しようとする者が，当該貨物の輸入割当てを受けたときは，輸入の承認を受けることを要しない。

☑☑ 4　一時的に入国する者及び一時的に出国して入国する者が，本邦へ入国する際，職業用具を税関に申告の上別送して輸入しようとするときは，すべて輸入の承認を要しない。

☑☑ 5　委託加工貿易契約による貨物の輸出について輸出貿易管理令第２条第１項第２号の規定による経済産業大臣の輸出の承認を受けた者が，その承認を受けたところに従って輸出した貨物を加工原材料として加工された貨物を当該承認を受けた日から２年以内に輸入する場合には，経済産業大臣の輸入の承認を要しない。

☑☑ 6　特定有害廃棄物等の輸出入等の規制に関する法律第２条第１項に規定する特定有害廃棄物等を輸入する場合には，輸入の承認を受けなければならない。

☑☑ 7　船舶又は航空機により輸出した貨物であって，当該船舶又は航空機の事故のため積み戻したものについても，輸入の承認を要する。

重要度：★★☆

1　×　総価額が18万円以下のもの（経済産業大臣が告示で定めるもの）に該当するとしても，無償で輸入する貨物でない限り，輸入割当てを受けなければならない（輸入貿易管理令９条１項，14条１号，別表第１，経済産業大臣告示）。

2　○　輸入割当及び輸入の承認の規定は，一定の場合には適用されない。本肢はこれに該当する（輸入貿易管理令14条３号）。

3　×　輸入割当てと輸入の承認は，それぞれ受ける必要がある（９条１項）。

4　×　輸入の承認が必要となる貨物もある（14条ただし書，経済産業大臣告示）。我が国が締結した条約その他の国際約束を誠実に履行するため必要がある場合（例，ワシントン条約該当貨物等）がこれにあたる。

5　×　承認を受けた日から２年以内ではなく，１年以内に輸入する場合である（４条３項，輸入貿易管理規則３条）。

6　○　輸入貿易管理令４条１項２号，輸入公表二の二により正しい。

7　×　輸入の承認は不要である（14条１号，別表第１の18の項）。

☑☑ 8　経済産業大臣の輸入割当てを受けた者から当該割当てに係る貨物の輸入の委託を受けた者が当該貨物を輸入しようとする場合において，経済産業大臣の確認を受けたときは，当該輸入の委託を受けた者は，当該貨物の輸入について経済産業大臣の輸入割当てを受けることを要しない。

☑☑ 9　税関長は，特に必要があると認めるときは1月以内において，経済産業大臣の輸入の承認の有効期間を延長することができる。

☑☑ 10　経済産業大臣以外の政府機関が，経済産業大臣の定める貨物の輸入を行う場合には，輸入貿易管理令の規定は適用されないが，当該輸入を行う場合には，あらかじめ，経済産業大臣に協議しなければならない。

☑☑ 11　経済産業大臣の輸入割当てを受けるべきものとして公表された品目の貨物を輸入しようとする場合において，経済産業大臣の輸入割当てを受けたときは，経済産業大臣の輸入の承認を受けることを要しない。

☑☑ 12　輸入割当証明書の有効期間は，その交付の日から6か月（経済産業大臣がこれと異なる期間を定めたとき又はその期間を延長したときを除く。）である。

☑☑ 13　輸入割当てを受けるべきものとして公表されている品目に該当する貨物を輸入しようとする者は，必ず輸入の承認を受けなければならない。

☑☑ 14　本邦に入国する巡回興行者が興行用具を輸入する場合には，原則として輸入の承認を要しない。

☑☑ 15　輸入承認証の交付を受けた者は，当該輸入承認証を必要としなくなったときは，遅滞なく経済産業大臣に返還しなければならない。

☑☑ 16　輸入割当てを受けるべき貨物を輸入しようとする者は，当該輸入貨物に係る経済産業大臣の輸入の承認を受けた後でなければ，当該承認に係る貨物について，輸入割当てを受けることができない。

8 ○ 輸入割当品目に該当する貨物を輸入しようとする者は，経済産業大臣に申請して，輸入割当てを受けた後でなければ輸入の承認を受けることができない（輸入令9条1項）。ただし，輸入割当てを受けた者から輸入の委託を受けた者が輸入割当品目に該当する貨物を輸入しようとする場合において，経済産業大臣が定める場合に該当するとき，又は経済産業大臣の確認を受けたときは，あらためて輸入割当てを受けることなく，輸入の委託を受けた者の名で輸入の承認を申請することができる（規則2条1項）。

9 ○ 経済産業大臣は，特に必要があると認めるときは，輸入承認の有効期間と異なる有効期間を定め，又は輸入の承認の有効期間を延長することができる。そして，1月以内において延長する権限が税関長に委任されている（5条，18条2号）。

10 ○ 政府機関が経済産業大臣の定める貨物の輸入を行う場合には，輸入貿易管理令の規定は適用されない。ただし，経済産業大臣以外の政府機関は，当該輸入について，あらかじめ，経済産業大臣に協議しなければならない（19条1項）。

11 × 輸入の承認は必要である。輸入割当てを受けた後に輸入の承認を受けることを要する（9条1項，4条1項1号）。

12 × 輸入割当証明書の有効期間は，交付日から4月である（輸入貿易管理令規則2条4項）。

13 × 輸入の承認の特例に該当する貨物であれば，輸入の承認を要しない（4条1項1号，令14条）。

14 ○ 本肢の場合，原則として輸入の承認は不要である（14条1号）。

15 × 返還義務はない。経済産業大臣は，輸入の承認を受けた者に輸入承認証の提出を求めることができる（規則2条3項）。

16 × 当該貨物に係る輸入割当てを受けた後でなければ，輸入の承認を受けることができない（輸入貿易管理令9条1項）。

☑☑ 17　輸入貿易管理令第４条第１項の規定による経済産業大臣の承認の権限であって，無償の貨物の輸入に係るものは，すべて税関長に委任されている。

☑☑ 18　税関は，貨物を輸入しようとする者が輸入の承認を受けていること又はこれを受けることを要しないことを確認したときは，その結果をすべて経済産業大臣に通知しなければならない。

☑☑ 19　経済産業大臣の輸入割当ては，貨物の数量により行うが，貨物の数量により当該輸入割当てを行うことが困難である場合には，貨物の価額により行うことができる。

☑☑ 20　経済産業大臣の輸入の承認を受けるべきものとして公表された品目に該当する貨物を輸入する場合には，当該貨物の輸入を政府機関が行うときであっても，経済産業大臣の輸入の承認を受けることを要する。

☑☑ 21　経済産業大臣は，輸入割当てに当たり，輸入に関する事項について条件を付することができない。

☑☑ 22　税関長は，無償の貨物であって，経済産業大臣の指示する範囲内のものに係る輸入の承認に条件を付することができない。

17 × 税関長に委任されているのは，経済産業大臣が指示する範囲内のものである（18条1号，規則5条）。

18 × 税関は，確認をしたとき速やかに，経済産業大臣が告示で定める貨物について，必要事項を経済産業大臣に通知する（輸入貿易管理令15条，規則4条，経済産業大臣告示）。

19 ○ 輸入割当ては，貨物の数量により行う。ただし，貨物の数量により行うことが困難である場合には，貨物の価額により行う（9条2項）。

20 × 政府機関が経済産業大臣の定める貨物の輸入を行う場合には，輸入貿易管理令の規定は適用されない。ただし，経済産業大臣以外の政府機関は，当該輸入について，あらかじめ，経済産業大臣に協議しなければならないこととされている（19条）。

21 × 経済産業大臣は，輸入割当てに当たり，輸入に関する事項について条件を付することができる（輸入令11条1項）。

22 × 税関長は，無償の貨物であって，経済産業大臣の指示する範囲内のものに係る輸入の承認に条件を付することができる（18条1号，輸入規則5条）。

出題ポイント

外為法・輸入貿易管理令

輸出貿易管理令（テーマ14～15）の場合と同様に，**語群選択式**の出題もあり，**制度趣旨の理解**が重要である。**承認の要否**を中心に出題されているが，**輸入割当て制度**についても注意しておく必要がある。

! ひっかけ注意 割当てと承認

輸入割当てを受けた者から輸入の委託を受けた者が，当該輸入割当てに係る貨物を輸入しようとする場合において，経済産業大臣の確認を受けたときは，輸入の承認を要しない。【H16－17】

輸入割当てを受けた者から輸入の委託を受けた者が当該貨物を輸入しようとする場合において，経済産業大臣の**確認**を受けたときは，輸入の**割当てを要しない**（輸入令9条1項）。「**承認を要しない**」**わけではない**ので注意。したがって，本肢は誤りである。

発展問題　輸入の承認の要否

問題　輸入貿易管理令第４条の規定に基づき輸入の承認が必要とされている貨物であっても，個人的使用に供せられ，かつ，売買の対象とならない程度の量の貨物については，輸入の承認を受けることを要しない。

解答　×

個人的使用に供せられ，かつ，売買の対象とならない程度の量の貨物であっても，特例から除外されるものがある（輸入令４条１項，別表第１第４号，14条ただし書）。

関税定率法等 ㉒

関税率表解釈通則

関税率表解釈通則等

次の記述のうち，正しいものには○を，誤っているものには×をつけなさい。

1　関税率表の解釈に関する通則１において，関税率表の適用に当たっては，物品の所属は，部，類の表題及び項の規定並びにこれらに関係する部又は類の注の規定に従うこととされている。

2　各項に記載するいずれかの物品には，未完成の物品で，完成した物品としての重要な特性を提示の際に有するものを含む。

3　項又は注に別段の定めがある場合を除くほか，各項に記載するいずれかの材料又は物質には，当該材料又は物質に他の材料又は物質を混合し又は結合した物品を含む。

4　物品が二以上の材料又は物質から成り，二以上の項に属するとみられる場合には，それらの項の規定を比較することなく，その物品に重要な特性を与えている材料又は構成要素から成るものとしてその所属を決定する。

5　関税率表の解釈に関する通則３(b)においては，混合物であって，関税率表の解釈に関する通則３(a)の規定により所属を決定することができないものは，当該物品の全重量に占める割合が最も高い材料から成るものとしてその所属を決定することとされている。

6　いかなる物品であっても，その物品に最も類似する物品が属する項に属すると決定してはならない。

7　楽器用ケースは，長期間の使用に適し，当該ケースに収納される楽器とともに提示され，かつ，通常当該楽器とともに販売されるものであっても，当該楽器には含まれない。

8　関税率表の解釈に関する通則６においては，項のうちいずれの号に物品が属するかについて，関係する部又は類の注は適用されないこととされている。

重要度：★★★

1 × 関税率表の適用に当たっては，物品の所属は，項の規定及びこれに関係する部又は類の注の規定に従うこととされている（通則1）。部，類及び節の表題は，単に参照上の便宜のために設けたものである。

2 ○ 各項に記載するいずれかの物品には，未完成の物品で，完成した物品としての重要な特性を提示の際に有するものを含む（通則2(a)）。

3 ○ 各項に記載するいずれかの材料又は物質には，当該材料又は物質に他の材料又は物質を混合し又は結合した物品を含む（通則2(b)）。

4 × まず，項の規定を比較し，最も特殊な限定をして記載をしている項が，これよりも一般的な記載をしている項に優先する（通則3(a)）。

5 × 混合物，異なる材料から成る物品，異なる構成要素で作られた物品及び小売用のセットにした物品であって，通則3(a)の規定により所属を決定することができないものは，当該物品に重要な特性を与えている材料又は構成要素から成るものとしてその所属を決定する（通則3(b)）。

6 × 項の規定，部，類の注及び通則3では分類できない場合，最も類似する物品が属する項に分類する（通則4）。

7 × 楽器用ケースは，長期間の使用に適し，当該ケースに収納される楽器とともに提示され，かつ，当該楽器とともに販売されるものは，当該楽器に含まれる（通則5(a)）。

8 × 通則6は，項のうちのいずれの号に物品を分類するかについて規定したものである。通則1から5までの原則により物品の項の所属を決定した後に，当該項中のどの号に当該物品を分類するかについて決定する方法を定めたもので，号の規定及びこれに関係する部又は類の注の規定に従うこととされている（通則6）。

☑☑ 9　特定の材料又は物質から成る物品には，別段の定めがある場合を除き，一部が当該材料又は物質から成る物品を含む。

☑☑ 10　関税率表の解釈に関する通則2(b)においては，二以上の材料又は物質から成る物品の所属は，関税率表の解釈に関する通則3の原則に従って決定することとされている。

☑☑ 11　関税率表の解釈に関する通則4においては，関税率表の解釈に関する通則1から3までの原則によりその所属を決定することができない物品は，等しく考慮に値する項のうち数字上の配列において最後となる項に属することとされている。

☑☑ 12　関税率表の解釈に関する通則2(a)においては，各項に記載するいずれかの物品には，完成した物品で，提示の際に分解してあるものを含まないこととされている。

☑☑ 13　関税率表の解釈に関する通則6においては，項のうちのいずれの号に物品が属するかは，号の規定及びこれに関係する号の注の規定に従い，かつ，関税率表の解釈に関する通則1から5までの原則を準用して決定することとされている。

☑☑ 14　関税率表の解釈に関する通則5(b)においては，物品とともに提示し，かつ，当該物品の包装に通常使用する包装材料及び包装容器は，反復使用に適することが明らかなものであっても，当該物品に含まれることとされている。

9 ○ 特定の材料又は物質から成る物品には，別段の定めがある場合を除き，一部が当該材料又は物質から成る物品を含む（通則2(b)）。

10 ○ 他の材料又は物質を混合し又は結合した物品及び二以上の材料又は物質から成る物品が，この通則を適用した結果，二以上の項に属するとみられる場合には，通則3の原則に従って所属を決定しなければならない（通則2(b)）。

11 × 通則1から3までの原則によりその所属を決定することができない物品は，当該物品に最も類似している物品が属する項に属することとされている（通則4）。

12 × 関税率表の解釈に関する通則2(a)においては，各項に記載するいずれかの物品には，完成した物品で，提示の際に分解してあるものを含むこととされている（通則2(a)）。

13 ○ 関税率表の解釈に関する通則6に関する正しい記述である。

14 × 関税率表の解釈に関する通則5(b)においては，物品とともに提示し，かつ，当該物品の包装に通常使用する包装材料及び包装容器は，反復使用に適することが明らかなものは，当該物品に含まれないこととされている（通則5(b)）。

出題ポイント

関税率表解釈通則

毎年1問は出題されている項目である。**輸出入申告書の問題を解く際の前提知識**として必要となる場合もある。**通則3**を中心にそれぞれの**内容をしっかりと理解**しておけば十分に得点できる。

発展問題

問題 カメラを収納するために特に製作されたケースは，収納するカメラとは別に単独で提示されたとしても，カメラとしてその所属を決定する。

解答 ×

写真機用ケース，楽器用ケース，銃用ケース，製図機器用ケース，首飾り用ケースその他これらに類する容器で特定の物品又は物品のセットを収納するために特に製作し又は適合させたものであって，長期間の使用に適し，当該容器に収納される物品とともに提示され，かつ，通常当該物品とともに販売されるものは，当該物品に含まれる。

本問のケースのように，収納するカメラとは別に単独で提示された場合には，カメラとしてその所属を決定することはできない。

発展問題 関税率表解釈　備考

問題 関税率表の各号に掲げる物品の細分として同表の品名の欄に掲げる物品は，当該各号に掲げる物品の範囲内のものとし，当該物品について限定がある場合には，別段の定めがあるものを除くほか，細分として掲げる物品にも同様の限定があるものとする。

解答 ○

備考1により正しい。この規定は，細分した品目の表現をわかりやすくするために設けられた説明の規定である。細分に掲げられた物品は号（6桁）の物品の範囲内のものであること，ということである。

発展問題　関税率表解釈通則 2 (a)

問題 関税定率法別表において，各項に記載するいずれかの物品には，同表第 1 部から第 6 部までに属する物品を除き，完成した物品で，提示の際に組み立ててないものを含む。

解答 ○

各項に記載するいずれかの物品には，完成した物品で，提示の際に組み立ててないものを含む（通則 2 (a)）。ただし，第 1 部から第 6 部までに分類されるものは，これらの各項の物品の範囲に鑑み，通常，通則 2 (a)の規定は適用しないこととされている。

関税定率法等 ㉓

コンテナー特例法・ATA特例法

コンテナー特例法，ATA特例法

次の記述のうち，正しいものには○を，誤っているものには×をつけなさい。

☐☐ 1　免税コンテナーについては，あらかじめ税関長の承認を受けた場合を除き，輸入の許可の日から3月（以下「再輸出期間」という）内に再輸出されないときは，その免除を受けた関税及び消費税が直ちに徴収される。

☐☐ 2　あらかじめ税関長の承認を受けて免税コンテナーを再輸出期間内に貨物の運送の用途以外の用途に供するために譲渡したときは，その免除を受けた関税及び消費税は徴収されない。

☐☐ 3　コンテナーに関する通関条約の適用を受けて免税輸入するコンテナー修理用部分品の輸入申告は，積卸コンテナー一覧表により行うことができる。

☐☐ 4　国際道路運送手帳による担保の下で外国貨物の保税運送をしようとする場合には，その手帳について保証団体の確認を受けなければならない。

☐☐ 5　通関手帳による輸入がされた物品について輸入税を徴収されることとなった場合には，輸入国の保証団体は，当該物品を輸入した者と連帯して当該輸入税を納付する義務を負う。

☐☐ 6　通関手帳による物品の輸入をしようとする者は，輸入申告書に当該通関手帳を添付しなければならない。

☐☐ 7　通関手帳により関税の免除を受けて一時輸入された物品が，その輸入の許可の日から1年以内に輸出されないこととなった場合においては，税関長は，その免除を受けた関税を輸入者から徴収する。

☐☐ 8　関税定率法第17条第1項第5号（再輸出免税）の学術研究用品については，通関手帳による輸入をすることができる。

☐☐ 9　関税定率法第17条第1項第4号に掲げる修繕される貨物は，通関手帳による輸入をすることができる。

1　×　3月ではなく1年以内である（5条1項2号）。

2　×　再輸出期間内に用途以外の用途に供するために譲渡した場合は，輸入税が徴収される（5条1項1号）。

3　×　積卸コンテナー一覧表によって輸入手続をすることはできない。一定の事項を記載した書面を税関長に提出することが必要である（施行令3条）。

4　○　国際道路運送手帳による担保の下で外国貨物の保税運送をしようとする者は，政令で定めるところにより当該国際道路運送手帳につき保証団体の確認を受けなければならない（コンテナー特例法9条）。

5　○　保証団体は，通関手帳による輸入をした者が輸入税を徴収されることとなったときは，条約の定めるところに従い，その者と連帯して当該輸入税を納付する義務を負う（ATA特例法5条4項）。

6　×　通関手帳によりわが国に到着した物品を輸入しようとする者は，保証団体の確認を受けた通関手帳を，税関長に提出することにより輸入申告を行う（3条1項）。輸入申告書の提出を要しない。

7　×　当該通関手帳の有効期限の到来する日までの期間に輸出されないこととなった場合に関税が徴収される（ATA法4条）。輸入許可の日から1年以内ではない。

8　○　関税定率法17条1項各号の物品のうち政令で定める物品は通関手帳による輸入をすることができる（3条1項，施行令2条）。本肢はこれに該当する。

9　×　修繕される貨物は，通関手帳による輸入をすることができない（ATA特例法3条1項，施行令2条，関税定率法17条1項4号参照）。

☑☑ 10　加工原材料及び修繕される貨物は通関手帳により輸入することができない。

☑☑ 11　免税コンテナーは，その再輸出期間内であれば，国際運送以外の運送に何回でも使用することができる。

出題ポイント

コンテナー特例法・ATA特例法

出題頻度はあまり高くない項目であるが，**過去に出題された範囲**については，押さえておくようにしておこう。

関連知識

管理者とは，免税コンテナー又は免税部分品を輸入した者をいうが，輸入後に免税コンテナー等の譲渡，返還又は貸与が行なわれたときは，その譲渡等を受けた者をいう。

発展問題　免税コンテナーの輸入申告

問題　関税及び消費税の免除を受けて輸入しようとするコンテナーについては，コンテナーに関する通関条約及び国際道路運送手帳による担保の下で行う貨物の国際運送に関する通関条約（TIR条約）の実施に伴う関税法等の特例に関する法律施行令第２条の規定に基づき，税関長へ積卸コンテナー一覧表を提出することにより関税法第67条に規定する輸入の許可があったものとみなされる。

解答　×

関税及び消費税の免除を受けて輸入しようとするコンテナーについては，税関長へ積卸コンテナー一覧表を提出することにより関税法67条に規定する輸入の申告があったものとみなされる（コンテナー通関条約５条，施行令２条）。輸入の許可があったとみなされるのではない。

10 ○ 通関手帳により輸入することができる物品は，定率法17条１項に規定する物品のうち加工原材料及び修繕される物品を除いた物品とされている（施行令２条）。

11 ○ 免税コンテナーの国内運送への使用は，法律上制限がないので，再輸出期間内において何回でも行うことができる（４条，５条１項２号）。

第2編

語群選択編

第1章 通関業法

第1問 次の記述は，通関業の許可及び営業所の新設に関するものであるが，(　　)に入れるべき最も適切な語句を下の選択肢から選び，その番号をマークしなさい。 (2022年・第1問)

1 法人が通関業の許可を受けようとする場合には，通関業の許可申請書に次の書面を添付しなければならない。

(1) 通関士となるべき者その他の通関業務の従業者及び（ イ ）の名簿並びにこれらの者の履歴書

(2) 通関業の許可を受けようとする法人が通関業以外の事業を営んでいる場合には，その事業の概要，規模及び最近における（ ロ ）を示す書面

(3) 年間において取り扱う見込みの（ ハ ）及びその算定の基礎を記載した書面

2 財務大臣が通関業務を行う営業所の新設の許可をする場合に，当該許可に付することができる条件は，（ ニ ）の限定及び（ ホ ）に限ることとされている。

① 売掛金及び買掛金の額		
② 営業所に置くことができる通関士の員数の上限		
③ 貨物の数量	④ 許可の期限	⑤ 許可の種類
⑥ 経営の状況	⑦ 主たる営業所の責任者	⑧ 損益の状況
⑨ 通関業務以外の業務に従事する従業者	⑩ 通関業務及び関連業務の量	
⑪ 通関業務の量	⑫ 通関業務を行うことができる地域	
⑬ 通関業務を担当する役員	⑭ 取り扱う貨物の種類	
⑮ 取り扱うことができる通関業務の量		

解答 イ ⑬ ロ ⑧ ハ ⑪ ニ ⑭ ホ ④

参照条文 通関業法4条2項，施行規則1条4号，5号，6号，通達8－2(3)，3－1

第２問　次の記述は，通関業法第10条に規定する通関業の許可の消滅に関するものであるが，（　　）に入れるべき最も適切な語句を下の選択肢から選び，その番号をマークしなさい。　(2022年・第２問)

1　通関業者が次のいずれかに該当するときは，当該通関業の許可は，消滅する。
（1）通関業を（ イ ）したとき。
（2）法人が（ ロ ）したとき。
（3）（ ハ ）を受けたとき。

2　法人である通関業者が合併により消滅し，当該法人に係る通関業の許可が消滅した場合において，（ ニ ）通関手続があるときは，当該手続については，（ ホ ）が引き続き，当該許可を受けているものとみなす。

① 解散
② 合併後存続する法人又は合併により設立された法人
③ 合併前に通関業者であった法人を代表する役員であった者
④ 休業　⑤ 休止　⑥ 経営破綻
⑦ 現に進行中の　⑧ 今後予定される　⑨ 既に完了した
⑩ その役員が関税法の規定に違反して通告処分
⑪ 通関業者に対する監督処分　⑫ 廃止
⑬ 破産管財人　⑭ 破産手続開始の決定　⑮ 分割

解答	イ	⑫	ロ	①	ハ	⑭	ニ	⑦	ホ	②

参照条文➡ 通関業法10条１項１号，３号，４号，10条３項

第３問　次の記述は，通関業法第12条に規定する通関業者の変更等の届出に関するものであるが，（　　）に入れるべき最も適切な語句を下の選択肢から選び，その番号をマークしなさい。　（2022年・第３問）

通関業者は，次に掲げる事項に変更があったときは，遅滞なくその旨を（ イ ）に届け出なければならない。

（１）氏名又は名称及び住所並びに法人にあってはその（ ロ ）

（２）（ ハ ）の名称及び所在地

（３）上記（２）の営業所ごとの責任者の氏名及び当該営業所ごとに置く（ ニ ）

（４）通関業以外の事業を営んでいるときは，その（ ホ ）

①	いずれかの税関長	②	財務大臣　　③　事業に係る資産の状況
④	事業の種類	⑤	事業を行うための営業所の名称及び所在地
⑥	全ての営業所	⑦	全ての従業者の数
⑧	通関業務の従業者の数	⑨	通関業務を行う営業所
⑩	通関士の数	⑪	通関士の氏名及び住所
⑫	通関士を置く営業所	⑬	本社の所在地を管轄する税関長
⑭	役員の氏名及び住所	⑮	役員の氏名及び役職

解答	イ	②	ロ	⑭	ハ	⑨	ニ	⑩	ホ	④

参照条文➡　通関業法12条，４条１項１号，２号，３号，５号

第４問　次の記述は，通関業法第14条に規定する通関士の審査等に関するものであるが，（　　　）に入れるべき最も適切な語句を下の選択肢から選び，その番号をマークしなさい。　(2022年・第４問)

1　通関業者は，他人の依頼に応じて税関官署に提出する（ イ ）（通関士が通関業務に従事している営業所における通関業務に係るものに限る。）については，通関士にその内容を審査させ，かつ，これに（ ロ ）させなければならない。

2　通関業法第14条に規定する通関士の審査の義務は，（ ハ ）に（ ニ ）を置いた場合であっても負うものとされている。

3　通関業法第14条の規定による通関士の（ ロ ）の有無は，同条に規定する（ ホ ）に影響を及ぼすものと解してはならない。

① ２人以上の通関業務の従業者
② 関税法第７条の２第１項に規定する特例申告書及び当該特例申告書に係る輸入の申告書
③ 関税法第20条第１項の規定による外国貿易船の不開港への出入に係る許可申請書
④ 記名　⑤ 記名及び押印　⑥ 署名
⑦ 専任の通関士
⑧ 専任の通関士が置かれていない営業所　⑨ 通関士
⑩ 通関書類の効力　⑪ 通関士を設置する必要のない営業所
⑫ 通関士を設置する必要のない地域に所在する営業所
⑬ 通関手続の適正かつ迅速な実施
⑭ 輸出の申告書及び関税法第63条第１項の規定による保税運送の申告書
⑮ 輸入する貨物に係る納付すべき関税の額

解答　イ ②　ロ ④　ハ ⑪　ニ ⑨　ホ ⑩

参照条文➡ 通関業法14条，施行令６条１号，３号，業法２条１号イ(二)，通達14－１

第５問　次の記述は，通関業法第31条に規定する通関業者が通関士試験に合格した者を通関士としてその通関業務に従事させようとする場合における財務大臣の確認に関するものであるが，（　　　）に入れるべき最も適切な語句を下の選択肢から選び，その番号をマークしなさい。　（2022年・第５問）

1　通関業者は，通関士試験に合格した者を通関士としてその通関業務に従事させようとするときは，（ イ ），（ ロ ）の名称その他政令で定める事項を財務大臣に届け出なければならない。

2　関税法第108条の４から第112条までの規定に該当する違反行為をした者であって，（ ハ ）から（ ニ ）を経過しないものは，通関士となることができない。

3　通関業法第34条第１項（通関業者に対する監督処分）の規定により通関業務の停止の処分を受けた者（（ ホ ）を含む。）であって，その停止の期間が経過しないものは，通関士となることができない。

①　２年　②　３年　③　５年
④　在宅勤務を行わせようとする場合における勤務場所
⑤　その者の氏名　⑥　その通関業務を行う営業所の責任者の氏名
⑦　通関業務に従事させようとする営業所
⑧　通関書類の審査を行わせようとする場所　⑨　当該違反行為があった日
⑩　当該違反行為に対する通告処分を受けた日
⑪　当該違反行為に対する罰金の刑に処せられた日
⑫　当該処分に係る通関業者の営業所の責任者であった者
⑬　当該処分の基因となった違反行為をした者
⑭　当該処分を受けた通関業者の役員であった者
⑮　当該通関士試験の受験科目

解答	イ	⑤	ロ	⑦	ハ	⑨	ニ	①	ホ	⑬

参照条文➡　通関業法31条１項，２項２号，６条４号イ，31条２項３号イ

第6問　次の記述は，通関業法第6条に規定する通関業の許可に係る欠格事由に関するものであるが，（　　）に入れるべき最も適切な語句を下の選択肢から選び，その番号をマークしなさい。　(2021年・第1問)

財務大臣は，許可申請者が次のいずれかに該当する場合には，通関業の許可をしてはならない。

・禁錮以上の刑に処せられた者であって，その執行を終わり，又は執行を受けることがなくなってから（ イ ）を経過しないもの
・関税法以外の国税に関する法律中偽りその他不正の行為により国税を免れることに関する罪を定めた規定に該当する違反行為をして，（ ロ ）の規定により通告処分を受けた者であって，その（ ハ ）から（ イ ）を経過しないもの
・暴力団員又は暴力団員でなくなった日から（ ニ ）を経過していない者
・通関業法の規定により通関業の許可を取り消された者であって，この処分を受けた日から（ ホ ）を経過しないもの

① 6月	② 1年	③ 2年
④ 3年	⑤ 4年	⑥ 5年
⑦ 7年	⑧ 9年	⑨ 10年
⑩ 違反行為をした日	⑪ 国税徴収法	⑫ 国税通則法
⑬ 国税犯則取締法	⑭ 通告の日	⑮ 通告の旨を履行した日

解答　イ ④　ロ ⑫　ハ ⑮　ニ ⑥　ホ ③

参照条文➡ 通関業法6条3号，4号，7号，8号

第7問　次の記述は，通関業の許可に基づく地位の承継に関するものであるが，（　　）に入れるべき最も適切な語句を下の選択肢から選び，その番号をマークしなさい。（2021年・第2問）

1　通関業者について相続があったときは，その相続人は，被相続人の通関業の許可に基づく地位を承継する。この場合において，当該地位を承継した者は，当該被相続人の死亡後（ イ ）に，その承継について財務大臣に承認の申請をすることができる。　当該承認を受けようとする者は，その相続があった年月日等を記載した申請書を財務大臣に提出しなければならないこととされており，この「相続があった年月日」とは，（ ロ ）をいう。

2　通関業者について合併があった場合において，あらかじめ財務大臣の承認を受けたときは，合併後存続する法人又は合併により設立された法人は，当該合併により消滅した法人の通関業の許可に基づく地位を承継することができる。

当該承認を受けようとする者は，その合併が予定されている年月日等を記載した申請書を財務大臣に提出しなければならないこととされており，この「合併が予定されている年月日」とは，当該合併が吸収合併である場合には（ ハ ），当該合併が新設合併である場合には（ ニ ）をいう。

当該承認の申請は，合併しようとする法人の間の関係が明らかである場合を除き，（ ハ ）又は（ ニ ）以前に，（ ホ ）により行うものとされている。

①　30日以内　　②　60日以内　　③　90日以内
④　合併後存続する法人又は合併により設立される法人の名称
⑤　合併しようとする法人の連名　　⑥　合併により消滅する法人の名称
⑦　合併により設立される法人の定款認証予定日
⑧　吸収合併契約に関する書面に記載された効力発生日
⑨　吸収合併契約の締結予定日
⑩　吸収合併に関する株主総会の決議予定日
⑪　新設合併契約の締結予定日　　⑫　新設合併の登記（成立）予定日
⑬　相続の開始があったことを知った日
⑭　被相続人の死亡の事実を知った日
⑮　被相続人の死亡日

解答

イ	ロ	ハ	ニ	ホ
②	⑮	⑧	⑫	⑤

参照条文➡　通関業法11条の2第1項，2項，4項，施行令3条1項2号，2項3号，基本通達11の2-(3)(4)

第８問　次の記述は，通関業法第13条及び通関業法施行令第５条に規定する通関士の設置に関するものであるが，（　　　）に入れるべき最も適切な語句を下の選択肢から選び，その番号をマークしなさい。　(2021年・第３問)

1　通関業者は，通関業務を（ イ ）に行うため，その通関業務を行う営業所ごとに，政令で定めるところにより，通関士を置かなければならない。ただし，当該営業所において取り扱う通関業務に係る（ ロ ）のみに限られている場合は，この限りでない。

2　通関業者は，通関業法第13条の規定により通関士を置かなければならないこととされる営業所ごとに，通関業務に係る（ ハ ）並びに通関業法施行令第６条に規定する（ ニ ）の数，種類及び内容に応じて（ ホ ）の通関士を置かなければならない。

① 依頼者が特定の者	② 確実	③ 貨物が一定の種類の貨物
④ 貨物の数量及び価格	⑤ 貨物の数量及び種類	
⑥ 貨物の性質及び形状	⑦ 申告書	⑧ 税関官署が特定の官署
⑨ 専任	⑩ 通関書類	⑪ 通関手続
⑫ 適正	⑬ 適切	⑭ 必要な員数
⑮ 一人以上		

解答	イ	⑫	ロ	③	ハ	⑤	ニ	⑩	ホ	⑭

参照条文➡ 通関業法13条，施行令５条

第９問　次の記述は，通関業者又は通関士の義務に関するものであるが，（　　　）に入れるべき最も適切な語句を下の選択肢から選び，その番号をマークしなさい。（2021年・第４問）

1　通関業法第17条において，通関業者は，その（ イ ）を他人に（ ロ ）のため使用させてはならないこととされている。

2　通関業法第19条において，通関業者（法人である場合には，その役員）及び通関士その他の通関業務の従業者は，正当な理由がなくて，通関業務に関して知り得た（ ハ ）を他に漏らし，又は（ ニ ）してはならないこととされている。

3　通関業法第20条において，通関業者（法人である場合には，その役員）及び通関士は，通関業者又は通関士の（ ホ ）を害するような行為をしてはならないこととされている。

①　権利	②　公開	③　事項
④　情報	⑤　信用又は品位	⑥　信頼又は利益
⑦　地位	⑧　通関業	⑨　通関書類の作成
⑩　通関手続	⑪　盗用	⑫　秘密
⑬　名義	⑭　名誉又は品格	⑮　利用

解答　イ ⑬　ロ ⑧　ハ ⑫　ニ ⑪　ホ ⑤

参照条文➡　通関業法17条，19条，20条

第10問　次の記述は，通関業者に対する監督処分及び通関士に対する懲戒処分に関するものであるが，（　　　）に入れるべき最も適切な語句を下の選択肢から選び，その番号をマークしなさい。　（2021年・第5問）

1　財務大臣は，通関業者が通関業法の規定に違反したときは，通関業者に対する監督処分として，その通関業者に対し，（ イ ）以内の期間を定めて通関業務の全部若しくは一部の停止を命じ，又は許可の取消しをすることができる。　通関業者に対する監督処分については，通関業法基本通達34-6に定める通関業者監督処分基準表により行うこととされており，処分の級別区分は次のとおりとされている。

1級…………許可の取消処分
2級…………（ ロ ）を超え（ イ ）以内の業務停止処分
3級…………（ ハ ）を超え（ ロ ）以内の業務停止処分
4級…………（ ハ ）以内の業務停止処分

2　財務大臣は，通関士が通関業法の規定に違反したときは，通関士に対する懲戒処分として，その通関士に対し，（ ニ ）し，（ イ ）以内の期間を定めてその者が通関業務に従事することを停止し，又は（ ホ ）間その者が通関業務に従事することを禁止することができる。

①　5日	②　7日	③　10日
④　30日	⑤　60日	⑥　90日
⑦　6月	⑧　1年	⑨　2年
⑩　3年	⑪　4年	⑫　5年
⑬　戒告	⑭　訓告	⑮　通告

解答

イ	⑧	ロ	④	ハ	②	ニ	⑬	ホ	⑨

参照条文➡　通関業法34条1項1号，基本通達34－6(1)，通関業法35条1項

第2章 関税法等

関税法

第1問 次の記述は，関税の納税義務に関するものであるが，（　　）に入れるべき最も適切な語句を下の選択肢から選び，その番号をマークしなさい。

（2022年・第1問）

1　指定保税地域にある外国貨物（輸出の許可を受けた貨物を除く。）があらかじめ（ イ ）ことなく滅却されたときは，（ ロ ）から直ちにその関税が徴収される。

2　関税定率法第15条第1項（特定用途免税）の規定により関税の免除を受けた貨物について，その免除に係る特定の用途以外の用途に供するため譲渡されたことにより，その免除を受けた関税を徴収する場合は，（ ハ ）がその関税を納付する義務がある。

3　日本郵便株式会社が，郵便物に係る関税を納付しようとする者の委託に基づき当該関税の額に相当する金銭の交付を受けた場合において，その交付を受けた日の翌日から起算して11取引日を経過した最初の取引日までにその関税を完納しないときは，税関長は，（ ニ ）により，その関税を（ ホ ）から徴収する。

① 国税徴収の例	
② 国税の保証人に関する徴収の例	
③ 財務大臣の許可を受ける	④ 税関長の承認を受ける
⑤ その保証人	⑥ 追徴課税の例
⑦ 当該外国貨物の仕出人の同意を得る	⑧ 当該外国貨物を管理する者
⑨ 当該外国貨物を滅却した者	⑩ 当該貨物を所有する者
⑪ 当該関税を納付しようとする者	
⑫ 当該指定保税地域の指定を受けた施設の所有者	
⑬ 当該譲渡をした者	
⑭ 当該特定の用途以外の用途に供した者	⑮ 日本郵便株式会社

解答　イ ④　ロ ⑧　ハ ⑬　ニ ②　ホ ⑮

参照条文➡ 関税法41条の3，45条1項，77条の2，77条の3第3項，施行令68条の2，国税通則法52条，定率法15条2項

第２問　次の記述は，関税の納期限に関するものであるが，（　　　）に入れるべき最も適切な語句を下の選択肢から選び，その番号をマークしなさい。
（2022年・第２問）

1　輸入の許可後にした修正申告に係る関税は，（ イ ）までに納付しなければならない。

2　賦課課税方式が適用される郵便物に係る関税については，当該郵便物につき関税法第63条第１項又は第77条第６項の承認を受けた場合を除き，（ ロ ）に，当該関税を納付し，又は当該関税の納付を日本郵便株式会社若しくは納付受託者に委託しなければならない。

3　関税法第９条の２第２項（納期限の延長）の規定により，貨物を輸入しようとする者が，特定月において輸入しようとする貨物に課されるべき関税の納期限に関し，（ ハ ）までにその延長を受けたい旨の申請書を当該貨物に係る関税の納税申告をする税関長に提出し，かつ，当該貨物に係る関税額の合計額に相当する額の担保を当該税関長に提供したときは，当該税関長は，特定月においてその者が輸入する貨物に係る関税については，特定月における関税額の累計額が当該提供された担保の額を超えない範囲内において，その納期限を（ ニ ）以内に限り延長することができる。

4　財務大臣は，災害その他やむを得ない理由により，関税に関する法律に基づく納付等の行為に関する期限までに当該行為をすべき者であって当該期限までに当該行為のうち関税に関する法律等の規定により電子情報処理組織（NACCS）を使用して行う特定の行為をすることができないと認める者が多数に上ると認める場合には，（ ホ ）及び期日を指定して当該期限を延長するものとされている。

①　行為の種類	②　その納期限のうち最も早い日	③　それぞれ３月
④　対象者の範囲	⑤　地域	⑥　当該修正申告をした日

⑦　当該修正申告をした日の属する月の翌月末日
⑧　当該修正申告をした日の翌日から起算して１月を経過する日
⑨　当該郵便物に係る課税通知書の送達により税関長が決定する期限まで
⑩　当該郵便物を受け取った日の翌日から起算して１月を経過する日まで
⑪　当該郵便物を受け取る前　　⑫　特定月の前月末日
⑬　特定月の末日　　⑭　特定月の末日の翌日から２月
⑮　特定月の末日の翌日から３月

解答

イ	ロ	ハ	ニ	ホ
⑥	⑪	⑫	⑮	④

参照条文➔　関税法９条２項４号，77条３項，９条の２第２項，２条の３，施行令１条の４第２項

第２編（語群選択編）　第２章・関税法等

第３問　次の記述は，輸入通関に関するものであるが，（　　）に入れるべき最も適切な語句を下の選択肢から選び，その番号をマークしなさい。

（2022年・第３問）

1　特例申告に係る貨物以外の貨物を輸入しようとする者は，当該貨物の品名並びに（ イ ）数量及び価格その他必要な事項を税関長に申告し，当該貨物につき必要な検査を経て，その許可を受けなければならない。

2　税関長は，輸入申告に係る外国貨物について，原産地について直接若しくは間接に偽った表示又は誤認を生じさせる表示がされている場合には，その表示がある旨を（ ロ ）に，直ちに通知し，期間を指定して，その者の（ ハ ）により，その表示を消させ，若しくは訂正させ，又は当該貨物を積み戻させなければならない。

3　貨物を外国貿易船に積み込んだ状態で輸入申告をすることにつき税関長の承認を受けようとする者は，その承認を受けようとする貨物について，外国貿易船の名称及び（ ニ ）並びに当該外国貿易船における貨物の（ ホ ）等の必要な事項を記載した申請書を当該輸入申告をする税関長に提出しなければならない。

① 確認	② 課税標準となるべき	③ 関税を納付すべき
④ 係留場所	⑤ 性質及び形状	⑥ 船籍
⑦ 選択	⑧ 通関業者	⑨ 積付けの状況
⑩ 当該貨物に係る所有権の放棄		⑪ 当該貨物の所有者
⑫ 登録記号	⑬ 保管の状況	⑭ 本邦に引き取る
⑮ 輸入申告をした者		

解答　イ ②　ロ ⑮　ハ ⑦　ニ ④　ホ ⑨

参照条文➡　関税法67条，71条２項，67条の２第２項，施行令59条の５第２項

第４問　次の記述は，保税運送に関するものであるが，（　　）に入れるべき最も適切な語句を下の選択肢から選び，その番号をマークしなさい。

（2022年・第４問）

1　外国貨物（郵便物等を除く。）は，税関長に申告し，その承認を受けて，（ イ ），保税地域，税関官署及び関税法第30条第１項第２号の規定により税関長が指定した場所相互間に限り，外国貨物のまま運送することができる。この場合において，税関長は，運送の状況その他の事情を勘案して取締り上支障がないと認めるときは，（ ロ ）以内で税関長が指定する期間内に発送される外国貨物の運送について一括して承認することができる。

2　税関長は，関税法第63条第１項の保税運送の承認をする場合においては，相当と認められる（ ハ ）を指定しなければならない。

3　郵便物の保税運送に際しては，運送目録を税関に提示し，その（ ニ ）を受けなければならない。

4　運航の自由を失った船舶に積まれていた外国貨物（郵便物等を除く。）を外国貨物のまま運送をしようとする者は，税関が設置されていない場所から運送をすることについて緊急な必要がある場合において，税関職員がいないときは，（ ホ ）にあらかじめその旨を届け出なければならない。

①　1月	②　6月	③　1年
④　運送者	⑤　運送の期間	⑥　運送の方法
⑦　開港，税関空港	⑧　外国貿易船，外国貿易機	⑨　確認
⑩　許可	⑪　警察官	⑫　市区町村長
⑬　税務署職員	⑭　認可	⑮　領海，領空

解答　イ ⑦　ロ ③　ハ ⑤　ニ ⑨　ホ ⑪

参照条文➡　関税法63条１項，４項，施行令53条の２第１項，関税法63条の９第２項，64条１項

関税定率法

第5問 次の記述は，関税定率法第４条に規定する課税価格の決定の原則に関するものであるが，（　　）に入れるべき最も適切な語句を下の選択肢から選び，その番号をマークしなさい。 (2022年・第５問)

1　輸入貨物の生産及び輸入取引に関連して，買手により（ イ ）直接に提供された当該輸入貨物の生産のために使用された工具に要する費用は，課税価格に算入されない。

2　輸入貨物に係る輸入取引に関し買手により負担される（ ロ ）は，課税価格に算入されないこととされている。

3　買手による輸入貨物の（ ハ ）につき制限（買手による輸入貨物の販売が認められる地域についての制限等を除く。）があるときは，関税定率法第４条第１項の規定により課税価格を決定することができない。

4　輸入貨物の（ ニ ）が当該輸入貨物の売手と買手との間で取引される当該輸入貨物以外の貨物の取引数量に依存して決定されるべき旨の条件その他当該輸入貨物の課税価格の決定を困難とする条件が当該輸入貨物の輸入取引に付されているときは，関税定率法第４条第１項の規定により課税価格を決定することができない。

5　買手による輸入貨物の（ ハ ）による収益で間接に売手に帰属するものとされているものの額が（ ホ ）ときは，関税定率法第４条第１項の規定により課税価格を決定することができない。

① 明らかでない	② 明らかな	③ 買付手数料
④ 加工により付加された価額		⑤ 現実支払価格
⑥ 国内における販売に係る通常の利潤及び一般経費		
⑦ 国内販売価格	⑧ 仕入書価格を上回る	⑨ 処分又は使用
⑩ 仲介手数料	⑪ 取引価格	⑫ 値引きをして
⑬ 販売手数料	⑭ 無償で	⑮ 有償で

解答　イ ⑮　ロ ③　ハ ⑨　ニ ⑪　ホ ①

参照条文➡ 定率法４条１項３号，２号，２項１号，２号，３号

関税法

第6問　次の記述は，関税法における用語の定義に関するものであるが，(　　　)に入れるべき最も適切な語句を下の選択肢から選び，その番号をマークしなさい。
(2021年・第1問)

1　「外国貨物」とは，（ イ ）貨物及び外国から本邦に到着した貨物（外国の船舶により（ ロ ）で採捕された水産物を含む。）で輸入が許可される前のものをいう。

2　「内国貨物」とは，（ ハ ）貨物で外国貨物でないもの及び本邦の船舶により（ ロ ）で採捕された水産物をいう。

3　「特殊船舶」とは，本邦と外国との間を往来する船舶のうち，外国貿易船以外のものをいい，（ ニ ）並びに海上における保安取締り及び海難救助に従事する公用船を除く。

4　「沿海通航船」とは，（ ホ ）以外の船舶をいう。

①　外国に仕向けられた船舶又は航空機に積み込まれた	
②　外国に向けて運送が開始された	③　外国の軍艦
④　外国の軍艦，遠洋漁業船	⑤　外国の軍艦，自衛隊の船舶
⑥　外国貿易船	⑦　外国貿易船及び特殊船舶
⑧　公海　　⑨　排他的経済水域	⑩　本邦で生産された
⑪　本邦と外国との間を往来する船舶	⑫　本邦にある
⑬　輸出の許可を受けた　　⑭　輸入の許可を受けた	⑮　領海

解答	イ	⑬	ロ	⑧	ハ	⑫	ニ	⑤	ホ	⑪

参照条文➡ 関税法2条1項3号，4号，7号，15条の3第1項，施行令13条の3

第７問　次の記述は，関税の延滞税に関するものであるが，（　　　）に入れるべき最も適切な語句を下の選択肢から選び，その番号をマークしなさい。

（2021年・第２問）

1　延滞税の額の計算の基礎となる関税額が（ イ ）未満である場合においては，延滞税が課されず，延滞税の額が（ ロ ）未満である場合においては，これを徴収せず，当該延滞税の額に百円未満の端数がある場合においては，これを切り捨てる。

2　延滞税が課される場合において，（ ハ ）により税額等に誤りがあったため法定納期限後に未納に係る関税額が確定し，かつ，その事情につき（ ニ ）があったときは，その税額に係る延滞税については，当該法定納期限の翌日から修正申告をした日又は更正通知書若しくは賦課決定通知書が発せられた日までの日数に対応する部分の金額が免除される。

3　延滞税が課される場合において，税関長が国税徴収の例により換価の猶予をしたときであって，納税義務者がその事業又は生活の状況によりその延滞税の納付を困難とする（ ハ ）があると認められるときは，関税法第12条第８項第１号ロの規定により，税関長は，その猶予をした関税に係る延滞税につき，猶予をした期間に対応する部分の金額のうち（ ホ ）を限度として，免除することができる。

① 千円	② 五千円	③ 一万円
④ 二万円	⑤ 三万円	⑥ 五万円
⑦ 客観的な理由	⑧ 財務大臣の承認	⑨ 税関長の確認
⑩ 税関長の承認	⑪ 担保の提供に係る金額	
⑫ 当該税関長が適当と認める金額		⑬ 特別の事情
⑭ 納付が困難と認められる金額		⑮ やむを得ない理由

解答　イ ③　ロ ①　ハ ⑮　ニ ⑨　ホ ⑭

参照条文➡　関税法12条３項，４項，６項，８項１号

第８問　次の記述は，輸入の許可前における貨物の引取りに関するものであるが，（　　）に入れるべき最も適切な語句を下の選択肢から選び，その番号をマークしなさい。（2021年・第３問）

1　外国貨物（特例申告貨物を除く。）を（ イ ）の後輸入の許可前に引き取ろうとする者は，（ ロ ）に相当する担保を提供して税関長の承認を受けなければならない。

2　（ ハ ）については，税関長は輸入の許可前における貨物の引取りの承認をしてはならない。

3　税関長は，輸入の許可前における貨物の引取りの承認を受けて引き取られた貨物に係る税額等につき（ ニ ）と認めた場合には，当該申告に係る税額及びその税額を納付すべき旨等を，書面により，当該引取りの承認を受けた者に通知することとされており，（ ホ ）は，その税額に相当する関税を納付しなければならない。

①　課税標準額　　②　関税額
③　関税の率が無税とされている外国貨物
④　原産地について直接に偽った表示がされている外国貨物
⑤　国内販売価格　　⑥　その納税申告がされていない
⑦　その納税申告に誤りがある　　⑧　その納税申告に誤りがない
⑨　担保の保証人　　⑩　当該貨物の仕出人
⑪　納税義務者　　⑫　変質又は損傷のおそれがある外国貨物
⑬　本邦到着　　⑭　輸入申告　　⑮　予備申告

解　答

イ	⑭	ロ	②	ハ	④	ニ	⑧	ホ	⑪

参照条文➡　関税法73条１項，２項，７条の17

第９問　次の記述は，保税地域に関するものであるが，（　　）に入れるべき最も適切な語句を下の選択肢から選び，その番号をマークしなさい。

（2021年・第４問）

1　関税法第34条の２の規定により，保税地域（保税工場及び保税展示場を除く。）において貨物を管理する者は，その管理する外国貨物（信書を除く。）又は輸出しようとする貨物（信書を除く。）についての（ イ ）なければならないこととされている。

2　指定保税地域においては，外国貨物又は輸出しようとする貨物につき，（ ロ ），簡単な加工その他これらに類する行為で（ ハ ）を行うことができる。

3　保税蔵置場に外国貨物を入れる者は，当該貨物をその入れた日から（ ニ ）（やむを得ない理由により必要があると認めるときは，申請により，税関長が指定する期間）を超えて当該保税蔵置場に置こうとする場合には，その超えることとなる日前に税関長に申請し，その承認を受けなければならない。

4　保税蔵置場にある外国貨物（輸出の許可を受けた貨物を除く。）が亡失し，又は滅却されたときは，（ ホ ）から，直ちにその関税を徴収する。

①　1月　　②　3月	③　6月	④　改装	
⑤　税関職員の検査を受け		⑥　税関長に届け出たもの	
⑦　税関長の確認を受けたもの		⑧　税関長の許可を受けたもの	
⑨　帳簿を設け		⑩　当該外国貨物の所有者	
⑪　当該外国貨物を置くことの承認を受けた者			
⑫　当該保税蔵置場の許可を受けた者		⑬　法令遵守規則を定め	
⑭　保税作業	⑮　見本の展示		

解答　イ ⑨　ロ ⑮　ハ ⑧　ニ ②　ホ ⑫

参照条文➡　関税法34条の２，40条２項，43条の３第１項，45条

関税暫定措置法

第10問 次の記述は，関税暫定措置法第８条の２第１項の特恵関税制度に関するものであるが，（　　）に入れるべき最も適切な語句を下の選択肢から選び，その番号をマークしなさい。（2021年・第５問）

１　関税暫定措置法第８条の２第１項に規定する特恵受益国等を原産地とする物品について，同項の特恵関税の適用を受けようとする場合において，当該物品が次に掲げるものであるときは，当該物品に係る原産地証明書を税関長に提出することを要しない。

(1)　税関長が（イ）によりその原産地が明らかであると認めた物品

(2)　課税価格の総額が（ロ）以下の物品

(3)　特例申告貨物である物品（特恵受益国原産品であることを確認するために原産地証明書の提出の必要があると税関長が認めるものを除く。）

２　関税暫定措置法第８条の２第１項の特恵関税に係る原産地証明書は，税関長がやむを得ない特別の事由があると認める場合を除き，その証明に係る（ハ）に，当該物品の輸出者の申告に基づき（ニ）又は当該原産地証明書の発給につき権限を有するその他の官公署若しくは商業会議所その他これに準ずる機関で税関長が適当と認めるものが発給したものでなければならない。

３　関税暫定措置法第８条の２第１項の特恵関税に係る原産地証明書は，災害その他やむを得ない理由があるとして税関長の承認を受けた場合を除き，その証明に係る物品（郵便物を除く。）についての輸入申告の日において，その発給の日から（ホ）以上を経過したものであってはならない。

①　３月	②　６月	③　１年
④　一万円	⑤　十万円	⑥　二十万円
⑦　原産地の税関	⑧　仕出地にある本邦の在外公館	
⑨　物品の原料又は材料	⑩　物品の種類又は形状	
⑪　物品の製造の際	⑫　物品の製造方法	⑬　物品の輸出の際
⑭　物品の輸入の際	⑮　輸入国の税関	

解答　イ ⑩　ロ ⑥　ハ ⑬　ニ ⑦　ホ ③

参照条文　暫定措置法施行令27条１項，４項，29条

第3編

申告書編

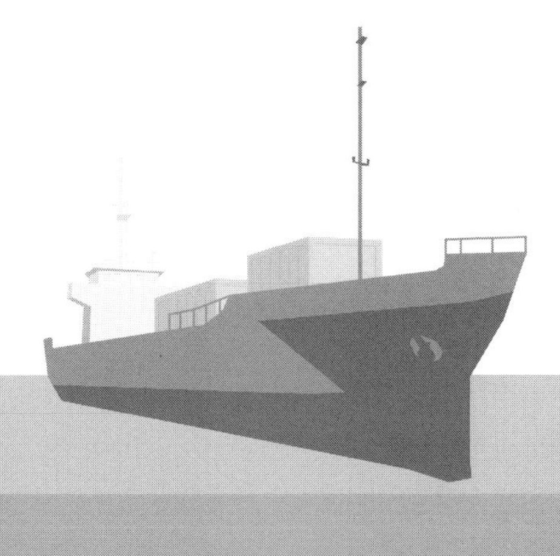

第1章 輸出申告

第1問　輸出申告

別紙1の仕入書及び下記事項により，機械等の輸出申告を輸出入・港湾関連情報処理システム（NACCS）を使用して行う場合について，別紙2の輸出申告事項登録画面の統計品目番号欄（(a)～(e)）に入力すべき統計品目番号を，輸出統計品目表の解釈に関する通則に従い，別冊の「輸出統計品目表」（抜粋）及び「関税率表解説」（抜粋）を参照して，下の選択肢から選び，その番号をマークしなさい。

（2022年・第1問）

記

1　別紙1の仕入書に記載されている品目に統計品目番号が同一であるものがある場合には，これらを一の統計品目番号にとりまとめる。

2　統計品目番号ごとの申告価格が20万円以下であるもの（上記1によりとりまとめたものを含む。）がある場合には，その統計品目番号が異なるものであっても，これらを一括して一欄にとりまとめる。

3　上記2による場合に輸出申告事項登録画面に入力すべき統計品目番号は，上記2によりとりまとめる前の統計品目番号ごとの申告価格（上記1によりとりまとめたものについては，その合計額）が最も大きいものの統計品目番号とし，10桁目は「X」とする。

4　輸出申告事項登録画面に入力する統計品目番号（(a)～(e)）は，その統計品目番号ごとの申告価格（上記1及び2によりとりまとめたものについては，その合計額）が大きいものから順に入力するものとする。

5　別紙1の仕入書に記載されている米ドル建価格の本邦通貨への換算は，別紙3の「実勢外国為替相場の週間平均値」を参照して行う。

6　別紙1の仕入書に記載されているそれぞれの品目の価格（工場渡し価格）とは別に，これらの品目がアメリカの輸入港に到着するまでの費用等として，次の費用等の額が支払われる。それらの費用等の額は，これらの品目の工場渡し価格に一定の割合を乗じて算出した額に相当する額であり，その割合は次のとおり。

　イ　輸出者（売手）の工場から輸出港に到着するまでの運送に要する運賃……………………8％

　ロ　輸出港における貨物の船積みに要する費用……………………5％

ハ　輸出港から輸入港に到着するまでの海上運送に要する運賃及び保険料……………………………………………………………………10%

7　別紙１の仕入書に記載されている「Unmanned helicopter, of an unladen weight of 80 kgand with maximum take-off weight of 120 kg」は，操縦士が搭乗せずに飛ぶように設計した遠隔制御飛行専用のものであり，旅客の輸送用に設計されたものでなく，また，娯楽用に設計された玩具でないものとする。

8　別紙１の仕入書に記載されている「Light-emitting diode（LED）light source」は，電源供給用の素子を自蔵し，また，照明器具への装着及び交換を容易にし，物理的及び電気的接触を確保するように設計されたキャップを有するものとする。

9　申告年月日は，令和４年10月３日とする。

① 7009.91-0003	② 8477.10-0004	③ 8485.20-0006
④ 8526.91-000X	⑤ 8539.51-000X	⑥ 8539.52-000X
⑦ 8541.41-000X	⑧ 8543.70-0001	⑨ 8544.70-1001
⑩ 8802.11-0004	⑪ 8806.24-0004	⑫ 8806.94-0004
⑬ 9001.10-1001	⑭ 9001.90-0003	⑮ 9002.90-0001

別紙 1

INVOICE

Seller

ABC COMPANY
1-1, Kasumigaseki 3-chome,
Chiyoda-ku, Tokyo, JAPAN

Invoice No. and Date
ABC-330701 Sep. 15th, 2022

Reference No. FRB-220710

Buyer XYZ Corp. 1125 E 8th Street Los Angeles, CA 90079	**Country of Origin** Japan **L/C No.** LAIB-1002 **Date** Sep. 8th, 2022
Vessel Taiyo Maru **On or about** Oct. 5th, 2022 **From** Tokyo, Japan **Via** **To** Los Angeles, U.S.A.	**Issuing Bank** LA International Bank

Marks and Nos.	Description of Goods	Quantity Unit	Unit Price per Unit	Amount EXW US$
XYZ LOS ANGELES	Machine for 3D printing, by rubber deposit	2	10,000.00	20,000.00
	Optical fibre cable, made up of individually sheathed fibres, of glass	600	20.00	12,000.00
	Glass mirror, optically worked and unmounted	30	350.00	10,500.00
	Unmanned helicopter, of an unladen weight of 80 kg and with maximum take-off weight of 120 kg	1	7,000.00	7,000.00
	Light-emitting diode (LED) light source	135	10.00	1,350.00
	Global positioning system (GPS) receiver	40	30.00	1,200.00
	Total : EXW TOKYO		US$	52,050.00

Total : 100 Packages
N/W : 10,200kgs
G/W : 11,500kgs

ABC COMPANY

(Signature)

別紙2

輸出申告事項登録(大額)　入力特定番号

共通部 | 繰返部

申告等番号

大額・少額識別 L　申告等種別 E　申告先種別　貨物識別　あて先官署　あて先部門

申告予定年月日

輸出者	ABC COMPANY
住所	TOKYO TO CHIYODA KU KASUMIGASEKI 3-1-1
電話	
申告予定者	
蔵置場所	

貨物個数	100 PK	貨物重量	11,500 KGM
貨物容積		貨物の記号等	
最終仕向地	USLAX −	船(機)籍符号	
積出港	JPTYO	貿易形態別符号	
積載予定船舶	− TAIYO MARU	出港予定年月日	20221005

インボイス番号　A − ABC-330701 − 20220915

インボイス価格　EXW − USD − 52,050.00 − A

輸出申告事項登録(大額)　入力特定番号

共通部 | 繰返部

<1欄>統計品目番号 (a)　品名
数量(1)　数量(2)
BPR按分係数　BPR通貨コード
他法令 (1) (2) (3) (4) (5)
輸出貿易管理令別表コード　外為法第48条コード　関税減免戻税コード
内国消費税免税コード　内国消費税免税識別

<2欄>統計品目番号 (b)　品名
数量(1)　数量(2)
BPR按分係数　BPR通貨コード
他法令 (1) (2) (3) (4) (5)
輸出貿易管理令別表コード　外為法第48条コード　関税減免戻税コード
内国消費税免税コード　内国消費税免税識別

<3欄>統計品目番号 (c)　品名
数量(1)　数量(2)
BPR按分係数　BPR通貨コード
他法令 (1) (2) (3) (4) (5)
輸出貿易管理令別表コード　外為法第48条コード　関税減免戻税コード
内国消費税免税コード　内国消費税免税識別

<4欄>統計品目番号 (d)　品名
数量(1)　数量(2)
BPR按分係数　BPR通貨コード
他法令 (1) (2) (3) (4) (5)
輸出貿易管理令別表コード　外為法第48条コード　関税減免戻税コード
内国消費税免税コード　内国消費税免税識別

<5欄>統計品目番号 (e)　品名
数量(1)　数量(2)
BPR按分係数　BPR通貨コード
他法令 (1) (2) (3) (4) (5)
輸出貿易管理令別表コード　外為法第48条コード　関税減免戻税コード
内国消費税免税コード　内国消費税免税識別

別紙３

実勢外国為替相場の週間平均値
（１米ドルに対する円相場）

期　　間	週間平均値
令和 4. 9. 4　～　令和 4. 9. 10	¥133. 00
令和 4. 9. 11　～　令和 4. 9. 17	¥128. 00
令和 4. 9. 18　～　令和 4. 9. 24	¥130. 00
令和 4. 9. 25　～　令和 4. 10. 1	¥132. 00
令和 4. 10. 2　～　令和 4. 10. 8	¥129. 00

別冊

第1問　輸出申告

輸出統計品目表（抜粋）

第70類　ガラス及びその製品

注
1　この類には、次の物品を含まない。
(a) ～ (e) （省略）
(f)　第90類の光ファイバー、光学的に研磨した光学用品、皮下注射器、義眼、温度計、気圧計、浮きばかりその他の物品

Chapter 70　Glass and glassware

Notes.
1.- This Chapter does not cover :
(a) ～ (e) （省略）
(f) Optical fibres, optically worked optical elements, hypodermic syringes, artificial eyes, thermometers, barometers, hydrometers or other articles of Chapter 90 ;

番号 NO	細分番号 sub. no	NACCS用	品名	単位 UNIT I	単位 UNIT II	DESCRIPTION	参考
70.09			ガラス鏡（枠付きであるかないかを問わないものとし、バックミラーを含む。）			Glass mirrors, whether or not framed, including rear-view mirrors :	
7009.10	000	0	－バックミラー（車両用のものに限る。）		KG	－Rear-view mirrors for vehicles	
			－その他のもの			－Other :	
7009.91	000	3	－－枠付きでないもの		KG	－－Unframed	
7009.92	000	2	－－枠付きのもの		KG	－－Framed	

第84類　原子炉、ボイラー及び機械類並びにこれらの部分品

注
1～9　（省略）
10　第84.85項において「積層造形」（三次元印刷とも呼ばれる。）とは、材料（例えば金属、プラスチック又はセラミック）のレイヤリング及び固形化処理によるデジタルモデルをもととした物体の形成をいう。

Chapter 84　Nuclear reactors, boilers, machinery and mechanical appliances; parts thereof

Notes.
1.～9.（省略）
10.- For the purposes of heading 84.85, the expression "additive manufacturing" (also referred to as 3D printing) means the formation of physical objects, based on a digital model, by the successive addition and layering, and consolidation and solidification, of material (for example, metal, plastics or ceramics).

番号 NO	細分番号 sub. no	NACCS用	品名	単位 UNIT I	単位 UNIT II	DESCRIPTION	参考
84.77			ゴム又はプラスチックの加工機械及びゴム又はプラスチックを材料とする物品の製造機械（この類の他の項に該当するものを除く。）			Machinery for working rubber or plastics or for the manufacture of products from these materials, not specified or included elsewhere in this Chapter :	
8477.10	000	4	－射出成形機	NO	KG	－Injection-moulding machines	
8477.20	000	1	－押出成形機	NO	KG	－Extruders	

番号 NO	細分番号 sub. no	NACCS用	品名	単位 UNIT I	単位 UNIT II	DESCRIPTION	参考
84.85			**積層造形用の機械**			Machines for additive manufacturing :	
8485.10	000	2	－メタルデポジット方式によるもの	NO	KG	－By metal deposit	
8485.20	000	6	－プラスチックデポジット方式又はラバーデポジット方式によるもの	NO	KG	－By plastics or rubber deposit	

第85類　電気機器及びその部分品並びに録音機、音声再生機並びにテレビジョンの映像及び音声の記録用又は再生用の機器並びにこれらの部分品及び附属品

注

1～10（省略）

11　第85.39項において「発光ダイオード（LED）光源」には、次の物品を含む。

(a)「発光ダイオード（LED）モジュール」

発光ダイオード（LED）モジュールは、電気回路内に配置された発光ダイオード（LED）による電気的な光源であり、他の構成部品（例えば、電気的、力学的、熱的又は光学的な構成部品）を有し、また、個別の能動素子、個別の受動素子又は電源供給若しくは電源制御用の第85.36項若しくは第85.42項の物品を有する。発光ダイオード（LED）モジュールには、照明器具への装着及び交換を容易にし、物理的及び電気的接触を確保するように設計されたキャップを有するものを含まない。

(b)「発光ダイオード（LED）ランプ」

発光ダイオード（LED）ランプは、一以上の発光ダイオード（LED）モジュールを含む電気的な光源であり、他の構成部品（例えば、電気的、力学的、熱的又は光学的な構成部品）を有し、また、照明器具への装着及び交換を容易にし、物理的及び電気的接触を確保するように設計されたキャップを有することにより、発光ダイオード（LED）モジュールと区別される。

12　第85.41項及び第85.42項において次の用語の意義は、それぞれ次に定めるところによる。

(a)(i)（省略）

(ii)「発光ダイオード（LED）」とは、電気エネルギーを可視光線、赤外線又は紫外線に変換する半導体素材をもととした半導体デバイス（互いに電気的に結合しているかいないか又は保護ダイオードと接続しているかいないかを問わない。）をいう。第85.41項の発光ダイオード（LED）は、電源供給又は電源制御用の素子を自蔵していない。

Chapter 85　Electrical machinery and equipment and parts thereof; sound recorders and reproducers, television image and sound recorders and reproducers, and parts and accessories of such articles

Notes.

1.～10.（省略）

11.- For the purposes of heading 85.39, the expression "light-emitting diode (LED) light sources" covers:

(a) "Light-emitting diode (LED) modules" which are electrical light sources based on light-emitting diodes (LED) arranged in electrical circuits and containing further elements like electrical, mechanical, thermal or optical elements. They also contain discrete active elements, discrete passive elements, or articles of heading 85.36 or 85.42 for the purposes of providing power supply or power control. Light-emitting diode (LED) modules do not have a cap designed to allow easy installation or replacement in a luminaire and ensure mechanical and electrical contact.

(b) "Light-emitting diode (LED) lamps" which are electrical light sources containing one or more LED modules containing further elements like electrical, mechanical, thermal or optical elements. The distinction between light-emitting diode (LED) modules and light-emitting diode (LED) lamps is that lamps have a cap designed to allow easy installation or replacement in a luminaire and ensure mechanical and electrical contact.

12.- For the purposes of headings 85.41 and 85.42 :

(a)(i)（省略）

(ii) "Light-emitting diodes (LED)" are semiconductor devices based on semiconductor materials which convert electrical energy into visible, infra-red or ultra-violet rays, whether or not electrically connected among each other and whether or not combined with protective diodes. Light-emitting diodes (LED) of heading 85.41 do not incorporate elements for the purposes of providing power supply or power control ;

番号 NO	細分番号 sub. no	NACCS用	品　　名	単位 UNIT I	 II	DESCRIPTION	参　考
85.26			レーダー、航行用無線機器及び無線遠隔制御機器			Radar apparatus, radio navigational aid apparatus and radio remote control apparatus :	
8526.10	000	4	－レーダー	NO	KG	－Radar apparatus	
			－その他のもの			－Other :	
8526.91	000	0	－－航行用無線機器	NO	KG	－－Radio navigational aid apparatus	
85.39			フィラメント電球及び放電管（シールドビームランプ、紫外線ランプ及び赤外線ランプを含む。）、アーク灯並びに発光ダイオード（LED）光源			Electric filament or discharge lamps, including sealed beam lamp units and ultra-violet or infra-red lamps ; arc-lamps; light-emitting diode (LED) light sources :	
			－発光ダイオード（LED）光源			－Light-emitting diode (LED) light sources :	
8539.51	000	0	－－発光ダイオード（LED）モジュール	NO	KG	－－Light-emitting diode (LED) modules	
8539.52	000	6	－－発光ダイオード（LED）ランプ	NO	KG	－－Light-emitting diode (LED) lamps	
85.41			半導体デバイス（例えば、ダイオード、トランジスター及び半導体ベースの変換器）、光電性半導体デバイス（光電池（モジュール又はパネルにしてあるかないかを問わない。）を含む。）、発光ダイオード（LED）（他の発光ダイオード（LED）と組み合わせてあるかないかを問わない。）及び圧電結晶素子			Semiconductor devices (for example, diodes, transistors, semiconductor-based transducers) ; photosensitive semiconductor devices, including photovoltaic cells whether or not assembled in modules or made up into panels ; light-emitting diodes (LED), whether or not assembled with other light-emitting diodes (LED) ; mounted piezo-electric crystals :	
			－光電性半導体デバイス（光電池（モジュール又はパネルにしてあるかないかを問わない。）を含む。）及び発光ダイオード（LED）			－Photosensitive semiconductor devices, including photovoltaic cells whether or not assembled in modules or made up into panels ; light-emitting diodes (LED) :	
8541.41	000	6	－－発光ダイオード（LED）		NO	－－Light-emitting diodes(LED)	
85.43			電気機器（固有の機能を有するものに限るものとし、この類の他の項に該当するものを除く。）			Electrical machines and apparatus, having individual functions, not specified or included elsewhere in this Chapter :	
8543.10	000	5	－粒子加速器		NO	－Particle accelerators	
8543.20	000	2	－信号発生器		NO	－Signal generators	
8543.30	000	6	－電気めつき用、電気分解用又は電気泳動用の機器		NO	－Machines and apparatus for electroplating, electrolysis or electrophoresis	
8543.40	000	3	－電子たばこ及びこれに類する個人用の電気的な気化用器具		NO	－Electronic cigarettes and similar personal electric vaporizing devices	
8543.70	000	1	－その他の機器		NO	－Other machines and apparatus	

番号 NO	細分番号 sub. no	NACCS用	品名	単位 UNIT I	単位 UNIT II	DESCRIPTION	参考
85.44			電気絶縁をした線、ケーブル（同軸ケーブルを含む。）その他の電気導体（エナメルを塗布し又は酸化被膜処理をしたものを含むものとし、接続子を取り付けてあるかないかを問わない。）及び光ファイバーケーブル（個々に被覆したファイバーから成るものに限るものとし、電気導体を組み込んであるかないか又は接続子を取り付けてあるかないかを問わない。）			Insulated (including enamelled or anodised) wire, cable (including co-axial cable) and other insulated electric conductors, whether or not fitted with connectors; optical fibre cables, made up of individually sheathed fibres, whether or not assembled with electric conductors or fitted with connectors :	
8544.70			－光ファイバーケーブル			－Optical fibre cables :	
	100	1	－－ガラス製のもの		KG	－－Of glass	

第88類　航空機及び宇宙飛行体並びにこれらの部分品

注

1　この類において、「無人航空機」とは、第88.01項の物品を除き、操縦士が搭乗せずに飛ぶように設計した航空機をいう。無人航空機には、積載物を運搬するように設計したもの又は恒久的に組み込まれたデジタルカメラ若しくは飛行中に実用的機能を発揮可能なその他の装置を装備したものを含む。

ただし、無人航空機には、専ら娯楽用に設計された飛行する玩具を含まない（第95.03項参照）。

号注

1　第8802.11号から第8802.40号までにおいて、「自重」とは、正常に飛行できる状態にある航空機の重量（乗務員、燃料及び装備品（据え付けたものを除く。）の重量を除く。）をいう。

2　第8806.21号から第8806.24号まで及び第8806.91号から第8806.94号までにおいて、「最大離陸重量」とは、その航空機が正常に離陸できる重量の最大値（積載物、装置及び燃料の重量を含む。）をいう。

Chapter 88　Aircraft, spacecraft, and parts thereof

Note.

1.- For the purposes of this Chapter, the expression "unmanned aircraft" means any aircraft, other than those of heading 88.01, designed to be flown without a pilot on board. They may be designed to carry a payload or equipped with permanently integrated digital cameras or other equipment which would enable them to perform utilitarian functions during their flight.

The expression "unmanned aircraft", however, does not cover flying toys, designed solely for amusement purposes (heading 95.03).

Subheading Notes.

1.- For the purposes of subheadings 8802.11 to 8802.40, the expression "unladen weight" means the weight of the machine in normal flying order, excluding the weight of the crew and of fuel and equipment other than permanently fitted items of equipment.

2.- For the purposes of subheadings 8806.21 to 8806.24 and 8806.91 to 8806.94, the expression "maximum take-off weight" means the maximum weight of the machine in normal flying order, at take-off, including the weight of payload, equipment and fuel.

番号 NO	細分番号 sub. no	NACCS用	品名	単位 UNIT I	単位 UNIT II	DESCRIPTION	参考
88.02			その他の航空機（例えば、ヘリコプター及び飛行機。第88.06項の無人航空機を除く。）並びに宇宙飛行体（人工衛星を含む。）及び打上げ用ロケット			Other aircraft (for example, helicopters, aeroplanes), except unmanned aircraft of heading 88.06 ; spacecraft (including satellites) and suborbital and spacecraft launch vehicles :	
			－ヘリコプター			－Helicopters :	
8802.11	000	4	－－自重が2,000キログラム以下のもの	NO	KG	－－Of an unladen weight not exceeding 2,000kg	

番号 NO	細分番号 sub. no	NACCS用	品　名	単位 UNIT I	 II	DESCRIPTION	参　考
88.06			**無人航空機**			Unmanned aircraft :	
8806.10	000	4	－旅客の輸送用に設計したもの	NO	KG	－Designed for the carriage of passengers	
			－その他のもの（遠隔制御飛行専用のものに限る。）			－Other, for remote-controlled flight only :	
8806.21	000	0	－－最大離陸重量が250グラム以下のもの	NO	KG	－－With maximum take-off weight not more than 250 g	
8806.22	000	6	－－最大離陸重量が250グラムを超え7キログラム以下のもの	NO	KG	－－With maximum take-off weight more than 250 g but not more than 7 kg	
8806.23	000	5	－－最大離陸重量が7キログラムを超え25キログラム以下のもの	NO	KG	－－With maximum take-off weight more than 7 kg but not more than 25 kg	
8806.24	000	4	－－最大離陸重量が25キログラムを超え150キログラム以下のもの	NO	KG	－－With maximum take-off weight more than 25 kg but not more than 150 kg	
8806.29	000	6	－－その他のもの	NO	KG	－－Other	
			－その他のもの			－Other :	
8806.91	000	0	－－最大離陸重量が250グラム以下のもの	NO	KG	－－With maximum take-off weight not more than 250 g	
8806.92	000	6	－－最大離陸重量が250グラムを超え7キログラム以下のもの	NO	KG	－－With maximum take-off weight more than 250 g but not more than 7 kg	
8806.93	000	5	－－最大離陸重量が7キログラムを超え25キログラム以下のもの	NO	KG	－－With maximum take-off weight more than 7 kg but not more than 25 kg	
8806.94	000	4	－－最大離陸重量が25キログラムを超え150キログラム以下のもの	NO	KG	－－With maximum take-off weight more than 25 kg but not more than 150 kg	

第90類　光学機器、写真用機器、映画用機器、測定機器、検査機器、精密機器及び医療用機器並びにこれらの部分品及び附属品

注
1　この類には、次の物品を含まない。
(a)～(c)（省略）
(d)　卑金属製又は貴金属製の鏡で光学用品でないもの（第83.06項及び第71類参照）及び第70.09項のガラス鏡で光学的に研磨してないもの
(e)～(g)（省略）
(h)（前略）レーダー、航行用無線機器及び無線遠隔制御機器（第85.26項参照）、光ファイバー（束にしたものを含む。）用又は光ファイバーケーブル用の接続子（第85.36項参照）、第85.37項の数値制御用の機器、第85.39項のシールドビームランプ並びに第85.44項の光ファイバーケーブル

Chapter 90　Optical, photographic, cinematographic, measuring, checking, precision, medical or surgical instruments and apparatus; parts and accessories thereof

Notes.
1.-This Chapter does not cover :
(a)～(c)（省略）
(d) Glass mirrors, not optically worked, of heading 70.09, or mirrors of base metal or of precious metal, not being optical elements (heading 83.06 or Chapter 71) ;
(e)～(g)（省略）
(h)（前略）radar apparatus, radio navigational aid apparatus or radio remote control apparatus (heading 85.26) ; connectors for optical fibres, optical fibre bundles or cables (heading 85.36) ; numerical control apparatus of heading 85.37 ; sealed beam lamp units of heading 85.39 ; optical fibre cables of heading 85.44 ;

番号 NO	細分番号 sub. no	NACCS用	品名	単位 UNIT I	単位 UNIT II	DESCRIPTION	参考
90.01			光ファイバー（束にしたものを含む。）、光ファイバーケーブル（第85.44項のものを除く。）、偏光材料製のシート及び板並びにレンズ（コンタクトレンズを含む。）、プリズム、鏡その他の光学用品（材料を問わないものとし、取り付けたもの及び光学的に研磨してないガラス製のものを除く。）			Optical fibres and optical fibre bundles; optical fibre cables other than those of heading 85.44; sheets and plates of polarising material; lenses (including contact lenses), prisms, mirrors and other optical elements, of any material, unmounted, other than such elements of glass not optically worked :	
9001.10			－光ファイバー（束にしたものを含む。）及び光ファイバーケーブル			－Optical fibres, optical fibre bundles and cables :	
	100	1	－－ガラス製のもの		KG	－－Of glass	
	900	3	－－その他のもの		KG	－－Other	
9001.20	000	3	－偏光材料製のシート及び板		KG	－Sheets and plates of polarising material	
9001.30	000	0	－コンタクトレンズ		NO	－Contact lenses	
9001.40	000	4	－ガラス製の眼鏡用レンズ		NO	－Spectacle lenses of glass	
9001.50	000	1	－その他の材料製の眼鏡用レンズ		NO	－Spectacle lenses of other materials	
9001.90	000	3	－その他のもの		KG	－Other	
90.02			レンズ、プリズム、鏡その他の光学用品（材料を問わないものとし、取り付けたもので機器に装着して又は機器の部分品として使用するものに限り、光学的に研磨してないガラス製のものを除く。）			Lenses, prisms, mirrors and other optical elements, of any material, mounted, being parts of or fittings for instruments or apparatus, other than such elements of glass not optically worked :	
			－対物レンズ			－Objective lenses :	
9002.11			－－写真機用、映写機用、投影機用、写真引伸機用又は写真縮小機用のもの			－－For cameras, projectors or photographic enlargers or reducers :	
9002.19	000	2	－－その他のもの		KG	－－Other	
9002.20	000	1	－フィルター	DZ	KG	－Filters	
9002.90	000	1	－その他のもの		KG	－Other	

関税率表解説（抜粋）

第85類
電気機器及びその部分品並びに録音機、音声再生機並びにテレビジョンの映像及び音声の記録用又は再生用の機器並びにこれらの部分品及び附属品

85.26 レーダー、航行用無線機器及び無線遠隔制御機器

（省略）
この項には、次の物品を含む。
（1）航行用無線機器（例えば、固定式又は回転式のアンテナを有するラジオビーコン及びラジオブイ並びに受信機（多重アンテナ又は指向性アンテナを有するラジオコンパスを含む。））。これは、全地球的測位システム（GPS）受信機も含む。

解答 | (a) ③ | (b) ⑨ | (c) ⑭ | (d) ⑪ | (e) ⑥

1　為替レート

令和4.9.18〜令和4.9.24までのレートを適用し，＄1＝¥130.00となる。

2　統計品目番号は，次のようになる。仕入書上に記載はないが，解説の便宜のため(1)〜(6)までの番号を付する。

(1)　積層造形（三次元印刷）用の機械（ラバーデポジット方式）：8485.20-0006

84類注10より，三次元印刷（3Dprinting）用の機械は，積層造形用の機械として84.85項に分類し，ラバーデポジット方式のものであるので上記の番号に分類する。

(2)　光ファイバーケーブル（ガラス製）：8544.70-1001

ガラス製の光ファイバーケーブルで，個々に被覆したファイバーから成るものであるので，上記の番号に分類する。

(3)　ガラス鏡（光学的に研磨したもので取り付けていないもの）：9001.90-0003

光学的に研磨したものであるが，取り付けていないものであるので，90.01項に分類され，鏡であるので，上記の番号に分類する。

(4)　無人ヘリコプター：8806.24-0004

問題文7より，操縦士が搭乗せずに飛ぶように設計した遠隔制御飛行専用のヘリコプターであり，娯楽用に設計された玩具ではないので，88類注1から「無人航空機」として88.06項に分類する。旅客の輸送用に設計したものではなく，最大離陸重量が120kgであるので，上記の番号に分類する。

(5)　発光ダイオード（LED）光源：8539.52-0006

発光ダイオード（LED）光源なので85.39項に分類される。問題文8より，電源供給用の素子を自蔵し，また，照明器具への装着及び交換を容易にし，物理的及び電気的接触を確保するよう設計されたキャップを有し，85類注11(a)及び(b)より，発光ダイオード（LED）モジュールではなく，発光ダイオード（LED）ランプに分類される。

(6)　全地球的測位システム（GPS）受信機：8526.91-0000

関税率表解説85.26項(1)より，85.26項の航行用無線機器に分類する。

※　価格について

仕入書上，各貨物の価格は，ＥＸＷとなっている。

仕入書価格以外に，問題文６のイ，ロ，ハの費用が支払われている。このうち，イ（輸出者の工場から輸出港に到着するまでの運送に要する運賃）８％，ロ（輸出港における貨物の船積みに要する費用）５％の合計13％を加えたものが輸出申告価格（ＦＯＢ）となる。

仕入書価格（ＥＸＷ）×113％（1.13）＝輸出申告価格（ＦＯＢ）となるので，仕入書価格＝輸出申告価格 ÷1.13 となる。

200,000円÷1.13÷130＝＄1,361.47…以下の貨物は20万円以下となる。

貨物(5)と(6)は品目番号が異なるが，20万円以下となるので，問題文の指示により一括し，これらのうち価格の最も大きい(5)の統計品目番号で一括させ，10桁目は「X」となる。

(a)－貨物(1)→③

(b)－貨物(2)→⑨

(c)－貨物(3)→⑭

(d)－貨物(4)→⑪

(e)－貨物(5)，(6)→⑥

第２問　輸出申告

別紙１の仕入書及び下記事項により，文房具等の輸出申告を輸出入・港湾関連情報処理システム（ＮＡＣＣＳ）を使用して行う場合について，別紙２の輸出申告事項登録画面の統計品目番号欄（(a)〜(e)）に入力すべき統計品目番号を，輸出統計品目表の解釈に関する通則に従い，別冊の「輸出統計品目表」（抜すい）及び「関税率表解説」（抜すい）を参照して，下の選択肢から選び，その番号をマークしなさい。（2021年・第１問）

記

1　別紙１の仕入書に記載されている品目に統計品目番号が同一であるものがある場合には，これらを一の統計品目番号にとりまとめる。

2　統計品目番号ごとの申告価格が20万円以下であるもの（上記１によりとりまとめたものを含む。）がある場合には，その統計品目番号が異なるものであっても，これらを一括して一欄にとりまとめる。

3　上記２による場合に輸出申告事項登録画面に入力すべき統計品目番号は，上記２によりとりまとめる前の統計品目番号ごとの申告価格（上記１によりとりまとめたものについては，その合計額）が最も大きいものの統計品目番号とし，10桁目は「X」とする。

4　輸出申告事項登録画面に入力する統計品目番号（(a)〜(e)）は，その統計品目番号ごとの申告価格（上記１及び２によりとりまとめたものについては，その合計額）が大きいものから順に入力するものとする。

5　別紙１の仕入書に記載されている米ドル建価格の本邦通貨への換算は，別紙３の「実勢外国為替相場の週間平均値」を参照して行う。

6　別紙１の仕入書に記載されているそれぞれの品目の価格（ＤＰＵ価格）には，次の費用等の額が含まれており，当該ＤＰＵ価格にそれらの費用等の額が占める割合は，次のとおり。

イ　輸出者（売手）の工場から輸出港に到着するまでの運送に要する運賃……………………６％

ロ　輸出港における貨物の船積みに要する費用……………………４％

ハ　輸出港から輸入港に到着するまでの海上運送に要する運賃及び保険料……………………８％

ニ　輸入港から輸入者（買手）の指定する場所までの運送に要する費用及び荷卸しが完了するまでの費用……………………５％

7　別紙１の仕入書に記載されている「Plastic globe, printed」は，地形の起伏を表現するために立体的な加工が施された浮出し地球儀とする。
8　申告年月日は，令和３年10月１日とする。

① 3215.11-0006	② 3215.90-0004	③ 3926.90-9000
④ 4202.11-000X	⑤ 4202.91-000X	⑥ 4820.10-000X
⑦ 4820.90-000X	⑧ 4905.10-0001	⑨ 7326.90-0000
⑩ 8304.00-0003	⑪ 8305.90-0002	⑫ 9023.00-0000
⑬ 9608.30-0004	⑭ 9608.50-0005	⑮ 9608.99-0005

別紙 1

INVOICE

Seller	**Invoice No. and Date**
ABC COMPANY 1-1, Kasumigaseki 3-chome, Chiyoda-ku, Tokyo, JAPAN	ABC-304711 Sep. 20th, 2021 Reference No. FRB-210820

Buyer XYZ Corp. 1125 E 8th Street Los Angeles, CA 90079		**Country of Origin** Japan	
		L/C No. LAIB-1030	**Date** Sep. 6th, 2021
Vessel Taiyo Maru	**On or about** Oct. 6th, 2021	**Issuing Bank** LA International Bank	
From Tokyo, Japan	**Via**		
To Los Angeles, U.S.A.			

Marks and Nos.	**Description of Goods**	**Quantity Unit**	**Unit Price per Unit**	**Amount DPU US$**
	Plastic globe, printed	440	100.00	44,000.00
	Set of fountain pen and ball point pen of oily	1,500	5.00	7,500.00
XYZ LOS ANGELES	Ink cartridge for fountain pens, black	6,000	1.00	6,000.00
	Book-end, of iron	100	23.00	2,300.00
	Pen-case, with outer surface of leather	200	10.00	2,000.00
	Note book, of paper	100	2.00	200.00
	Total : DPU Los Angeles		US$	62,000.00

Total : 200 Packages
N/W : 2,500kgs
G/W : 3,000kgs

ABC COMPANY

(Signature)

第3編（申告書編）第1章・輸出申告

別紙２

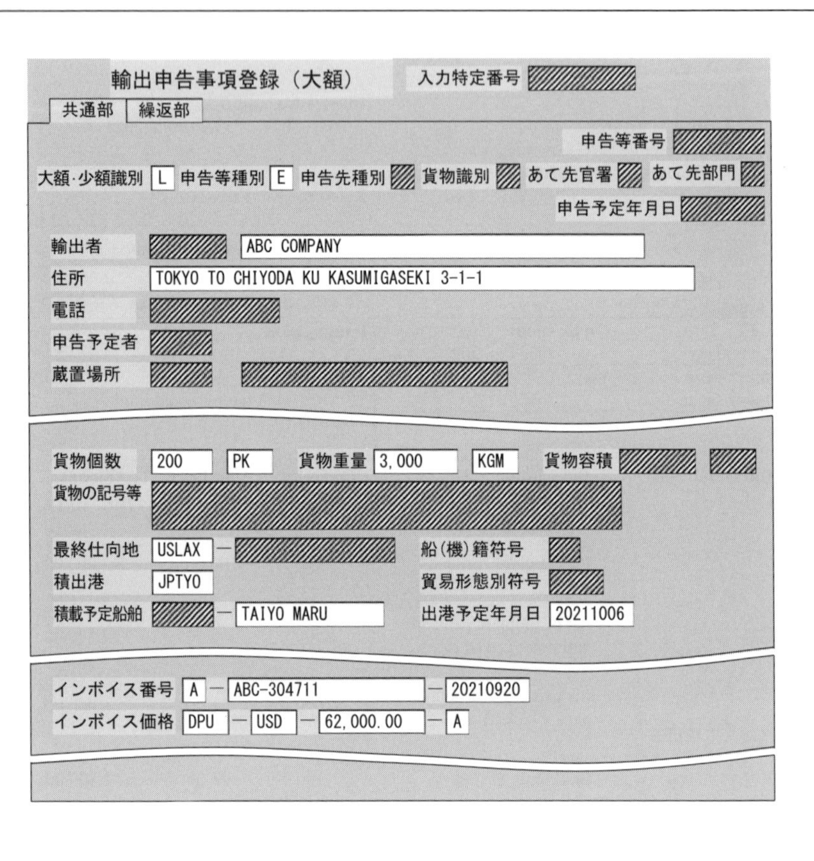
輸出申告事項登録（大額）
入力特定番号
共通部
繰返部
申告等番号
大額・少額識別 L
申告等種別 E
申告先種別
貨物識別
あて先官署
あて先部門
申告予定年月日
輸出者 ABC COMPANY
住所 TOKYO TO CHIYODA KU KASUMIGASEKI 3-1-1
電話
申告予定者
蔵置場所
貨物個数 200 PK
貨物重量 3,000 KGM
貨物容積
貨物の記号等
最終仕向地 USLAX －
船(機)籍符号
積出港 JPTYO
貿易形態別符号
積載予定船舶 － TAIYO MARU
出港予定年月日 20211006
インボイス番号 A － ABC-304711 － 20210920
インボイス価格 DPU － USD － 62,000.00 － A

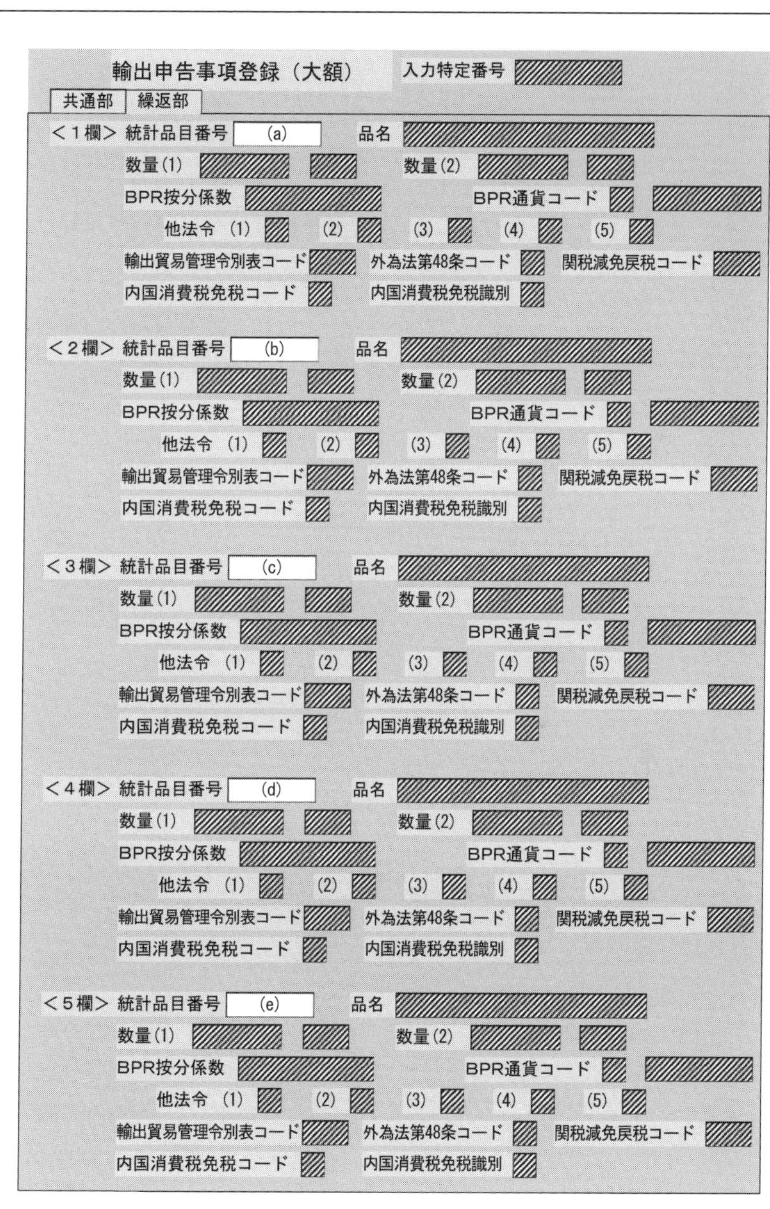

輸出申告事項登録（大額）　入力特定番号

共通部　繰返部

＜１欄＞ 統計品目番号 (a)　品名
数量(1)　数量(2)
BPR按分係数　BPR通貨コード
他法令 (1) (2) (3) (4) (5)
輸出貿易管理令別表コード　外為法第48条コード　関税減免戻税コード
内国消費税免税コード　内国消費税免税識別

＜２欄＞ 統計品目番号 (b)　品名
数量(1)　数量(2)
BPR按分係数　BPR通貨コード
他法令 (1) (2) (3) (4) (5)
輸出貿易管理令別表コード　外為法第48条コード　関税減免戻税コード
内国消費税免税コード　内国消費税免税識別

＜３欄＞ 統計品目番号 (c)　品名
数量(1)　数量(2)
BPR按分係数　BPR通貨コード
他法令 (1) (2) (3) (4) (5)
輸出貿易管理令別表コード　外為法第48条コード　関税減免戻税コード
内国消費税免税コード　内国消費税免税識別

＜４欄＞ 統計品目番号 (d)　品名
数量(1)　数量(2)
BPR按分係数　BPR通貨コード
他法令 (1) (2) (3) (4) (5)
輸出貿易管理令別表コード　外為法第48条コード　関税減免戻税コード
内国消費税免税コード　内国消費税免税識別

＜５欄＞ 統計品目番号 (e)　品名
数量(1)　数量(2)
BPR按分係数　BPR通貨コード
他法令 (1) (2) (3) (4) (5)
輸出貿易管理令別表コード　外為法第48条コード　関税減免戻税コード
内国消費税免税コード　内国消費税免税識別

別紙3

実勢外国為替相場の週間平均値
（1米ドルに対する円相場）

期　　間	週間平均値
令和 3. 8.29 ～ 令和 3. 9. 4	￥108.00
令和 3. 9. 5 ～ 令和 3. 9.11	￥110.00
令和 3. 9.12 ～ 令和 3. 9.18	￥112.00
令和 3. 9.19 ～ 令和 3. 9.25	￥107.00
令和 3. 9.26 ～ 令和 3.10. 2	￥105.00

別冊

第１問　輸出申告

輸出統計品目表（抜すい）

第32類　なめしエキス、染色エキス、タンニン及びその誘導体、染料、顔料その他の着色料、ペイント、ワニス、パテその他のマスチック並びにインキ

Chapter 32　Tanning or dyeing extracts; tannins and their derivatives; dyes, pigments and other colouring matter; paints and varnishes; putty and other mastics; inks

番号 NO	細分番号 sub. no	NACCS用	品名	単位 UNIT I	単位 UNIT II	DESCRIPTION	参考
32.15			印刷用、筆記用又は製図用のインキその他のインキ（濃縮してあるかないか又は固形のものであるかないかを問わない。）			Printing ink, writing or drawing ink and other inks, whether or not concentrated or solid:	
			－印刷用インキ			－Printing ink:	
3215.11	000	6	－－黒色のもの		KG (I.C.)	－－Black	
3215.19	000	5	－－その他のもの		KG (I.C.)	－－Other	
3215.90	000	4	－その他のもの		KG (I.C.)	－Other	

第７部　プラスチック及びゴム並びにこれらの製品

注
1　（省略）
2　プラスチック及びゴム並びにこれらの製品で、モチーフ、字又は絵を印刷したもののうち、当該モチーフ、字又は絵がこれらの物品の本来の用途に対し付随的でないものは、第 49 類に属する。ただし、第39.18 項又は第 39.19 項の物品を除く。

Section VII　Plastics and articles thereof; rubber and articles thereof

Notes.
1.- （省略）
2.- Except for the goods of heading 39.18 or 39.19, plastics, rubber, and articles thereof, printed with motifs, characters or pictorial representations, which are not merely incidental to the primary use of the goods, fall in Chapter 49.

第39類　プラスチック及びその製品

注
1　（省略）
2　この類には、次の物品を含まない。
(a) ～ (t)　（省略）
(u)　第 90 類の物品（例えば、光学用品、眼鏡のフレーム及び製図機器）

Chapter 39　Plastics and articles thereof

Notes.
1.- （省略）
2.- This Chapter does not cover:
(a) ～ (t)　（省略）
(u) Articles of Chapter 90 (for example, optical elements, spectacle frames, drawing instruments);

番号 NO	細分番号 sub. no	NACCS用	品名	単位 UNIT I	単位 UNIT II	DESCRIPTION	参考
39.26			その他のプラスチック製品及び第39.01項から第39.14項までの材料（プラスチックを除く。）から成る製品			Other articles of plastics and articles of other materials of headings 39.01 to 39.14:	
3926.10	000	6	－事務用品及び学用品		KG	－Office or school supplies	
3926.20	000	3	－衣類及び衣類附属品（手袋、ミトン及びミットを含む。）	DZ	KG	－Articles of apparel and clothing accessories (including gloves, mittens and mitts)	
3926.30	000	0	－家具用又は車体用の取付具その他これに類する取付具		KG	－Fittings for furniture, coachwork or the like	
3926.40	000	4	－小像その他の装飾品		KG	－Statuettes and other ornamental articles	
3926.90			－その他のもの			－Other:	
	100	5	－－マスク	NO	KG	－－Face masks	
	900	0	－－その他のもの		KG	－－Other	

第42類　革製品及び動物用装着具並びに旅行用具、ハンドバッグその他これらに類する容器並びに腸の製品

Chapter 42　Articles of leather; saddlery and harness; travel goods, handbags and similar containers; articles of animal gut (other than silk-worm gut)

番号 NO	細分番号 sub. no	NACCS用	品名	単位 UNIT I	単位 UNIT II	DESCRIPTION	参考
42.02			旅行用バッグ、断熱加工された飲食料用バッグ、化粧用バッグ、リュックサック、ハンドバッグ、買物袋、財布、マップケース、シガレットケース、たばこ入れ、工具袋、スポーツバッグ、瓶用ケース、宝石入れ、おしろい入れ、刃物用ケースその他これらに類する容器（革、コンポジションレザー、プラスチックシート、紡織用繊維、バルカナイズドファイバー若しくは板紙から製造し又は全部若しくは大部分をこれらの材料若しくは紙で被覆したものに限る。）及びトランク、スーツケース、携帯用化粧道具入れ、エグゼクティブケース、書類かばん、通学用かばん、眼鏡用ケース、双眼鏡用ケース、写真機用ケース、楽器用ケース、銃用ケース、けん銃用のホルスターその他これらに類する容器			Trunks, suit-cases, vanity-cases, executive-cases, brief-cases, school satchels, spectacle cases, binocular cases, camera cases, musical instrument cases, gun cases, holsters and similar containers; travelling-bags, insulated food or beverages bags, toilet bags, rucksacks, handbags, shopping-bags, wallets, purses, map-cases, cigarette-cases, tobacco-pouches, tool bags, sports bags, bottle-cases, jewellery boxes, powder-boxes, cutlery cases and similar containers, of leather or of composition leather, of sheeting of plastics, of textile materials, of vulcanised fibre or of paperboard, or wholly or mainly covered with such materials or with paper:	
			－トランク、スーツケース、携帯用化粧道具入れ、エグゼクティブケース、書類かばん、通学用かばんその他これらに類する容器			－Trunks, suit-cases, vanity-cases, executive-cases, brief-cases, school satchels and similar containers:	
4202.11	000	6	－－外面が革製又はコンポジションレザー製のもの	NO	KG	－－With outer surface of leather or of composition leather	
			－ハンドバッグ（取手が付いていないものを含むものとし、肩ひもが付いているかいないかを問わない。）			－Handbags, whether or not with shoulder strap, including those without handle:	

番号 NO	細分番号 sub. no	NACCS用	品名	単位 UNIT I	単位 UNIT II	DESCRIPTION	参考
(42.02)			－ポケット又はハンドバッグに通常入れて携帯する製品			－Articles of a kind normally carried in the pocket or in the handbag:	
			－その他のもの			－Other:	
4202.91	000	3	－－外面が革製又はコンポジションレザー製のもの	DZ	KG	－－With outer surface of leather or of composition leather	

第48類　紙及び板紙並びに製紙用パルプ、紙又は板紙の製品

Chapter 48　Paper and paperboard; articles of paper pulp, of paper or of paperboard

番号 NO	細分番号 sub. no	NACCS用	品名	単位 UNIT I	単位 UNIT II	DESCRIPTION	参考
48.20			**紙製又は板紙製の帳簿、会計簿、雑記帳、注文帳、領収帳、便せん、メモ帳、日記帳その他これらに類する製品、練習帳、吸取紙、バインダー、書類挟み、ファイルカバー、転写式の事務用印刷物、挿入式カーボンセットその他の文房具及び事務用品、アルバム（見本用又は収集用のものに限る。）並びにブックカバー**			**Registers, account books, note books, order books, receipt books, letter pads, memorandum pads, diaries and similar articles, exercise books, blotting-pads, binders (loose-leaf or other), folders, file covers, manifold business forms, interleaved carbon sets and other articles of stationery, of paper or paperboard; albums for samples or for collections and book covers, of paper or paperboard**	
4820.10	000	3	－帳簿、会計簿、雑記帳、注文帳、領収帳、便せん、メモ帳、日記帳その他これらに類する製品		KG	－Registers, account books, note books, order books, receipt books, letter pads, memorandum pads, diaries and similar articles	
4820.20	000	0	－練習帳		KG	－Exercise books	
4820.30	000	4	－バインダー（ブックカバーを除く。）、書類挟み及びファイルカバー		KG	－Binders (other than book covers), folders and file covers	
4820.40	000	1	－転写式の事務用印刷物及び挿入式カーボンセット		KG	－Manifold business forms and interleaved carbon sets	
4820.50	000	5	－アルバム（見本用又は収集用のものに限る。）	DZ	KG	－Albums for samples or for collections	
4820.90	000	0	－その他のもの		KG	－Other	

第49類　印刷した書籍、新聞、絵画その他の印刷物並びに手書き文書、タイプ文書、設計図及び図案

Chapter 49　Printed books, newspapers, pictures and other products of the printing industry; manuscripts, typescripts and plans

注
1　この類には、次の物品を含まない。
(a)（省略）
(b) 浮出し地図、浮出し設計図及び浮出し地球儀（印刷してあるかないかを問わない。第 90.23 項参照）

Notes.
1.- This Chapter does not cover:
(a)（省略）
(b) Maps, plans or globes, in relief, whether or not printed (heading 90.23);

番号 NO	細分番号 sub. no	NACCS用	品名	単位 UNIT I	単位 UNIT II	DESCRIPTION	参考
49.05			地図、海図その他これらに類する図（製本したもの、壁掛け用のもの、地形図及び地球儀、天球儀その他これらに類するものを含むものとし、印刷したものに限る。）			Maps and hydrographic or similar charts of all kinds, including atlases, wall maps, topographical plans and globes, printed:	
4905.10	000	1	－地球儀、天球儀その他これらに類するもの		KG	－Globes	

第15部　卑金属及びその製品

注

1 （省略）

2 この表において「はん用性の部分品」とは、次の物品をいう。

(a) 第 73.07 項、第73.12 項、第 73.15 項、第 73.17 項又は第 73.18 項の物品及び非鉄卑金属製のこれらに類する物品

(b) 卑金属製のばね及びばね板（時計用ばね（第 91.14 項参照）を除く。）

(c) 第 83.01 項、第 83.02 項、第 83.08 項又は第 83.10 項の製品並びに第 83.06 項の卑金属製の縁及び鏡

第 73 類から第 76 類まで及び第 78 類から第 82 類まで（第 73.15 項を除く。）において部分品には、(a)から(c)までに定めるはん用性の部分品を含まない。

第二文及び第 83 類の注1の規定に従うことを条件として、第 72 類から第 76 類まで及び第 78 類から第 81 類までの物品には、第 82 類又は第 83 類の物品を含まない。

3 この表において「卑金属」とは、鉄鋼、銅、ニッケル、アルミニウム、鉛、亜鉛、すず、タングステン、モリブデン、タンタル、マグネシウム、コバルト、ビスマス、カドミウム、チタン、ジルコニウム、アンチモン、マンガン、ベリリウム、クロム、ゲルマニウム、バナジウム、ガリウム、ハフニウム、インジウム、ニオブ、レニウム及びタリウムをいう。

Section XV　Base metals and articles of base metal

Notes.

1.- （省略）

2.- Throughout the Nomenclature, the expression "parts of general use" means:

(a) Articles of heading 73.07, 73.12, 73.15, 73.17 or 73.18 and similar articles of other base metal;

(b) Springs and leaves for springs, of base metal, other than clock or watch springs (heading 91.14); and

(c) Articles of headings 83.01, 83.02, 83.08, 83.10 and frames and mirrors, of base metal, of heading 83.06.

In Chapters 73 to 76 and 78 to 82 (but not in heading 73.15) references to parts of goods do not include references to parts of general use as defined above.

Subject to the preceding paragraph and to Note 1 to Chapter 83, the articles of Chapter 82 or 83 are excluded from Chapters 72 to 76 and 78 to 81.

3.- Throughout the Nomenclature, the expression "base metals" means: iron and steel, copper, nickel, aluminium, lead, zinc, tin, tungsten (wolfram), molybdenum, tantalum, magnesium, cobalt, bismuth, cadmium, titanium, zirconium, antimony, manganese, beryllium, chromium, germanium, vanadium, gallium, hafnium, indium, niobium (columbium), rhenium and thallium.

第73類　鉄鋼製品

Chapter 73　Articles of iron or steel

番号 NO	細分番号 sub. no	NACCS用	品名	単位 UNIT I	単位 UNIT II	DESCRIPTION	参考
73.26			その他の鉄鋼製品			Other articles of iron or steel:	
			－鍛造又は型打ちをしたもの（更に加工したものを除く。）			－Forged or stamped, but not further worked:	
7326.11	000	2	－－粉砕機用のグラインディングボールその他これに類する製品		KG	－－Grinding balls and similar articles for mills	
7326.19	000	1	－－その他のもの		KG	－－Other	
7326.20	000	0	－鉄鋼の線から製造したもの		KG	－Articles of iron or steel wire	
7326.90	000	0	－その他のもの		KG	－Other	

第83類　各種の卑金属製品

Chapter 83 Miscellaneous articles of base metal

注

1　この類において卑金属製の部分品は、本体が属する項に属する。ただし、第 73.12 項、第 73.15 項、第 73.17 項、第 73.18 項又は第 73.20 項の鉄鋼製品及びこれに類する物品で鉄鋼以外の卑金属製のもの（第 74 類から第 76 類まで又は第 78 類から第 81 類までのものに限る。）は、この類の物品の部分品とはしない。

Notes.

1.- For the purposes of this Chapter, parts of base metal are to be classified with their parent articles. However, articles of iron or steel of heading 73.12, 73.15, 73.17, 73.18 or 73.20, or similar articles of other base metal (Chapters 74 to 76 and 78 to 81) are not to be taken as parts of articles of this Chapter.

番号 NO	細分番号 sub. no	NACCS用	品名	単位 UNIT I	単位 UNIT II	DESCRIPTION	参考
83.04							
8304.00	000	3	卑金属製の書類整理箱、インデックスカード箱、書類入れ、ペン皿、スタンプ台その他これらに類する事務用具及び机上用品（第94.03項の事務所用の家具を除く。）		KG	Filing cabinets, card-index cabinets, paper trays, paper rests, pen trays, office-stamp stands and similar office or desk equipment, of base metal, other than office furniture of heading 94.03	
83.05			卑金属製の書類とじ込み用金具、クリップ、レターコーナー、インデックスタグその他これらに類する事務用品及びストリップ状ステープル（例えば、事務用、いす張り用又は梱包用のもの）			Fittings for loose-leaf binders or files, letter clips, letter corners, paper clips, indexing tags and similar office articles, of base metal; staples in strips (for example, for offices, upholstery, packaging), of base metal:	
8305.10	000	5	－書類とじ込み用金具		KG	－Fittings for loose-leaf binders or files	
8305.20	000	2	－ストリップ状ステープル		KG	－Staples in strips	
8305.90	000	2	－その他のもの（部分品を含む。）		KG	－Other, including parts	

第90類　光学機器、写真用機器、映画用機器、測定機器、検査機器、精密機器及び医療用機器並びにこれらの部分品及び附属品

Chapter 90 Optical, photographic, cinematographic, measuring, checking, precision, medical or surgical instruments and apparatus; parts and accessories thereof

番号 NO	細分番号 sub. no	NACCS用	品名	単位 UNIT I	単位 UNIT II	DESCRIPTION	参考
90.23							
9023.00	000	0	教育用、展示用その他の実物説明用のみに適する機器及び模型		KG	Instruments, apparatus and models, designed for demonstrational purposes (for example, in education or exhibitions), unsuitable for other uses	

番号 NO	細分番号 sub. no	NACCS用	品名	単位 UNIT I	単位 UNIT II	DESCRIPTION	参考
96.08			ボールペン、フェルトペンその他の浸透性のペン先を有するペン及びマーカー、万年筆その他のペン、鉄筆、シャープペンシル並びにペン軸、ペンシルホルダーその他これらに類するホルダー並びにこれらの部分品（キャップ及びクリップを含むものとし、第96.09項の物品を除く。）			Ball point pens; felt tipped and other porous-tipped pens and markers; fountain pens, stylograph pens and other pens; duplicating stylos; propelling or sliding pencils; pen-holders, pencil-holders and similar holders; parts (including caps and clips) of the foregoing articles, other than those of heading 96.09:	
9608.10			－ボールペン			－Ball point pens:	
	100	5	－－油性ボールペン		NO	－－Ball point pens of oily	
	900	0	－－その他のもの		NO	－－Other	
9608.20	000	0	－フェルトペンその他の浸透性のペン先を有するペン及びマーカー		NO	－Felt tipped and other porous-tipped pens and markers	
9608.30	000	4	－万年筆その他のペン		NO	－Fountain pens, stylograph pens and other pens	
9608.40	000	1	－シャープペンシル		NO	－Propelling or sliding pencils	
9608.50	000	5	－第 9608.10 号から第 9608.40 号までの二以上の号の物品をセットにしたもの		NO	－Sets of articles from two or more of the foregoing subheadings	
9608.60	000	2	－ボールペン用中しん（ポイント及びインク貯蔵部から成るものに限る。）	NO	KG	－Refills for ball point pens, comprising the ball point and ink-reservoir	
			－その他のもの			－Other:	
9608.91	900	3	－－ペン先及びニブポイント	NO	KG	－－Pen nibs and nib points	
9608.99	000	5	－－その他のもの		KG	－－Other	

関税率表解説（抜すい）

第32類
なめしエキス、染色エキス、タンニン及びその誘導体、染料、顔料
その他の着色料、ペイント、ワニス、パテその他のマスチック並びにインキ

32.15　印刷用、筆記用又は製図用のインキその他のインキ（濃縮してあるかないか又は固形のものであるかないかを問わない。）

（省略）
この項には、次の物品を含まない。
(a)（省略）
(b) ボールペン用の詰め替え用中しんで、ポイントとインク貯蔵部を有するもの（96.08）。ただし、通常の万年筆に使用する単にインキを充てんしたカートリッジは、この項に属する。

第42類
革製品及び動物用装着具並びに旅行用具、ハンドバッグ
その他これらに類する容器並びに腸の製品

42.02　旅行用バッグ、断熱加工された飲食料用バッグ、化粧用バッグ、リュックサック、ハンドバッグ、買物袋、財布、マップケース、シガレットケース、たばこ入れ、工具袋、スポーツバッグ、瓶用ケース、宝石入れ、おしろい入れ、刃物用ケースその他これらに類する容器（革、コンポジションレザー、プラスチックシート、紡織用繊維、バルカナイズドファイバー若しくは板紙から製造し又は全部若しくは大部分をこれらの材料若しくは紙で被覆したものに限る。）及びトランク、スーツケース、携帯用化粧道具入れ、エグゼクティブケース、書類かばん、通学用かばん、眼鏡用ケース、双眼鏡用ケース、写真機用ケース、楽器用ケース、銃用ケース、けん銃用のホルスターその他これらに類する容器

（省略）
この類の注２及び注３の除外例を除き、この項の後半の部分（「及び」以下の部分）に含まれることとなる物品は、いかなる材料であってもよい。当該部分中「これらに類する容器」には、帽子箱、カメラの附属品のケース、弾薬入れ、狩猟用又はキャンプ用のナイフのさや、工具箱及びケースで、個々の工具（附属品を有するか有しないかを問わない。）を収めるために特別に成形され又は内部に取り付けられたもの等が含まれる。
一方、この項の前半の部分に含まれることとなる物品は、項に記載された材料から製造し又全部若しくは大部分をこれらの材料若しくは紙（基体は木材、金属等）で被覆したものに限る。「革」には、シャモア革（コンビネーションシャモア革を含む。）、パテントレザー、パテントラミネーテッドレザー及びメタライズドレザーを含む(この類の注1参照)。当該部分中「これらに類する容器」には、札入れ、文房具箱、ペンケース、切符入れ、針入れ、キーケース、シガーケース、パイプケース、工具及び宝石入れ、靴用ケース、ブラシケース等が含まれる。

第73類
鉄鋼製品

73.26　その他の鉄鋼製品

（省略）
この項には、次の物品を含まない。
(a) ～ (d)（省略）
(e) 事務用具（例えば、ブックエンド、インキスタンド、ペン皿、吸取紙の台、文鎮、スタンプ台）（83.04）

第83類
各種の卑金属製品

83.04　卑金属製の書類整理箱、インデックスカード箱、書類入れ、ペン皿、スタンプ台その他これらに類する事務用具及び机上用品（第94.03項の事務所用の家具を除く。）

この項には、通信文書、インデックスカードその他の文書を保存、ファイリング又は分類するために使用する書類整理箱、インデックスカード箱、分類箱その他これらに類する事務用具（床に置くように設計されたもの及び94類の注２の規定に該当するものを除く（94.03)。94類の総説参照）を含む。この項には、また、文書分類用の書類入れ、タイピスト用の書類入れ、机上の書類棚及びブックエンド、文鎮、インキスタンド、インキ入れ、ペン皿、スタンプ台及び吸取紙用の台等の机上用品を含む。

83.05　卑金属製の書類とじ込み用金具、クリップ、レターコーナー、インデックスタグその他これらに類する事務用品及びストリップ状ステープル（例えば、事務用、いす張り用又は梱包用のもの）

（省略）

この項には、書類とじ込み用のクリップ、コード、スプリングレバー、リング、スクリュー等の卑金属製の金具を含む。さらに、この項には、台帳その他の事務用帳簿に使用する保護用のリング、バンド及びコーナー、また、ともにとじ込み又は見出しに使用される型式の金属製事務用品（例えば、レタークリップ、ペーパークリップ、ペーパーファスナー、レターコーナー、カードインデックスタグ、ファイルタグ、スパイクファイル）並びに事務用、いす張り用及び梱包用等のステープル打ち機に使用するストリップ状のステープルを含む。

第90類
光学機器、写真用機器、映画用機器、測定機器、検査機器、精密機器及び医療用機器並びにこれらの部分品及び附属品

90.23　教育用、展示用その他の実物説明用のみに適する機器及び模型

この項には、教育用、展示用その他の実物説明用のみに適する広範囲の機器及び模型を含む。

この条件に基づき、この項には、次のような物品を含む。

(1) ～ (9)（省略）

(10) 浮出し地図（区域、都市、山脈等）、浮出し都市図、浮出し地球儀及び浮出し天球儀（印刷してあるかないかを問わない。）

第96類
雑品

96.08　ボールペン、フェルトペンその他の浸透性のペン先を有するペン及びマーカー、万年筆その他のペン、鉄筆、シャープペンシル並びにペン軸、ペンシルホルダーその他これらに類するホルダー並びにこれらの部分品（キャップ及びクリップを含むものとし、第96.09項の物品を除く。）

（省略）

この項には、次の物品を含まない。

(a) 万年筆用のインキ入りカートリッジ（32.15）

解答 (a) ⑫ (b) ⑭ (c) ② (d) ⑩ (e) ⑤

1　為替レート

令和3.9.12～令和3.9.18までのレートを適用し，＄１＝￥112.00となる。

2　統計品目番号は，次のようになる。仕入書上に記載はないが，解説の便宜のため(1)～(6)までの番号を付する。

(1)　浮出し地球儀：9023.00-0000

問題文７より，浮出し地球儀であり，関税率表解説90.23項(10)より，90.23項に分類する。

(2)　万年筆とボールペンのセット：9608.50-0005

万年筆（9608.30号）とボールペン（9608.10号）をセットにしたものであるので，上記の番号に分類する。

(3)　万年筆用のインクカートリッジ（黒色）：3215.90-0004

関税率表解説32.15項(b)及び96.08項(a)より，32.15項に含まれ，印刷用インキではないので，上記の番号に分類する。

(4)　鉄鋼製ブックエンド：8304.00-0003

関税率表解説73.26項(e)及び83.04項より，83.04項に分類する。

(5)　ペンケース（外面が革製のもの）：4202.91-0003

関税率表解説42.02項より，ペンケースは42.02項の前半の部分（「及び」より前の部分）に含まれ，革製なので42.02項に分類する。「及び」以下の品目（トランク，スーツケース等）が記載されている一段落ちには含まれず，「ハンドバッグ」や「ポケット又はハンドバッグに通常入れて携帯する製品」でもないので，「その他のもの」とし，外面が革製であるので上記の番号に分類する。

(6)　紙製ノートブック（雑記帳）：4820.10-0003

※　価格について

仕入書上，各貨物の価格は，ＤＰＵとなっている。

仕入書に含まれている，問題文６のイ（輸出者の工場から輸出港に到着するまでの運送に要する運賃）６％とロ（輸出港における貨物の船積みに要する費用）４％はそのままとし，ハ（輸出港から輸入港に到着するまでの海上運送に要する運賃及び保険料）８％とニ（輸入港から輸入者（買手）の指定する場所までの運送に要する費用及び荷卸しが完了するまでの費用）５％の

第3編（申告書編）　第1章・輸出申告

合計13%は輸出港において船積みした後の費用であるので，これを控除してＦＯＢ価格を算出する。

仕入書価格（ＤＰＵ）×87%（0.87）＝輸出申告価格（ＦＯＢ）となるので，仕入書価格＝輸出申告価格 ÷0.87 となる。

200,000円÷0.87÷112＝＄2,052.54…以下の貨物は20万円以下となる。

貨物(5)と(6)は品目番号が異なるが，20万円以下となるので，問題文の指示により一括し，これらのうち価格の最も大きい(5)の統計品目番号で一括させ，10桁目は「X」となる。

(a)－貨物(1)→⑫

(b)－貨物(2)→⑭

(c)－貨物(3)→②

(d)－貨物(4)→⑩

(e)－貨物(5)，(6)→⑤

第2章 輸入(納税)申告

第1問　輸入（納税）申告

別紙1の仕入書及び下記事項により，アメリカから食器等を輸入する場合の輸入（納税）申告を輸出入・港湾関連情報処理システム（NACCS）を使用して行う場合について，以下の問いに答えなさい。

(1)　別紙2の輸入申告事項登録画面の品目番号欄（(a)～(e)）に入力すべき品目番号を，関税率表の解釈に関する通則に従い，別冊の「実行関税率表」（抜粋）及び「関税率表解説」（抜粋）を参照して，下の選択肢から選び，その番号をマークしなさい。

(2)　別紙2の輸入申告事項登録画面の課税価格の右欄（(f)～(j)）に入力すべき申告価格（関税定率法第4条から第4条の9まで（課税価格の計算方法）の規定により計算される課税価格に相当する価格）の額をマークしなさい。

（2022年・第2問）

記

1　別紙1の仕入書に記載されている品目に品目番号が同一であるものがある場合には，これらを一の品目番号にとりまとめる。

2　品目番号ごとの申告価格が20万円以下であるもの（上記1によりとりまとめたものを含む。）がある場合には，その品目番号が異なるものであっても，これらを関税が有税である品目と無税である品目に分けて，それぞれを一括して一欄にとりまとめる。

3　上記2による場合に輸入申告事項登録画面に入力すべき品目番号は，次のとおりとする。

(1)　有税である品目については，上記2によりとりまとめる前の品目のうち関税率が最も高いもの（同一の関税率が適用される場合は申告価格（上記1によりとりまとめたものについては，その合計額）が最も大きいもの）の品目番号とし，10桁目は「X」とする。

(2)　無税である品目については，上記2によりとりまとめる前の品目のうち申告価格（上記1によりとりまとめたものについては，その合計額）が最も大きいものの品目番号とし，10桁目は「X」とする。

4　輸入申告事項登録画面に入力する品目番号（(a)～(e)）は，その品目番号ごとの申告価格（上記1及び2によりとりまとめたものについては，その合計額）が大きいものから順に入力するものとする。

5　輸入申告事項登録画面の課税価格の右欄（(f)～(j)）には，別紙1の仕入書に記載されている価格に，下記8及び10の費用が申告価格に算入すべきものである場合にはその額を加算した額（本邦通貨に換算した後の額）を入力することとする。なお，1円未満の端数がある場合は，これを切り捨てる。

6　別紙1の仕入書に記載されている米ドル建価格の本邦通貨への換算は，別紙3の「実勢外国為替相場の週間平均値」を参照して行う。

7　別紙1の仕入書に記載されている「Sets of knives, forks and spoons, of stainless steel」は，大型ナイフ6本，デザート用のナイフ6本，フォーク6本，スプーン6本から成るセットで，いずれも貴金属をめっきしてないものとする。

8　別紙1の仕入書に記載されている「Butter dish, of copper, not plated with precious metal」500個について，輸入者（買手）は，仕入書価格とは別に，A社から「Butter dish, of copper, not plated with precious metal」500個の生産に使用するための金型の取得費用500,000円を負担し，当該金型を輸出者（売手）に無償で提供する。なお，当該金型は，当該生産のみに使用され，当該生産の後に廃棄される。

9　別紙1の仕入書に記載されている「Worn headgear, of leather, containing furskin」は，使い古したものであることが外観から明らかであり，サックに入れて提示されるものとする。

10　別紙1の仕入書に記載されている「Pillow, stuffed with feather and down」200個について，輸入者（買手）は，仕入書価格とは別に，A社から「Pillow, stuffed with feather and down」200個に取り付けるための洗濯ラベル200枚の取得費用10,000円を負担し，当該洗濯ラベル200枚を輸出者（売手）に無償で提供する。なお，当該洗濯ラベル200枚は，我が国の法律等に基づき表示することが義務付けられている事項のみを表示しているものではないものとする。

11　別紙1の仕入書に記載された食器等については，日本国とアメリカ合衆国との間の貿易協定に基づく税率の適用に必要な条件が具備されていないため，申告に当たっては当該税率を適用しないものとする。

12　輸入者（買手），輸出者（売手）及びA社のいずれの間においても特殊関係はない。

13　申告年月日は，令和4年10月3日とする。

① 3925.90-0005	② 3926.30-000X	③ 4203.40-1005
④ 6309.00-0003	⑤ 6506.99-3006	⑥ 6701.00-0003
⑦ 7308.90-0104	⑧ 7323.93-000X	⑨ 7418.10-0001
⑩ 8211.10-000X	⑪ 8215.20-000X	⑫ 8215.99-0005
⑬ 8302.41-0001	⑭ 9404.40-0106	⑮ 9404.90-0002

別紙 1

INVOICE

Seller
XYZ Corp.
1125 E 8th Street
Los Angeles, CA 90079

Invoice No. and Date
XYZ-1116 Sep. 5th, 2022

Reference No. XYZ-1007

Buyer ABC Trading Co.,Ltd. HIGASHI 2-3, CHUO-KU, TOKYO, JAPAN		**Country of Origin** U.S.A. **L/C No.** **Date**
Vessel Nihon Maru	**On or about** Sep. 14th, 2022	**Issuing Bank**
From Los Angeles, U.S.A.	**Via**	
To Tokyo, Japan		**Payment Terms**

Marks and Nos.	**Description of Goods**	**Quantity Unit**	**Unit Price per Unit**	**Amount CIF US$**
	Sets of knives, forks and spoons, of stainless steel	30	40.00	1,200.00
	Butter dish, of copper, not plated with precious metal	500	120.00	60,000.00
ABC TOKYO Made in U.S.A.	Worn headgear, of leather, containing furskin	2,000	20.00	40,000.00
	Pillow, stuffed with feather and down	200	80.00	16,000.00
	Plastic hinge, for furniture	100	5.00	500.00
	Plastic handle, for permanent installation on steel door	1,200	10.00	12,000.00
	Total : CIF TOKYO		US$	129,700.00

Total: 1,500CTNS
N/W : 5,500kgs
G/W : 7,450kgs

XYZ Corp.

(Signature)

別紙2

輸入申告事項登録(輸入申告)

共通部 | 繰返部

申告番号 ▨

大額／少額 L　申告等種別 C　申告先種別 ▨　貨物識別 ▨　識別符号 ▨

あて先官署 ▨　あて先部門 ▨　申告等予定年月日 ▨

輸入者 ▨ ABC TRADING CO.,LTD.

住所 TOKYO TO CHUO KU HIGASHI 2-3

電話 ▨

蔵置場所 ▨　一括申告 ▨　申告等予定者 ▨

B/L番号 1 ▨　2 ▨　3 ▨　4 ▨　5 ▨

貨物個数 1,500 CT　貨物重量(グロス) 7,450 KGM

貨物の記号等 AS PER ATTACHED SHEET

積載船(機) ▨ − NIHON MARU　入港年月日 ▨

船(取)卸港 JPTYO　積出地 USLAX − ▨　貿易形態別符号 ▨　コンテナ本数 ▨

仕入書識別 ▨　電子仕入書受付番号 ▨　仕入書番号 XYZ-1116

仕入書価格 A − CIF − ▨ − ▨

輸入申告事項登録(輸入申告)

共通部 | 繰返部

<01欄> 品目番号 (a) 品名 原産地 US －
数量1 － 数量2 － 輸入令別表 蔵置種別等
BPR係数 運賃按分 課税価格 － (f)
関税減免税コード 関税減税額

	内消税等種別	減免税コード	内消税減税額		内消税等種別	減免税コード	内消税減税額
1				2			
3				4			
5				6			

<02欄> 品目番号 (b) 品名 原産地 US －
数量1 － 数量2 － 輸入令別表 蔵置種別等
BPR係数 運賃按分 課税価格 － (g)
関税減免税コード 関税減税額

	内消税等種別	減免税コード	内消税減税額		内消税等種別	減免税コード	内消税減税額
1				2			
3				4			
5				6			

<03欄> 品目番号 (c) 品名 原産地 US －
数量1 － 数量2 － 輸入令別表 蔵置種別等
BPR係数 運賃按分 課税価格 － (h)
関税減免税コード 関税減税額

	内消税等種別	減免税コード	内消税減税額		内消税等種別	減免税コード	内消税減税額
1				2			
3				4			
5				6			

<04欄> 品目番号 (d) 品名 原産地 US －
数量1 － 数量2 － 輸入令別表 蔵置種別等
BPR係数 運賃按分 課税価格 － (i)
関税減免税コード 関税減税額

	内消税等種別	減免税コード	内消税減税額		内消税等種別	減免税コード	内消税減税額
1				2			
3				4			
5				6			

<05欄> 品目番号 (e) 品名 原産地 US －
数量1 － 数量2 － 輸入令別表 蔵置種別等
BPR係数 運賃按分 課税価格 － (j)
関税減免税コード 関税減税額

	内消税等種別	減免税コード	内消税減税額		内消税等種別	減免税コード	内消税減税額
1				2			
3				4			
5				6			

別紙3

実勢外国為替相場の週間平均値
（1米ドルに対する円相場）

期　　間	週間平均値
令和 4.9. 4 ～ 令和 4.9.10	¥133.00
令和 4.9.11 ～ 令和 4.9.17	¥128.00
令和 4.9.18 ～ 令和 4.9.24	¥130.00
令和 4.9.25 ～ 令和 4.10.1	¥132.00
令和 4.10.2 ～ 令和 4.10.8	¥129.00

別冊

実行関税率表（抜粋）

第39類　プラスチック及びその製品

注
1～10　（省略）
11　第39.25項には、第2節の同項よりも前の項の物品を除くほか、次の製品のみを含む。
(a)～(h)　（省略）
(ij)　取付具（例えば、取手、掛けくぎ、腕木、タオル掛け及びスイッチ板その他の保護板。戸、窓、階段、壁その他の建物の部分に恒久的に取り付けるためのものに限る。）

Chapter 39　Plastics and articles thereof

Notes.
1.～10.　（省略）
11.- Heading 39.25 applies only to the following articles, not being products covered by any of the earlier headings of sub-Chapter II :
(a)～(h)　（省略）
(ij) Fittings and mountings intended for permanent installation in or on doors, windows, staircases, walls or other parts of buildings, for example, knobs, handles, hooks, brackets, towel rails, switch-plates and other protective plates.

番号 No.	統計細分 Stat. Code No.	NACCS用	品名	税率 Rate of Duty 基本 General	協定 WTO	特恵 Preferential	暫定 Temporary	単位 Unit	Description
39.25			プラスチック製の建築用品（他の項に該当するものを除く。）						Builders' ware of plastics, not elsewhere specified or included :
3925.10	000	1	貯蔵槽、タンク、おけその他これらに類する容器（容積が300リットルを超えるものに限る。）	5.8%	3.9%	無税 Free		KG	Reservoirs, tanks, vats and similar containers, of a capacity exceeding 300 l
3925.20	000	5	戸及び窓並びにこれらの枠並びに戸の敷居	5.8%	3.9%	無税 Free		KG	Doors, windows and their frames and thresholds for doors
3925.30	000	2	よろい戸、日よけ（ベネシャンブラインドを含む。）その他これらに類する製品及びこれらの部分品	5.8%	4.8%	無税 Free		KG	Shutters, blinds (including Venetian blinds) and similar articles and parts thereof
3925.90	000	5	その他のもの	5.8%	3.9%	無税 Free		KG	Other
39.26			その他のプラスチック製品及び第39.01項から第39.14項までの材料（プラスチックを除く。）から成る製品						Other articles of plastics and articles of other materials of headings 39.01 to 39.14 :
3926.30	000	0	家具用又は車体用の取付具その他これに類する取付具	5.8%	3.9%	無税 Free		KG	Fittings for furniture, coachwork or the like

第42類　革製品及び動物用装着具並びに旅行用具、ハンドバッグその他これらに類する容器並びに腸の製品

注
1　（省略）
2　この類には、次の物品を含まない。
(a)～(d)　（省略）
(e)　第65類の帽子及びその部分品

Chapter 42　Articles of leather ; saddlery and harness ; travel goods, handbags and similar containers ; articles of animal gut (other than silk-worm gut)

Notes.
1.　（省略）
2.- This Chapter does not cover :
(a)～(d)　（省略）
(e) Headgear or parts thereof of Chapter 65 ;

番号 No.	統計細分 Stat. Code No.	NACCS用	品名	税率 Rate of Duty 基本 General	協定 WTO	特恵 Preferential	暫定 Temporary	単位 Unit	Description
42.03			衣類及び衣類附属品（革製又はコンポジションレザー製のものに限る。）						Articles of apparel and clothing accessories, of leather or of composition leather :
4203.10			衣類						Articles of apparel :
			手袋、ミトン及びミット						Gloves, mittens and mitts :
4203.21			特に運動用に製造したもの						Specially designed for use in sports :
4203.29			その他のもの						Other :
4203.30			ベルト及び負い革						Belts and bandoliers :
4203.40			その他の衣類附属品						Other clothing accessories :
	100	5	1 毛皮をトリミングとして使用したもの及び貴金属、これを張り若しくはめつきした金属、貴石、半貴石、真珠、さんご、ぞうげ又はべつこうを使用したもの	40%	16%			DZ KG	1 Trimmed with furskin or combined or trimmed with precious metal, metal clad with precious metal, metal plated with precious metal, precious stones, semi-precious stones, pearls, coral, elephants' tusks or Bekko
	200	0	2 その他のもの	12.5%	10%			DZ KG	2 Other

第63類　紡織用繊維のその他の製品、セット、中古の衣類、紡織用繊維の中古の物品及びぼろ

注
1～2（省略）
3　第63.09 項には、次の物品のみを含む。
(a)（省略）
(b)　履物及び帽子で、石綿以外の材料のもの
ただし、第63.09項には、(a)又は(b)の物品で次のいずれの要件も満たすもののみを含む。
(i)　使い古したものであることが外観から明らかであること。
(ii)　ばら積み又はベール、サックその他これらに類する包装で提示すること。

Chapter 63　Other made up textile articles ; sets ; worn clothing and worn textile articles ; rags

Notes.
1. ～ 2.（省略）
3.- Heading 63.09 applies only to the following goods :
(a)（省略）
(b) Footwear and headgear of any material other than asbestos.
In order to be classified in this heading, the articles mentioned above must comply with both of the following requirements :
(i) they must show signs of appreciable wear, and
(ii) they must be presented in bulk or in bales, sacks or similar packings.

番号 No.	統計細分 Stat. Code No.	NACCS用	品名	税率 Rate of Duty 基本 General	協定 WTO	特恵 Preferential	暫定 Temporary	単位 Unit	Description
63.09									
6309.00	000	3	中古の衣類その他の物品	7%	5.8%	無税 Free		KG	Worn clothing and other worn articles

第3編（申告書編）　第2章・輸入（納税）申告

第65類　帽子及びその部分品

Chapter 65　Headgear and parts thereof

注
1　この類には、次の物品を含まない。
(a)　第63.09 項の中古の帽子

Notes.
1.- This Chapter does not cover :
(a) Worn headgear of heading 63.09 ;

番号 No.	統計細分 Stat. Code No.	NACCS用	品名	税率 Rate of Duty 基本 General	協定 WTO	特恵 Preferential	暫定 Temporary	単位 Unit	Description
65.06			その他の帽子（裏張りしてあるかないか又はトリミングしてあるかないかを問わない。）						Other headgear, whether or not lined or trimmed :
6506.10			安全帽子						Safety headgear :
			その他のもの						Other :
6506.91			ゴム製又はプラスチック製のもの						Of rubber or of plastics :
	100	3	1 毛皮付きのもの	5.8%	4.8%	無税 Free		DZ KG	1 Containing furskin
	200	5	2 その他のもの	5.3%	4.4%	無税 Free		DZ KG	2 Other
6506.99			その他の材料製のもの						Of other materials :
	100	2	1 革製のもの及び毛皮付きのもの	5.8%	4.8%	無税 Free		DZ KG	1 Of leather or containing furskin
	300	6	2 毛皮製のもの	6.6%	5.4%	無税 Free		DZ KG	2 Of furskin
	900	4	3 その他のもの	5.3%	4.4%	無税 Free		DZ KG	3 Other

第67類　調製羽毛、羽毛製品、造花及び人髪製品

Chapter 67　Prepared feathers and down and articles made of feathers or of down ; artificial flowers ; articles of human hair

注
1　（省略）
2　第67.01 項には、次の物品を含まない。
(a)　羽毛又は鳥の綿毛を詰物としてのみ使用した物品（例えば、第94.04 項の羽根布団）

Notes.
1. （省略）
2.- Heading 67.01 does not cover :
(a) Articles in which feathers or down constitute only filling or padding (for example, bedding of heading 94.04) ;

番号 No.	統計細分 Stat. Code No.	NACCS用	品名	税率 Rate of Duty 基本 General	協定 WTO	特恵 Preferential	暫定 Temporary	単位 Unit	Description
67.01									
6701.00	000	3	羽毛皮その他の羽毛付きの鳥の部分、羽毛、羽毛の部分及び鳥の綿毛並びにこれらの製品（この項には、第05.05項の物品並びに加工した羽軸及び羽茎を含まない。）	4.6%	3.9%	無税 Free		KG	Skins and other parts of birds with their feathers or down, feathers, parts of feathers, down and articles thereof (other than goods of heading 05.05 and worked quills and scapes)

第15部　卑金属及びその製品

注
1 （省略）
2 この表において「汎用性の部分品」とは、次の物品をいう。

(a) 第73.07項、第73.12項、第73.15項、第73.17項又は第73.18項の物品及び非鉄卑金属製のこれらに類する物品（内科用、外科用、歯科用又は獣医科用の物品で専らインプラントに使用するために特に設計されたもの（第90.21項参照）を除く。）
(b) 卑金属製のばね及びばね板（時計用ばね（第91.14項参照）を除く。）
(c) 第83.01項、第83.02項、第83.08項又は第83.10項の製品並びに第83.06項の卑金属製の縁及び鏡

第73類から第76類まで及び第78類から第82類まで（第73.15項を除く。）において部分品には、(a)から(c)までに定める汎用性の部分品を含まない。

第二文及び第83類の注1の規定に従うことを条件として、第72類から第76類まで及び第78類から第81類までの物品には、第82類又は第83類の物品を含まない。

Section XV　Base metals and articles of base metal

Notes.
1. （省略）
2.- Throughout the Nomenclature, the expression "parts of general use" means :
(a) Articles of heading 73.07, 73.12, 73.15, 73.17 or 73.18 and similar articles of other base metal, other than articles specially designed for use exclusively in implants in medical, surgical, dental or veterinary sciences (heading 90.21) ;
(b) Springs and leaves for springs, of base metal, other than clock or watch springs (heading 91.14) ; and
(c) Articles of headings 83.01, 83.02, 83.08, 83.10 and frames and mirrors, of base metal, of heading 83.06.

In Chapters 73 to 76 and 78 to 82 (but not in heading 73.15) references to parts of goods do not include references to parts of general use as defined above.

Subject to the preceding paragraph and to Note 1 to Chapter 83, the articles of Chapter 82 or 83 are excluded from Chapters 72 to 76 and 78 to 81.

第73類　鉄鋼製品

Chapter 73　Articles of iron or steel

番号 No.	統計細分 Stat. Code No.	NACCS用	品名	税率 Rate of Duty 基本 General	協定 WTO	特恵 Preferential	暫定 Temporary	単位 Unit	Description
73.08			構造物及びその部分品（鉄鋼製のものに限る。例えば、橋、橋げた、水門、塔、格子柱、屋根、屋根組み、戸、窓、戸枠、窓枠、戸敷居、シャッター、手すり及び柱。第94.06項のプレハブ建築物を除く。）並びに構造物用に加工した鉄鋼製の板、棒、形材、管その他これらに類する物品						Structures (excluding prefabricated buildings of heading 94.06) and parts of structures (for example, bridges and bridge-sections, lock-gates, towers, lattice masts, roofs, roofing frame-works, doors and windows and their frames and thresholds for doors, shutters, balustrades, pillars and columns), of iron or steel ; plates, rods, angles, shapes, sections, tubes and the like, prepared for use in structures, of iron or steel :
7308.10	000	4	橋及び橋げた	無税 Free	(無税) (Free)			KG	Bridges and bridge-sections
7308.20	000	1	塔及び格子柱	無税 Free	(無税) (Free)			KG	Towers and lattice masts
7308.30	000	5	戸及び窓並びにこれらの枠並びに戸敷居	無税 Free	(無税) (Free)			KG	Doors, windows and their frames and thresholds for doors
7308.40	000	2	足場用、枠組み用又は支柱用（坑道用のものを含む。）の物品	無税 Free	(無税) (Free)			KG	Equipment for scaffolding, shuttering, propping or pit-propping
7308.90			その他のもの	無税 Free	(無税) (Free)				Other :
	010	4	－構造物及びその部分品					KG	Structures and parts thereof
	090	0	－その他のもの					KG	Other

番号 No.	統計細分 Stat. Code No.	NACCS用	品名	税率 Rate of Duty 基本 General	協定 WTO	特恵 Preferential	暫定 Temporary	単位 Unit	Description
73.23			食卓用品、台所用品その他の家庭用品及びその部分品（鉄鋼製のものに限る。）、鉄鋼のウール並びに鉄鋼製の瓶洗い、ポリッシングパッド、ポリッシンググラブその他これらに類する製品						Table, kitchen or other household articles and parts thereof, of iron or steel ; iron or steel wool ; pot scourers and scouring or polishing pads, gloves and the like, of iron or steel :
7323.10	000	2	鉄鋼のウール及び鉄鋼製の瓶洗い、ポリッシングパッド、ポリッシンググラブその他これらに類する製品	無税 Free	(無税) (Free)			KG	Iron or steel wool ; pot scourers and scouring or polishing pads, gloves and the like
			その他のもの						Other :
7323.91	000	5	鋳鉄製のもの（ほうろう引きのものを除く。）	無税 Free	(無税) (Free)			KG	Of cast iron, not enamelled
7323.92	000	4	鋳鉄製のもの（ほうろう引きのものに限る。）	無税 Free	(無税) (Free)			KG	Of cast iron, enamelled
7323.93	000	3	ステンレス鋼製のもの	無税 Free	(無税) (Free)			KG	Of stainless steel

第74類　銅及びその製品　　Chapter 74 Copper and articles thereof

番号 No.	統計細分 Stat. Code No.	NACCS用	品名	税率 Rate of Duty 基本 General	協定 WTO	特恵 Preferential	暫定 Temporary	単位 Unit	Description
74.18			食卓用品、台所用品その他の家庭用品及びその部分品（銅製のものに限る。）、銅製の瓶洗い、ポリッシングパッド、ポリッシンググラブその他これらに類する製品並びに衛生用品及びその部分品（銅製のものに限る。）						Table, kitchen or other household articles and parts thereof, of copper ; pot scourers and scouring or polishing pads, gloves and the like, of copper ; sanitary ware and parts thereof, of copper :
7418.10	000	1	食卓用品、台所用品その他の家庭用品及びその部分品並びに瓶洗い、ポリッシングパッド、ポリッシンググラブその他これらに類する製品	無税 Free	(無税) (Free)			KG	Table, kitchen or other household articles and parts thereof ; pot scourers and scouring or polishing pads, gloves and the like

第82類　卑金属製の工具、道具、刃物、スプーン及びフォーク並びにこれらの部分品

注
1～2（省略）
3　第82.11項の一以上のナイフとこれと同数以上の第82.15項の製品とをセットにした製品は、第82.15項に属する。

Chapter 82　Tools, implements, cutlery, spoons and forks, of base metal ; parts thereof of base metal

Notes.
1.～2.（省略）
3.- Sets consisting of one or more knives of heading 82.11 and at least an equal number of articles of heading 82.15 are to be classified in heading 82.15.

番号 No.	統計細分 Stat. Code No.	NACCS用	品名	税率 Rate of Duty 基本 General	協定 WTO	特恵 Preferential	暫定 Temporary	単位 Unit	Description
82.11			刃を付けたナイフ（剪定ナイフを含み、のこ歯状の刃を有するか有しないかを問わないものとし、第82.08項のナイフを除く。）及びその刃						Knives with cutting blades, serrated or not (including pruning knives), other than knives of heading 82.08, and blades therefor :
8211.10	000	4	詰合せセット	4.4%	3.7%	無税 Free		NO	Sets of assorted articles
			その他のもの						Other :
8211.91	000	0	テーブルナイフ（固定刃のものに限る。）	4.4%	3.7%	無税 Free		NO KG	Table knives having fixed blades
8211.92	000	6	その他のナイフ（固定刃のものに限る。）	4.4%	3.7%	無税 Free		NO KG	Other knives having fixed blades
8211.93	000	5	その他のナイフ（固定刃のものを除く。）	4.4%	3.7%	無税 Free		NO KG	Knives having other than fixed blades
82.15			スプーン、フォーク、ひしゃく、しゃくし、ケーキサーバー、フィッシュナイフ、バターナイフ、砂糖挟みその他これらに類する台所用具及び食卓用具						Spoons, forks, ladles, skimmers, cake-servers, fish-knives, butter-knives, sugar tongs and similar kitchen or tableware :
8215.10	000	3	詰合せセット（貴金属をめつきした少なくとも一の製品を含むものに限る。）	4.6%	3.9%	無税 Free		DZ KG	Sets of assorted articles containing at least one article plated with precious metal
8215.20	000	0	その他の詰合せセット	4.6%	3.9%	無税 Free		DZ KG	Other sets of assorted articles
			その他のもの						Other :
8215.91	000	6	貴金属をめつきしたもの	4.6%	(4.6%)	無税 Free		DZ KG	Plated with precious metal
8215.99	000	5	その他のもの	4.6%	3.9%	無税 Free		DZ KG	Other

第3編（申告書編）第2章・輸入（納税）申告

第83類　各種の卑金属製品

注
1　この類において卑金属製の部分品は、本体が属する項に属する。ただし、第73.12項、第73.15項、第73.17項、第73.18項又は第73.20項の鉄鋼製品及びこれに類する物品で鉄鋼以外の卑金属製のもの（第74類から第76類まで又は第78類から第81類までのものに限る。）は、この類の物品の部分品とはしない。

Chapter 83　Miscellaneous articles of base metal

Notes.
1.- For the purposes of this Chapter, parts of base metal are to be classified with their parent articles. However, articles of iron or steel of heading 73.12, 73.15, 73.17, 73.18 or 73.20, or similar articles of other base metal (Chapters 74 to 76 and 78 to 81) are not to be taken as parts of articles of this Chapter.

番号 No.	統計細分 Stat. Code No.	NACCS用	品名	税率 Rate of Duty 基本 General	協定 WTO	特恵 Preferential	暫定 Temporary	単位 Unit	Description
83.02			卑金属製の帽子掛け、ブラケットその他これらに類する支持具、取付具その他これに類する物品（家具、戸、階段、窓、日よけ、車体、馬具、トランク、衣装箱、小箱その他これらに類する物品に適するものに限る。）、取付具付きキャスター及びドアクローザー						Base metal mountings, fittings and similar articles suitable for furniture, doors, staircases, windows, blinds, coachwork, saddlery, trunks, chests, caskets or the like ; base metal hat-racks, hat-pegs, brackets and similar fixtures ; castors with mountings of base metal ; automatic door closers of base metal :
8302.10	000	4	ちようつがい	4.1%	2.7%	無税 Free		KG	Hinges
8302.20	000	1	キャスター	4.1%	2.7%	無税 Free		KG	Castors
8302.30	000	5	その他の取付具その他これに類する物品（自動車に適するものに限る。）	無税 Free	(無税) (Free)			KG	Other mountings, fittings and similar articles suitable for motor vehicles
			その他の取付具その他これに類する物品						Other mountings, fittings and similar articles :
8302.41	000	1	建築物に適するもの	4.1%	2.7%	無税 Free		KG	Suitable for buildings

第94類　家具、寝具、マットレス、マットレスサポート、クッションその他これらに類する詰物をした物品並びに照明器具（他の類に該当するものを除く。）及びイルミネーションサイン、発光ネームプレートその他これらに類する物品並びにプレハブ建築物

Chapter 94　Furniture ; bedding, mattresses, mattress supports, cushions and similar stuffed furnishings ; luminaires and lighting fittings, not elsewhere specified or included ; illuminated signs, illuminated name-plates and the like ; prefabricated buildings

注

1　この類には、次の物品を含まない。

(a) ～ (c) （省略）

(d) 第15部の注2の卑金属製のはん用性の部分品（第15部参照）、プラスチック製のこれに類する物品（第39類参照）及び第83.03項の金庫

Notes.

1.- This Chapter does not cover :

(a) ～ (c) （省略）

(d) Parts of general use as defined in Note 2 to Section XV, of base metal (Section XV), or similar goods of plastics (Chapter 39), or safes of heading 83.03 ;

番号 No.	統計細分 Stat. Code No.	NACCS用	品名	税率 Rate of Duty 基本 General	協定 WTO	特恵 Preferential	暫定 Temporary	単位 Unit	Description
94.04			寝具その他これに類する物品（例えば、マットレス、布団、羽根布団、クッション、プフ及び枕。スプリング付きのもの、何らかの材料を詰物とし又は内部に入れたもの及びセルラーラバー製又は多泡性プラスチック製のものに限るものとし、被覆してあるかないかを問わない。）及びマットレスサポート						Mattress supports ; articles of bedding and similar furnishing (for example, mattresses, quilts, eiderdowns, cushions, pouffes and pillows) fitted with springs or stuffed or internally fitted with any material or of cellular rubber or plastics, whether or not covered :
9404.10	000	5	マットレスサポート	3.8%	3.2%	2.56% ×無税 Free		KG	Mattress supports
			マットレス						Mattresses :
9404.21	000	1	セルラーラバー製又は多泡性プラスチック製のもの（被覆してあるかないかを問わない。）	4.6%	3.8%	無税 Free		NO KG	Of cellular rubber or plastics, whether or not covered
9404.29	000	0	その他の材料製のもの	4.6%	3.8%	無税 Free		NO KG	Of other materials
9404.30	000	6	寝袋	4.6%	3.8%	無税 Free		NO KG	Sleeping bags
9404.40			布団、ベッドスプレッド及び羽根布団（コンフォーター）	4.6%	3.8%	無税 Free			Quilts, bedspreads, eiderdowns and duvets (comforters) :
	010	6	－羽根布団（羽根又は羽毛を詰物に使用したもの）					NO KG	Eiderdowns, stuffed with feather or down
	020	2	－人造繊維のみを詰物に使用したもの					NO KG	Stuffed solely with man-made fibres
	090	2	－その他のもの					NO KG	Other
9404.90	000	2	その他のもの	4.6%	3.8%	無税 Free		KG	Other

関税率表解説（抜粋）

第73類
鉄鋼製品

73.23 食卓用品、台所用品その他の家庭用品及びその部分品（鉄鋼製のものに限る。）、鉄鋼のウール並びに鉄鋼製の瓶洗い、ポリッシングパッド、ポリッシンググラブその他これらに類する製品

（省略）

（A）食卓用品、台所用品その他の家庭用品及びその部分品

（省略）

このグループには、次の物品を含む。

（1）（省略）

（2）食卓用品

盆、皿、プレート、スープ皿、野菜皿、ソース入れ、砂糖入れ、バター皿、ミルク又はクリーム入れ、オードブル用皿、コーヒーポット及びパーコレーター（加熱源を有する家庭用のものを除く。73.21）、ティーポット、カップ、マグ、タンブラー、卵入れ、フィンガーボウル、パン又は果物の皿及びかご、ティーポット用の台、茶こし、薬味入れ、ナイフ置き、ワイン冷却用のバケツ等、ワイン給仕用の台、ナプキンリング、テーブルクロスをはさむためのクリップ等

第74類
銅及びその製品

74.18 食卓用品、台所用品その他の家庭用品及びその部分品（銅製のものに限る。）、銅製の瓶洗い、ポリッシングパッド、ポリッシンググラブその他これらに類する製品並びに衛生用品及びその部分品（銅製のものに限る。）

（省略）

73.21項、73.23項及び73.24項の解説は、この項において準用する。

第83類
各種の卑金属製品

83.02 卑金属製の帽子掛け、ブラケットその他これらに類する支持具、取付具その他これに類する物品（家具、戸、階段、窓、日よけ、車体、馬具、トランク、衣装箱、小箱その他これらに類する物品に適するものに限る。）、取付具付きキャスター及びドアクローザー

（省略）

この項には、次の物品を含む。

（A）各種のちょうつがい（例えば、butt hinges、lift-off hinges、angle hinges、strap hinges及びgarnets）

（B）～（C）（省略）

（D）建築物用の取付具及びこれに類する物品

これらには、次の物品を含む。

（1）～（6）（省略）

（7）戸用の留金及びステープル、戸用のハンドル及びノブ（錠又は掛け金用のものを含む。）

解答	(a)	⑨	(b)	④	(c)	⑮	(d)	①	(e)	⑪	(f)	8300000
	(g)	5200000	(h)	2090000	(i)	1560000	(j)	0221000				

1　為替レート

令和4.9.18～令和4.9.24までのレートを適用し，US$1＝¥130.00となる。

2　統計品目番号は，次のようになる。仕入書上に記載はないが，解説の便宜のため(1)～(6)までの番号を付する。

(1)　ナイフ，フォーク，スプーンのセット：8215.20-0000

問題文7より，このセットは大型ナイフ（82.11項）6本，デザート用ナイフ（82.11項）6本，フォーク（82.15項）6本，スプーン（82.15項）6本から成るものである。82類注3より，82.11項のナイフとこれと同数以上の82.15項の製品とをセットにした物品は82.15項に属する。貴金属をめっきしていないので，上記の番号に分類する。

(2)　銅製バター皿：7418.10-0001

銅製のものであり，関税率表解説73.23項(2)より，バター皿は食卓用品に含まれ，同解説74.18項では73.23項の解説は準用されるので，上記の番号に分類する。

(3)　擦り切れた革製帽子類（毛皮付き）：6309.00-0003

問題文9より，使い古したものであることが外観から明らかで，石綿以外の材料（革）のものであって，サックに入れて提示されているため，63類注3(b)及びただし書きに該当するので，「中古の衣類その他の物品」として上記の番号に分類する。

(4)　枕（羽根及び羽毛を詰物としたもの）：9404.90-0002

(5)　プラスチック製ちょうつがい：3926.30-0000

「hinge」は，8302.10号によれば，ちょうつがいである。83類は卑金属製品が属する類であり，本品はプラスチック製であるので，39類に分類される。家具に取り付けるものであるので，上記の番号に分類する。

(6)　プラスチック製の取手（鉄鋼製の戸に恒久的に取り付けるもの）：3925.90-0005

39類注11（ij）より，戸に恒久的に取り付ける取手（取付具）は39.25項に分類する。

3　申告価格等

(2)のバター皿について，問題文８より，輸入者は仕入書価格とは別に，バター皿500個の生産に使用するための金型を500,000円で取得し，輸出者に無償で提供している。金型の取得費用500,000円は加算する。

(4)の枕について，輸入者は仕入書価格とは別に，枕200個に取り付ける洗濯ラベル200枚を10,000円で取得し，輸出者に無償で提供している。この洗濯ラベルは，我が国の法律に基づき表示することが義務付けられている事項のみを表示しているものではないので，10,000円を加算する。

各欄ごとの貨物の価格は，次のようになる。

(f)…貨物(2)　　：(＄60,000×￥130)＋500,000円＝￥8,300,000
(g)…貨物(3)　　：＄40,000×￥130＝￥5,200,000
(h)…貨物(4)　　：(＄16,000×￥130)＋10,000円＝￥2,090,000
(i)…貨物(6)　　：＄12,000×￥130＝￥1,560,000
(j)…貨物(1)，(5)：(＄1,200＋＄500)×￥130＝￥221,000

貨物(1)，(5)は品目番号が異なるが，(1)は＄1,200×￥130＝￥156,000となり，ともに20万円以下であるので，問題文の指示により一括する。(1)の貨物の税率は3.9%（協定），(5)の貨物の税率は3.9%（協定）で同率となるため，問題文３(1)の指示により申告価格が最も大きい(1)の番号で一括し，10桁目は「X」とする。

第２問　輸入（納税）申告

別紙１の仕入書及び下記事項により，アメリカから食料品等を輸入する場合の輸入（納税）申告を輸出入・港湾関連情報処理システム（ＮＡＣＣＳ）を使用して行う場合について，以下の問いに答えなさい。

(1)　別紙２の輸入申告事項登録画面の品目番号欄（(a)～(e)）に入力すべき品目番号を，関税率表の解釈に関する通則に従い，別冊の「実行関税率表」（抜すい）及び「関税率表解説」（抜すい）を参照して，下の選択肢から選び，その番号をマークしなさい。

(2)　別紙２の輸入申告事項登録画面の課税価格の右欄（(f)～(j)）に入力すべき申告価格（関税定率法第４条から第４条の９まで（課税価格の計算方法）の規定により計算される課税価格に相当する価格）の額をマークしなさい。

(2021年・第２問)

記

1　別紙１の仕入書に記載されている品目に品目番号が同一であるものがある場合には，これらを一の品目番号にとりまとめる。

2　品目番号ごとの申告価格が20万円以下であるもの（上記１によりとりまとめたものを含む。）がある場合には，その品目番号が異なるものであっても，これらを関税が有税である品目と無税である品目に分けて，それぞれを一括して一欄にとりまとめる。

3　上記２による場合に輸入申告事項登録画面に入力すべき品目番号は，次のとおりとする。

(1)　有税である品目については，上記２によりとりまとめる前の品目のうち関税率が最も高いものの品目番号とし，10桁目は「X」とする。

(2)　無税である品目については，上記２によりとりまとめる前の品目のうち申告価格（上記１によりとりまとめたものについては，その合計額）が最も大きいものの品目番号とし，10桁目は「X」とする。

4　輸入申告事項登録画面に入力する品目番号（(a)～(e)）は，その品目番号ごとの申告価格（上記１及び２によりとりまとめたものについては，その合計額）が大きいものから順に入力するものとする。

5　輸入申告事項登録画面の課税価格の右欄（(f)～(j)）には，別紙１の仕入書に記載されている価格に，下記７から９までの費用が申告価格に算入すべきものである場合にはその額を加算した額（本邦通貨に換算した後の額）を入力することとする。なお，１円未満の端数がある場合は，これを切り捨てる。

6　別紙１の仕入書に記載されている米ドル建価格の本邦通貨への換算は，別紙３の「実勢外国為替相場の週間平均値」を参照して行う。

7　輸入者（買手）は，別紙１の仕入書に記載されている「Beer made from malt, of an alcoholic strength by volume of 0.5　% vol and not containing added sugar」1,400Lの製造に使用する原料をその原料の生産者であるアメリカ所在のＡ社から5,000米ドルで購入して，輸出者（売手）に有償で提供し，当該輸出者（売手）から当該原料の代金として5,000米ドルの支払いを受ける。また，輸入者（買手）は，Ｂ社に当該原料の買付けを委託し，当該輸出者（売手）に支払う当該原料の代金とは別に，当該買付けに係る業務の対価として200米ドルをＢ社に支払う。なお，輸入者（買手）は，当該原料の購入に要するこれらの費用とは別に，当該原料を輸出者（売手）に提供するために要する運送費用1,000米ドルを負担する。

8　別紙１の仕入書に記載されている「Cookie, containing added sugar and cocoa」10,000個について，輸入者（買手）は，運送時における貨物保全のための包装材を，輸出者（売手）に無償で提供し，その提供に要する費用として1,200米ドルを負担する。また，輸入者（買手）は，「Cookie, containing added sugar and cocoa」10,000個について，輸入港での船卸しの完了後，国内に引き取るまでの間はＣ社の保税蔵置場で保管し，その保管費用として70,000円をＣ社に支払う。

9　輸入者（買手）と輸出者（売手）の両者は，別紙１の仕入書に記載されている「Chewing gum, containing added sugar（50％ by weight）and not containing cocoa」についてそれぞれが販売促進に努めることとしており，輸入者（買手）は，広告会社Ｄ社に本邦における輸入貨物の販売促進を依頼し，その費用として4,000米ドルをＤ社に支払う。

10　別紙１の仕入書に記載されている「Tomato juice, not containing added sugar」は，含有物の乾燥重量が全重量の６％で，アルコールを含有しないものとする。

11　別紙１の仕入書に記載されている「Lemonade, non-alcoholic」は，水に砂糖を加え，レモン果汁で香味付けしたものとする。

12　別紙１の仕入書に記載された食料品等については，日本国とアメリカ合衆国との間の貿易協定に基づく税率の適用に必要な条件が具備されていないため，申告に当たっては当該税率を適用しないものとする。

13　輸入者（買手），輸出者（売手），Ａ社，Ｂ社，Ｃ社及びＤ社のいずれの間においても特殊関係はない。

14　申告年月日は，令和３年10月１日とする。

① 1704.10-0005	② 1704.90-2905	③ 1806.90-1003
④ 1806.90-2123	⑤ 1806.90-213X	⑥ 1905.90-3123
⑦ 1905.90-3226	⑧ 2002.90-2904	⑨ 2009.50-2003
⑩ 2105.00-191X	⑪ 2201.10-000X	⑫ 2202.10-100X
⑬ 2202.91-1001	⑭ 2202.91-2003	⑮ 2203.00-0004

別紙 1

INVOICE

Seller
XYZ Corp.
1125 E 8th Street
Los Angeles, CA 90079

Invoice No. and Date
XYZ-1986 Sep. 1st, 2021

Reference No. XYZ-1119

Buyer ABC Trading Co., Ltd. HIGASHI 2-3, CHUO-KU, TOKYO, JAPAN		**Country of Origin** U.S.A. **L/C No.** **Date**
Vessel Nihon Maru	**On or about** Sep. 12th, 2021	**Issuing Bank**
From Los Angeles, U.S.A.	**Via**	
To Tokyo, Japan		**Payment Terms**

Marks and Nos.	**Description of Goods**	**Quantity Unit**	**Unit Price per Unit**	**Amount CIF US$**
	Beer made from malt, of an alcoholic strength by volume of 0.5% vol and not containing added sugar: 350ml × 20 × 200C/T(1,400L)	4,000	2.00	8,000.00
	Cookie, containing added sugar and cocoa	10,000	2.00	20,000.00
ABC TOKYO Made in U.S.A.	Chewing gum, containing added sugar (50% by weight) and not containing cocoa	15,000	1.70	25,500.00
	Tomato juice, not containing added sugar: 500ml × 20 × 170C/T(1,700L)	3,400	0.85	2,890.00
	Lemonade, non-alcoholic: 750ml × 12 × 100C/T(900L)	1,200	1.30	1,560.00
	Ice cream, containing added sugar (52% by weight of sucrose) and cocoa	1,000	1.00	1,000.00
	Total：CIF TOKYO		US$	58,950.00

Total : 1,260 CTNS
N/W : 8,000kgs
G/W : 8,500kgs

XYZ Corp.

(Signature)

別紙2

輸入申告事項登録（輸入申告）

共通部　繰返部

申告番号	
大額／少額	L
申告等種別	C
申告先種別	
貨物識別	
識別符号	
あて先官署	
あて先部門	
申告等予定年月日	
輸入者	ABC TRADING CO., LTD.
住所	TOKYO TO CHUO KU HIGASHI 2-3
電話	
蔵置場所	
一括申告	
申告等予定者	

B/L番号	1　2　3　4　5
貨物個数	1,260　CT
貨物重量(グロス)	8,500　KGM
貨物の記号等	AS PER ATTACHED SHEET
積載船(機)	— NIHON MARU
入港年月日	
船(取)卸港	JPTYO
積出地	USLAX —
貿易形態別符号	
コンテナ本数	

仕入書識別	
電子仕入書受付番号	
仕入書番号	XYZ-1986
仕入書価格	A — CIF — —

輸入申告事項登録（輸入申告）

共通部　繰返部

<01欄> 品目番号 (a)　品名　原産地 US －
数量1 －　数量2 －　輸入令別表　蔵置種別等
BPR係数　運賃按分　課税価格 － (f)
関税減免税コード　関税減税額

	内消税等種別	減免税コード	内消税減税額		内消税等種別	減免税コード	内消税減税額
1				2			
3				4			
5				6			

<02欄> 品目番号 (b)　品名　原産地 US －
数量1 －　数量2 －　輸入令別表　蔵置種別等
BPR係数　運賃按分　課税価格 － (g)
関税減免税コード　関税減税額

	内消税等種別	減免税コード	内消税減税額		内消税等種別	減免税コード	内消税減税額
1				2			
3				4			
5				6			

<03欄> 品目番号 (c)　品名　原産地 US －
数量1 －　数量2 －　輸入令別表　蔵置種別等
BPR係数　運賃按分　課税価格 － (h)
関税減免税コード　関税減税額

	内消税等種別	減免税コード	内消税減税額		内消税等種別	減免税コード	内消税減税額
1				2			
3				4			
5				6			

<04欄> 品目番号 (d)　品名　原産地 US －
数量1 －　数量2 －　輸入令別表　蔵置種別等
BPR係数　運賃按分　課税価格 － (i)
関税減免税コード　関税減税額

	内消税等種別	減免税コード	内消税減税額		内消税等種別	減免税コード	内消税減税額
1				2			
3				4			
5				6			

<05欄> 品目番号 (e)　品名　原産地 US －
数量1 －　数量2 －　輸入令別表　蔵置種別等
BPR係数　運賃按分　課税価格 － (j)
関税減免税コード　関税減税額

	内消税等種別	減免税コード	内消税減税額		内消税等種別	減免税コード	内消税減税額
1				2			
3				4			
5				6			

別紙3

期　　　間	週間平均値
令和 3. 8.29 ～ 令和 3. 9. 4	￥108.00
令和 3. 9. 5 ～ 令和 3. 9.11	￥110.00
令和 3. 9.12 ～ 令和 3. 9.18	￥112.00
令和 3. 9.19 ～ 令和 3. 9.25	￥107.00
令和 3. 9.26 ～ 令和 3.10. 2	￥105.00

別冊

実行関税率表（抜すい）

第17類　糖類及び砂糖菓子

Chapter 17　Sugars and sugar confectionery

注
1　この類には、次の物品を含まない。
(a)　ココアを含有する砂糖菓子（第18.06項参照）

Notes.
1.- This Chapter does not cover:
(a) Sugar confectionery containing cocoa (heading 18.06);

番号 No.	統計細分 Stat. Code No.	NACCS用	品名	税率 Rate of Duty 基本 General	協定 WTO	特恵 Preferential	暫定 Temporary	単位 Unit	Description
17.04			砂糖菓子（ホワイトチョコレートを含むものとし、ココアを含有しないものに限る。）						Sugar confectionery (including white chocolate), not containing cocoa:
1704.10	000	5	チューインガム（砂糖で覆つてあるかないかを問わない。）	30%	24%	×無税 Free		KG	Chewing gum, whether or not sugar-coated
1704.90			その他のもの						Other:
	100	4	1 甘草エキス（菓子にしたものを除く。）	無税 Free	(無税) (Free)			KG	1 Liquorice extract, not put up as confectionery
			2 その他のもの	35%	25%	×無税 Free			2 Other:
	210	2	－キャンデー類					KG	Candies
	220	5	－キャラメル					KG	Caramels
	230	1	－ホワイトチョコレート					KG	White chocolate
	290	5	－その他のもの					KG	Other

第18類　ココア及びその調整品

Chapter 18　Cocoa and cocoa preparations

注
1　この類には、第 04.03 項、第 19.01 項、第 19.04 項、第 19.05 項、第 21.05 項、第 22.02 項、第 22.08 項、第 30.03 項又は第 30.04 項の調製品を含まない。

Notes.
1.- This Chapter does not cover the preparations of heading 04.03, 19.01, 19.04, 19.05, 21.05, 22.02, 22.08, 30.03 or 30.04.

番号 No.	統計細分 Stat. Code No.	NACCS用	品名	税率 Rate of Duty 基本 General	協定 WTO	特恵 Preferential	暫定 Temporary	単位 Unit	Description
18.06			チョコレートその他のココアを含有する調製食料品						Chocolate and other food preparations containing cocoa:
1806.10			ココア粉（砂糖その他の甘味料を加えたものに限る。）						Cocoa powder, containing added sugar or other sweetening matter:
1806.20			その他の調製品（塊状、板状又は棒状のもので、その重量が2キログラムを超えるもの及び液状、ペースト状、粉状、粒状その他これらに類する形状のもので、正味重量が2キログラムを超える容器入り又は直接包装にしたものに限る。）						Other preparations in blocks, slabs or bars weighing more than 2 kg or in liquid, paste, powder, granular or other bulk form in containers or immediate packings, of a content exceeding 2 kg:

番号 No.	統計細分 Stat. Code No.	NACCS用	品名	税率 Rate of Duty 基本 General	協定 WTO	特恵 Preferential	暫定 Temporary	単位 Unit	Description
(18.06)			その他のもの（塊状、板状又は棒状のものに限る。）						Other, in blocks, slabs or bars:
1806.31	000	4	詰物をしたもの	10%	(10%)	×無税 Free		KG	Filled
1806.32			詰物をしていないもの						Not filled:
1806.90			その他のもの						Other:
	100	3	1 チョコレート菓子	10%	(10%)	×無税 Free		KG	1 Chocolate confectionery
			2 その他のもの						2 Other:
			(1) 第04.01項から第04.04項までの物品の調製食料品（ココア粉の含有量が全重量の10%未満のものに限る。）						(1) Food preparations of goods of heading 04.01 to 04.04, containing cocoa powder in a proportion by weight of less than 10 %:
			A ミルクの天然の組成分の含有量の合計が乾燥状態において全重量の30%以上のもの（加圧容器入りにしたホイップドクリームを除く。）	28%+ 799円 (yen)/kg		×無税 Free			A Containing not less than 30 % of natural milk constituents by weight, calculated on the dry matter, excluding whipped cream in pressurized containers: ⓋⓆ
	311	4	－その他の乳製品に係る共通の限度数量以内のもの		(21%)		21%	KG	For "the Pooled Quota of other milk products"
	319	†	－その他のもの		23.8%＋ 679円 (yen)/kg			KG	Other
			B その他のもの						B Other:
	321	0	(a) 砂糖を加えたもの	28%	23.8%	×無税 Free		KG	(a) Containing added sugar
	322	1	(b) その他のもの	25%	21.3%	×無税 Free		KG	(b) Other
			(2) その他のもの						(2) Other:
			A 砂糖を加えたもの	35%	29.8%	×無税 Free			A Containing added sugar:
	212	3	－チューインガムその他の砂糖菓子及びしよ糖の含有量が全重量の50%以上のもの				＊1%	KG	Chewing gum and other sugar confectionery; foods, containing not less than 50 % by weight of sucrose
			－その他のもの						Other:
	213	4	－－各成分のうち砂糖の重量が最大のもの					KG	Foods, the largest single ingredient of which is sugar by weight
	219	3	－－その他のもの					KG	Other
	220	4	B その他のもの	25%	21.3%	12.5% ×無税 Free		KG	B Other

番号 No.	統計細分 Stat. Code No.	NACCS用	品名	税率 Rate of Duty 基本 General	協定 WTO	特恵 Preferential	暫定 Temporary	単位 Unit	Description
19.05			パン、ペーストリー、ケーキ、ビスケットその他のベーカリー製品（ココアを含有するかしないかを問わない。）及び聖さん用ウエハー、医療用に適するオブラート、シーリングウエハー、ライスペーパーその他これらに類する物品						Bread, pastry, cakes, biscuits and other bakers' wares, whether or not containing cocoa; communion wafers, empty cachets of a kind suitable for pharmaceutical use, sealing wafers, rice paper and similar products:
1905.10	000	2	クリスプブレッド	12%	9%	4.5% ×無税 Free		KG	Crispbread
1905.20	000	6	ジンジャーブレッドその他これに類する物品	30%	18%	9% ×無税 Free		KG	Gingerbread and the like
			スイートビスケット、ワッフル及びウエハー						Sweet biscuits; waffles and wafers:
1905.31	000	2	スイートビスケット	24%	20.4%	×無税 Free		KG	Sweet biscuits
1905.32	000	1	ワッフル及びウエハー	30%	18%	15% ×無税 Free		KG	Waffles and wafers
1905.40	000	0	ラスク、トーストパンその他これらに類する焼いた物品	12%	9%	4.5% ×無税 Free		KG	Rusks, toasted bread and similar toasted products
1905.90			その他のもの						Other:
	100	1	1 パン、乾パンその他これらに類するベーカリー製品（砂糖、はちみつ、卵、脂肪、チーズ又は果実を加えたものを除く。）	12%	9%	×無税 Free		KG	1 Bread, ship's biscuits and other ordinary bakers' wares, not containing added sugar, honey, eggs, fats, cheese or fruit
	200	3	2 聖さん用ウエハー、医療用に適するオブラート、シーリングウエハー、ライスペーパーその他これらに類する物品	6.4%	6%	×無税 Free		KG	2 Communion wafers, empty cachets of a kind suitable for pharmaceutical use, sealing wafers, rice paper and similar products
			3 その他のもの						3 Other:
			(1) 砂糖を加えたもの						(1) Containing added sugar:
	311	2	A あられ、せんべいその他これらに類する米菓	40%	34%	×無税 Free		KG	A Arare, Senbei and similar rice products
	312	3	B ビスケット、クッキー及びクラッカー	24%	15%	×無税 Free		KG	B Biscuits, cookies and crackers
	314	5	C 主としてばれいしょの粉から成る混合物を成型した後、食用油で揚げ又は焼いたもの	9.6%	9%	×無税 Free		KG	C Crisp savoury food products, made from a dough based on potato powder
			D その他のもの	30%		15% ×無税 Free			D Other:

番号 No.	統計細分 Stat. Code No.	NACCS用	品名	税率 Rate of Duty 基本 General	協定 WTO	特恵 Preferential	暫定 Temporary	単位 Unit	Description
(1905.90)	313	4	－ピザ（冷蔵し又は冷凍したものに限る。）		24%			KG	Pizza, chilled or frozen
	319	3	－その他のもの		25.5%			KG	Other
			(2) その他のもの						(2) Other:
	321	5	A あられ、せんべいその他これらに類する米菓	35%	29.8%	×無税 Free		KG	A Arare, Senbei and similar rice products
	322	6	B ビスケット、クッキー及びクラッカー	20%	13%	×無税 Free		KG	B Biscuits, cookies and crackers
	323	0	C 主としてばれいしょの粉から成る混合物を成型した後、食用油で揚げ又は焼いたもの	9.6%	9%	×無税 Free		KG	C Crisp savoury food products, made from a dough based on potato powder
	329	6	D その他のもの	25%	21.3%	12.5% ×無税 Free		KG	D Other

第20類　野菜、果実、ナットその他植物の部分の調製品

Chapter 20　Preparations of vegetables, fruit, nuts or other parts of plants

注

1～3（省略）

4 トマトジュースで含有物の乾燥重量が全重量の7%以上のものは、第20.02項に属する。

Notes.

1.- ～ 3.-（省略）

4.- Tomato juice the dry weight content of which is 7% or more is to be classified in heading 20.02.

番号 No.	統計細分 Stat. Code No.	NACCS用	品名	税率 Rate of Duty 基本 General	協定 WTO	特恵 Preferential	暫定 Temporary	単位 Unit	Description
20.02			調製し又は保存に適する処理をしたトマト（食酢又は酢酸により調製し又は保存に適する処理をしたものを除く。）						Tomatoes prepared or preserved otherwise than by vinegar or acetic acid:
2002.10	000	4	トマト（全形のもの及び断片状のものに限る。）	9.6%	9%	7.6% ×無税 Free		KG	Tomatoes, whole or in pieces
2002.90			その他のもの						Other:
	100	3	1 砂糖を加えたもの	22.4%	13.4%	×無税 Free		KG	1 Containing added sugar
			2 その他のもの						2 Other:
			(1) トマトピューレー及びトマトペースト	20%					(1) Tomato purée and tomato paste:

番号 No.	統計細分 Stat. Code No.	NACCS用	品名	税率 Rate of Duty 基本 General	 協定 WTO	 特恵 Prefer-ential	 暫定 Tempo-rary	単位 Unit	Description
(2002.90)			－気密容器入りのもの 注:保税工場において輸出用の魚又は貝類の缶詰の製造に使用し、かつ、積み戻したものは、関税法により輸入貨物とせず、関税を課さない。		16%				In airtight containers Note: The goods, above mentioned, when used at a bonded manufacturing warehouse for the manufacture of canned fish or shellfish for export and re-exported shall be exempted from customs duty in accordance with the provisions of the Customs Law, Law No.61, 1954:
	211	2	－－トマトケチャップその他のトマトソースの製造に使用するものについて、当該年度における国内需要見込数量から国内生産見込数量を控除した数量を基準とし、国際市況その他の条件を勘案して政令で定める数量以内のもの			○無税 Free		KG	For the quantity (quota) stipulated for manufacture of tomato ketchup and other tomato sauces by a Cabinet Order, on the basis of the quantity of prospective domestic demand in the coming fiscal year (April-March) with deduction of the quantity of prospective domestic production, and also in consideration of international market situation and other relevant conditions
	219	†	－－その他のもの			×無税 Free		KG	Other
			－その他のもの		16%				Other:
	221	5	－－トマトケチャップその他のトマトソースの製造に使用するものについて、当該年度における国内需要見込数量から国内生産見込数量を控除した数量を基準とし、国際市況その他の条件を勘案して政令で定める数量以内のもの			○無税 Free		KG	For the quantity (quota) stipulated for manufacture of tomato ketchup and other tomato sauces by a Cabinet Order, on the basis of the quantity of prospective domestic demand in the coming fiscal year (April-March) with deduction of the quantity of prospective domestic production, and also in consideration of international market situation and other relevant conditions
	229	†	－－その他のもの			×無税 Free		KG	Other
	290	4	(2) その他のもの	9.6%	9%	7.6% ×無税 Free		KG	(2) Other

番号 No.	統計細分 Stat. Code No.	NACCS用	品名	税率 Rate of Duty 基本 General	協定 WTO	特恵 Preferential	暫定 Temporary	単位 Unit	Description
20.09			果実又は野菜のジュース（ぶどう搾汁を含み、発酵しておらず、かつ、アルコールを加えてないものに限るものとし、砂糖その他の甘味料を加えてあるかないかを問わない。）						Fruit juices (including grape must) and vegetable juices, unfermented and not containing added spirit, whether or not containing added sugar or other sweetening matter:
2009.50			トマトジュース						Tomato juice:
	100	1	1 砂糖を加えたもの	35%	29.8%	×無税 Free		L KG	1 Containing added sugar
	200	3	2 その他のもの	25%	21.3%	×無税 Free		L KG	2 Other

第21類　各種の調整食料品　　Chapter 21 Miscellaneous edible preparations

番号 No.	統計細分 Stat. Code No.	NACCS用	品名	税率 Rate of Duty 基本 General	協定 WTO	特恵 Preferential	暫定 Temporary	単位 Unit	Description
21.05									
2105.00			アイスクリームその他の氷菓（ココアを含有するかしないかを問わない。）						Ice cream and other edible ice, whether or not containing cocoa:
			1 砂糖を加えたもの						1 Containing added sugar:
			(1) しよ糖の含有量が全重量の50％未満のもの	28%		×無税 Free			(1) Less than 50 % by weight of sucrose:
			－各成分のうち砂糖の重量が最大のもの						Those, the largest single ingredient of which is sugar by weight:
	111	3	－－アイスクリーム		21%			KG	Ice cream
	112	4	－－その他のもの		(28%)			KG	Other
			－その他のもの						Other:
	113	5	－－アイスクリーム		21%			KG	Ice cream
	119	4	－－その他のもの		23.8%			KG	Other
			(2) その他のもの	35%		×無税 Free			(2) Other:
	191	6	－アイスクリーム		29.8%			KG	Ice cream
	199	0	－その他のもの		29.8%			KG	Other
			2 その他のもの	25%		×無税 Free			2 Other:
	210	4	－アイスクリーム		21.3%			KG	Ice cream
	290	0	－その他のもの		21.3%			KG	Other

第22類　飲料、アルコール及び食酢

Chapter 22　Beverage, spirits and vinegar

注
1～2（省略）
3　第22.02項において「アルコールを含有しない飲料」とは、アルコール分が0.5％以下の飲料をいう。アルコール飲料は、第22.03項から第22.06項まで又は第22.08項に属する。

Notes.
1.- ～ 2.-（省略）
3.- For the purposes of heading 22.02, the term "non-alcoholic beverages" means beverages of an alcoholic strength by volume not exceeding 0.5% vol. Alcoholic beverages are classified in headings 22.03 to 22.06 or heading 22.08 as appropriate.

番号 No.	統計細分 Stat. Code No.	NACCS用	品名	税率 Rate of Duty 基本 General	協定 WTO	特恵 Preferential	暫定 Temporary	単位 Unit	Description
22.01			水（天然又は人造の鉱水及び炭酸水を含むものとし、砂糖その他の甘味料又は香味料を加えたものを除く。）、氷及び雪						Waters, including natural or artificial mineral waters and aerated waters, not containing added sugar or other sweetening matter nor flavoured; ice and snow:
2201.10	000	5	鉱水及び炭酸水	3.2%	3%	無税 Free		L	Mineral waters and aerated waters
2201.90	000	2	その他のもの	無税 Free	(無税) (Free)			L	Other
22.02			水（鉱水及び炭酸水を含むものとし、砂糖その他の甘味料又は香味料を加えたものに限る。）その他のアルコールを含有しない飲料（第20.09項の果実又は野菜のジュースを除く。）						Waters, including mineral waters and aerated waters, containing added sugar or other sweetening matter or flavoured, and other non-alcoholic beverages, not including fruit or vegetable juices of heading 20.09:
2202.10			水（鉱水及び炭酸水を含むものとし、砂糖その他の甘味料又は香味料を加えたものに限る。）						Waters, including mineral waters and aerated waters, containing added sugar or other sweetening matter or flavoured:
	100	5	1 砂糖を加えたもの	22.4%	13.4%	×無税 Free		L	1 Containing added sugar
	200	0	2 その他のもの	16%	9.6%	×無税 Free		L	2 Other
			その他のもの						Other:
2202.91			ノンアルコールビール						Non-alcoholic beer:
	100	1	1 砂糖を加えたもの	22.4%	13.4%	×無税 Free		L	1 Containing added sugar
	200	3	2 その他のもの	16%	9.6%	×無税 Free		L	2 Other
2202.99			その他のもの						Other:
	100	0	1 砂糖を加えたもの	22.4%	13.4%	×無税 Free		L	1 Containing added sugar
	200	2	2 その他のもの	16%	9.6%	×無税 Free		L	2 Other
22.03									
2203.00	000	4	ビール	6.40円 (yen)/l	無税 Free	無税 Free		L	Beer made from malt

関税率表解説（抜すい）

第22類
飲料、アルコール及び食酢

22.02　水（鉱水及び炭酸水を含むものとし、砂糖その他の甘味料又は香味料を加えたものに限る。）その他のアルコールを含有しない飲料（第20.09項の果実又は野菜のジュースを除く。）

（省略）

この項には、この類の注３に規定されているアルコールを含有しない飲料で、他の項、特に20.09項又は22.01 項に属さないものを含む。

（A）水（鉱水及び炭酸水を含むものとし、砂糖その他の甘味料又は香味料を加えたものに限る。）

このグループには、次の物品を含む。

（1）甘味を付け又は香味を付けた天然又は人造の鉱水

（2）レモネード、オレンジエード、コーラのような飲料：通常の飲料水（甘味を有するか有しないかを問わない。）に果汁、果実エッセンス又は複合エキスで香味付けしたもので、場合によってはくえん酸又は酒石酸が添加される。これらの飲料は、しばしば炭酸ガスを封入して通常びん又はその他の密閉容器に詰められている。

（B）ノンアルコールビール

このグループには、次の物品を含む。

（1）麦芽から作ったビールで、アルコール分が0.5％以下のもの

（2）ジンジャービール及びハーブビールで、アルコール分が0.5％以下のもの

（3）ビールとアルコールを含有しない飲料との混合物（例えば、レモネード）で、アルコール分が0.5％以下のもの

解　答	(a)	①	(b)	⑥	(c)	⑭	(d)	⑨	(e)	⑩	(f)	2856000
	(g)	2374400	(h)	1030400	(i)	0323680	(j)	0286720				

1　為替レート

令和3.9.12～令和3.9.18までのレートを適用し，US$1＝¥112.00となる。

2　統計品目番号は，次のようになる。仕入書上に記載はないが，解説の便宜のため(1)～(6)までの番号を付する。

(1)　ノンアルコールビール（麦芽から作ったもの）：2202.91-2003

関税率表解説22.02項(B)(1)より，麦芽から作ったビールでアルコール分が0.5％以下のものは，ノンアルコールビールに分類する。2202.91号のうち，砂糖を加えていないものであるので，上記の番号に分類する。

(2)　クッキー：1905.90-3123

クッキーはココアを含有するかしないかを問わず，19.05項に属する（18類注1）。砂糖を加えているので上記の番号に分類する。

(3)　チューインガム：1704.10-0005

ココアを含有しない，砂糖を使用したチューインガムは上記の番号に分類する。

(4)　トマトジュース：2009.50-2003

問題文10より，含有物の乾燥重量が全重量の6％であり，第20類注4に規定する7％以上のものに該当しないので，トマトジュースとして20.09項に属し，砂糖を加えていないので上記の番号に分類する。

(5)　レモネード：2202.10-1005

アルコールは含有しておらず，関税率表解説22.02項(A)(2)より，レモネードは2202.10号に含まれ，また，問題文11より，水に砂糖を加えたものであるので上記の番号に分類する。

(6)　アイスクリーム：2105.00-1916

アイスクリームはココアを含有するかしないかを問わず，21.05項に属する（18類注1）。砂糖を加えたもので，しょ糖の含有量が52％であるので，上記の番号に分類する。

3　申告価格等

(1)のビールについて，問題文7より，輸入者が5,000米ドルで購入し，輸出者に提供して5,000米ドルの支払いを受けた原料の代金については，輸出者に無償又は値引きをして提供しているわけではないので加算要素に該当せず，現実支払価格にも該当しないため，加算する必要はない。また，買手がB社にビールの原料の買付けを委託し，当該買付け業務の対価として支払う200米ドルは，原料の買付手数料であり，輸入貨物の原料を取得し提供するために必要な費用であるので課税価格に算入する。なお，買手が負担した，当該原料を売手に提供するために要する運送費用1,000米ドルは課税価格に算入する。

(2)のクッキーについて，問題文８より，買手により，売手に無償で提供した包装材の提供費用1,200米ドルは，課税価格に算入する。また，輸入港で船卸し後，保税蔵置場で保管する費用70,000円は課税価格に算入しない。

(3)のチューインガムについて，問題文９より，買手が広告会社に支払った販売促進費用4,000米ドルは課税価格に算入しない。

各欄ごとの貨物の価格は，次のようになる。

(f)…貨物(3)　　：＄25,500×￥112＝￥2,856,000
(g)…貨物(2)　　：(＄20,000＋＄1,200)×112円＝￥2,374,400
(h)…貨物(1)　　：(＄8,000＋＄200＋＄1,000)×￥112＝￥1,030,400
(i)…貨物(4)　　：＄2,890×￥112＝￥323,680
(j)…貨物(5)，(6)：(＄1,560＋＄1,000)×￥112＝￥286,720

貨物(5)，(6)は品目番号が異なるが，(5)は＄1,560×￥112＝￥174,720となり，ともに20万円以下であるので，問題文の指示により一括する。(5)の貨物の税率は13.4％（協定），(6)の貨物の税率は29.8％（協定）で，問題文の指示により関税率が高い(6)の番号で一括し，10桁目は「X」とする。

第4編

最新本試験問題編

2023年本試験問題

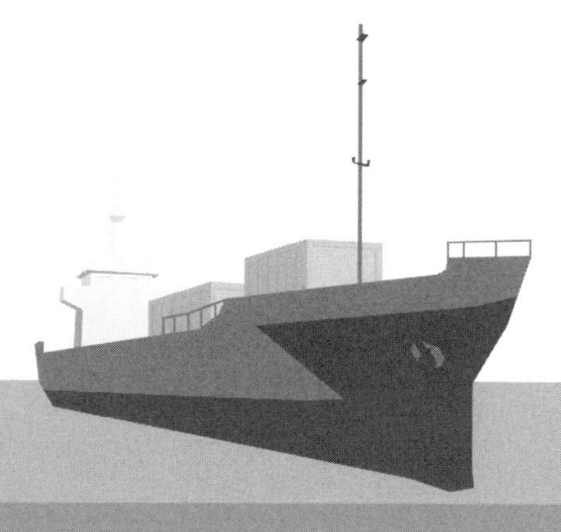

CONTENTS

◆ 目 次 ◆

問　題

解答・解説

通関業法 （時間　50分）

【選　択　式】――― 第１問～第５問：各問題５点　第６問～第10問：各問題２点 ―――

第１問　次の記述は、通関業法第１条に規定する同法の目的及び同法第２条に規定する用語の定義に関するものであるが、（　　）に入れるべき最も適切な語句を下の選択肢から選び、その番号をマークしなさい。

1　通関業法は、通関業を営む者についてその（　イ　）、通関士の設置等必要な事項を定め、その業務の（　ロ　）運営を図ることにより、関税の（　ハ　）その他貨物の通関に関する手続の（　ニ　）な実施を確保することを目的とする。

2　「通関業」とは、（　ホ　）通関業務を行うことをいう。

①　安定的な	②　依頼者から料金を受領して	③　円滑かつ迅速
④　確定及び納付	⑤　業として	⑥　業務の規制
⑦　経営に関する事項	⑧　健全な	⑨　申告納付
⑩　他人の依頼によって	⑪　通関業務の依頼者の保護	⑫　適正かつ迅速
⑬　適正な	⑭　適切かつ確実	⑮　賦課徴収

第４編（最新本試験問題編）通関業法

第２問　次の記述は、通関業法第２条に規定する通関業務及び同法第７条に規定する関連業務に関するものであるが、(　　　)に入れるべき最も適切な語句を下の選択肢から選び、その番号をマークしなさい。

1　通関業務には、他人の依頼によって、次の手続又は行為につき、その依頼をした者の代理又は代行をすることを含む。

(1)　関税法その他関税に関する法令に基づき税関官署に対してする輸入の申告からその（　イ　）を得るまでの手続（関税の（　ロ　）に関する手続を含む。）

(2)　関税法その他関税に関する法令の規定に基づく税関官署の調査、検査又は処分につき、税関官署に対してする（　ハ　）又は陳述

2　通関業者は、通関業務のほか、その関連業務として、(　ニ　)を用いて、他人の依頼に応じ、通関業務に（　ホ　）し、後続し、その他当該通関業務に関連する業務を行うことができる。

① 依頼者の名称	② 回答	③ 確定
④ 確定及び納付	⑤ 許可	⑥ 質問
⑦ 主張	⑧ 承認	⑨ 先行
⑩ 通関業者の名称	⑪ 通関士の名義	⑫ 認可
⑬ 納付	⑭ 付随	⑮ 並行

第３問　次の記述は、通関業法第６条に規定する通関業の許可に係る欠格事由に関するものであるが、（　　　）に入れるべき最も適切な語句を下の選択肢から選び、その番号をマークしなさい。

財務大臣は、許可申請者が次のいずれかに該当する場合には、通関業の許可をしてはならない。

（１）関税法第110条第１項（関税を免れる等の罪）の規定に該当する違反行為をして同法の規定により通告処分を受けた者であって、その（　イ　）から（　ロ　）を経過しないもの

（２）公務員で懲戒免職の処分を受け、当該処分を受けた日から（　ハ　）を経過しないもの

（３）法人であって、その役員（いかなる名称によるかを問わず、これと同等以上の（　ニ　）を有する者を含む。）のうちに、（　ホ　）以上の刑に処せられた者であって、その執行を終わり、又は執行を受けることがなくなってから（　ロ　）を経過しない者があるもの

① １年	② ２年	③ ３年
④ ４年	⑤ ５年	⑥ ７年
⑦ 影響力	⑧ 科料	⑨ 禁錮
⑩ 拘留	⑪ 職権又は支配力	⑫ 地位
⑬ 通告処分を受けた日の翌日		
⑭ 通告処分を受けた日の翌日から起算して20日を経過した日		
⑮ 通告の旨を履行した日		

第４問　次の記述は、通関業法第22条に規定する通関業者の記帳、届出、報告等に関するものであるが、（　　　）に入れるべき最も適切な語句を下の選択肢から選び、その番号をマークしなさい。

1　法人である通関業者は、通関業務を行う営業所に、（　イ　）従業者が新たに置かれた場合は、（　ロ　）、その者の（　ハ　）その他参考となるべき事項を記載した届出書を財務大臣に提出しなければならない。

2　法人である通関業者は、（　ニ　）が新たに置かれた場合に財務大臣に提出する届出書に、当該（　ニ　）の（　ホ　）その他参考となるべき書面を添付しなければならない。

①　営業担当の	②　会計監査人	③　監査役
④　経理事務の	⑤　戸籍謄本	⑥　氏名
⑦　氏名及び国籍	⑧　氏名及び住所	⑨　住民票
⑩　その異動の日後10日以内に	⑪　その都度	⑫　通関業務の
⑬　通関業務を担当する役員	⑭　毎年１回	⑮　履歴書

第５問　次の記述は、通関業者に対する業務改善命令及び通関業者に対する監督処分に関するものであるが、（　　）に入れるべき最も適切な語句を下の選択肢から選び、その番号をマークしなさい。

1　財務大臣は、（　イ　）のために必要があると認めるときは、その必要の限度において、通関業者に対し、その業務の運営の改善に必要な措置をとるべきことを命ずることができる。

2　財務大臣は、通関業者が次のいずれかに該当するときは、その通関業者に対し、１年以内の期間を定めて通関業務の全部若しくは一部の停止を命じ、又は（　ロ　）をすることができる。

（1）　通関業者が、（　ハ　）の規定に違反したとき。

（2）　通関業者の役員につき、（　ハ　）の規定に違反する行為があった場合又は通関業者の（　ニ　）ような行為があった場合において、その（　ホ　）があるとき。

①　関税法その他関税に関する法令	②　許可の取消し
③　国税又は地方税に関する法令	④　信用を害する
⑤　通関業者に財産上の損害	⑥　通関業者に重大な過失
⑦　通関業者の責めに帰すべき理由	⑧　通関業者の役員の解任
⑨　通関業の運営に係る透明性の確保	⑩　通関業の適正な遂行
⑪　通関業の廃止の命令	⑫　通関手続の迅速な実施
⑬　法令遵守のための社内管理規則	⑭　名誉を毀損する
⑮　利益を損なう	

第６問　次の記述は、通関業法第12条に規定する通関業者の変更等の届出に関するものであるが、その記述の正しいものはどれか。すべてを選び、その番号をマークしなさい。

1　通関業者は、通関業法第13条の規定により通関業務を行う営業所に置かれている通関士の数に変更があった場合には、遅滞なくその旨を財務大臣に届け出なければならない。

2　通関業者は、通関業務を行う営業所における通関士以外の通関業務の従業者の数に変更があった場合には、遅滞なくその旨を財務大臣に届け出なければならない。

3　通関業者は、通関業以外に営む事業の種類に変更があった場合には、遅滞なくその旨を財務大臣に届け出なければならない。

4　通関業者は、その資産の状況に変更があった場合には、遅滞なくその旨を財務大臣に届け出なければならない。

5　通関業者は、通関業務を行う営業所の責任者の氏名に変更があった場合には、遅滞なくその旨を財務大臣に届け出なければならない。

第７問　次の記述は、通関士の設置に関するものであるが、その記述の正しいものはどれか。すべてを選び、その番号をマークしなさい。

1　通関業者は、通関士を置かなければならないこととされる営業所ごとに、通関業務に係る貨物の数量及び種類並びに通関士の審査を要する通関書類の数、種類及び内容に応じて必要な員数の通関士を置かなければならない。

2　通関業者は、通関業務を行う営業所における業務量からみて通関士を置く必要がないと認められるときは、当該営業所に通関士を置くことを要しない。

3　通関業者は、通関士を置かなければならないこととされる営業所ごとに、専任の通関士を１名以上置かなければならない。

4　通関業者が通関業務を行う営業所に通関士を置くことを要しない場合における当該営業所において取り扱う通関業務に係る貨物が「一定の種類の貨物のみに限られている場合」とは、その行う通関業務に係る貨物が一定種類に限られており、通関業務の内容が簡易かつ、定型化されている場合をいうこととされている。

5　通関業者は、通関業務を行う営業所の新設の許可の条件として、その取り扱う通関業務に係る貨物について一定の種類の貨物のみに限る条件が付されている場合には、当該営業所に通関士を置くことはできない。

第８問　次の記述は、通関業法第15条に規定する更正に関する意見の聴取及び同法第16条に規定する検査の通知に関するものであるが、その記述の正しいものはどれか。すべてを選び、その番号をマークしなさい。

1　税関長は、通関業者が他人の依頼に応じて税関官署に対してした納税の申告について更正をすべき場合であっても、当該更正が当該申告に係る貨物の関税率表の適用上の所属の相違に基因して納付すべき関税の額を増加するものであるときは、当該通関業者に対し、当該相違に関し意見を述べる機会を与えることを要しない。

2　税関長は、通関業者が他人の依頼に応じて税関官署に対してした納税の申告について更正をすべき場合において、当該更正が計算の誤りに基因して納付すべき関税の額を増加するものであるときは、当該通関業者に対し、当該相違に関し意見を述べる機会を与えなければならない。

3　税関長は、通関業者が他人の依頼に応じて税関官署に対してした納税の申告について更正をすべき場合において、当該更正が当該申告に係る貨物の課税価格の相違に基因して納付すべき関税の額を減少するものであるときは、当該通関業者に対し、当該相違に関し意見を述べる機会を与えなければならない。

4　通関業法第15条の規定に基づく更正に関する意見の聴取は、通関士が設置されている場合にあっては、原則として通関士から行い、その他の場合にあっては、営業所の責任者又はこれに準ずる者から行うこととされている。

5　税関長は、通関業者の行う通関手続に関し、税関職員に関税法第43条の４第１項の保税蔵置場に外国貨物を置くことの承認の際の検査をさせるときは、当該通関業者又はその従業者の立会いを求めるため、その旨を当該通関業者に通知しなければならない。

第９問　次の記述は、通関業者又は通関士の義務に関するものであるが、その記述の正しいものはどれか。すべてを選び、その番号をマークしなさい。

1　正当な理由がなくて、通関業務に関して知り得た秘密を他に漏らす行為をした通関士の当該行為については、通関士に対する懲戒処分の対象とされている。

2　通関士は、自ら通関書類の審査を行うことなく他人に自己の記名をさせてはならないこととされている。

3　通関業者は、通関士が通関業務に従事している営業所における通関業務として他人の依頼に応じて税関官署に提出する輸入申告書について、通関士にその内容を審査させ、かつ、これに記名させなければならない。

4　通関業者は、他人に自己の名義の印章を使用させ、自己の名義で通関業務を行わせることができることとされている。

5　通関業法第18条の規定による通関業務の料金の額の掲示については、インターネット上で当該料金の額の閲覧を可能とする方法により行うことができないこととされている。

第10問　次の記述は、通関業法に規定する罰則に関するものであるが、その記述の正しいものはどれか。すべてを選び、その番号をマークしなさい。

1　通関業法第３条第２項の規定により通関業の許可に付された条件に違反して、当該条件により限定された種類以外の貨物につき、通関業を営んだ者は、同法の規定に基づき懲役又は罰金に処せられることがある。

2　通関業法第33条の規定に違反して自らの通関士の名義を他人に通関業務のため使用させた者は、同法の規定に基づき罰金に処せられることがある。

3　通関業法第40条第２項の規定に違反して通関士という名称を使用した通関士でない者は、同法の規定に基づき罰せられることはない。

4　通関業者である法人の従業者が、その法人の業務に関し、通関業法第38条第１項の規定に基づく税関職員による質問に偽りの答弁をしたときは、同法の規定に基づき、当該従業者が罰せられることがあるほか、その法人に対しても罰金刑が科せられることがある。

5　通関業者である法人の役員が、その法人の業務に関し、正当な理由がなくて、その通関業務に関して知り得た秘密を他に漏らしたときは、当該役員が罰せられることがあるほか、その法人に対しても罰金刑が科せられることがある。

【択　一　式】 ――― 各問題1点 ―――

第11問　次の記述は、通関業務及び関連業務に関するものであるが、その記述の正しいものはどれか。一つを選び、その番号をマークしなさい。なお、正しい記述がない場合には、「0」をマークしなさい。

1　他人の依頼によってその依頼をした者を代理してする関税法第7条第3項の規定による輸入貨物に係る課税標準の教示の求めは、通関業務に含まれる。

2　他人の依頼によってその依頼をした者を代理してする関税法第23条第1項の規定による本邦と外国との間を往来する船舶への外国貨物である船用品の積込みの申告は、通関業務に含まれる。

3　他人の依頼によってその依頼をした者を代理してする関税法第63条第1項の規定による外国貨物の保税運送の申告は、通関業務に含まれる。

4　他人の依頼によってその依頼をした者を代理して輸入申告をする場合において、他人の依頼に応じ、当該輸入申告の前に行われるその輸入に関して必要とされる外国為替及び外国貿易法の規定による経済産業大臣の輸入の承認の申請は、通関業務に含まれる。

5　他人の依頼によってその依頼をした者を代理してする関税法第43条の3第1項の規定による保税蔵置場に外国貨物を置くことの承認の申請は、関連業務に含まれる。

第12問　次の記述は、通関業の許可及び営業所の新設に関するものであるが、その記述の正しいものはどれか。一つを選び、その番号をマークしなさい。なお、正しい記述がない場合には、「0」をマークしなさい。

1　通関業者の通関業の許可に条件が付されていない場合において、財務大臣が当該通関業者の通関業務を行う営業所の新設の許可を行うときは、その営業所の新設の許可に条件を付することはできない。

2　通関業の許可を受けようとする者は、通関業許可申請書に、年間において取り扱う見込みの通関業務の量を記載した書面及び当該通関業務を依頼しようとする者の推薦状を添付しなければならない。

3　財務大臣は、通関業の許可をしようとするときは、その許可申請に係る通関業の経営の基礎が確実であることに適合するかどうかを審査しなければならないとされており、この「通関業の経営の基礎が確実であること」とは、許可申請者の資産内容が充実し、収支の状況が健全であり、かつ、通関業務を営むための必要な設備が整っていると認められることをいうこととされている。

4　財務大臣は、通関業務を行う営業所の新設の許可をしようとするときは、その許可申請に係る通関業務を行う営業所につき、通関業法第13条の要件を備えることとなっていることを審査しなければならないとされており、この「通関業法第13条の要件を備えることとなっていること」には、許可申請の際、通関士試験合格者を雇用する単なる見通しがある場合を含むこととされている。

5　認定通関業者である通関業者が通関業務を行う営業所を新たに設けようとする場合には、財務大臣にその旨を届け出ることにより当該営業所を新設することはできない。

第13問　次の記述は、通関業法第10条に規定する通関業の許可の消滅及び同法第11条に規定する通関業の許可の取消しに関するものであるが、その記述の誤っているものはどれか。一つを選び、その番号をマークしなさい。なお、誤っている記述がない場合には、「０」をマークしなさい。

1　通関業者が通関業を廃止したことにより通関業の許可が消滅した場合において、現に進行中の通関手続があるときは、当該通関手続については、当該通関業の許可を受けていた者が引き続き当該通関業の許可を受けているものとみなすこととされている。

2　財務大臣は、通関業者が偽りその他不正の手段により通関業の許可を受けたことが判明したときは、通関業法第11条の規定に基づき、当該通関業の許可を取り消すことができる。

3　財務大臣は、法人である通関業者であって、その役員が通関業法第６条第７号に規定する暴力団員に該当するに至ったときは、同法第11条の規定に基づき、当該通関業者の通関業の許可を取り消すことができる。

4　通関業者が関税法第111条（許可を受けないで輸出入する等の罪）の規定に該当する違反行為をして同法の規定により通告処分を受けた者に該当するに至ったときは、当該通関業者の通関業の許可は消滅する。

5　通関業の許可を受けた者がその許可の日から１年以内に通関業務を開始しない場合であっても、当該通関業の許可は消滅しない。

第14問　次の記述は、通関業の許可に基づく地位の承継に関するものであるが、その記述の誤っているものはどれか。一つを選び、その番号をマークしなさい。なお、誤っている記述がない場合には、「０」をマークしなさい。

1　通関業者が死亡し相続があった場合において、当該通関業者の通関業の許可に基づく地位を承継した者は、当該通関業者の死亡後60日以内に、その承継について財務大臣に承認の申請をすることができる。

2　法人である通関業者が合併する場合において、あらかじめ財務大臣の承認を受けたときは、その合併後存続する法人は、当該合併により消滅した法人の通関業の許可に基づく地位を承継することができる。

3　財務大臣は、法人である通関業者が合併する場合において、その合併後存続する法人が通関業の経営の基礎が確実であることについての基準に適合しないときは、通関業の許可に基づく地位の承継の承認をしないものとされている。

4　財務大臣は、通関業者について相続により通関業の許可に基づく地位の承継の承認をするに際しては、当該承認をしようとする承継に係る通関業の許可に付された条件を変更することはできない。

5　財務大臣は、法人である通関業者について合併により通関業の許可に基づく地位の承継の承認をするに際しては、当該承認をしようとする承継に係る通関業務を行う営業所の許可について新たに条件を付することができる。

第15問　次の記述は、通関業法第14条に規定する通関士の審査等に関するものであるが、その記述の誤っているものはどれか。一つを選び、その番号をマークしなさい。なお、誤っている記述がない場合には、「０」をマークしなさい。

1　通関業者は、通関士が通関業務に従事している営業所における通関業務として、他人の依頼に応じて税関官署に提出する関税法の規定に基づいて税関長に対してする不服申立てに係る不服申立書について、通関士にその内容を審査させなければならない。

2　通関業者は、通関士が通関業務に従事している営業所における通関業務として、他人の依頼に応じて税関官署に提出する修正申告書について、通関士にその内容を審査させなければならない。

3　通関業者は、通関士が通関業務に従事している営業所における通関業務として、他人の依頼に応じて税関官署に提出する更正請求書について、通関士にその内容を審査させなければならない。

4　通関業者は、通関士が通関業務に従事している営業所における通関業務として、他人の依頼に応じて税関官署に提出する関税の納期限の延長に係る申請書について、通関士にその内容を審査させなければならない。

5　通関業者は、通関士が通関業務に従事している営業所における通関業務として、他人の依頼に応じて税関官署に提出する保税工場に外国貨物を置くことの承認に係る申請書について、通関士にその内容を審査させなければならない。

第16問　次の記述は、通関業者又は通関士の義務に関するものであるが、その記述の誤っているものはどれか。一つを選び、その番号をマークしなさい。なお、誤っている記述がない場合には、「０」をマークしなさい。

1　法人である通関業者の役員及び通関士は、正当な理由がなくて、通関業務に関して知り得た秘密を盗用してはならないこととされており、これらの者がこれらの者でなくなった後も、同様とされている。
2　法人である通関業者の役員及び通関士は、通関業者又は通関士の信用又は品位を害するような行為をしてはならない。
3　通関業法の規定により通関業者が保存しなければならない通関業務に関する書類については、電磁的記録により保存することができることとされている。
4　通関業法第18条の規定により通関業者が掲示する料金の額は、依頼者に対する透明性を確保する観点から、依頼者にとって分かりやすいものでなければならないこととされている。
5　法人である通関業者が財務大臣に提出する定期報告書（その取扱いに係る通関業務及び関連業務の件数、これらについて受けた料金の額その他通関業務及び関連業務に係る事項を記載した報告書）には、その報告期間に係る事業年度の貸借対照表及び損益計算書を添付しなければならない。

第17問　次の記述は、通関業法第22条に規定する通関業者の記帳、届出、報告等に関するものであるが、その記述の正しいものはどれか。一つを選び、その番号をマークしなさい。なお、正しい記述がない場合には、「０」をマークしなさい。

1　通関業者は、通関業務に関する料金の受領を証する書類の写しについて、その作成後に保存することを要しない。
2　通関業者は、通関業務に関し、依頼者から依頼を受けたことを証する書類について、その作成の日後３年間保存しなければならない。
3　通関業者は、通関業務に関し、依頼者から受領した仕入書、運賃明細書及び保険料明細書について、その受領の日後３年間保存しなければならない。
4　通関業者が財務大臣に提出する定期報告書（その取扱いに係る通関業務及び関連業務の件数、これらについて受けた料金の額その他通関業務及び関連業務に係る事項を記載した報告書）には、その報告期間の末日における通関業務の用に供される資産の明細を記載することを要しない。
5　通関業者は、定期報告書（その取扱いに係る通関業務及び関連業務の件数、これらについて受けた料金の額その他通関業務及び関連業務に係る事項を記載した報告書）を毎年４月30日までに財務大臣に提出しなければならない。

第18問　次の記述は、通関業法第31条に規定する通関業者が通関士試験に合格した者を通関士という名称を用いてその通関業務に従事させようとする場合における財務大臣の確認に関するものであるが、その記述の誤っているものはどれか。一つを選び、その番号をマークしなさい。なお、誤っている記述がない場合には、「０」をマークしなさい。

1　通関業者は、他の通関業者の通関業務に従事する通関士について、当該他の通関業者に係る通関士と併任して、通関士という名称を用いて自己の通関業務に従事させようとするときは、当該他の通関業者の承諾を得なければならないこととされている。

2　通関業者は、他の通関業者の通関業務に従事する通関士について、当該他の通関業者に係る通関士と併任して、通関士という名称を用いて自己の通関業務に従事させようとするときは、財務大臣の確認を受けることを要しない。

3　通関業者は、通関士試験に合格した者である派遣労働者（労働者派遣事業の適正な運営の確保及び派遣労働者の保護等に関する法律第２条第２号に規定する派遣労働者をいう。）について、財務大臣の確認を受け、通関士という名称を用いてその通関業務に従事させることができる。

4　通関業者でない者は、通関士試験に合格した者について、財務大臣の確認を受けて通関士という名称を用いてその業務に従事させることはできない。

5　通関業者は、通関士試験に合格した者について財務大臣の確認を受けようとする場合には、その確認に係る届出に関する書面に、その合格した者が通関業法第31条第２項第１号及び第２号に規定する通関士の欠格事由に該当しないことを証する書面を添付しなければならない。

第19問　次の記述は、通関士となる資格及び通関士の資格の喪失に関するものであるが、その記述の正しいものはどれか。一つを選び、その番号をマークしなさい。なお、正しい記述がない場合には、「０」をマークしなさい。

1　通関士が、退職により通関業務に従事しないこととなった場合であっても、その通関士の資格を喪失しないこととされている。

2　通関士が、疾病により通関業務に従事できないこととなった場合であっても、当該通関士がその職にある限り、その通関士の資格を喪失しないこととされている。

3　通関士試験に合格した者は、その受験地を管轄する税関の管轄区域内においてのみ、通関士となる資格を有する。

4　不正な手段により通関業法第31条第１項の確認（通関業者が通関士試験に合格した者を通関士という名称を用いてその通関業務に従事させようとする場合における財務大臣の確認）を受けたことが判明した者については、税関長により通関士試験の合格の決定が取り消される。

5　通関士試験に合格した者が、その合格に係る官報での公告の日から３年間通関士として通関業務に従事しないときは、通関士となる資格を喪失する。

第20問　次の記述は、通関士に対する懲戒処分に関するものであるが、その記述の誤っているものはどれか。一つを選び、その番号をマークしなさい。なお、誤っている記述がない場合には、「０」をマークしなさい。

1　財務大臣は、通関士に対する懲戒処分として、通関士に対し、戒告したときは、その旨を公告することを要しない。

2　財務大臣は、通関士に対する懲戒処分として、通関士に対し、１年以内の期間を定めてその者が通関業務に従事することを停止することができる。

3　財務大臣は、通関士に対する懲戒処分として、通関士に対し、２年間その者が通関業務に従事することを禁止することができる。

4　通関士が、通関士に対する懲戒処分として、通関業務に従事することを停止された場合にあっては、当該通関士は、その停止の期間の経過後、直ちに通関士として通関業務に従事することができることとされている。

5　何人も、通関士に、財務大臣が通関士に対する懲戒処分をすることができる場合に該当する事実があると認めたときは、財務大臣に対し、その事実を申し出て、適当な措置をとるべきことを求めることができる。

関税法・関税定率法等（時間　1時間40分）

【選　択　式】――― 第1問～第5問：各問題5点　第6問～第15問：各問題2点 ―――

第1問　次の記述は、輸入通関に関するものであるが、（　　）に入れるべき最も適切な語句を下の選択肢から選び、その番号をマークしなさい。

1　関税法第67条の19（輸入申告の特例）の規定により、（　イ　）は、同法第67条の2第1項又は第2項（輸出申告又は輸入申告の手続）の規定にかかわらず、いずれかの税関長に対して輸入申告をすることができる。

2　輸入の許可を受けようとする貨物についての検査を税関長が指定した場所以外の場所で受けようとする者は、その貨物の品名及び数量並びにその検査を受けようとする（　ロ　）、場所及び事由を記載した申請書を当該貨物の置かれている場所を所轄する税関長に提出し、その（　ハ　）を受けなければならない。

3　輸入申告に係る貨物について、経済連携協定における関税についての特別の規定による便益の適用を受けようとする場合において、当該貨物の課税価格の総額が（　ニ　）であるときは、当該貨物が当該経済連携協定の規定に基づき当該経済連携協定の締約国の原産品とされるものであることを証明した又は（　ホ　）書類を税関長に提出することを要しない。

① 10万円以下	② 20万円以下	③ 30万円以下
④ 確認できる	⑤ 期間	⑥ 許可
⑦ 施設の管理者	⑧ 者の代理人	⑨ 承認
⑩ 申告する	⑪ 特例輸入者又は特例委託輸入者	
⑫ 特例輸入者又は認定通関業者		⑬ 届け出る
⑭ 認可	⑮ 認定通関業者	

第２問　次の記述は、関税の確定及び納付に関するものであるが、（　　　）に入れるべき最も適切な語句を下の選択肢から選び、その番号をマークしなさい。

1　申告納税方式とは、納付すべき税額又は当該税額がないことが（　イ　）のする申告により確定することを原則とし、その申告がない場合又はその申告に係る税額の計算が関税に関する法律の規定に従っていなかった場合その他当該税額が税関長の調査したところと異なる場合に限り、税関長の（　ロ　）により確定する方式をいう。

2　本邦に入国する者は、関税法第67条の規定により、その入国の際に貨物を携帯して輸入しようとする場合、当該貨物の品名並びに（　ハ　）その他必要な事項を税関長に申告しなければならない。この場合において、その申告に係る課税標準が税関長の調査したところと同じであるときは、その納付すべき税額の決定は、税関長がその決定に係る当該納付すべき税額その他の事項を記載した（　ニ　）を送達し、又は税関職員に口頭で当該決定の通知をさせることにより行う。

3　電子情報処理組織による輸出入等関連業務の処理等に関する法律第４条の規定による関税等の口座振替納付において、（　イ　）から預金の払出しとその払い出した金銭による関税等の納付を委託された金融機関が、税関長からその納付に必要な納付書の送付をされた場合において、その送付があった日の翌日までに当該納付書に基づき当該関税等を納付したときは、当該納付は当該納付書の送付の日にされたものとみなして、（　ホ　）に関する規定を適用する。

①　延滞税	②　課税通知書	③　課税標準となるべき数量及び価格	
④　課税標準となるべき数量及び価格、適用される税率並びに納付すべき税額			
⑤　課税標準となるべき数量及び価格並びに納付すべき税額			
⑥　処分	⑦　特例輸入者	⑧　荷受人	⑨　納税義務者
⑩　納税告知書	⑪　賦課決定通知書	⑫　附帯税	
⑬　補正	⑭　命令	⑮　利子税	

第3問　次の記述は、保税蔵置場に関するものであるが、（　　　）に入れるべき最も適切な語句を下の選択肢から選び、その番号をマークしなさい。

1　保税蔵置場に外国貨物を置くことができる期間は、当該貨物を（　イ　）から（　ロ　）である。

2　（　ハ　）者は、当該保税蔵置場の（　ニ　）を増加し、若しくは減少し、又はその改築、移転その他の工事をしようとするときは、あらかじめその旨を税関に届け出なければならない。

3　保税蔵置場にある外国貨物（輸出の許可を受けた貨物を除く。）が（　ホ　）ときは、あらかじめ税関長の承認を受けている場合を除き、当該（　ハ　）者から、直ちにその関税を徴収する。

①　3月	②　2年	③　3年
④　外国貨物を保税蔵置場に置いた		
⑤　外国貿易船又は外国貿易機から取り卸した日		
⑥　貨物の収容能力	⑦　貨物の取扱数量	⑧　貨物の保管機能
⑨　最初に保税蔵置場に入れた日		
⑩　最初に保税蔵置場に置くことが承認された日		⑪　消費された
⑫　亡失した	⑬　保税蔵置場の許可を受けた	
⑭　保税蔵置場の施設を所有する		⑮　滅却された

第４問　次の記述は、関税法及び関税定率法における用語の定義に関するものであるが、（　　　）に入れるべき最も適切な語句を下の選択肢から選び、その番号をマークしなさい。

1　関税法第２条第１項第４号の２（定義）に規定する「附帯税」とは、関税のうち延滞税、過少申告加算税、無申告加算税及び（　イ　）をいう。

2　関税法第13条第２項（還付及び充当）に規定する還付加算金の（　ロ　）の割合は、同項の規定にかかわらず、当分の間、各年の（　ハ　）（各年の前々年の９月から前年の８月までの各月における短期貸付けの平均利率（当該各月において銀行が新たに行った貸付け（貸付期間が１年未満のものに限る。）に係る利率の平均をいう。）の合計を12で除して計算した割合として各年の前年の11月30日までに財務大臣が告示する割合に年0.5％の割合を加算した割合）が（　ロ　）の割合に満たない場合には、その年中においては、当該（　ハ　）とする。

3　関税定率法第３条の２第１項本文（入国者の輸入貨物に対する簡易税率）の規定により、本邦に入国する者がその入国の際に携帯して輸入する貨物に対する関税の率は、輸入貨物について課される（　ニ　）を基礎として算出した同法別表の付表第１に定める税率によることとされており、同付表において、一部のアルコール飲料や（　ホ　）については個別の税率が定められ、その他の物品については15％の税率が定められている。

①　加熱式たばこその他の非燃焼吸引用の物品		②　紙巻たばこ
③　関税、消費税及び地方消費税の率を総合したもの		
④　関税、内国消費税及び地方消費税の率を総合したもの		
⑤　還付加算金確定割合	⑥　還付加算金実行割合	
⑦　還付加算金特例基準割合	⑧　重加算税	⑨　通常の関税率
⑩　年7.3％	⑪　年14.6％	⑫　年15％
⑬　葉巻たばこ	⑭　不納付加算税	⑮　利子税

第５問　次の記述は、関税暫定措置法第８条の２に規定する特恵関税制度に関するものであるが、（　　）に入れるべき最も適切な語句を下の選択肢から選び、その番号をマークしなさい。

1　関税暫定措置法第８条の２第１項に規定する特恵受益国等を原産地とする物品について、同項の特恵関税の適用を受けようとする場合において、当該物品の課税価格の総額が（　イ　）であるときは、当該特恵関税に係る原産地証明書を税関長に提出することを要しない。

2　関税暫定措置法第８条の２第１項に規定する特恵受益国等を原産地とする物品のうち、その原産地である特恵受益国等から当該特恵受益国等以外の地域を経由して本邦へ向けて運送される物品であっても、当該地域において、運送上の理由による（　ロ　）及び一時蔵置の取扱いのみがされたものについては、同項の特恵関税の適用を受けることができる。

3　関税暫定措置法第８条の２第１項の特恵関税に係る原産地証明書は、災害その他やむを得ない理由により有効期間を経過した場合において税関長の承認を受けたときを除き、その証明に係る物品についての（　ハ　）において、その発給の日から（　ニ　）以上を経過したものであってはならない。

4　関税暫定措置法第８条の２第１項に規定する特恵受益国等を原産地とする物品で、同項の特恵関税の適用の対象とされるものであっても、当該特恵受益国等を原産地とする当該物品の有する（　ホ　）の程度その他の事情を勘案して当該特恵関税を適用することが適当でないと認められる場合においては、当該物品の原産地である特恵受益国等及び当該物品を指定し、当該物品について当該特恵関税を適用しないことができる。

①　１万円以下	②　10万円以下	③　20万円以下
④　６月	⑤　１年	⑥　２年
⑦　価格弾力性	⑧　加工	⑨　機能及び特性
⑩　組立て	⑪　国際競争力	⑫　積替え
⑬　本邦への到着の日	⑭　輸入申告の日	⑮　輸入の許可の日

第６問　次の記述は、関税の修正申告、更正の請求、更正及び決定に関するものであるが、その記述の正しいものはどれか。すべてを選び、その番号をマークしなさい。

1　納税申告をした者は、当該納税申告により納付すべき税額に不足額があるときは、当該納税申告の日から３年以内に限り、税関長に対し、当該納税申告に係る課税標準又は納付すべき税額につき修正申告をすることができる。

2　納税申告をした者は、当該納税申告により納付すべき税額に関し当該税額を増額する更正があった場合であっても、その増額した後の納付すべき税額に不足額があるときは、その増額した更正について更正があるまでは、その増額した更正に係る納付すべき税額につき修正申告をすることができる。

3　納税申告が必要とされている貨物についてその輸入の時までに当該納税申告がないことにより税関長による納付すべき税額の決定を受けた者は、当該輸入の後に生じたやむを得ない理由により、当該決定により納付すべき税額が過大である場合には、税関長に対し、当該決定後の税額につき更正をすべき旨の請求をすることができる。

4　税関長の承認を受けて輸入の許可前に引き取られた貨物に係る更正の請求は、当該承認の日の翌日から起算して１年を経過する日と輸入の許可の日とのいずれか遅い日までの間に限り、行うことができる。

5　関税法第14条第１項（更正、決定等の期間制限）の規定により関税についての更正をすることができないこととなる日前６月以内にされた更正の請求に係る更正は、当該更正の請求があった日から６月を経過する日まで、することができる。

第７問　次の記述は、関税の納期限に関するものであるが、その記述の正しいものはどれか。すべてを選び、その番号をマークしなさい。

1　特例申告書の提出期限が土曜日、日曜日、国民の祝日に関する法律に規定する休日その他一般の休日、12月29日、同月30日又は同月31日に当たるときは、これらの日の翌日をもってその提出期限とみなされる。

2　関税定率法第19条の３第１項（輸入時と同一状態で再輸出される場合の戻し税等）の規定による関税の払戻しが、これを受ける者の申請に基づいて過大な額で行われた場合には、その過大であった部分の金額に相当する関税額について、当該関税額に係る納税告知書を発する日の翌日から起算して７日を経過する日までに納付しなければならない。

3　関税法第９条の２第１項（納期限の延長）の規定により納付すべき期限が延長された関税についての同法第12条第９項（延滞税）に規定する法定納期限は、当該関税を課される貨物の輸入の許可の日である。

4　特例申告貨物について、特例申告書をその提出期限までに提出した後にされた更正により納付すべき関税についての関税法第12条第９項（延滞税）に規定する法定納期限は、当該提出期限と当該更正に係る更正通知書が発せられた日とのいずれか遅い日である。

5　期限内特例申告書に記載された納付すべき税額に相当する関税については、その特例申告書の提出期限までに国に納付しなければならない。

第８問　次の記述は、輸出通関に関するものであるが、その記述の正しいものはどれか。すべてを選び、その番号をマークしなさい。

1　特定委託輸出者が特定委託輸出申告を行う場合には、その申告に係る貨物が置かれている場所から当該貨物を外国貿易船又は外国貿易機に積み込もうとする開港、税関空港又は不開港までの運送を特定保税運送者に委託することを要しない。

2　税関長が、輸出申告があった場合において輸出の許可の判断のために必要があるときに、当該輸出申告の内容を確認するために輸出者に提出させることができる書類には、当該輸出申告に係る貨物の契約書、仕入書及び包装明細書が含まれることとされている。

3　コンテナーに詰められた状態で輸出の許可を受けるため保税地域に搬入される貨物について、輸出申告の後、当該貨物が当該保税地域に搬入される前であっても、輸出者からの申出があることをもって、税関職員は関税法第67条の規定による検査を行うことができることとされている。

4　再包装が困難な貨物で仕入書により当該貨物の内容が明らかであり、当該貨物が保税地域に搬入される前に関税法第67条の規定による検査を実施することについて支障がない場合は、輸出者からの申出により、税関職員は、輸出申告の後、当該貨物が当該保税地域に搬入される前に当該検査を行うことができることとされている。

5　外国貿易船により有償で輸出される貨物について輸出申告書に記載すべき貨物の価格は、当該貨物の本邦の輸出港における本船甲板渡し価格である。

第９問　次の記述は、輸入通関に関するものであるが、その記述の正しいものはどれか。すべてを選び、その番号をマークしなさい。

1　外国貿易船に積み込んだ状態で輸入申告をすることが必要な貨物を輸入しようとする者は、当該貨物が他の貨物と混載されておらず、かつ、当該貨物の積付けの状況が検査を行うのに支障がない場合には、税関長の承認を受けることなく、当該貨物を保税地域に入れないで輸入申告をすることができる。

2　特例委託輸入者でその特例申告に係る特例申告書をその提出期限までに提出していない者は、その提出期限後においては、税関長に特例申告書を提出することができない。

3　申告納税方式が適用される輸入貨物のうち、当該輸入貨物の課税標準となるべき価格が１万円以下の物品を輸入しようとする者は、税関長への輸入申告を行うことを要しないこととされている。

4　輸入（納税）申告をしようとする者は、その輸入しようとする貨物の種類にかかわらず、予備審査制に基づく輸入貨物に係る予備申告を行うことができることとされている。

5　外国貿易船により輸入される貨物に係る予備審査制に基づく予備申告は、輸入申告予定日における外国為替相場が公示された日又は当該貨物に係る船荷証券が発行された日のいずれか遅い日から行うことができることとされている。

第10問　次の記述は、関税法第71条（原産地を偽った表示等がされている貨物の輸入）に規定する原産地の表示に関するものであるが、その記述の正しいものはどれか。すべてを選び、その番号をマークしなさい。

1　原産地について誤認を生じさせる表示がされている外国貨物であっても、原産地について偽った表示がされているものでなければ、当該外国貨物について、輸入の許可を受けることができる。

2　原産地について偽った表示がされている外国貨物を輸入しようとする者は、当該外国貨物の真正な原産地を証明する原産地証明書を税関長に提出した場合であっても、当該外国貨物について、輸入の許可を受けることができない。

3　原産地について誤認を生じさせる表示がされている外国貨物を輸入しようとする者は、当該外国貨物の関税額に相当する担保を税関長に提供した場合には、当該外国貨物について、輸入の許可を受けることができる。

4　原産地について偽った表示がされている外国貨物であっても、当該表示が当該外国貨物の容器にのみ間接的に表示されている場合には、当該外国貨物について、輸入の許可を受けることができる。

5　税関長は、原産地について偽った表示がされていることにより留置した外国貨物について、当該表示が消されると認められる場合には、当該外国貨物を返還することとされている。

第11問　次の記述は、特例輸入者及び特定輸出者に関するものであるが、その記述の正しいものはどれか。すべてを選び、その番号をマークしなさい。

1　税関長は、関税、内国消費税及び地方消費税の保全のために必要があると認めるときは、特例輸入者に対し、金額及び期間を指定して、関税、内国消費税及び地方消費税につき担保の提供を命ずることができ、特例輸入者が過少申告加算税を課された場合は、税関長は直ちに担保の提供を命じなければならないこととされている。

2　特定輸出者は、輸出しようとする貨物が置かれている場所から当該貨物を外国貿易船に積み込もうとする開港までの運送を特定保税運送者に委託することにより、輸出貿易管理令別表第1の1の項の中欄に掲げる貨物につき特定輸出申告を行うことができる。

3　税関長は、特定輸出申告書に記載された品名と特定輸出申告が行われ税関長の輸出の許可を受けた貨物が相違することが判明したことにより、当該貨物が外国貿易船に積み込まれるまでの間に当該貨物に係る輸出の許可を取り消す場合において必要があると認めるときは、税関職員に当該貨物の検査をさせることができることとされている。

4　特例申告を行う場合は、特例申告に係る貨物で輸入の許可を受けたものについて、特例申告書を作成し、当該許可の日の属する月の翌月末日までに当該許可をした税関長に提出しなければならない。

5　特例輸入者は、複数の輸入の許可に係る特例申告をまとめて行う場合には、当該許可をした税関長にあらかじめその旨を届け出なければならないこととされている。

第12問　次の記述は、関税定率法に規定する関税の軽減、免除又は払戻しに関するものであるが、その記述の正しいものはどれか。すべてを選び、その番号をマークしなさい。

1　輸入貨物が、輸入申告の後、輸入の許可前に損傷した場合においては、関税定率法第10条第１項（変質、損傷等の場合の減税又は戻し税等）の規定により、当該貨物の損傷による価値の減少に基づく価格の低下率を基準として、その関税の軽減を受けることができない。

2　輸入の許可を受けた貨物が、輸入の許可後引き続き、保税地域に置かれている間に、災害により滅失した場合においては、関税定率法第10条第２項（変質、損傷等の場合の減税又は戻し税等）の規定により、その関税（附帯税を除く。）の全部の払戻しを受けることができる。

3　国際親善のため、国にその用に供するものとして寄贈される物品で輸入されるものは、その輸入の許可の日から２年以内にその用途以外の用途に供される場合であっても、関税定率法第15条第１項（特定用途免税）の規定により、その関税の免除を受けることができる。

4　赤十字国際機関から日本赤十字社に寄贈された器具で、日本赤十字社が直接医療用に使用するものと認められるもので輸入され、その輸入の許可の日から２年以内にその用途以外の用途に供されないものについては、関税定率法第15条第１項（特定用途免税）の規定により、その関税の免除を受けることができる。

5　本邦にある外国の大使館又は公使館に属する公用品で輸入されるものについては、相互条件により関税の免除に制限がある場合を除き、関税定率法第16条第１項（外交官用貨物等の免税）の規定により、その関税の免除を受けることができる。

第13問　次の記述は、関税定率法第４条第１項に規定する課税価格の決定の原則に基づき輸入貨物の課税価格を計算する場合に関するものであるが、その記述の正しいものはどれか。すべてを選び、その番号をマークしなさい。

1　輸入取引に係る契約において輸入貨物の輸入港までの運賃を買手が負担することとされている場合は、当該運賃は当該輸入貨物につき現実に支払われた又は支払われるべき価格に含まれていないものとして取り扱い、当該輸入貨物を輸入港まで運送するために実際に要した運送費用の額を買手が負担するときに限り、当該運送費用の額を当該輸入貨物につき現実に支払われた又は支払われるべき価格に加算することとされている。

2　輸入貨物に係る輸入取引に関し、買手により負担される当該輸入貨物に係る仲介料その他の手数料として当該輸入貨物につき現実に支払われた又は支払われるべき価格に、その含まれていない限度において加算しなければならないものに該当するか否かの判断は、契約書等における名称のみによるものではなく、その手数料を受領する者が輸入取引において果たしている役割及び提供している役務の性質を考慮して行うものとされている。

3　輸入貨物に係る輸入取引に関し、当該輸入貨物の売手と協力して販売を行う者に対し売手が支払う販売手数料は、当該輸入貨物の課税価格に含まれることとされている。

4　輸入貨物の生産及び輸入取引に関連して、当該輸入貨物の生産のために使用された金型を買手が売手に無償で提供した場合において、買手が当該金型の提供に要した費用の額は当該輸入貨物の課税価格に含まれる。

5　輸入貨物の生産及び輸入取引に関連して、当該輸入貨物の買手が本邦以外で自ら開発した役務で、当該買手により無償で提供され、当該輸入貨物のみの生産に利用されたものについては、当該役務の開発に要した費用に当該役務を当該輸入貨物の生産に関連して提供するために要した運賃、保険料その他の費用であって買手により負担されるものを加算した費用の額が当該輸入貨物の課税価格に含まれる。

第14問　次の記述は、外国為替及び外国貿易法第48条に規定する経済産業大臣の輸出の許可及び承認に関するものであるが、その記述の正しいものはどれか。すべてを選び、その番号をマークしなさい。

1　輸出貿易管理令別表第２の33の項の中欄に掲げるうなぎの稚魚を、アメリカ合衆国を仕向地として輸出する場合において、その輸出する貨物の総価額が５万円以下のものであるときは、経済産業大臣の輸出の承認を受けることを要しない。

2　輸出貿易管理令別表第２の43の項の中欄に掲げる重要文化財を輸出しようとする場合において、文化財保護法の規定に基づく文化庁長官の許可を受けているときであっても、経済産業大臣の輸出の承認を受けなければならない。

3　輸出貿易管理令別表第１の１の項の中欄に掲げる軍用航空機の部分品のうち、修理を要するものを無償で輸出しようとする場合には、経済産業大臣の輸出の許可を受けることを要しない。

4　輸出貿易管理令別表第１の16の項の中欄に掲げる関税定率法別表第95類に該当する玩具を、ドイツを仕向地として輸出しようとする場合には、経済産業大臣の輸出の許可を受けなければならない。

5　経済産業大臣は、外国為替及び外国貿易法第48条第１項の規定により経済産業大臣の輸出の許可を受けなければならない貨物について、当該輸出の許可を受けないで貨物を輸出した者に対し、３年以内の期間を限り、輸出を行うことを禁止することができる。

第15問　次の記述は、関税法に規定する輸入してはならない貨物に関するものであるが、その記述の正しいものはどれか。すべてを選び、その番号をマークしなさい。

1　印紙の模造品は、印紙等模造取締法の規定により財務大臣の許可を受けて輸入するものを除き、輸入してはならない貨物に該当する。

2　税関長は、公安又は風俗を害すべき書籍に該当する貨物で輸入されようとするものについて、没収して廃棄することができる。

3　税関長は、輸入されようとする貨物のうちに児童ポルノに該当すると認めるのに相当の理由がある貨物があるときであっても、当該貨物を輸入しようとする者に対し、その旨を通知することを要しない。

4　税関長は、輸入されようとする貨物が特許権を侵害する貨物に該当するか否かについての認定手続を執る場合には、当該貨物に係る特許権者及び当該貨物を輸入しようとする者に対し、当該貨物が当該特許権を侵害する貨物に該当するか否かについて意見を述べることができる旨を通知することを要しない。

5　著作権者は、自己の著作権を侵害すると認める貨物に関し、いずれかの税関長に対し、その侵害の事実を疎明するために必要な証拠を提出し、当該貨物が関税法第６章（通関）に定めるところに従い輸入されようとする場合は、当該貨物について当該税関長又は他の税関長が、当該貨物が当該著作権を侵害する貨物に該当するか否かについての認定手続を執るべきことを申し立てることができる。

【択　一　式】 ―――　各問題１点　―――

第16問　次の記述は、関税の課税物件の確定の時期に関するものであるが、その記述の誤っているものはどれか。一つを選び、その番号をマークしなさい。なお、誤っている記述がない場合には、「０」をマークしなさい。

1　保税展示場に入れられた外国貨物のうち、当該保税展示場における販売又は消費を目的とするもの（関税法第４条第１項第３号の２に掲げるもの）に対し関税を課する場合の基礎となる当該貨物の性質及び数量は、当該貨物を当該保税展示場において展示又は使用の行為をすることが税関長により承認された時における現況による。

2　税関長が、保税地域に置くことが困難であると認め期間及び場所を指定して、保税地域以外の場所に置くことを許可した外国貨物で、その場所において亡失したもの（関税法第４条第１項第４号に掲げるもの）に対し関税を課する場合の基礎となる当該貨物の性質及び数量は、その亡失の時における現況による。

3　本邦と外国との間を往来する船舶への積込みの承認を受けて保税地域から引き取られた外国貨物である船用品（一括して積込みの承認を受けたものを除く。）で、その指定された積込みの期間内に船舶に積み込まれないもの（関税法第４条第１項第５号に掲げるもの）に対し関税を課する場合の基礎となる当該貨物の性質及び数量は、当該承認に係る外国貨物が保税地域から引き取られた時の現況による。

4　税関長が、１年の範囲内で運送の期間を指定して、一括して保税運送を承認した外国貨物で、その指定された運送の期間内に運送先に到着しないもの（関税法第４条第１項第５号に掲げるもの）に対し関税を課する場合の基礎となる当該貨物の性質及び数量は、当該承認に係る外国貨物が発送された時における現況による。

5　留置された貨物で、公売に付されるものに対し関税を課する場合の基礎となる当該貨物の性質及び数量は、その公売の時における現況による。

第17問　次の記述は、関税の納税義務に関するものであるが、その記述の誤っているものはどれか。一つを選び、その番号をマークしなさい。なお、誤っている記述がない場合には、「０」をマークしなさい。

1　関税定率法第15条第１項（特定用途免税）の規定により関税の免除を受けて輸入された貨物について、特定用途免税に係る特定の用途以外の用途に供するため譲渡されたことにより、その免除を受けた関税を徴収する場合には、その譲渡をした者がその関税を納める義務を負う。

2　本邦と外国との間を往来する船舶の旅客がその携帯品である外国貨物を輸入する前に本邦においてその個人的な用途に供するため消費した場合には、当該外国貨物を輸入したものとみなし、当該旅客がその関税を納める義務を負う。

3　指定保税地域にある外国貨物（輸出の許可を受けた貨物を除く。）が亡失したときは、当該外国貨物が災害その他やむを得ない事情により亡失した場合を除き、当該外国貨物を管理する者がその関税を納める義務を負う。

4　保税運送の承認を受けて運送された外国貨物（輸出の許可を受けた貨物を除く。）が亡失したことにより、その承認の際に指定された運送の期間内に運送先に到着しないときは、当該外国貨物が災害その他やむを得ない事情により亡失した場合を除き、その運送の承認を受けた者がその関税を納める義務を負う。

5　関税法第63条の２第１項（保税運送の特例）に規定する特定保税運送に係る外国貨物（輸出の許可を受けた貨物を除く。）が亡失したことにより、その発送の日の翌日から起算して７日以内に運送先に到着しないときは、当該外国貨物が災害その他やむを得ない事情により亡失した場合を除き、その特定保税運送に係る特定保税運送者がその関税を納める義務を負う。

第18問　次の記述は、関税の徴収及び関税の担保の提供、輸入差止申立てに係る供託並びに輸入者に対する調査の事前通知に関するものであるが、その記述の正しいものはどれか。一つを選び、その番号をマークしなさい。なお、正しい記述がない場合には、「０」をマークしなさい。

1　税関長は、納税義務者が偽りその他不正の行為により関税を免れたと認められる場合において、納付すべき税額の確定した関税でその納期限までに完納されないと認められるものがあるときは、その納期限を繰り上げ、その納付を請求することができることとされている。

2　金地金その他の貴金属であって換価の容易なものは、関税の担保として提供することが認められる。

3　関税の担保を提供した者は、担保物を変更する場合において、変更後に提供しようとする担保物が変更前の担保物の価額に相当する金銭であるときは、その旨を税関長に届け出ることとされているが、変更後に提供しようとする担保物が金銭以外のものであるときは、税関長の承認を受けなければならないこととされている。

4　税関長が、特許権に係る輸入差止申立てを受理した場合において、その申立てに係る貨物についての認定手続が終了するまでの間当該貨物が輸入されないことにより当該貨物を輸入しようとする者が被るおそれがある損害の賠償を担保するため、当該申立てをした特許権者に対し、相当と認める額の金銭をその指定する供託所に供託すべき旨を命じたときは、当該特許権者は、その特許権を目的として設定した質権をもって当該金銭に代えることができる。

5　税関長は、税関の当該職員に輸入者に対し実地の調査において関税法第105条第１項第６号の規定による質問検査等を行わせる場合には、あらかじめ、当該輸入者に対し、その調査を行う旨、調査を開始する日時、調査を行う場所、調査を行う理由、調査の対象となる期間等を口頭ではなく書面により通知しなければならない。

第19問　次の記述は、輸出通関に関するものであるが、その記述の正しいものはどれか。一つを選び、その番号をマークしなさい。なお、正しい記述がない場合には、「０」をマークしなさい。

1　経済連携協定の規定に基づき我が国の原産品とされる貨物を当該経済連携協定の締約国に輸出しようとする者は、当該貨物の輸出申告の際に、当該貨物が我が国の原産品であることにつき、我が国の権限ある当局が証明した書類を税関長に提出しなければならない。

2　輸入の許可を受けた貨物について、保税地域から引き取ることなく外国に向けて送り出す場合には、関税法の規定に基づく輸出の手続を要しない。

3　関税法第70条第１項の規定に基づき、外国為替及び外国貿易法第48条第１項及び輸出貿易管理令第１条第１項の規定により輸出に関して経済産業大臣の許可を必要とする貨物を輸出しようとする者は、当該貨物について輸出の許可を受けるまでに当該経済産業大臣の許可を受けている旨を税関に証明しなければならない。

4　本邦の船舶により公海で採捕された水産物を洋上から直接外国に向けて送り出す場合には、関税法の規定に基づく輸出の手続を要しない。

5　本邦に本店又は主たる事務所を有しない法人が本邦にその事務所及び事業所を有しない場合において、当該法人が貨物を本邦から輸出しようとするときは、当該法人は、税関事務管理人を定め、その定めた旨を税関長に届け出なければならない。

第20問　次の記述は、輸入通関に関するものであるが、その記述の正しいものはどれか。一つを選び、その番号をマークしなさい。なお、正しい記述がない場合には、「０」をマークしなさい。

1　税関長は、原産地について偽った表示がされている外国貨物については、その表示がある旨を輸入申告をした者に直ちに通知し、期間を指定して、その者の選択により、その表示を消させ、若しくは訂正させ、又は当該貨物を滅却させなければならない。

2　特例輸入者又は特例委託輸入者が電子情報処理組織(NACCS)を使用して行う輸入申告は、当該輸入申告に係る貨物を保税地域等に入れる前に行うことができる。

3　賦課課税方式が適用される郵便物に係る関税を納付しようとする者は、その納付を日本郵便株式会社に委託することはできない。

4　はしけに積み込んだ状態で輸入申告をすることが必要な貨物を輸入しようとする者は、税関長に届け出ることにより、当該はしけの係留場所を所轄する税関長に対して輸入申告をすることができる。

5　輸入しようとする外国貨物を保税蔵置場に置くことの承認の申請の際に、当該外国貨物につき経済連携協定における関税についての特別の規定による便益の適用を受けるために締約国原産地証明書を税関長に提出した場合であっても、当該外国貨物の輸入申告の際には、当該締約国原産地証明書の写しを当該税関長に提出しなければならない。

第21問　次の記述は、関税法第73条に規定する輸入の許可前における貨物の引取りに関するものであるが、その記述の正しいものはどれか。一つを選び、その番号をマークしなさい。なお、正しい記述がない場合には、「０」をマークしなさい。

1　一の輸入申告に係る貨物について輸入の許可前における貨物の引取りの承認を受けた場合には、その貨物を分割して引き取ることはできない。

2　輸入の許可前における貨物の引取りの承認を受けた場合には、その輸入の許可を受けるまでは、その承認を受けた貨物の納税申告に係る課税標準又は納付すべき税額について修正申告をすることはできない。

3　輸入の許可前における貨物の引取りの承認を受けようとする場合において、当該承認の前に当該貨物の納税申告に係る納付すべき税額に更正があり、当該更正に基づき過少申告加算税が課されているときは、当該過少申告加算税に相当する額を除いた関税額に相当する担保を提供しなければならない。

4　輸入の許可前における貨物の引取りの承認は、その貨物の関税が有税とされている場合に限り受けることができる。

5　特例輸入者又は特例委託輸入者が輸入の許可前における貨物の引取りの承認を受けようとする場合には、関税額に相当する担保を提供することを要しない。

第22問　次の記述は、保税地域に関するものであるが、その記述の正しいものはどれか。一つを選び、その番号をマークしなさい。なお、正しい記述がない場合には、「０」をマークしなさい。

1　保税工場の許可を受けた者は、当該保税工場において使用する輸入貨物については、当該貨物を当該保税工場に入れた日から２年までの期間に限り、当該保税工場につき保税蔵置場の許可を併せて受けているものとみなされる。

2　税関長は、保税展示場に入れられた外国貨物が、当該保税展示場の許可の期間の満了の際、当該保税展示場にある場合には、当該保税展示場の許可を受けた者から、直ちにその関税を徴収することとされている。

3　関税法第30条第１項第２号（外国貨物を置く場所の制限）の規定により保税地域以外の場所に置くことを税関長が許可した外国貨物につき内容の点検をしようとするときは、あらかじめその旨を税関に届け出なければならない。

4　保税工場において、外国貨物についての加工若しくはこれを原料とする製造（混合を含む。）又は外国貨物に係る改装、仕分その他の手入れをしようとする者は、その開始の時までに税関長の承認を受けなければならない。

5　保税蔵置場において貨物を管理する者は、当該保税蔵置場から外国貨物を出した場合であっても、関税法第32条（見本の一時持出）の規定による許可を受けて当該保税蔵置場から当該外国貨物を見本として一時持ち出したときは、同法第34条の２（記帳義務）に規定する帳簿に当該外国貨物の記号、番号、品名及び数量を記載することを要しない。

第23問　次の記述は、関税の軽減、免除又は払戻しに関するものであるが、その記述の正しいものはどれか。一つを選び、その番号をマークしなさい。なお、正しい記述がない場合には、「０」をマークしなさい。

1　本邦から輸出された貨物でその輸出の許可の日から１年を経過した後に輸入されるものについては、その輸出の許可の際の性質及び形状が変わっていないものであっても、関税定率法第14条第10号（無条件免税）の規定により関税の免除を受けることができない。

2　加工のため本邦から輸出され、その輸出の許可の日から１年以内に輸入される貨物については、本邦においてその加工をすることが困難であると認められるものに限り、関税定率法第11条（加工又は修繕のため輸出された貨物の減税）の規定により関税の軽減を受けることができる。

3　関税暫定措置法第９条第１項（軽減税率等の適用手続）に規定する軽減税率の適用を受けて貨物を輸入しようとする者は、その軽減される関税の額に相当する担保を税関長に提供しなければならない。

4　関税を納付して輸入された貨物のうち品質が契約の内容と相違するため返送することがやむを得ないと認められる貨物であって、その輸入の時の性質及び形状に変更を加えないものを本邦から返送のため輸出するときは、当該貨物がその輸入の許可の日から３月以内に保税地域に入れられたものである場合に限り、関税定率法第20条第１項（違約品等の再輸出又は廃棄の場合の戻し税等）の規定により関税の払戻しを受けることができる。

5　修繕のため本邦から輸出され、その輸出の許可の日から１年以内に輸入される貨物については、本邦においてその修繕をすることが困難であると認められるものに限り、関税定率法第11条（加工又は修繕のため輸出された貨物の減税）の規定により関税の軽減を受けることができる。

第24問　次の記述は、課税価格の計算方法に関するものであるが、その記述の誤っているものはどれか。一つを選び、その番号をマークしなさい。なお、誤っている記述がない場合には、「0」をマークしなさい。

1　課税価格を計算する場合において、輸入貨物に係る取引の状況その他の事情からみて輸入申告の時（関税法第4条第1項第2号から第8号まで（課税物件の確定の時期）に掲げる貨物にあっては、当該各号に定める時）までに当該輸入貨物に変質があったと認められるときは、当該輸入貨物の課税価格は、当該変質がなかったものとした場合に計算される課税価格からその変質があったことによる減価に相当する額を控除して得られる価格とする。

2　輸入貨物に係る輸入取引が延払条件付取引である場合において、その延払金利の額が明らかであるときは、当該延払金利の額は関税定率法第4条第1項に規定する当該輸入貨物につき現実に支払われた又は支払われるべき価格に含まないものとする。

3　輸入貨物に係る輸入取引に関し、買手による当該輸入貨物の処分又は使用についての制限で法令により課されるものがあることは、関税定率法第4条第1項の規定により当該輸入貨物の課税価格を決定することができないこととなる事情には該当しない。

4　買手が自己のために行う輸入貨物についての広告宣伝に係る費用で買手が負担するものは、当該広告宣伝が売手の利益になると認められる活動に係るものである場合に限り、当該費用は関税定率法第4条第1項に規定する当該輸入貨物につき現実に支払われた又は支払われるべき価格に加算するものとされている。

5　航空機による運送方法以外の運送方法による輸入貨物の運送が特殊な事情の下において行われたことにより、当該輸入貨物の実際に要した当該輸入港までの運賃の額が当該輸入貨物の通常必要とされる当該輸入港までの運賃の額を著しく超えるものである場合には、当該輸入貨物の当該輸入港までの運賃は、当該通常必要とされる当該輸入港までの運賃とする。

第25問　次の記述は、関税定率法別表（関税率表）及び関税率表における物品の所属の決定に関するものであるが、その記述の正しいものはどれか。一つを選び、その番号をマークしなさい。なお、正しい記述がない場合には、「0」をマークしなさい。

1　輸入貨物について関税を課する場合の基礎となる貨物の性質は、当該輸入貨物が本邦に到着した時における現況による。

2　関税率表の類は、第1類から第99類までから成る。

3　関税率表における物品の所属の決定のための関税率表の適用に当たっては、関税率表の解釈に関する通則2から5までの原則が部又は類の注の規定に優先する。

4　関税率表の解釈に関する通則5(a)の原則により、バイオリンを収納するために特に製作したケースであって、長期間の使用に適し、バイオリンとともに提示され、かつ、当該バイオリンとともに販売されるものは、それが重要な特性を全体に与えているケースである場合を除き、バイオリンに含まれる。

5　関税率表第16部の注は、関税率表第72類から第83類までの卑金属及びその製品に関するものである。

第26問　次の記述は、外国為替及び外国貿易法第52条に規定する経済産業大臣の輸入の承認に関するものであるが、その記述の正しいものはどれか。一つを選び、その番号をマークしなさい。なお、正しい記述がない場合は、「０」をマークしなさい。

1　貨物を輸入しようとする者は、当該貨物の輸入について、経済産業大臣の輸入割当てを受けることを要するときに限り、経済産業大臣の輸入の承認を受けなければならない。

2　経済産業大臣の輸入割当てを受けるべきものとして公表された品目に該当する貨物を仮に陸揚げしようとするときは、経済産業大臣の輸入の承認を受けなければならない。

3　経済産業大臣の輸入割当てを受けた者から当該輸入割当てに係る貨物の輸入の委託を受けた者が当該貨物を輸入しようとする場合には、経済産業大臣の確認を受けたときであっても、当該輸入の委託を受けた者は、経済産業大臣の輸入の承認を受けなければならない。

4　経済産業大臣の輸入割当てを受けるべきものとして公表された品目に該当する貨物に係る輸入割当証明書の交付を受けた者は、その交付に係る貨物の全部又は一部を希望しなくなった場合であっても、当該輸入割当証明書を経済産業大臣に返還することを要しない。

5　経済産業大臣の輸入割当ては、貨物の数量により行うこととされているが、貨物の数量により輸入割当てを行うことが困難である場合には、貨物の価額により行うことができる。

第27問　次の記述は、関税法第８章に規定する不服申立てに関するものであるが、その記述の誤っているものはどれか。一つを選び、その番号をマークしなさい。なお、誤っている記述がない場合には、「０」をマークしなさい。

1　関税の滞納処分に関する税関長の処分に不服がある者は、当該税関長に対して、再調査の請求をすることができる。

2　関税の確定又は徴収に関する税関長の処分についての再調査の請求は、当該処分があったことを知った日の翌日から起算して３月又は当該処分があった日の翌日から起算して１年を経過したときは、正当な理由があるときを除き、することができない。

3　税関長が、輸入されようとする貨物のうちに風俗を害すべき物品に該当すると認めるのに相当の理由がある貨物があるとして、当該貨物を輸入しようとする者に対し、その旨を通知した場合は、当該通知の取消しの訴えを行おうとする者は、当該通知についての審査請求に対する裁決を経ることなく、当該訴えを提起することができることとされている。

4　関税法の規定による税関長の処分について審査請求がされた場合であっても、行政不服審査法第46条第１項（処分についての審査請求の認容）の規定により審査請求に係る処分（法令に基づく申請を却下し、又は棄却する処分及び事実上の行為を除く。）の全部を取り消すとき（当該処分の全部を取り消すことについて反対する旨の意見書が提出されているとき及び口頭意見陳述においてその旨の意見が述べられているときを除く。）は、財務大臣は、関税等不服審査会に諮問することを要しない。

5　関税の徴収に関する税関長の処分についての審査請求があった場合において、当該審査請求がされた日の翌日から起算して３月を経過しても裁決がないときは、その審査請求人は、裁決を経ることなく、当該処分の取消しの訴えを提起することができることとされている。

第28問　次の記述は、関税法第10章に規定する罰則に関するものであるが、その記述の誤っているものはどれか。一つを選び、その番号をマークしなさい。なお、誤っている記述がない場合には、「0」をマークしなさい。

1　関税法第67条（輸出又は輸入の許可）の輸入申告に際し、偽った書類を提出して貨物を輸入しようとした者は、その行為が税関職員に発見された場合であっても、その発見が当該貨物の輸入の許可前であるときは、関税法の規定に基づき罰せられることはない。

2　不正の行為により関税を免れようとする輸入者から通関業務の依頼を受けた通関業者が、当該輸入者から入手した仕入書が偽ったものであると知りながら、税関への輸入申告に際し、その偽った仕入書を提出して貨物を輸入することとなった場合は、当該通関業者も関税法の規定に基づき罰せられることがある。

3　関税法第110条第1項（関税を免れる等の罪）の犯罪に係る貨物について、情を知って当該貨物を有償で取得した者は、関税法の規定に基づき罰せられることがある。

4　関税法第105条第1項（税関職員の権限）の規定による税関職員の質問に対して偽りの陳述をした者は、1年以下の懲役又は50万円以下の罰金に処せられることがある。

5　保税蔵置場において貨物を管理する者であって、その管理する外国貨物について関税法第34条の2（記帳義務）の規定に基づき設けなければならない帳簿について、当該帳簿の記載を偽ったものは、1年以下の懲役又は30万円以下の罰金に処せられることがある。

第29問　次の記述は、電子情報処理組織による輸出入等関連業務の処理等に関する法律に関するものであるが、その記述の正しいものはどれか。一つを選び、その番号をマークしなさい。なお、正しい記述がない場合には、「0」をマークしなさい。

1　輸入しようとする貨物が商標権を侵害する貨物に該当するか否かについての認定手続における、関税法第69条の12第4項の規定による税関長の求めによる商標権を侵害する貨物に該当しない旨を証する書類の提出は、電子情報処理組織（NACCS）を使用して行うことができない。

2　電子情報処理組織（NACCS）を使用して関税法第67条（輸出又は輸入の許可）の規定による輸入申告が行われる場合には、税関長は、輸出入・港湾関連情報処理センター株式会社の使用に係る電子計算機に備えられたファイルへの記録により明らかにすることができる入力事項であっても、その入力を省略させることができない。

3　通関業者は、他人の依頼に応じて税関官署に対してする輸入申告を電子情報処理組織（NACCS）を使用して行う場合には、その申告の入力を通関士に行わせなければならない。

4　通関業者は、他人の依頼に応じて税関官署に対してする輸入申告を電子情報処理組織（NACCS）を使用して行う場合において、その申告の入力の内容を通関士に審査させるときは、当該内容を電子情報処理組織（NACCS）の入出力装置の表示装置に出力するとともに、当該内容を紙面に出力して行わなければならない。

5　通関業法第4条第1項の規定による通関業の許可申請書の提出は、電子情報処理組織（NACCS）を使用して行うことができる。

第30問　次の記述は、関税定率法第８条に規定する不当廉売関税に関するものであるが、その記述の誤っているものはどれか。一つを選び、その番号をマークしなさい。なお、誤っている記述がない場合には、「０」をマークしなさい。

1　輸入貨物に不当廉売関税が課されている場合において、不当廉売された当該輸入貨物の輸入及び当該輸入が本邦の産業に実質的な損害を与える事実が、当該不当廉売関税を課することとした期間の満了後に継続するおそれがあると認められるときであっても、当該期間を延長することはできない。

2　関税定率法第８条第１項に規定する本邦の産業とは、不当廉売された輸入貨物と同種の貨物の本邦における総生産高に占める生産高の割合が相当の割合以上である本邦の生産者をいうものとされている。

3　関税定率法第８条第１項に規定する本邦の産業に利害関係を有する者は、政府に対し、不当廉売された貨物の輸入の事実及び当該輸入が本邦の産業に実質的な損害を与える事実についての十分な証拠を提出し、当該貨物に対し不当廉売関税を課することを求めることができる。

4　不当廉売された貨物の輸入の事実及び当該輸入が本邦の産業に実質的な損害を与える事実の有無についての関税定率法第８条第５項の規定による調査は、当該調査を開始した日から１年以内に終了するものとされているが、特別の理由により必要があると認められる場合には、その期間を６月以内に限り延長することができる。

5　政府は、不当廉売された貨物の輸入の事実及び当該輸入が本邦の産業に実質的な損害を与える事実の有無についての関税定率法第８条第５項の規定による調査が終了した場合において、不当廉売関税を課さないときは、同条第９項の規定により課された暫定的な関税又は提供された担保を速やかに還付し、又は解除しなければならない。

通関実務（時間　1時間40分）

【選択式・計算式】――― 第１問５点　第２問15点 ―――

第１問　輸出申告

別紙１の仕入書及び下記事項により、衣類の輸出申告を輸出入・港湾関連情報処理システム(NACCS)を使用して行う場合について、別紙２の輸出申告事項登録画面の統計品目番号欄((a)～(e))に入力すべき統計品目番号を、輸出統計品目表の解釈に関する通則に従い、別冊の「輸出統計品目表」(抜粋）及び「関税率表解説」(抜粋）を参照して、下の選択肢から選び、その番号をマークしなさい。

記

1　別紙１の仕入書に記載されている品目に統計品目番号が同一であるものがある場合には、これらを一の統計品目番号にとりまとめる。

2　統計品目番号ごとの申告価格が20万円以下であるもの（上記１によりとりまとめたものを含む。）がある場合には、その統計品目番号が異なるものであっても、これらを一括して一欄にとりまとめる。

3　上記２による場合に輸出申告事項登録画面に入力すべき統計品目番号は、上記２によりとりまとめる前の統計品目番号ごとの申告価格（上記１によりとりまとめたものについては、その合計額）が最も大きいものの統計品目番号とし、10桁目は「X」とする。

4　輸出申告事項登録画面に入力する統計品目番号（(a) ～ (e)）は、その統計品目番号ごとの申告価格（上記１及び２によりとりまとめたものについては、その合計額）が大きいものから順に入力するものとする。

5　別紙１の仕入書に記載されている米ドル建価格の本邦通貨への換算は、別紙３の「実勢外国為替相場の週間平均値」を参照して行う。

6　別紙１の仕入書に記載されているそれぞれの品目の価格（CFR価格）には、次の費用等の額が含まれており、当該CFR価格にそれらの費用等の額が占める割合は、次のとおり。

イ　輸出者（売手）の工場から輸出港に到着するまでの運送に要する運賃・・・・・６％

ロ　輸出港における貨物の船積みに要する費用・・・・・・・・・・・・・・・・・・４％

ハ　輸出港から輸入港に到着するまでの海上運送に要する運賃・・・・・・・・・・８％

7　別紙１の仕入書に記載されているそれぞれの品目は、いずれも輸出統計品目表第11部に属するものであり、かつ、当該仕入書の品名に特に記載のあるものを除き、メリヤス編み又はクロセ編みのものに該当しないものとする。

8　別紙１の仕入書に記載された「Unisex anorak (Polyester 100%)」は、第54.07項の織物から製品にしたものであり、かつ、男子用の衣類であるか女子用の衣類であるかを判別することができないものとする。

9　別紙１の仕入書に記載された「Women's waterproof anorak (Polyester 100%)」は、第59.03項の織物類から製品にしたものとする。

10　申告年月日は、令和５年９月30日とする。

① 6109.10-1003	② 6109.10-9005	③ 6117.10-0006
④ 6117.80-0006	⑤ 6201.40-0004	⑥ 6202.40-0002
⑦ 6202.90-0001	⑧ 6205.20-0002	⑨ 6205.20-000X
⑩ 6210.30-000X	⑪ 6210.50-000X	⑫ 6214.20-0005
⑬ 6214.30-0002	⑭ 6214.90-0005	⑮ 6215.10-0006

別紙　1

INVOICE

Seller

ABC COMPANY
1-1, Kasumigaseki 3-chome,
Chiyoda-ku, Tokyo, JAPAN

Invoice No. and Date

ABC-340701　　Sep. 10th, 2023

Reference No. FRB-230711

Buyer XYZ Corp. 1125 E 8th Street Los Angeles, CA 90079		**Country of Origin**　Japan **L/C No.** LAIB-1010　**Date** Sep. 2nd, 2023
Vessel Taiyo Maru	**On or about** Oct. 10th, 2023	**Issuing Bank** LA International Bank
From Tokyo, Japan	**Via**	
To Los Angeles, U.S.A.		

Marks and Nos.	Description of Goods	Quantity Unit	Unit Price per Unit	Amount CFR US$
XYZ LOS ANGELES	Unisex anorak (Polyester 100%)	50	100.00	5,000.00
	Women's waterproof anorak (Polyester 100%)	7	220.00	1,540.00
	Women's shawl (Lambs Wool 25%, Cotton 30%, Nylon 30%, Alpaca 10%, Angora goats 5%)	160	30.00	4,800.00
	Men's shirt (Cotton 100%)	75	20.00	1,500.00
	Men's plain T-shirt (Knitted, Cotton 100%)	250	10.00	2,500.00
	Tie（Knitted, Silk 100%）	140	40.00	5,600.00
	Total : CFR Los Angeles		US$	20,940.00

Total :　35 Cases
N/W :　110kgs
G/W :　120kgs

ABC COMPANY

(Signature)

輸出申告事項登録(大額)　入力特定番号

共通部　繰返部

申告等番号

大額・少額識別 L　申告等種別 E　申告先種別　貨物識別　あて先官署　あて先部門

申告予定年月日

輸出者　ABC COMPANY

住所　TOKYO TO CHIYODA KU KASUMIGASEKI 3-1-1

電話

申告予定者

蔵置場所

貨物個数 35 CS　貨物重量 120 KGM　貨物容積

貨物の記号等

最終仕向地 USLAX －　船(機)籍符号

積出港 JPTYO　貿易形態別符号

積載予定船舶 － TAIYO MARU　出港予定年月日 20231010

インボイス番号 A － ABC-340701 － 20230910

インボイス価格 CFR － － － A

輸出申告事項登録(大額)　入力特定番号

共通部　繰返部

<１欄> 統計品目番号 (a)　品名
数量(1)　数量(2)
BPR按分係数　BPR通貨コード
他法令 (1) (2) (3) (4) (5)
輸出貿易管理令別表コード　外為法第48条コード　関税減免戻税コード
内国消費税免税コード　内国消費税免税識別

<２欄> 統計品目番号 (b)　品名
数量(1)　数量(2)
BPR按分係数　BPR通貨コード
他法令 (1) (2) (3) (4) (5)
輸出貿易管理令別表コード　外為法第48条コード　関税減免戻税コード
内国消費税免税コード　内国消費税免税識別

<３欄> 統計品目番号 (c)　品名
数量(1)　数量(2)
BPR按分係数　BPR通貨コード
他法令 (1) (2) (3) (4) (5)
輸出貿易管理令別表コード　外為法第48条コード　関税減免戻税コード
内国消費税免税コード　内国消費税免税識別

<４欄> 統計品目番号 (d)　品名
数量(1)　数量(2)
BPR按分係数　BPR通貨コード
他法令 (1) (2) (3) (4) (5)
輸出貿易管理令別表コード　外為法第48条コード　関税減免戻税コード
内国消費税免税コード　内国消費税免税識別

<５欄> 統計品目番号 (e)　品名
数量(1)　数量(2)
BPR按分係数　BPR通貨コード
他法令 (1) (2) (3) (4) (5)
輸出貿易管理令別表コード　外為法第48条コード　関税減免戻税コード
内国消費税免税コード　内国消費税免税識別

別紙　3

実勢外国為替相場の週間平均値
（1米ドルに対する円相場）

期　　　間	週間平均値
令和 5. 9. 3　～　令和 5. 9. 9	¥142. 00
令和 5. 9. 10　～　令和 5. 9. 16	¥140. 00
令和 5. 9. 17　～　令和 5. 9. 23	¥138. 00
令和 5. 9. 24　～　令和 5. 9. 30	¥139. 00
令和 5. 10. 1　～　令和 5. 10. 7	¥141. 00

第２問　輸入（納税）申告

別紙１の仕入書及び下記事項により、アメリカから食材を輸入する場合の輸入（納税）申告を輸出入・港湾関連情報処理システム（NACCS）を使用して行う場合について、以下の問いに答えなさい。

⑴　別紙２の輸入申告事項登録画面の品目番号欄（(a) ～ (e)）に入力すべき品目番号を、関税率表の解釈に関する通則に従い、別冊の「実行関税率表」（抜粋）及び「関税率表解説」（抜粋）を参照して、下の選択肢から選び、その番号をマークしなさい。

⑵　別紙２の輸入申告事項登録画面の課税価格の右欄（(f) ～ (j)）に入力すべき申告価格（関税定率法第４条から第４条の９まで（課税価格の計算方法）の規定により計算される課税価格に相当する価格）の額をマークしなさい。

記

1　別紙１の仕入書に記載されている品目に品目番号が同一であるものがある場合には、これらを一の品目番号にとりまとめる。

2　品目番号ごとの申告価格が20万円以下であるもの（上記１によりとりまとめたものを含む。）がある場合には、その品目番号が異なるものであっても、これらを関税が有税である品目と無税である品目に分けて、それぞれを一括して一欄にとりまとめる。

3　上記２による場合に輸入申告事項登録画面に入力すべき品目番号は、次のとおりとする。

⑴　有税である品目については、上記２によりとりまとめる前の品目のうち関税率が最も高いもの（同一の関税率が適用される場合は申告価格（上記１によりとりまとめたものについては、その合計額）が最も大きいもの）の品目番号とし、10桁目は「X」とする。

⑵　無税である品目については、上記２によりとりまとめる前の品目のうち申告価格（上記１によりとりまとめたものについては、その合計額）が最も大きいものの品目番号とし、10桁目は「X」とする。

4　一欄に一品目のみに係る品目番号を入力することとなる場合であって、当該一品目の申告価格が20万円以下であるときは、その品目番号の10桁目は「E」とする。

5　輸入申告事項登録画面に入力する品目番号（(a) ～ (e)）は、その品目番号ごとの申告価格（上記１及び２によりとりまとめたものについては、その合計額）が大きいものから順に入力するものとする。

6　輸入申告事項登録画面の課税価格の右欄（(f) ～ (j)）には、別紙１の仕入書に記載されている価格に、下記８、10及び11の費用が申告価格に算入すべきものである場合にはその額を加算した額（本邦通貨に換算した後の額）を入力することとする。なお、１円未満の端数がある場合は、これを切り捨てる。

7　別紙１の仕入書に記載されている米ドル建価格の本邦通貨への換算は、別紙３の「実勢外国為替相場の週間平均値」を参照して行う。

8　別紙１の仕入書に記載されている「Frozen foie gras（Fatty liver of goose）」について、輸入者（買手）は、本邦にあるA社とライセンス契約を締結し、「Frozen foie gras（Fatty liver of goose）」にA社が商標権を保有する商標を付して国内で販売を行う権利の許諾を得ており、当該商標権の使用に伴う対価としてA社に「Frozen foie gras（Fatty liver of goose）」に係る仕入書価格の10%を支払う。なお、輸入者（買手）と輸出者（売手）の間には、当該対価の支払いについての取決めはないものとする。

9　別紙１の仕入書に記載されている「Frozen mussel（*Mytilus galloprovincialis*）」は、開殻のために必要な熱湯処理後に凍結したものであり、気密容器入りでないものとする。

10　別紙１の仕入書に記載されている「Frozen mussel（*Mytilus galloprovincialis*）」に係る輸入取引に関連して、輸入者（買手）と輸出者（売手）の双方を代理して、その受注、発注、交渉等、当該輸入取引の成立のための業務を行うB社に対して、輸入者（買手）は、仕入書価格とは別に、当該業務の対価として520米ドルの手数料を支払う。

11　別紙１の仕入書に記載されている「Frozen black truffle（*Tuber melanosporum*）」について、輸入者（買手）は、その梱包に使用する小売用の箱を輸出者（売手）に無償で提供する。輸入者（買手）は、仕入書価格とは別に、当該小売用の箱の提供に要する費用として250米ドルを負担する。

12　別紙１の仕入書に記載された食材については、日本国とアメリカ合衆国との間の貿易協定の規定に基づく税率の適用に必要な条件が具備されていないため、申告に当たっては当該税率を適用しないものとする。

13　輸入者（買手）、輸出者（売手）、A社及びB社のいずれの間においても特殊関係はない。

14　申告年月日は、令和５年９月30日とする。

①　0206.49-091E	②　0206.49-091X	③　0207.53-0002
④　0207.55-1002	⑤　0307.32-0005	⑥　0504.00-011E
⑦　0504.00-011X	⑧　0504.00-0991	⑨　0709.56-0003
⑩　0710.80-0904	⑪　0811.20-200E	⑫　0811.20-200X
⑬　0811.90-230X	⑭　0813.40-010X	⑮　1605.53-9902

INVOICE

Seller	Invoice No. and Date
XYZ Corp. 1125 E 8th Street Los Angeles, CA 90079	XYZ-1124 Sep. 11th, 2023 Reference No. XYZ-0807

Buyer ABC Trading Co.,Ltd. HIGASHI 2-3, CHUO-KU, TOKYO, JAPAN	**Country of Origin** U.S.A. **L/C No.** **Date**
Vessel Nihon Maru **On or about** Sep. 21st, 2023 **From** Los Angeles, U.S.A. **Via**	**Issuing Bank**
To Tokyo, Japan	**Payment Terms**

Marks and Nos.	Description of Goods	Quantity kgs	Unit Price per kgs	Amount CIF US$
ABC TOKYO Made in U.S.A.	Frozen foie gras(Fatty liver of goose)	30	300.00	9,000.00
	Frozen sausage casing(Gut of pig(swine))	190	7.00	1,330.00
	Frozen mussel(*Mytilus galloprovincialis*)	650	15.00	9,750.00
	Freeze-dried raspberry(Whole), no added sugar	15	29.00	435.00
	Frozen blueberry, no added sugar	35	20.00	700.00
	Frozen black truffle(*Tuber melanosporum*)	40	500.00	20,000.00
	Total : CIF TOKYO		US$	41,215.00

Total: 96 CTNS
N/W : 960kgs
G/W : 1,200kgs

XYZ Corp.

(Signature)

第4編(最新本試験問題編) 通関実務

別紙　2

輸入申告事項登録（輸入申告）

共通部　繰返部

申告番号 ▨

大額／少額 L　申告等種別 C　申告先種別 ▨　貨物識別 ▨　識別符号 ▨

あて先官署 ▨　あて先部門 ▨　申告等予定年月日 ▨

輸入者 ▨ ABC TRADING CO.,LTD.

住所 TOKYO TO CHUO KU HIGASHI 2-3

電話 ▨

蔵置場所 ▨　一括申告 ▨　申告等予定者 ▨

B/L番号 1 ▨　2 ▨　3 ▨　4 ▨　5 ▨

貨物個数 96 CT　貨物重量（グロス） 1,200 KGM

貨物の記号等 AS PER ATTACHED SHEET

積載船（機） ▨ − NIHON MARU　入港年月日 ▨

船（取）卸港 JPTYO　積出地 USLAX − ▨　貿易形態別符号 ▨　コンテナ本数 ▨

仕入書識別 ▨　電子仕入書受付番号 ▨　仕入書番号 XYZ-1124

仕入書価格 A − CIF − ▨ − ▨

輸入申告事項登録(輸入申告)

共通部　繰返部

<01欄> 品目番号 (a)　品名　原産地 US －
数量1 －　数量2 －　輸入令別表　蔵置種別等
BPR係数　運賃按分　課税価格 － (f)
関税減免税コード　関税減税額

内消税等種別	減免税コード	内消税減税額	内消税等種別	減免税コード	内消税減税額
1			2		
3			4		
5			6		

<02欄> 品目番号 (b)　品名　原産地 US －
数量1 －　数量2 －　輸入令別表　蔵置種別等
BPR係数　運賃按分　課税価格 － (g)
関税減免税コード　関税減税額

内消税等種別	減免税コード	内消税減税額	内消税等種別	減免税コード	内消税減税額
1			2		
3			4		
5			6		

<03欄> 品目番号 (c)　品名　原産地 US －
数量1 －　数量2 －　輸入令別表　蔵置種別等
BPR係数　運賃按分　課税価格 － (h)
関税減免税コード　関税減税額

内消税等種別	減免税コード	内消税減税額	内消税等種別	減免税コード	内消税減税額
1			2		
3			4		
5			6		

<04欄> 品目番号 (d)　品名　原産地 US －
数量1 －　数量2 －　輸入令別表　蔵置種別等
BPR係数　運賃按分　課税価格 － (i)
関税減免税コード　関税減税額

内消税等種別	減免税コード	内消税減税額	内消税等種別	減免税コード	内消税減税額
1			2		
3			4		
5			6		

<05欄> 品目番号 (e)　品名　原産地 US －
数量1 －　数量2 －　輸入令別表　蔵置種別等
BPR係数　運賃按分　課税価格 － (j)
関税減免税コード　関税減税額

内消税等種別	減免税コード	内消税減税額	内消税等種別	減免税コード	内消税減税額
1			2		
3			4		
5			6		

別紙　3

実勢外国為替相場の週間平均値
（1米ドルに対する円相場）

期　　間	週間平均値
令和5.9. 3　～　令和5.9. 9	￥142.00
令和5.9.10　～　令和5.9.16	￥140.00
令和5.9.17　～　令和5.9.23	￥138.00
令和5.9.24　～　令和5.9.30	￥139.00
令和5.10.1　～　令和5.10.7	￥141.00

【選　択　式】――― 各問題２点 ―――

第３問　次の記述は、輸入通関に関するものであるが、その記述の正しいものはどれか。すべてを選び、その番号をマークしなさい。

1　本邦に住所及び居所（事務所及び事業所を除く。）を有しない個人が貨物を本邦に輸入しようとする場合には、税関関係手続及びこれに関する事項を処理させるための税関事務管理人を定めた上で、関税法の規定に基づく輸入の手続を行わなければならない。

2　原産地についての表示がされていない外国貨物については、輸入の許可を受けることができない。

3　関税法第73条第１項の規定による輸入の許可前における貨物の引取りの承認に係る申請があった場合に、輸入貨物である原料の在庫がなく工場の操業等に支障をきたすために、その申請者において特に輸入貨物の引取りを急ぐ理由があると認められるときは、税関長は当該承認をすることができることとされている。

4　輸入しようとする貨物について地域的な包括的経済連携協定（ＲＣＥＰ協定）における関税についての特別の規定による便益に係る税率の適用を受けようとする場合には、当該貨物がその種類又は形状によりその原産地が明らかであると税関長が認めたものであっても、当該協定の規定に基づく締約国原産地証明書又は締約国原産品申告書を税関長に提出しなければならない。

5　輸入しようとする貨物について予備審査制に基づく予備申告がされた場合には、当該貨物が保税地域に搬入された後でなければ、税関長は、輸入者に対し、当該貨物に係る税関検査の要否を通知することができないこととされている。

第４問　次の物品について、関税率表の適用上の所属を決定するにあたり、適用する関税率表の解釈に関する通則及び関税率表の類の注の正しいものはどれか。すべてを選び、その番号をマークしなさい。

乳児の皮膚及び頭髪を洗うためのシャンプージェルであって、水、有機界面活性剤、塩化ナトリウム、香料、くえん酸、ブチレングリコール、植物エキス及び賦形剤を含有する物品（小売用の500ミリリットルの瓶入りにしたもの。）。本品は、シャンプーとして第3305.10号に分類されるものである。

	通則及び関税率表の類の注	
1	通則１	部、類及び節の表題は、単に参照上の便宜のために設けたものである。この表の適用に当たっては、物品の所属は、項の規定及びこれに関係する部又は類の注の規定に従い、かつ、これらの項又は注に別段の定めがある場合を除くほか、次の原則に定めるところに従って決定する。
2	通則３(b)	混合物、異なる材料から成る物品、異なる構成要素で作られた物品及び小売用のセットにした物品であって、(a)の規定により所属を決定することができないものは、この(b)の規定を適用することができる限り、当該物品に重要な特性を与えている材料又は構成要素から成るものとしてその所属を決定する。
3	通則３(c)	(a)及び(b)の規定により所属を決定することができない物品は、等しく考慮に値する項のうち数字上の配列において最後となる項に属する。
4	通則６	この表の適用に当たっては、項のうちのいずれの号に物品が属するかは、号の規定及びこれに関係する号の注の規定に従い、かつ、前記の原則を準用して決定するものとし、この場合において、同一の水準にある号のみを比較することができる。この６の原則の適用上、文脈により別に解釈される場合を除くほか、関係する部又は類の注も適用する。
5	第34類（せっけん、有機界面活性剤、洗剤、調製潤滑剤、人造ろう、調製ろう、磨き剤、ろうそくその他これに類する物品、モデリングペースト、歯科用ワックス及びプラスターをもととした歯科用の調製品）注１	この類には、次の物品を含まない。 (c) せっけんその他有機界面活性剤を含有するシャンプー、歯磨き、ひげそりクリーム、ひげそりフォーム及び浴用の調製品（第33.05項から第33.07項まで参照）

第５問　次に掲げる物品のうち、関税率表第25類（塩、硫黄、土石類、プラスター、石灰及びセメント）に属するものはどれか。すべてを選び、その番号をマークしなさい。

1　食卓塩
2　人造コランダム
3　図画用のチョーク
4　ダイヤモンド
5　天然黒鉛

第６問　日本国とＸ国とを締約国とする二国間の経済連携協定に、下表１の原産地規則が定められている場合において、下表２のＡからＥまでの原材料を使用して製品ＹがＸ国において生産されたものとする。製品ＹのＦＯＢ価格が4,000円であるとした場合に、次の１から５までのうち、製品Ｙが当該協定に基づくＸ国の原産品とされるものはどれか。Ｘ国の原産品とされるものすべてを選び、その番号をマークしなさい。なお、原材料Ａ、Ｂ、Ｃ、Ｄ、Ｅ以外の原材料は、製品Ｙの生産に使用されないものとする。

1　Ｘ国の原産材料である原材料ＥとＸ国の原産材料でない原材料Ａ、Ｂ、Ｃ、Ｄを使用して生産された製品Ｙ
2　Ｘ国の原産材料である原材料Ｂ、ＣとＸ国の原産材料であるかないかが不明な原材料Ａ、Ｄ、Ｅを使用して生産された製品Ｙ
3　Ｘ国の原産材料である原材料ＡとＸ国の原産材料でない原材料Ｂ、Ｃ、Ｄ、Ｅを使用して生産された製品Ｙ
4　Ｘ国の原産材料である原材料Ａ、ＤとＸ国の原産材料でない原材料ＢとＸ国の原産材料であるかないかが不明な原材料Ｃ、Ｅを使用して生産された製品Ｙ
5　Ｘ国の原産材料である原材料ＢとＸ国の原産材料でない原材料Ｃ、ＤとＸ国の原産材料であるかないかが不明な原材料Ａ、Ｅを使用して生産された製品Ｙ

下表１

（原産地規則）

≪原産品の要件≫

原産材料割合が50%以上のものは、当該締約国の原産品とする。

原産材料割合の算定については、次の数式を適用する。

$$原産材料割合（\%）= \frac{\text{FOB 価格} - \text{VNM}}{\text{FOB 価格}} \times 100$$

この場合において、「VNM」とは、産品の生産において使用された非原産材料の価格を合計した価額をいう。

なお、非原産材料とは、原産材料とはされない原材料（原産材料であるかないかが不明な原材料を含む。）をいう。

下表２

原材料	原材料の価格（円）
A	300
B	200
C	700
D	600
E	1,000

第４編（最新本試験問題編）通関実務

第7問　次に掲げる物品のうち、関税暫定措置法第8条の2第1項の特恵関税に関し、関税暫定措置法施行令第26条第1項第1号の特恵受益国等（同法第8条の2第1項に規定する特恵受益国等をいう。）において完全に生産された物品に該当するものはどれか。以下の関税暫定措置法施行規則第8条の規定を参考にし、該当するものすべてを選び、その番号をマークしなさい。

なお、次に掲げる物品については、各選択肢に記載されている特恵受益国等から本邦へ輸出されるものとし、また、各選択肢に記載されている材料以外の使用されうる材料については考慮しないものとする。

1　特恵受益国等以外の国の船舶により公海で採捕され、特恵受益国等であるA国で水揚げされたサーモン

2　特恵受益国等であるA国の船舶により公海で採捕されたサーモンを、A国において冷凍保存したもの

3　特恵受益国等であるA国で製造された機械を用いて、特恵受益国等以外の国において採掘され、A国に輸出された鉄鉱石

4　特恵受益国等以外の国で生産された金属材料を用いて、特恵受益国等であるA国において金型を製造した際に生じた金属の削りくず

5　特恵受益国等以外の国において生まれ、かつ、成育した牛から、特恵受益国等であるA国において得られた牛乳

（参考）　関税暫定措置法施行規則

（完全に生産された物品の指定）

第八条　令第二十六条第一項第一号（原産地の意義）に規定する財務省令で定める物品は、次に掲げる物品とする。

一　一の国又は地域（法第八条の二第一項又は第三項に規定する国又は地域をいう。以下同じ。）において採掘された鉱物性生産品

二　一の国又は地域において収穫された植物性生産品

三　一の国又は地域において生まれ、かつ、成育した動物（生きているものに限る。）

四　一の国又は地域において動物（生きているものに限る。）から得られた物品

五　一の国又は地域において狩猟又は漁ろうにより得られた物品

六　一の国又は地域の船舶により公海並びに本邦の排他的経済水域の海域及び外国の排他的経済水域の海域で採捕された水産物

七　一の国又は地域の船舶において前号に掲げる物品のみを原料又は材料として生産された物品

八　一の国又は地域において収集された使用済みの物品で原料又は材料の回収用のみに適するもの

九　一の国又は地域において行なわれた製造の際に生じたくず

十　一の国又は地域において前各号に掲げる物品のみを原料又は材料として生産された物品

【計　算　式】 ―― 各問題2点 ――

第8問　外国貨物について輸入（納税）申告をしたが、納税後において、税関による関税についての調査に基づく指摘により、書面により備付け及び保存がされている関税関係帳簿に記載されている事項に関し、下表のとおり課税標準額及び適用税率に誤りがあることが判明し、修正申告をすることとなった。当該修正申告により納付すべき関税額には過少申告加算税が課されることとなった。その課されることとなった過少申告加算税の額を計算し、その額をマークしなさい。

	課税標準額	適用税率
修正申告前 （輸入（納税）申告時）	3,745,029円	7.3%
修正申告後	6,174,893円	8.1%

第９問　税関長の承認を受けて保税蔵置場に置かれた外国貨物であって、課税価格が6,944,911円のものを、下表の経緯で輸入する場合に、当該外国貨物について納付すべき関税の額を計算し、その額をマークしなさい。

なお、当該外国貨物に適用される関税率は、経済連携協定Aに規定するものとし、同協定の規定により令和５年４月１日に下表のとおり変更されるものとする。

輸入（納税）申告の日	輸入の許可前における貨物の引取りの承認の申請の日	輸入の許可前における貨物の引取りの承認の日	輸入の許可の日	令和５年３月31日以前の経済連携協定Ａに規定する関税率	令和５年４月１日以後の経済連携協定Ａに規定する関税率
令和５年 ３月29日	令和５年 ３月30日	令和５年 ４月３日	令和５年 ４月10日	7.5%	3.8%

第10問　次の情報に基づき、輸入者Mが輸入する机500台について、関税定率法第４条の２に規定する同種又は類似の貨物に係る取引価格による課税価格の決定方法により課税価格を計算し、その額をマークしなさい。

1　本邦の輸入者Mは、Ａ国の生産者Ｘから無償で机500台を輸入する。

2　上記１の机と同種又は類似の輸入貨物に係る取引価格について、次に掲げるものが確認されている。これらはいずれも当該机の本邦への輸出の日に近接する日に貨物が本邦へ輸出されており、かつ、関税定率法第４条第１項の規定を適用して課税価格が計算された事例であり、単価については取引数量により変わらないものであり、いずれも運賃込み条件（ＣＦＲ）の価格である。

イ　MがＡ国の生産者Ｙから類似の貨物700台を輸入した時の当該貨物の取引価格
・・・・・・・・・・・・・・・・・・・・・・・・・・・・・・・・・・4,000円／台

ロ　MがＡ国の生産者Ｚから同種の貨物600台を輸入した時の当該貨物の取引価格
・・・・・・・・・・・・・・・・・・・・・・・・・・・・・・・・・・4,500円／台

ハ　輸入者ＮがＸから同種の貨物700台を輸入した時の当該貨物の取引価格
・・・・・・・・・・・・・・・・・・・・・・・・・・・・・・・・・・5,000円／台

ニ　輸入者ＮがＸから類似の貨物600台を輸入した時の当該貨物の取引価格
・・・・・・・・・・・・・・・・・・・・・・・・・・・・・・・・・・5,500円／台

ホ　輸入者ＬがＸから同種の貨物700台を輸入した時の当該貨物の取引価格
・・・・・・・・・・・・・・・・・・・・・・・・・・・・・・・・・・6,000円／台

3　Mは、輸入貨物のＡ国から本邦までの運送に要する保険料70,000円を保険会社に支払う。ただし、当該机に損害がなかったため、保険会社からMに対し、保険契約に基づき支払った保険料のうち、30,000円が払い戻されることになっている。

4　当該机に係る輸入取引と当該同種又は類似の輸入貨物に係る輸入取引との間における差異は、これらの貨物の価格に影響を及ぼしていない。

第11問　次の取引内容に係る輸入貨物の課税価格を計算し、その額をマークしなさい。

1　本邦の輸入者M（買手）は、A国の輸出者X（売手）との間で、冷凍果実に係る売買契約を締結し、当該売買契約により当該冷凍果実を輸入する。

2　MとXとの間の当該売買契約には、次の事項が規定されている。

イ　単価（工場渡し価格）・・・・・・・・・・・・・・・・・・・・・・・・・・・・・45円／kg

ロ　契約数量・・・・・・・・・・・・・・・・・・・・・・・・・・・・・・・・・55,000kg

ハ　品質不良等による変質の割合が契約数量の３％以内であれば、値引きやクレームの対象とはならない旨

3　Mは、当該売買契約に基づき、Xから冷凍果実55,000kgを輸入し、その代金をXに支払う。

4　Mは、当該売買契約に基づき本邦に到着した当該冷凍果実について、その輸入（納税）申告に先立ち検査機関Yに、自己のために検査を依頼したところ、品質不良により1,550kgが変質していることが判明した。

5　Mは、上記４の検査に要する費用としてYに80,000円を支払う。

6　Mは、上記の当該冷凍果実の代金及び検査に要する費用とは別に、当該冷凍果実の輸入に関し、次に掲げる費用を負担する。

イ　A国のXの工場からA国の輸出港までの運送に要する費用・・・・・・・・20,000円

ロ　A国の輸出港から本邦の輸入港までの運送に要する費用・・・・・・・・210,000円

ハ　輸入港における当該冷凍果実の船卸しに要する費用・・・・・・・・・・・50,000円

ニ　輸入港から本邦所在のMの倉庫までの運送に要する費用・・・・・・・・・30,000円

7　M、X及びYとの間には、それぞれ特殊関係はない。

第12問　次の情報に基づき、輸入者Mが輸出者Xから１回目に輸入する家庭用電気機器150個に係る課税価格を計算し、その額をマークしなさい。

1　本邦の輸入者M（買手）は、A国の輸出者X（売手）との間において、家庭用電気機器900個に係る売買契約を締結し、当該売買契約により当該家庭用電気機器900個を輸入する。

2　MとXとの間の当該売買契約における当該家庭用電気機器１個当たりの価格（CIF価格）は22,000円である。

3　当該売買契約において、当該家庭用電気機器900個の輸入は、１回の輸入当たりの輸入数量を150個として、６回の輸入に分けて行われることとされている。

4　Mは、当該売買契約に際して、当該家庭用電気機器の代金とは別に、Xが所有する当該家庭用電気機器に係る特許権の使用に伴う対価として、一時金900,000円をXに支払う。また、この一時金とは別に、当該売買契約における当該家庭用電気機器の価格には当該家庭用電気機器１個当たり150円の特許権使用料が含まれている。

5　Mは、当該家庭用電気機器に贈答用の特殊な包装を行うことをXに依頼しており、当該包装のために要する費用として、当該家庭用電気機器の代金とは別に、当該家庭用電気機器１個当たり2,000円をXに支払う。

6　課税価格に算入すべき費用は、当該家庭用電気機器900個に対して均等に配分するものとする。

7　MとXとの間には、特殊関係はない。

【択　一　式】―――　各問題１点　―――

第13問　次の記述は、輸出通関に関するものであるが、その記述の正しいものはどれか。一つを選び、その番号をマークしなさい。なお、正しい記述がない場合には、「０」をマークしなさい。

1　航空機を輸出する場合において、外国における引渡しのため回航されるものについては、その回航のため初めて本邦を出発した後に、その旨を税関に届け出た時が輸出の具体的な時期となる。
2　通関業者が輸出申告の前にその輸出貨物の内容を点検して作成した「内容点検確認書」を輸出申告に際し添付したときは、税関長は、当該輸出貨物に係る現品検査を省略することとされている。
3　ふ中扱いに係る貨物についての関税法第67条に規定する検査及び輸出の許可は、当該貨物のはしけへの積載が完了する前に行うことができるものとされている。
4　輸出の許可後に貨物の価格を変更しようとする場合（数量の変更に伴い価格を変更しようとする場合を除く。）において、輸出申告書に記載した価格が20万円未満であり、かつ、本来輸出申告書に記載すべきであった価格が20万円未満であるときは、税関長は、輸出申告書に記載した貨物の価格の訂正を省略させることができることとされている。
5　関税定率法第17条第１項第１号の規定により再輸出免税の適用を受けて輸入された加工材料を輸入後に加工した貨物について、当該加工材料の輸入の許可の日から１年以内に輸出しようとする者は、税関長の承認を受けることにより、その輸出申告の際に、その輸入の許可書又はこれに代わる税関の証明書について税関長への提出を省略することができる。

第14問　次の記述は、関税率表における物品の所属の決定に関するものであるが、その記述の誤っているものはどれか。一つを選び、その番号をマークしなさい。なお、誤っている記述がない場合には、「０」をマークしなさい。

関連する関税率表の類の表題は、以下のとおり。

1　第５類の類注において、毛皮は、第５類には含まないこととされている。
2　第９類の類注において、第09.04項から第09.10項までの異なる項の二以上の物品の混合物は、関税率表の解釈に関する通則３を適用して所属を決定することとされている。
3　第44類の類注において、活性炭は、第44類には含まないこととされている。
4　第70類の類注において、義眼は、第70類には含まないこととされている。
5　第88類の類注において、同類の無人航空機には、専ら娯楽用に設計された飛行する玩具を含まないこととされている。

関税率表の類の表題

第５類	動物性生産品（他の類に該当するものを除く。）
第９類	コーヒー、茶、マテ及び香辛料
第44類	木材及びその製品並びに木炭
第70類	ガラス及びその製品
第88類	航空機及び宇宙飛行体並びにこれらの部分品

第15問　下表のＡからＥまでの各行の右欄（「物品」の欄）のａ．からｃ．までに掲げる物品のうち、左欄（「関税率表の類」の欄）に掲げる関税率表の類に属さないものはどれか。次の１から５までのうち、その属さないものの組合せが正しいもの一つを選び、その番号をマークしなさい。なお、正しい組合せがない場合には、「０」をマークしなさい。

	関税率表の類	物品
Ａ	第12類（採油用の種及び果実、各種の種及び果実、工業用又は医薬用の植物並びにわら及び飼料用植物）	ａ．大豆 ｂ．播種用の小麦 ｃ．食用の海藻
Ｂ	第22類（飲料、アルコール及び食酢）	ａ．天然の鉱水 ｂ．蒸留水 ｃ．変性させてないエチルアルコール
Ｃ	第40類（ゴム及びその製品）	ａ．加硫したゴム製のコンベヤ用ベルト ｂ．乗用自動車に使用するゴム製の空気タイヤ ｃ．ゴム製の水泳帽
Ｄ	第65類（帽子及びその部分品）	ａ．安全帽子（ヘルメット） ｂ．帽子用のあごひも ｃ．中古の帽子
Ｅ	第93類（武器及び銃砲弾並びにこれらの部分品及び附属品）	ａ．スポーツ用の散弾銃 ｂ．狩猟用のライフル ｃ．爆薬

１　Ａ－ｃ　Ｂ－ｂ　Ｃ－ｂ　Ｄ－ｂ　Ｅ－ｂ
２　Ａ－ｃ　Ｂ－ａ　Ｃ－ｃ　Ｄ－ａ　Ｅ－ａ
３　Ａ－ａ　Ｂ－ｃ　Ｃ－ａ　Ｄ－ｃ　Ｅ－ｃ
４　Ａ－ｂ　Ｂ－ｂ　Ｃ－ｃ　Ｄ－ｃ　Ｅ－ｃ
５　Ａ－ｂ　Ｂ－ａ　Ｃ－ｂ　Ｄ－ｂ　Ｅ－ａ

第16問　日本国とＡ国とを締約国とする二国間の経済連携協定に以下の原産地規則が定められている場合において、次に掲げる物品のうち、当該協定に基づく締約国の原産品とされるものはどれか。以下の原産地規則を参考にし、当該協定に基づく締約国の原産品とされるもの一つを選び、その番号をマークしなさい。なお、当該協定に基づく締約国の原産品とされるものがない場合には、「０」をマークしなさい。また、各選択肢に記載されている材料以外の使用されうる材料については考慮しないものとする。

1　Ｂ国（非締約国）から輸入したＢ国で収穫したトマト（第07.02項）を使用して、Ａ国で生産されたトマトペースト（第20.02項）
2　Ｃ国（非締約国）から輸入したＣ国で収穫したパイナップル（第08.04項）を使用して、Ａ国で生産されたパイナップルジュース（第20.09項）
3　Ｄ国（非締約国）から輸入したＤ国で収穫したトマト（第07.02項）を使用して、Ａ国で生産されたトマトジュース（第20.09項）
4　Ｅ国（非締約国）から輸入したＥ国で生産したトマトペースト（第20.02項）を使用して、Ａ国で生産されたトマトケチャップ（第2103.20号）
5　Ｆ国（非締約国）から輸入したＦ国で生産したマスタードの粉（第2103.30号）を使用して、Ａ国で生産された調製したマスタード（第2103.30号）

（原産地規則）

≪原産品≫

この協定の適用上、次のいずれかの産品は、締約国の原産品とする。

(a)　当該締約国において完全に得られ、又は生産される産品

(b)　非原産材料を使用して当該締約国において生産される産品であって、≪品目別原産地規則≫を満たすもの

≪完全に得られる産品≫

次に掲げる産品は、締約国において完全に得られ、又は生産される産品とする。

(a)　当該締約国において収穫され、採取され、又は採集される植物及び植物生産品

(b)　当該締約国において（a）に規定する産品のみから得られ、又は生産される産品

≪品目別原産地規則≫

関税分類	品目別原産地規則
第20.02項	生産において使用される第７類の全ての材料が締約国において完全に得られるものであること。
第20.09項	第20.09項の産品への他の類の材料からの変更。ただし、パイナップル及びトマトが締約国において完全に得られるものであること。
第2103.20号	第2103.20号の産品への他の号の材料からの変更（第７類又は第20類からの変更を除く。）
第2103.30号	第2103.30号の産品への他の号の材料からの変更。ただし、非原産材料のマスタードの粉は使用できる。

第17問　次の記述は、関税法施行令第61条第１項第２号（輸出申告又は輸入申告の内容を確認するための書類等）に規定する締約国原産品申告書（輸入貨物が経済連携協定の規定に基づき当該経済連携協定の締約国の原産品とされるものであることを申告する書類）に関するものであるが、その記述の誤っているものはどれか。一つを選び、その番号をマークしなさい。なお、誤っている記述がない場合には、「０」をマークしなさい。

1　経済上の連携に関する日本国とオーストラリアとの間の協定に基づく締約国原産品申告書は、輸入貨物に係る輸入者が自ら作成することができる。

2　包括的な経済上の連携に関する日本国及び東南アジア諸国連合構成国の間の協定に基づく締約国原産品申告書は、輸入貨物に係る輸入者が自ら作成することができる。

3　経済上の連携に関する日本国と欧州連合との間の協定に基づく締約国原産品申告書は、輸入貨物に係る輸入者が自ら作成することができる。

4　日本国とアメリカ合衆国との間の貿易協定に基づく締約国原産品申告書は、輸入貨物に係る輸入者が自ら作成することができる。

5　包括的な経済上の連携に関する日本国とグレートブリテン及び北アイルランド連合王国との間の協定に基づく締約国原産品申告書は、輸入貨物に係る輸入者が自ら作成することができる。

通関実務　別冊

第１問　輸出申告

輸出統計品目表（抜粋）

第11部　紡織用繊維及びその製品

注

1 （省略）

2（A）　第50類から第55類まで、第58.09項又は第59.02項のいずれかに属するとみられる物品で二以上の紡織用繊維から成るものは、構成する紡織用繊維のうち最大の重量を占めるもののみから成る物品とみなしてその所属を決定する。構成する紡織用繊維のうち最大の重量を占めるものがない場合には、当該物品は等しく考慮に値する項のうち数字上の配列において最後となる項に属するもののみから成る物品とみなしてその所属を決定する。

（B）（A）の規定の適用については、次に定めるところによる。

(a) 馬毛をしん糸に使用したジンプヤーン（第51.10項参照）及び金属を交えた糸（第56.05項参照）は、単一の紡織用繊維とみなすものとし、その重量は、これを構成する要素の重量の合計による。また、織物の所属の決定に当たり、金属糸は、紡織用繊維とみなす。

(b) 所属の決定に当たっては、まず類の決定を行うものとし、次に当該類の中から、当該類に属しない構成材料を考慮することなく、項を決定する。

(c) 第54類及び第55類の両類を他の類とともに考慮する必要がある場合には、第54類及び第55類は、一の類として取り扱う。

(d) 異なる紡織用繊維が一の類又は項に含まれる場合には、これらは、単一の紡織用繊維とみなす。

（C）（省略）

3～11 （省略）

12　この部においてポリアミドにはアラミドを含む。

Section XI　Textiles and textile articles

Notes.

1. （省略）

2.-(A) Goods classifiable in Chapters 50 to 55 or in heading 58.09 or 59.02 and of a mixture of two or more textile materials are to be classified as if consisting wholly of that one textile material which predominates by weight over any other single textile material.
When no one textile material predominates by weight, the goods are to be classified as if consisting wholly of that one textile material which is covered by the heading which occurs last in numerical order among those which equally merit consideration.

(B) For the purposes of the above rule:

(a) Gimped horsehair yarn (heading 51.10) and metallised yarn (heading 56.05) are to be treated as a single textile material the weight of which is to be taken as the aggregate of the weights of its components; for the classification of woven fabrics, metal thread is to be regarded as a textile material;

(b) The choice of appropriate heading shall be effected by determining first the Chapter and then the applicable heading within that Chapter, disregarding any materials not classified in that Chapter;

(c) When both Chapters 54 and 55 are involved with any other Chapter, Chapters 54 and 55 are to be treated as a single Chapter;

(d) Where a Chapter or a heading refers to goods of different textile materials, such materials are to be treated as a single textile material.

(C) （省略）

3.～11. （省略）

12.- For the purposes of this Section, the expression "polyamides" includes "aramids".

号注

1 （省略）

2（A）　第56類から第63類までの物品で二以上の紡織用繊維から成るものは、第50類から第55類までの物品及び第58.09項の物品で当該二以上の紡織用繊維から成るものの所属の決定に際してこの部の注２の規定に従い選択される紡織用繊維のみから成る物品とみなす。

Subheading Notes.

1. （省略）

2.-(A) Products of Chapters 56 to 63 containing two or more textile materials are to be regarded as consisting wholly of that textile material which would be selected under Note 2 to this Section for the classification of a product of Chapters 50 to 55 or of heading 58.09 consisting of the same textile materials.

第51類　羊毛、繊獣毛、粗獣毛及び馬毛の糸並びにこれらの織物

注

1　この表において次の用語の意義は、それぞれ次に定めるところによる。

(a) 「羊毛」とは、羊又は子羊の天然繊維をいう。

(b) 「繊獣毛」とは、アルパカ、ラマ、ビクナ、らくだ（ヒトコブラクダを含む。）、やく、うさぎ（アンゴラうさぎを含む。）、ビーバー、ヌートリヤ又はマスクラットの毛及びアンゴラやぎ、チベットやぎ、カシミヤやぎその他これらに類するやぎの毛をいう。

Chapter 51　Wool, fine or coarse animal hair; horsehair yarn and woven fabric

Notes.

1.- Throughout the Nomenclature:

(a) "Wool" means the natural fibre grown by sheep or lambs;

(b) "Fine animal hair" means the hair of alpaca, llama, vicuna, camel (including dromedary), yak, Angora, Tibetan, Kashmir or similar goats (but not common goats), rabbit (including Angora rabbit), hare, beaver, nutria or musk-rat;

第54類　人造繊維の長繊維並びに人造繊維の織物及びストリップその他これに類する人造繊維製品

注
1　この表において「人造繊維」とは、次の繊維をいう。

(a)　有機単量体の重合により製造した短繊維及び長繊維（例えば、ポリアミド、ポリエステル、ポリオレフィン又はポリウレタンのもの）、又は、この工程により得た重合体を化学的に変性させることにより製造した短繊維及び長繊維（例えば、ポリ（酢酸ビニル）を加水分解することにより得たポリ（ビニルアルコール））
(b)　繊維素その他の天然有機重合体を溶解し若しくは化学的に処理することにより製造した短繊維及び長繊維（例えば、銅アンモニアレーヨン（キュプラ）及びビスコースレーヨン）、又は、繊維素、カゼイン及びその他のプロテイン、アルギン酸その他の天然有機重合体を化学的に変性させることにより製造した短繊維及び長繊維（例えば、アセテート及びアルギネート）
この場合において、「合成繊維」とは(a)の繊維をいうものとし、「再生繊維又は半合成繊維」又は場合により「再生繊維若しくは半合成繊維」とは(b)の繊維をいう。第54.04項又は第54.05項のストリップその他これに類する物品は、人造繊維とみなさない。
人造繊維、合成繊維及び再生繊維又は半合成繊維の各用語は、材料の語とともに使用する場合においてもそれぞれ前記の意味と同一の意味を有する。

Chapter 54　Man-made filaments; strip and the like of man-made textile materials

Notes.
1.- Throughout the Nomenclature, the term "man-made fibres" means staple fibres and filaments of organic polymers produced by manufacturing processes, either:
(a) By polymerisation of organic monomers to produce polymers such as polyamides, polyesters, polyolefins or polyurethanes, or by chemical modification of polymers produced by this process (for example, poly(vinyl alcohol) prepared by the hydrolysis of poly(vinyl acetate)); or
(b) By dissolution or chemical treatment of natural organic polymers (for example, cellulose) to produce polymers such as cuprammonium rayon (cupro) or viscose rayon, or by chemical modification of natural organic polymers (for example, cellulose, casein and other proteins, or alginic acid), to produce polymers such as cellulose acetate or alginates.
The terms "synthetic" and "artificial", used in relation to fibres, mean: synthetic: fibres as defined at (a); artificial: fibres as defined at (b). Strip and the like of heading 54.04 or 54.05 are not considered to be man-made fibres.
The terms "man-made", "synthetic" and "artificial" shall have the same meanings when used in relation to "textile materials".

第61類　衣類及び衣類附属品（メリヤス編み又はクロセ編みのものに限る。）

Chapter 61　Articles of apparel and clothing accessories, knitted or crocheted

番号 NO	細分番号 sub. no	NACCS用	品名	単位 UNIT I	II	DESCRIPTION	参考
61.09			Tシャツ、シングレットその他これらに類する肌着（メリヤス編み又はクロセ編みのものに限る。）			T-shirts, singlets and other vests, knitted or crocheted:	
6109.10			－綿製のもの			- Of cotton:	
	100	3	－－異なる色の糸から成るもの又はなせんしたもの	NO	KG	- - Of yarns of different colours or printed	
	900	5	－－その他のもの	NO	KG	- - Other	
61.17			その他の衣類附属品（製品にしたもので、メリヤス編み又はクロセ編みのものに限る。）及び衣類又は衣類附属品の部分品（メリヤス編み又はクロセ編みのものに限る。）			Other made up clothing accessories, knitted or crocheted; knitted or crocheted parts of garments or of clothing accessories:	
6117.10	000	6	－ショール、スカーフ、マフラー、マンティーラ、ベールその他これらに類する製品	NO	KG	- Shawls, scarves, mufflers, mantillas, veils and the like	
6117.80	000	6	－その他の附属品		KG	- Other accessories	

第62類　衣類及び衣類附属品（メリヤス編み又はクロセ編みのものを除く。）

注

1～5（省略）

6　第62.10項及びこの類の他の項（第62.09項を除く。）に同時に属するとみられる衣類は、第62.10項に属する。

7～8（省略）

9　この類の衣類で、正面で左を右の上にして閉じるものは男子用の衣類とみなし、正面で右を左の上にして閉じるものは女子用の衣類とみなす。この注9の規定は、衣類の裁断により男子用の衣類であるか女子用の衣類であるかを明らかに判別することができるものについては、適用しない。

男子用の衣類であるか女子用の衣類であるかを判別することができないものは、女子用の衣類が属する項に属する。

Chapter 62 Articles of apparel and clothing accessories, not knitted or crocheted

Notes.

1.～5.（省略）

6.- Garments which are, *prima facie*, classifiable both in heading 62.10 and in other headings of this Chapter, excluding heading 62.09, are to be classified in heading 62.10.

7.～8.（省略）

9.- Garments of this Chapter designed for left over right closure at the front shall be regarded as men's or boys' garments, and those designed for right over left closure at the front as women's or girls' garments. These provisions do not apply where the cut of the garment clearly indicates that it is designed for one or other of the sexes.

Garments which cannot be identified as either men's or boys' garments or as women's or girls' garments are to be classified in the headings covering women's or girls' garments.

番号 NO	細分番号 sub. no	NACCS用	品名	単位 UNIT I	単位 UNIT II	DESCRIPTION	参考
62.01			男子用のオーバーコート、カーコート、ケープ、クローク、アノラック（スキージャケットを含む。）、ウインドチーター、ウインドジャケットその他これらに類する製品（第62.03項のものを除く。）			Men's or boys' overcoats, car-coats, capes, cloaks, anoraks (including ski-jackets), wind-cheaters, wind-jackets and similar articles, other than those of heading 62.03:	
6201.20	000	3	－羊毛製又は繊獣毛製のもの	NO	KG	－Of wool or fine animal hair	
6201.30	000	0	－綿製のもの	NO	KG	－Of cotton	
6201.40	000	4	－人造繊維製のもの	NO	KG	－Of man-made fibres	
6201.90	000	3	－その他の紡織用繊維製のもの	NO	KG	－Of other textile materials	
62.02			女子用のオーバーコート、カーコート、ケープ、クローク、アノラック（スキージャケットを含む。）、ウインドチーター、ウインドジャケットその他これらに類する製品（第62.04項のものを除く。）			Women's or girls' overcoats, car-coats, capes, cloaks, anoraks (including ski-jackets), wind-cheaters, wind-jackets and similar articles, other than those of heading 62.04:	
6202.20	000	1	－羊毛製又は繊獣毛製のもの	NO	KG	－Of wool or fine animal hair	
6202.30	000	5	－綿製のもの	NO	KG	－Of cotton	
6202.40	000	2	－人造繊維製のもの	NO	KG	－Of man-made fibres	
6202.90	000	1	－その他の紡織用繊維製のもの	NO	KG	－Of other textile materials	
62.03			男子用のスーツ、アンサンブル、ジャケット、ブレザー、ズボン、胸当てズボン、半ズボン及びショーツ（水着を除く。）			Men's or boys' suits, ensembles, jackets, blazers, trousers, bib and brace overalls, breeches and shorts (other than swimwear):	
62.04			女子用のスーツ、アンサンブル、ジャケット、ブレザー、ドレス、スカート、キュロットスカート、ズボン、胸当てズボン、半ズボン及びショーツ（水着を除く。）			Women's or girls' suits, ensembles, jackets, blazers, dresses, skirts, divided skirts, trousers, bib and brace overalls, breeches and shorts (other than swimwear):	
62.05			男子用のシャツ			Men's or boys' shirts:	
6205.20	000	2	－綿製のもの	NO	KG	－Of cotton	

番号 NO	細分番号 sub. no	NACCS用	品名	単位 UNIT I	単位 UNIT II	DESCRIPTION	参考
62.10			**衣類(第56.02項、第56.03項、第59.03項、第59.06項又は第59.07項の織物類から製品にしたものに限る。)**			**Garments, made up of fabrics of heading 56.02, 56.03, 59.03, 59.06 or 59.07:**	
6210.10	000	2	－第56.02項又は第56.03項の織物類から成るもの	NO	KG	－Of fabrics of heading 56.02 or 56.03	
6210.20	000	6	－その他の衣類（第62.01項のものと同一種類のものに限る。)	NO	KG	－Other garments, of the type described in heading 62.01	
6210.30	000	3	－その他の衣類（第62.02項のものと同一種類のものに限る。)	NO	KG	－Other garments, of the type described in heading 62.02	
6210.40	000	0	－その他の男子用の衣類	NO	KG	－Other men's or boys' garments	
6210.50	000	4	－その他の女子用の衣類	NO	KG	－Other women's or girls' garments	

番号 NO	細分番号 sub. no	NACCS用	品名	単位 UNIT I	単位 UNIT II	DESCRIPTION	参考
62.14			**ショール、スカーフ、マフラー、マンティーラ、ベールその他これらに類する製品**			**Shawls, scarves, mufflers, mantillas, veils and the like:**	
6214.10	000	1	－絹（絹のくずを含む。）製のもの	NO	KG	－Of silk or silk waste	
6214.20	000	5	－羊毛製又は繊獣毛製のもの	NO	KG	－Of wool or fine animal hair	
6214.30	000	2	－合成繊維製のもの	NO	KG	－Of synthetic fibres	
6214.40	000	6	－再生繊維又は半合成繊維製のもの	NO	KG	－Of artificial fibres	
6214.90	000	5	－その他の紡織用繊維製のもの	NO	KG	－Of other textile materials	
62.15			**ネクタイ**			**Ties, bow ties and cravats:**	
6215.10	000	6	－絹（絹のくずを含む。）製のもの	NO	KG	－Of silk or silk waste	

関税率表解説（抜粋）

第54類
人造繊維の長繊維並びに人造繊維の織物
及びストリップその他これに類する人造繊維製品

総　説

（Ｉ）合成繊維

（省略）
主な合成繊維には、次のものがある。
（１）～（３）（省略）
（４）ナイロンその他のポリアミド：合成線状高分子で構成される繊維で、当該高分子中、85％以上が非環式基又は環式基に結合されているアミド結合のくり返しであるか又は85％以上がアミド結合によって２個の芳香環が直接に結合している芳香族基から成るもの。その組成中、アミド基の50％未満はイミド基で置換されていてもよい。
「ナイロンその他のポリアミド」という用語には、アラミドを含む（部注12参照）。
（５）ポリエステル：線状高分子で構成される繊維で、当該高分子中、全重量の85％以上がジオール及びテレフタル酸のエステルから成るもの

第61類
衣類及び衣類附属品（メリヤス編み又はクロセ編みのものに限る。）

61.17　その他の衣類附属品（製品にしたもので、メリヤス編み又はクロセ編みのものに限る。）及び衣類又は衣類附属品の部分品（メリヤス編み又はクロセ編みのものに限る。）

（省略）
この項には、メリヤス編み又はクロセ編みの衣類附属品（製品にしたものに限る。）で、この類の前項まで又はこの表の他の項のいずれにも属さないものを含む。
この項には、メリヤス編み又はクロセ編みの衣類及び衣類附属品の部分品（62.12項の製品の部分品を除く。）も含む。
この項には、次の物品を含む。
（１）ショール、スカーフ、マフラー、マンティーラ、ベールその他これらに類する製品
（２）ネクタイ（ちょうネクタイ及びクラバット（cravats）を含む。）

第62類
衣類及び衣類附属品（メリヤス編み又はクロセ編みのものを除く。）

62.15　ネクタイ

（省略）
この項には、一般に男子が着用するネクタイ、蝶ネクタイ及びストックタイ（stocks）（襟に取り付けるのを容易にするためプラスチック、金属等の取付具を付けたものを含む。）を含む。
（省略）
この項には、次の物品を含まない。
（ａ）メリヤス編み又はクロセ編みのネクタイ（61.17）

実行関税率表（抜粋）

第１部 動物（生きているものに限る。）及び動物性生産品

Section I Live animals; animal products

注
1 （省略）
2 この表において乾燥した物品には、文脈により別に解釈される場合を除くほか、脱水し、水分を蒸発させ又は凍結乾燥したものを含む。

Notes.
1. （省略）
2.- Except where the context otherwise requires, throughout the Nomenclature any reference to "dried" products also covers products which have been dehydrated, evaporated or freeze-dried.

第２類　肉及び食用のくず肉

Chapter 2　Meat and edible meat offal

注
1 この類には、次の物品を含まない。
(a)～(b) （省略）
(c) 動物の腸、ぼうこう及び胃（第05.04項参照）並びに動物の血（第05.11項及び第30.02項参照）
(d) （省略）

備考
1 この表においてくず肉には、別段の定めがあるものを除くほか、臓器を含む。

Notes.
1.- This Chapter does not cover:
(a)～(b) （省略）
(c) Guts, bladders or stomachs of animals (heading 05.04) or animal blood (heading 05.11 or 30.02); or
(d) （省略）

Additional Note.
1.- Throughout this Schedule the term "offal" is to be taken to include, unless otherwise provided, internal organs.

番号 No.	統計細分 Stat. Code No.	NACCS用	品名	税率 Rate of Duty 基本 General	協定 WTO	特恵 Preferential	暫定 Temporary	単位 Unit	Description
02.06			食用のくず肉（牛、豚、羊、やぎ、馬、ろ馬、ら馬又はヒニーのもので、生鮮のもの及び冷蔵し又は冷凍したものに限る。）						Edible offal of bovine animals, swine, sheep, goats, horses, asses, mules or hinnies, fresh, chilled or frozen:
			豚のもの（冷凍したものに限る。）						Of swine, frozen:
0206.41			肝臓						Livers:
	010	5	1 いのししのもの	無税 Free	(無税) (Free)			KG	1 Of wild boars
	090	1	2 その他のもの	10%	8.5%	4.3% ×無税 Free		KG	2 Other
0206.49			その他のもの						Other:
	010	4	1 いのししのもの	無税 Free	(無税) (Free)			KG	1 Of wild boars
			2 その他のもの						2 Other:
	091	1	(1) 臓器	10%	8.5%	4.3% ×無税 Free		KG	(1) Internal organs

番号 No.	統計細分 Stat. Code No.	NACCS用	品名	税率 Rate of Duty 基本 General	協定 WTO	特恵 Preferential	暫定 Temporary	単位 Unit	Description
02.07			肉及び食用のくず肉で、第01.05項の家きんのもの（生鮮のもの及び冷蔵し又は冷凍したものに限る。）						Meat and edible offal, of the poultry of heading 01.05, fresh, chilled or frozen:
			がちようのもの						Of geese:
0207.51	000	4	分割してないもの（生鮮のもの及び冷蔵したものに限る。）	12.5%	9.6%	4.8% ×無税 Free		KG	Not cut in pieces, fresh or chilled
0207.52	000	3	分割してないもの（冷凍したものに限る。）	12.5%	9.6%	4.8% ×無税 Free		KG	Not cut in pieces, frozen
0207.53	000	2	脂肪質の肝臓（生鮮のもの及び冷蔵したものに限る。）	5%	3%	無税 Free		KG	Fatty livers, fresh or chilled
0207.54	000	1	その他のもの（生鮮のもの及び冷蔵したものに限る。）	12.5%	9.6%	4.8% ×無税 Free		KG	Other, fresh or chilled
0207.55			その他のもの（冷凍したものに限る。）						Other, frozen:
	100	2	1 肝臓	10%	3%	無税 Free		KG	1 Livers

第３類　魚並びに甲殻類、軟体動物及びその他の水棲無脊椎動物

Chapter 3　Fish and crustaceans, molluscs and other aquatic invertebrates

番号 No.	統計細分 Stat. Code No.	NACCS用	品名	税率 Rate of Duty 基本 General	協定 WTO	特恵 Preferential	暫定 Temporary	単位 Unit	Description
03.07			軟体動物（生きているもの、生鮮のもの及び冷蔵し、冷凍し、乾燥し、塩蔵し又は塩水漬けしたものに限るものとし、殻を除いてあるかないかを問わない。）及びくん製した軟体動物（殻を除いてあるかないか又はくん製する前に若しくはくん製する際に加熱による調理をしてあるかないかを問わない。）						Molluscs, whether in shell or not, live, fresh, chilled, frozen, dried, salted or in brine; smoked molluscs, whether in shell or not, whether or not cooked before or during the smoking process:
			い貝（ミュティルス属又はペルナ属のもの）						Mussels (*Mytilus spp., Perna spp.*):
0307.31	000	6	生きているもの、生鮮のもの及び冷蔵したもの	10%	7%	×無税 Free		KG	Live, fresh or chilled
0307.32	000	5	冷凍したもの	10%	7%	×無税 Free		KG	Frozen

第５類　動物性生産品（他の類に該当するものを除く。）

Chapter 5 Products of animal origin, not elsewhere specified or included

注
1 この類には、次の物品を含まない。
(a) 食用の物品（動物の腸、ぼうこう又は胃の全形のもの及び断片並びに動物の血で、液状のもの及び乾燥したものを除く。）

Notes.
1.- This Chapter does not cover:
(a) Edible products (other than guts, bladders and stomachs of animals, whole and pieces thereof, and animal blood, liquid or dried);

番号 No.	統計細分 Stat. Code No.	NACCS用	品名	税率 Rate of Duty 基本 General	協定 WTO	特恵 Preferential	暫定 Temporary	単位 Unit	Description
05.04									
0504.00			動物（魚を除く。）の腸、ぼうこう又は胃の全形のもの及び断片（生鮮のもの及び冷蔵し、冷凍し、塩蔵し、塩水漬けし、乾燥し又はくん製したものに限る。）	無税 Free	(無税) (Free)				Guts, bladders and stomachs of animals (other than fish), whole and pieces thereof, fresh, chilled, frozen, salted, in brine, dried or smoked:
			－腸						Guts:
	011	4	－－ソーセージケーシング用のもの					KG	For sausage casing
			－－その他のもの						Other:
	012	5	－－－牛のもの					KG	Of bovine animals
	019	5	－－－その他のもの					KG	Other
			－その他のもの						Other:
	091	0	－－牛のもの					KG	Of bovine animals
	099	1	－－その他のもの					KG	Other

第4編（最新本試験問題編）　通関実務　別冊

第７類　食用の野菜、根及び塊茎

Chapter 7　Edible vegetables and certain roots and tubers

注
1 （省略）
2 第07.09項から第07.12項までにおいて野菜には、食用きのこ、トリフ、オリーブ、ケーパー、かぼちゃ、なす、スイートコーン（ゼア・マユス変種サカラタ）、とうがらし属又はピメンタ属の果実、ういきよう、パセリ、チャービル、タラゴン、クレス及びスイートマージョラム（マヨラナ・ホルテンスィス及びオリガヌム・マヨラナ）を含む。

Notes.
1. （省略）
2.- In headings 07.09, 07.10, 07.11 and 07.12 the word "vegetables" includes edible mushrooms, truffles, olives, capers, marrows, pumpkins, aubergines, sweet corn (*Zea mays var. saccharata*), fruits of the genus *Capsicum* or of the genus *Pimenta*, fennel, parsley, chervil, tarragon, cress and sweet marjoram (*Majorana hortensis* or *Origanum majorana*).

番号 No.	統計細分 Stat. Code No.	NACCS用	品名	税率 Rate of Duty 基本 General	協定 WTO	特恵 Preferential	暫定 Temporary	単位 Unit	Description
07.09			その他の野菜（生鮮のもの及び冷蔵したものに限る。）						Other vegetables, fresh or chilled:
			きのこ及びトリフ						Mushrooms and truffles:
0709.56	000	3	トリフ（セイヨウショウロ属のもの）	5%	3%	無税 Free		KG	Truffles (*Tuber spp.*)
07.10			冷凍野菜（調理してないもの及び蒸気又は水煮による調理をしたものに限る。）						Vegetables (uncooked or cooked by steaming or boiling in water), frozen:
0710.10	000	5	ばれいしよ	10%	8.5%	×無税 Free		KG	Potatoes
			豆（さやを除いてあるかないかを問わない。）						Leguminous vegetables, shelled or unshelled:
0710.30	000	6	ほうれん草、つるな及びやまほうれん草	10%	6%	×無税 Free		KG	Spinach, New Zealand spinach and orache spinach (garden spinach)
0710.40	000	3	スイートコーン	12.5%	10.6%	×無税 Free		KG	Sweet corn
0710.80			その他の野菜						Other vegetables:
	030	0	1 ごぼう	20%	12%	×無税 Free		KG	1 Burdock
			2 その他のもの	10%	6%	×無税 Free			2 Other:
	010	1	－ブロッコリー					KG	Broccoli
	090	4	－その他のもの					KG	Other

番号 No.	統計細分 Stat. Code No.	NACCS用	品名	税率 Rate of Duty 基本 General	協定 WTO	特恵 Preferential	暫定 Temporary	単位 Unit	Description
08.11			冷凍果実及び冷凍ナット（調理してないもの及び蒸気又は水煮による調理をしたものに限るものとし、砂糖その他の甘味料を加えてあるかないかを問わない。）						Fruit and nuts, uncooked or cooked by steaming or boiling in water, frozen, whether or not containing added sugar or other sweetening matter:
0811.10			ストロベリー						Strawberries:
0811.20			ラズベリー、ブラックベリー、桑の実、ローガンベリー、ブラックカーラント、ホワイトカーラント、レッドカーラント及びグーズベリー						Raspberries, blackberries, mulberries, loganberries, black, white or red currants and gooseberries:
	100	5	1 砂糖を加えたもの	16%	9.6%	4.8% ×無税 Free		KG	1 Containing added sugar
	200	0	2 その他のもの	10%	6%	3% ×無税 Free		KG	2 Other
0811.90			その他のもの						Other:
			1 砂糖を加えたもの						1 Containing added sugar:
			2 その他のもの						2 Other:
	210	3	(1) パイナップル	28%	23.8%	×無税 Free		KG	(1) Pineapples
	220	6	(2) パパイヤ、ポポー、アボカドー、グアバ、ドリアン、ビリンビ、チャンペダ、ナンカ、パンの実、ランブータン、ジャンボ、レンブ、サポテ、チェリモア、サントル、シュガーアップル、マンゴー、カスターアップル、パッションフルーツ、ランソム、マンゴスチン、サワーサップ及びレイシ	12%	7.2%	3.6% ×無税 Free		KG	(2) Papayas, pawpaws, avocados, guavas, durians, bilimbis, champeder, jackfruit, bread-fruit, rambutan, rose-apple jambo, jambosa diamboo-kaget, chicomamey, cherimoya, kehapi, sugar-apples, mangoes, bullock's-heart, passion-fruit, dookoo kokosan, mangosteens, soursop and litchi
			(3) 桃、梨及びベリー	10%		×無税 Free			(3) Peaches, pears and berries:
	230	2	－ベリー		6%	3%		KG	Berries

第４編（最新本試験問題編）　通関実務　別冊

番号 No.	統計細分 Stat. Code No.	NACCS用	品名	税率 Rate of Duty 基本 General	協定 WTO	特恵 Preferential	暫定 Temporary	単位 Unit	Description
08.13			乾燥果実（第08.01項から第08.06項までのものを除く。）及びこの類のナット又は乾燥果実を混合したもの						Fruit, dried, other than that of headings 08.01 to 08.06; mixtures of nuts or dried fruits of this Chapter:
0813.10	000	2	あんず	15%	9%	×無税 Free		KG	Apricots
0813.20	000	6	プルーン	4%	2.4%	無税 Free		KG	Prunes
0813.30	000	3	りんご	15%	9%	×無税 Free		KG	Apples
0813.40			その他の果実						Other fruit:
	010	3	1 ベリー	12%	9%	4.5% ×無税 Free		KG	1 Berries

第16類　肉、魚、甲殻類、軟体動物若しくはその他の水棲無脊椎動物又は昆虫類の調製品

Chapter 16　Preparations of meat, of fish, of crustaceans, molluscs or other aquatic invertebrates, or of insects

号注

1 （省略）

2 第16.04項又は第16.05項の号において、慣用名のみで定める魚並びに甲殻類、軟体動物及びその他の水棲無脊椎動物は、第3類において同一の慣用名で定める魚並びに甲殻類、軟体動物及びその他の水棲無脊椎動物と同一の種に属する。

Subheading Notes.

1. （省略）

2.- The fish, crustaceans, molluscs and other aquatic invertebrates specified in the subheadings of heading 16.04 or 16.05 under their common names only, are of the same species as those mentioned in Chapter 3 under the same name.

番号 No.	統計細分 Stat. Code No.	NACCS用	品名	税率 Rate of Duty 基本 General	協定 WTO	特恵 Preferential	暫定 Temporary	単位 Unit	Description
16.05			甲殻類、軟体動物及びその他の水棲無脊椎動物（調製し又は保存に適する処理をしたものに限る。）						Crustaceans, molluscs and other aquatic invertebrates, prepared or preserved:
			軟体動物						Molluscs:
1605.51			かき						Oysters:
1605.52			スキャロップ（いたや貝を含む。）						Scallops, including queen scallops:
1605.53			い貝						Mussels:
			1 くん製したもの	6.7%	(9.6%)	×無税 Free			1 Smoked:
			2 その他のもの	9.6%	(9.6%)	7.2% ×無税 Free			2 Other:
	910	6	－気密容器入りのもの					KG	In airtight containers
	990	2	－その他のもの					KG	Other

関税率表解説（抜粋）

第３類
魚並びに甲殻類、軟体動物及びその他の水棲（せい）無脊椎動物

総　説

この類には、直接食用、工業用（缶詰等）、ふ化用、観賞用等のものとして提示されるすべての魚、甲殻類、軟体動物及びその他の水棲（せい）無脊椎動物を含む。これらは生きているか又は死んでいるかを問わない。ただし、食用に適しない種類又は状態の、生きていない魚（肝臓、卵及びしらこを含む。）又は生きていない甲殻類、軟体動物及びその他の水棲（せい）無脊椎動物を含まない（5類）。

「冷蔵」とは、物品を冷凍することなしに、物品の温度を通常0度付近まで温度を低下させることをいう。「冷凍」とは、物品を凍結点以下に冷却し、全体にわたって凍結させることをいう。

（省略）

この類と16類の物品の区分

この類の物品は、各項に規定する状態の魚（肝臓、卵及びしらこを含む。）並びに甲殻類、軟体動物及びその他の水棲（せい）無脊椎動物に限られる。この限りにおいて、これらは、切断、細断、粉砕等の処理がなされているかいないかを問わず、この類に属する。更に、この類の異なる項の物品を混合したもの又は組合せたもの（例えば、03.06項の甲殻類と03.02項から03.04項の魚とを組み合わせたもの）も、この類に属する。

他方、魚並びに甲殻類、軟体動物及びその他の水棲（せい）無脊椎動物を加熱による調理その他この類に記載しない方法により調製をし、若しくは保存に適する処理をしたものは、16類に属する（例えば、単に、ころも（batter）又はパン粉でおおった魚の切身、加熱による調理をした魚）。ただし、くん製の際に又はくん製の前に加熱による調理をしたくん製の魚、甲殻類、軟体動物、その他の水棲（せい）無脊椎動物及び単に蒸し又は水煮した殻付きの甲殻類は、それぞれ03.05項、03.06項、03.07項及び03.08項に属する。軟体動物で、開殻のためや輸送又は凍結に先立つ安定化のために必要な熱湯処理その他の熱衝撃（heat shock）のみを施したものは、調理したものとはみなされず、この類に属する。

第８類
食用の果実及びナット、かんきつ類の果皮並びにメロンの皮

総　説

この類は、果実及びナット並びにかんきつ類の果皮又はメロン（すいかを含む。）の皮で、通常（提示された状態で又は加工後）食用に供されるものを含む。これらは、生鮮（冷蔵を含む。）、冷凍（あらかじめ蒸気又は水煮による調理をしてあるかないか又は甘味料が添加されているかいないかを問わない。）又は乾燥（脱水、蒸発又は凍結乾燥を含む。）のものでもよい。（省略）

（省略）「冷凍したもの」とは、物品を当該物品の凍結点以下に冷却し、全体にわたって凍結させたものをいう。

第16類
肉、魚、甲殻類、軟体動物若しくは
その他の水棲（せい）無脊椎動物又は昆虫類の調製品

総　説

この類には、肉、くず肉（例えば、足、皮、心臓、舌、肝臓、腸、胃）、血、昆虫類、魚（皮を含む。）又は甲殻類、軟体動物若しくはその他の水棲（せい）無脊椎動物から製造された調製食料品を含む。この類の物品は、2類、3類、4類の注6又は05.04項に規定する以外の方法により調製し又は保存に適する処理をしたもので、例えば、次のような物品がある。

（１）（省略）

（２）煮、蒸し、焼き、油で揚げ、あぶり、その他の方法により加熱調理したもの（ただし、（省略）開殻のためや輸送又は凍結に先立つ安定化のために必要な熱湯処理その他の熱衝撃（heat shock）のみを施した軟体動物（03.07）及び加熱による調理をした魚並びに加熱による調理をした甲殻類、軟体動物又はその他の水棲（せい）無脊椎動物から得られる粉、ミール及びペレット（03.09）を除く。）

◆通関業法

〈解答＆難易度〉

≪配点≫

選択式	語群選択式	第１問～第５問（各５点）	25点
	複数選択式	第６問～第10問（各２点）	10点
択一式		第11問～第20問（各１点）	10点
		合計	45点

【選択式】 語群選択式：５点×５問（１箇所１点）

問	項　　目	正　解		ランク
第１問	通関業法の目的及び定義	イ	⑥	A
		ロ	⑬	
		ハ	⑨	
		ニ	⑫	
		ホ	⑤	
第２問	通関業務及び関連業務	イ	⑤	A
		ロ	④	
		ハ	⑦	
		ニ	⑩	
		ホ	⑨	
第３問	欠格事由	イ	⑮	A
		ロ	③	
		ハ	②	
		ニ	⑪	
		ホ	⑨	
第４問	記帳，届出，報告等	イ	⑫	A
		ロ	⑪	
		ハ	⑥	
		ニ	⑬	
		ホ	⑮	
第５問	業務改善命令及び監督処分	イ	⑩	A
		ロ	②	
		ハ	①	
		ニ	④	
		ホ	⑦	

【選択式】複数選択式：２点×５問（解答のすべてが正解した場合のみ）

問	項　　目	正　解	ランク
第６問	変更等の届出	１，３，５	A
第７問	通関士の設置	１，４	A
第８問	更正に関する意見の聴取及び検査の通知	４，５	A
第９問	通関業者等の義務	１，２，３	B
第10問	罰則	１，２，４	B

【択一式】１点×10問

問	項　　目	正　解	ランク
第11問	通関業務及び関連業務	2	A
第12問	通関業の許可及び営業所の新設	3	B
第13問	通関業の許可の消滅及び取消し	4	A
第14問	通関業の許可に基づく地位の承継	4	A
第15問	通関士の審査等	4	A
第16問	通関業者等の義務	0	B
第17問	記帳，届出，報告等	2	A
第18問	財務大臣の確認	2	B
第19問	通関士の資格の喪失	2	A
第20問	通関士に対する懲戒処分	1	A

A：できてほしい問題

B：中間レベルの問題

C：難易度の高い問題

〈解　説〉

【選択式】

（語群選択式）

第１問　　正解　イ－⑥　ロ－⑬　ハ－⑨　ニ－⑫　ホ－⑤

（業法１条，２条２号）

第２問　　正解　イ－⑤　ロ－④　ハ－⑦　ニ－⑩　ホ－⑨

（業法２条１号イ⑴㈠，⑵，７条）

第３問　　正解　イ－⑮　ロ－③　ハ－②　ニ－⑪　ホ－⑨

（業法６条４号イ，９号，10号，３号）

第４問　　正解　イ－⑫　ロ－⑪　ハ－⑥　ニ－⑬　ホ－⑮

（業法22条２項，施行令９条１項，２項）

第５問　　正解　イ－⑩　ロ－②　ハ－①　ニ－④　ホ－⑦

（業法33条の２，34条１項１号，２号）

（複数選択式）

第6問　　正解　1，3，5

1　○　通関業者は，通関業法13条の規定により通関業務を行う営業所に置かれている**通関士の数**に変更があった場合には，遅滞なくその旨を財務大臣に**届け出なければならない**（業法12条１号，４条１項３号）。

2　×　通関業者は，通関業務を行う営業所における**通関士以外の通関業務の従業者**の数に変更があった場合には，遅滞なくその旨を財務大臣に届け出なければならない旨の**規定はない**。

3　○　通関業者は，**通関業以外に営む事業の種類**に変更があった場合には，遅滞なくその旨を財務大臣に**届け出なければならない**（12条１号，４条１項５号）。

4　×　通関業者は，その**資産の状況**に変更があった場合には，遅滞なくその旨を財務大臣に届け出なければならない旨の**規定はない**。

5　○　通関業者は，通関業務を行う営業所の**責任者の氏名**に変更があった場合には，遅滞なくその旨を財務大臣に**届け出なければならない**（12条１号，４条１項３号）。

第７問　　正解　１，４

1　○　通関業者は，通関士を置かなければならないこととされる営業所ごとに，通関業務に係る貨物の数量及び種類並びに通関士の審査を要する通関書類の数，種類及び内容に応じて**必要な員数の通関士を置かなければならない**（業法13条，施行令５条）。

2　×　通関業者は，通関業務を行う営業所における**業務量**からみて通関士を置く必要がないと認められるときは，当該営業所に通関士を置くことを要しない旨の**規定はない**。

3　×　通関業者は，通関士を置かなければならないこととされる営業所ごとに，**専任**の通関士を１名以上置かなければならない旨の**規定はない**。

4　○　通関業者が通関業務を行う営業所に通関士を置くことを要しない場合における当該営業所において取り扱う通関業務に係る貨物が「一定の種類の貨物のみに限られている場合」とは，その行う通関業務に係る**貨物が一定種類**に限られており，**通関業務の内容が簡易かつ**，**定型化**されている場合をいうこととされている（基本通達13－１）。

5　×　通関業者は，通関業務を行う営業所の新設の許可の条件として，その取り扱う通関業務に係る貨物について一定の種類の貨物のみに限る条件が付されている場合であっても，当該営業所に通関士を**置くことはできる**（14－１参照）。

第8問　　正解　4，5

1　×　税関長は，通関業者が他人の依頼に応じて税関官署に対してした納税の申告について更正をすべき場合であって，当該更正が当該申告に係る貨物の**関税率表の適用上の所属の相違**に基因して納付すべき関税の額を増加するものであるときは，当該通関業者に対し，当該相違に関し意見を述べる機会を与えることを**要する**（業法15条）。

2　×　税関長は，通関業者が他人の依頼に応じて税関官署に対してした納税の申告について更正をすべき場合において，当該更正が**計算の誤り**に基因して納付すべき関税の額を増加するものであるときは，当該通関業者に対し，当該相違に関し意見を述べる機会を与えることを**要しない**（15条）。

3　×　税関長は，通関業者が他人の依頼に応じて税関官署に対してした納税の申告について更正をすべき場合において，当該更正が当該申告に係る貨物の課税価格の相違に基因して納付すべき関税の額を**減少する**ものであるときは，当該通関業者に対し，当該相違に関し意見を述べる機会を与えることを**要しない**（15条）。

4　○　通関業法15条の規定に基づく更正に関する意見の聴取は，通関士が設置されている場合にあっては，**原則として通関士から**行い，その他の場合にあっては，**営業所の責任者又はこれに準ずる者から行う**こととされている（基本通達15－1）。

5　○　税関長は，通関業者の行う通関手続に関し，税関職員に関税法43条の４第１項の**保税蔵置場に外国貨物を置くことの承認の際の検査**をさせるときは，当該通関業者又はその従業者の立会いを求めるため，その旨を当該**通関業者に通知しなければならない**（業法16条，施行令７条２号）。

第９問　　正解　１，２，３

1　○　正当な理由がなくて，通関業務に関して知り得た**秘密を他に漏らす**行為をした通関士の当該行為については，通関士が**通関業法に違反**したこととなるため，通関士に対する**懲戒処分の対象**とされている
（業法35条１項，19条）。

2　○　通関士は，自ら通関書類の審査を行うことなく**他人に自己の記名をさせてはならない**こととされている（33条，基本通達33－１(1)）。

3　○　通関業者は，通関士が通関業務に従事している営業所における通関業務として他人の依頼に応じて税関官署に提出する**輸入申告書**について，通関士にその内容を**審査させ，かつ，これに記名させなければならない**（業法14条，施行令６条１号）。

4　×　通関業者は，他人に自己の名義の印章を使用させ，自己の名義で通関業務を行わせることは**できない**（業法17条，通達17－１）。

5　×　通関業法18条の規定による通関業務の料金の額の掲示については，**インターネット上**で当該料金の額の閲覧を可能とする方法により行うことが**できる**（業法18条，通達18－２）。令和５年７月改正施行。

第10問　正解　1，2，4

1　○　通関業法３条２項の規定により通関業の許可に付された条件に違反して，当該条件により限定された種類以外の貨物につき，通関業を営んだ者は，通関業法の規定に基づき１年以下の**懲役又は**100万円以下の**罰金**に**処せられることがある**（業法41条１項２号）。

2　○　通関業法33条の規定に違反して自らの通関士の名義を他人に通関業務のため使用させた者は，通関業法の規定に基づき30万円以下の**罰金**に**処せられることがある**（44条２号）。

3　×　通関業法40条２項の規定に違反して通関士という名称を使用した通関士でない者は，通関業法の規定に基づき30万円以下の**罰金**に**処せられることがある**（44条３号）。

4　○　通関業者である法人の従業者が，その法人の業務に関し，通関業法38条１項の規定に基づく税関職員による質問に偽りの答弁をしたときは，通関業法の規定に基づき，当該**従業者が罰せられる**ことがあるほか，その**法人に対しても罰金刑が科せられることがある**（43条２号，45条）。

5　×　通関業者である法人の役員が，その法人の業務に関し，正当な理由がなくて，その通関務に関して知り得た秘密を他に漏らしたときは，当該役員が罰せられることがあるが，その**法人に対しては**罰金刑が科せられることは**ない**（45条）。

【択一式】

第11問　　正解　2

1　×　他人の依頼によってその依頼をした者を代理してする関税法７条３項の規定による輸入貨物に係る課税標準の教示の求めは，**関連業務**に含まれる。（基本通達７－１(1)イ）。

2　○　他人の依頼によってその依頼をした者を代理してする関税法23条１項の規定による本邦と外国との間を往来する船舶への外国貨物である船用品の積込みの申告は，**通関業務**に含まれる（業法２条１号イ(1)(三)）。

3　×　他人の依頼によってその依頼をした者を代理してする関税法63条１項の規定による外国貨物の保税運送の申告は，**関連業務**に含まれる（通達７－１(1)へ）。

4　×　他人の依頼によってその依頼をした者を代理して輸入申告をする場合において，他人の依頼に応じ，当該輸入申告の前に行われるその輸入に関して必要とされる外国為替及び外国貿易法の規定による経済産業大臣の輸入の承認の申請は，**関連業務**に含まれる（７－１(1)チ）。

5　×　他人の依頼によってその依頼をした者を代理してする関税法43条の３第１項の規定による保税蔵置場に外国貨物を置くことの承認の申請は，**通関業務**に含まれる（業法２条１号イ(1)(四)）。

第12問　　正解　3

1　×　通関業者の通関業の許可に条件が付されていない場合において，財務大臣が当該通関業者の通関業務を行う営業所の新設の許可を行うときは，その営業所の新設の許可に**条件を付することはできる**（業法８条２項，３条２項）。

2　×　通関業の許可を受けようとする者は，通関業許可申請書に，年間において取り扱う見込みの通関業務の量を記載した書面を添付することとされているが，当該通関業務を依頼しようとする者の**推薦状を添付しなければならない旨の規定はない**（４条２項，施行規則１条６号）。

3　○　財務大臣は，通関業の許可をしようとするときは，その許可申請に係る**通関業の経営の基礎が確実**であることに適合するかどうかを審査しなければならないとされており，この「通関業の経営の基礎が確実であること」とは，許可申請者の**資産内容**が充実し，**収支の状況**が健全であり，かつ，通関業務を営むための必要な**設備**が整っていると認められることをいうこととされている（業法５条１号，基本通達５－１(1))。

4　×　財務大臣は，通関業務を行う営業所の新設の許可をしようとするときは，許可申請に係る通関業を営む営業所につき，**通関業法13条**（通関士の設置）**の要件を備える**こととなっているかどうかを**審査しなければならない。**この「通関業法13条の要件を備えることとなっている」とは，許可申請の際，通関士試験合格者を**現に雇用**しているか，又は通関士試験合格者を雇用することが**雇用契約等により確実**と認められる場合をいい，**単なる見通しは含まれない**こととされている（業法８条２項，５条３号，基本通達５－４）。

5　×　認定通関業者である通関業者が通関業務を行う営業所を新たに設けようとする場合には，財務大臣にその旨を**届け出る**ことにより当該営業所を**新設することができる**（業法９条１項）。

第13問　　正解　4

1　○　通関業者が通関業を廃止したことにより通関業の許可が消滅した場合において，現に進行中の通関手続があるときは，当該通関手続については，当該通関業の許可を受けていた者が引き続き当該通関業の**許可を受けているものとみなす**こととされている（業法10条３項）。

2　○　財務大臣は，通関業者が偽りその他不正の手段により通関業の許可を受けたことが判明したときは，通関業法11条の規定に基づき，当該通関業の許可を**取り消すことができる**（11条１項１号）。

3　○　財務大臣は，法人である通関業者であって，その役員が通関業法６条７号に規定する暴力団員に該当するに至ったときは，同法11条の規定に基づき，当該通関業者の通関業の許可を**取り消すことができる**（11条１項２号）。

4　×　財務大臣は，通関業者が関税法111条（許可を受けないで輸出入する等の罪）の規定に該当する違反行為をして同法の規定により通告処分を受けた者に該当するに至ったときは，当該通関業者の通関業の許可を**取り消すことができる**（11条１項２号，６条４号イ）。許可が消滅するのではない。

5　○　通関業の許可を受けた者がその許可の日から１年以内に通関業務を開始しない場合であっても，当該通関業の許可は**消滅しない**（10条参照）。

第14問　正解　4

1　○　通関業者が死亡し相続があった場合において，当該通関業者の通関業の許可に基づく地位を承継した者は，当該通関業者の死亡後60日以内に，その承継について財務大臣に**承認の申請をすることができる**（業法11条の２第２項）。

2　○　法人である通関業者が合併する場合において，あらかじめ財務大臣の承認を受けたときは，その合併後存続する法人は，当該合併により消滅した法人の通関業の許可に基づく**地位を承継することができる**（11条の２第４項）。

3　○　財務大臣は，法人である通関業者が合併する場合において，その合併後存続する法人が通関業の経営の基礎が確実であることについての基準に適合しないときは，通関業の許可に基づく地位の**承継の承認をしない**ものとされている（11条の２第５項）。

4　×　財務大臣は，通関業者について相続により通関業の許可に基づく地位の承継の承認をするに際して，当該承認をしようとする承継に係る通関業の許可に付された**条件を変更することはできる**（11条の２第６項）。

5　○　財務大臣は，法人である通関業者について合併により通関業の許可に基づく地位の承継の承認をするに際しては，当該承認をしようとする承継に係る通関業務を行う営業所の許可について**新たに条件を付することができる**（11条の２第６項）。

第15問　　正解　4

1　○　通関業者は，通関士が通関業務に従事している営業所における通関業務として，他人の依頼に応じて税関官署に提出する関税法の規定に基づいて税関長に対してする不服申立てに係る不服申立書について，通関士にその内容を**審査させなければならない**（業法14条，施行令6条2号）。

2　○　通関業者は，通関士が通関業務に従事している営業所における通関業務として，他人の依頼に応じて税関官署に提出する修正申告書について，通関士にその内容を**審査させなければならない**（業法14条，施行令6条4号）。

3　○　通関業者は，通関士が通関業務に従事している営業所における通関業務として，他人の依頼に応じて税関官署に提出する更正請求書について，通関士にその内容を**審査させなければならない**（業法14条，施行令6条4号）。

4　×　通関業者は，通関士が通関業務に従事している営業所における通関業務として，他人の依頼に応じて税関官署に提出する関税の納期限の延長に係る申請書について，通関士にその内容を**審査させることを要しない**（業法14条，施行令6条参照）。

5　○　通関業者は，通関士が通関業務に従事している営業所における通関業務として，他人の依頼に応じて税関官署に提出する保税工場に外国貨物を置くことの承認に係る申請書について，通関士にその内容を**審査させなければならない**（業法14条，施行令6条1号）。

第16問　正解　0

1　○　法人である通関業者の役員及び通関士は，正当な理由がなくて，通関業務に関して知り得た秘密を**盗用してはならない**こととされており，これらの者が**これらの者でなくなった後も**，**同様**とされている（業法19条）。

2　○　法人である通関業者の役員及び通関士は，通関業者又は通関士の**信用又は品位を害するような行為をしてはならない**（20条）。

3　○　通関業法の規定により通関業者が保存しなければならない通関業務に関する書類については，**電磁的記録により保存**することができることとされている（22条１項，基本通達22-２）。

4　○　通関業法18条の規定により通関業者が掲示する料金の額は，依頼者に対する透明性を確保する観点から，依頼者にとって**分かりやすいものでなければならない**こととされている（18条，18-１）。

5　○　法人である通関業者が財務大臣に提出する定期報告書（その取扱いに係る通関業務及び関 連業務の件数，これらについて受けた料金の額その他通関業務及び関連業務に係る事項を記載した報告書）には，その報告期間に係る事業年度の**貸借対照表及び損益計算書を添付**しなければならない（22条３項，施行令10条２項）。

第17問　正解　2

1　×　保存が必要な通関業務に関する書類は，次に掲げる書類である（業法 22 条 1項，施行令８条２項）。

(1) 通関業務に関し税関官署又は財務大臣に提出した申告書，申請書，不服申立書その他これらに準ずる書類の写し

(2) 通関業務に関し，依頼者から依頼を受けたことを証する書類

(3) **通関業務に関する料金の受領を証する書類の写し**

本肢は上記の(3)に該当し，その作成後に保存することを**要する**（業法22条１項，施行令８条２項３号，３項）。

2　○　本肢は選択肢１の(2)に該当し，その**作成の日後３年間保存**しなければならない（業法22条１項，施行令８条２項２号，３項）。

3　×　通関業者は，通関業務に関し，依頼者から受領した仕入書，運賃明細書及び保険料明細書については，その受領の日後３年間保存することを**要しない**。

4　×　通関業者が財務大臣に提出する**定期報告書**（その取扱いに係る通関業務及び関連業務の件数，これらについて受けた料金の額その他通関業務及び関連業務に係る事項を記載した報告書）には，その報告期間の末日における通関業務の用に供される**資産の明細を記載**することを**要する**（業法22条３項，施行令10条１項３号）。

5　×　通関業者は，定期報告書（その取扱いに係る通関業務及び関連業務の件数，これらについて受けた料金の額その他通関業務及び関連業務に係る事項を記載した報告書）を**毎年６月30日までに**財務大臣に**提出しなければならない**（施行令10条１項）。

第18問　正解　2

1　○　通関業者は，他の通関業者の通関業務に従事する通関士について，当該他の通関業者に係る通関士と**併任**して，通関士という名称を用いて自己の通関業務に従事させようとするときは，当該**他の通関業者の承諾を得なければならない**こととされている（業法基本通達31-1(4))。

2　×　通関業者は，他の通関業者の通関業務に従事する通関士について，当該他の通関業者に係る通関士と併任して，通関士という名称を用いて自己の通関業務に従事させようとするときは，財務大臣の**確認を受けることを要する。**なお，この場合は「通関士確認届」に代えて「従業者等の異動（変更）届」をもって届出が可能である（業法31条1項，通達31-1(3)イ)。

3　○　通関業者は，通関士試験に合格した者である**派遣労働者**（労働者派遣事業の適正な運営の確保及び派遣労働者の保護等に関する法律2条2号に規定する派遣労働者をいう。）について，財務大臣の確認を受け，通関士という名称を用いてその通関業務に**従事させることができる**（31-1(5))。

4　○　**通関業者でない者**は，通関士試験に合格した者について，財務大臣の確認を受けて通関士という名称を用いてその業務に**従事させることはできない**（業法31条1項)。

5　○　通関業者は，通関士試験に合格した者について財務大臣の確認を受けようとする場合には，その確認に係る届出に関する書面に，その合格した者が通関業法31条2項1号及び2号に規定する通関士の**欠格事由に該当しないことを証する書面を添付しなければならない**（施行令13条2項)。

第19問　　正解　2

1　×　通関士が，退職により通関業務に従事しないこととなった場合は，その通関士の**資格を喪失する**（業法32条１号）。

2　○　通関士が，疾病により通関業務に従事できないこととなった場合であっても，当該通関士がその職にある限り，その通関士の**資格を喪失しない**こととされている（基本通達32－１(2)）。

3　×　通関士試験に合格した者は，その受験地を管轄する税関の管轄区域内のみならず，**どの税関の管轄区域内においても**，通関士となる**資格を有する**（業法25条）。

4　×　不正な手段により通関業法31条１項の確認（通関業者が通関士試験に合格した者を通関士という名称を用いてその通関業務に従事させようとする場合における財務大臣の確認）を受けたことが判明した者について，税関長により通関士試験の**合格の決定は取り消されない**。なお，この場合，通関士の資格は喪失する（29条，32条４号参照）。

5　×　通関士試験に合格した者が，その合格に係る官報での公告の日から３年間通関士として通関業務に従事しない場合であっても，通関士となる資格は**喪失しない**（32条参照）。

第20問　　正解　1

1　×　財務大臣は，通関士に対する懲戒処分として，通関士に対し，戒告したときは，その旨を**公告することを要する**（業法35条２項，34条２項）。

2　○　財務大臣は，通関士に対する懲戒処分として，通関士に対し，**１年以内**の期間を定めてその者が通関業務に**従事することを停止**することができる（35条１項）。

3　○　財務大臣は，通関士に対する懲戒処分として，通関士に対し，**２年間**その者が通関業務に**従事することを禁止**することができる（35条１項）。

4　○　通関士が，通関士に対する懲戒処分として，通関業務に従事することを停止された場合にあっては，当該通関士は，その**停止の期間の経過後**，**直ちに**通関士として**通関業務に従事**することができることとされている（基本通達35-１(2)）。

5　○　**何人も**，通関士に，財務大臣が通関士に対する懲戒処分をすることができる場合に該当する事実があると認めたときは，財務大臣に対し，その事実を申し出て，**適当な措置をとるべきことを求める**ことができる（業法36条）。

◆関税法・関税定率法その他

〈解答＆難易度〉

≪配点≫

選択式	語群選択式	第１問～第５問（各５点）	25点
	複数選択式	第６問～第15問（各２点）	20点
択一式		第16問～第30問（各１点）	15点
		合計	60点

【選択式】 語群選択式：５点×５問（１箇所１点）

問	項　　目	正	解	ランク
第１問	輸入通関	イ	⑪	A
		ロ	⑤	
		ハ	⑥	
		ニ	②	
		ホ	⑩	
第２問	関税の確定及び納付	イ	⑨	C
		ロ	⑥	
		ハ	③	
		ニ	⑩	
		ホ	①	
第３問	保税蔵置場	イ	⑩	A
		ロ	②	
		ハ	⑬	
		ニ	⑥	
		ホ	⑮	
第４問	関税法及び関税定率法における用語の定義	イ	⑧	C
		ロ	⑩	
		ハ	⑦	
		ニ	④	
		ホ	①	
第５問	特恵関税制度	イ	③	A
		ロ	⑫	
		ハ	⑭	
		ニ	⑤	
		ホ	⑪	

【選択式】 複数選択式：２点×10問（解答のすべてが正解した場合のみ）

問	項　　目	正　解	ランク
第６問	修正申告，更正の請求，更正及び決定	２，５	A
第７問	関税の納期限	１，５	C
第８問	輸出通関	２，４，５	C
第９問	輸入通関	４，５	A
第10問	原産地の表示	２，５	C
第11問	特例輸入者・特定輸出者	３，４	B
第12問	関税の軽減，免除又は払戻し	２，４，５	A
第13問	課税価格の決定の原則	２，４，５	B
第14問	輸出貿易管理令	１，２，５	C
第15問	輸入してはならない貨物	１，５	B

【択一式】 １点×15問

問	項　　目	正　解	ランク
第16問	課税物件の確定時期	3	A
第17問	関税の納税義務	2	A
第18問	関税の徴収及び担保の提供，供託，調査の事前通知	1	C
第19問	輸出通関	5	B
第20問	輸入通関	2	A
第21問	輸入の許可前における貨物の引取り	3	A
第22問	保税地域	3	A
第23問	関税の軽減，免除又は払戻し	2	A
第24問	課税価格の計算方法	4	A
第25問	物品の所属の決定	4	A
第26問	輸入貿易管理令	5	A
第27問	不服申立て	3	B
第28問	罰則	1	C
第29問	ＮＡＣＣＳ法	5	A
第30問	不当廉売関税	1	B

A：できてほしい問題

B：中間レベルの問題

C：難易度の高い問題

〈解　説〉

【選択式】

（語群選択式）

第１問　　正解　イ－⑪　　ロ－⑤　　ハ－⑥　　ニ－②　　ホ－⑩

（関税法67条の19，68条，69条２項，施行令61条１項２号イ，62条）

第２問　　正解　イ－⑨　　ロ－⑥　　ハ－③　　ニ－⑩　　ホ－①

（関税法６条の２第１項，９条の３第１項，２項，67条，NACCS法４条２項，３項，施行令５条）

第３問　　正解　イ－⑩　　ロ－②　　ハ－⑬　　ニ－⑥　　ホ－⑮

（関税法43条の２第１項，44条１項，45条１項）

第４問　　正解　イ－⑧　　ロ－⑩　　ハ－⑦　　ニ－④　　ホ－①

（関税法２条１項４の２，13条２項，附則 昭29.4 法61第５項，定率法３条の２別表付表第１）

第５問　　正解　イ－③　　ロ－⑫　　ハ－⑭　　ニ－⑤　　ホ－⑪

（関税暫定措置法８条の２第２項，４項，施行令27条１項２号，29条，31条１項２号）

（複数選択式）

第６問　正解　２，５

1　×　納税申告をした者は，当該納税申告により納付すべき税額に不足額があるときは，**税関長による更正があるまでは**，税関長に対し，当該納税申告に係る課税標準又は納付すべき税額につき**修正申告をすることができる**（関税法７条の14第１項)。

2　○　納税申告をした者は，当該納税申告により納付すべき税額に関し当該税額を増額する更正があった場合であっても，その増額した後の納付すべき税額に不足額があるときは，その増額した更正について**更正があるまでは**，その増額した更正に係る納付すべき税額につき**修正申告をすることができる**（７条の14第１項)。

3　×　更正の請求をすることができるのは，**納税申告をした者**である（７条の15第１項)。納付すべき税額の**決定を受けた者**は，当該輸入の後に生じたやむを得ない理由により，当該決定により納付すべき税額が過大である場合であっても，税関長に対し，当該決定後の税額につき更正をすべき旨の請求をすることが**できない**。

4　×　税関長の承認を受けて輸入の許可前に引き取られた貨物に係る更正の請求は，当該承認の日の翌日から起算して**５年**を経過する日と輸入の許可の日とのいずれか遅い日までの間に限り，行うことができる（７条の15第１項)。１年ではない。

5　○　関税法14条第１項（更正，決定等の期間制限）の規定により関税についての更正をすることができないこととなる日前**６月以内**にされた更正の請求に係る更正は，当該更正の請求があった日から**６月を経過する日まで**，することができる（14条２項)。

第７問　　正解　１，５

1　○　特例申告書の提出期限が土曜日，日曜日，国民の祝日に関する法律に規定する休日その他一般の休日，12月29日，同月30日又は同月31日に当たるときは，これらの日の**翌日をもってその提出期限とみなされる**（関税法２条の２，国税通則法10条２項）。

2　×　関税定率法19条の３第１項（輸入時と同一状態で再輸出される場合の戻し税等）の規定による関税の払戻しが，これを受ける者の申請に基づいて過大な額で行われた場合には，その過大であった部分の金額に相当する関税額について，当該関税額に係る納税告知書を発する日の翌日から起算して**１月を経過する日**までに納付しなければならない（関税法13条の２，施行令11条，基本通達13の２－１(1)）。

3　×　関税法９条の２第１項（納期限の延長）の規定により納付すべき期限が延長された関税についての法定納期限は，**当該延長された期限**である（関税法12条９項２号，９条の２）。

4　×　特例申告貨物について，特例申告書をその提出期限までに提出した後にされた**更正**により納付すべき関税についての関税法12条９項（延滞税）に規定する法定納期限は，**輸入許可の日**である（12条９項）。

5　○　**期限内特例申告書**に記載された納付すべき税額に相当する関税については，その**特例申告書の提出期限**までに国に納付しなければならない（９条２項１号）。

第8問　**正解　2，4，5**

1　×　特定委託輸出者が特定委託輸出申告を行う場合には，その申告に係る貨物が置かれている場所から当該貨物を外国貿易船又は外国貿易機に積み込もうとする開港，税関空港又は不開港までの運送を**特定保税運送者に委託することを要する**（関税法67条の3第1項）。

2　○　税関長が，輸出申告があった場合において輸出の許可の判断のために必要があるときに，当該輸出申告の内容を確認するために輸出者に提出させることができる書類には，当該輸出申告に係る貨物の**契約書，仕入書及び包装明細書が含まれる**こととされている（68条，施行令61条1項）。

3　×　コンテナーに詰められた状態で輸出の許可を受けるため保税地域に搬入される貨物について，輸出申告の後，当該貨物が当該保税地域に搬入される前であっても，**輸出者からの申出があった場合**で，**かつ**，

イ　**搬入前検査を実施することに支障がない貨物**であること。

ロ　**積付状況説明書その他仕入書等により貨物の内容が明らか**であること。

ハ　**搬入前検査終了後，速やかに保税地域等に搬入されることが確実**であること。

の**全てに該当する場合に限り**，検査を行うことができる。（基本通達67-1-7(5)）。輸出者からの申出があることだけをもって搬入前の検査を行うことができるわけではない。

4　○　**再包装が困難な貨物**で**仕入書により当該貨物の内容が明らか**であり，当該貨物が保税地域に搬入される前に関税法第67条の規定による検査を実施することについて**支障がない場合**は，輸出者からの申出により，税関職員は，**輸出申告の後**，当該貨物が当該保税地域に**搬入される前に当該検査を行うことができる**こととされている（67-1-7(4)）。

5　○　外国貿易船により有償で輸出される貨物について輸出申告書に記載すべき貨物の価格は，当該貨物の本邦の輸出港における**本船甲板渡し価格**である（関税法施行令58条，59条の2第2項）。

第９問　　正解　４，５

1　×　外国貿易船に積み込んだ状態で輸入申告をすることが必要な貨物を輸入しようとする者は，当該貨物が他の貨物と混載されておらず，かつ，当該貨物の積付けの状況が検査を行うのに支障がない場合には，**税関長の承認を受ける**ことにより，当該貨物を保税地域に入れないで輸入申告をすることができる（関税法67条の２第２項）。

2　×　特例委託輸入者でその特例申告に係る特例申告書をその提出期限までに提出していない者は，その提出期限後においては，**税関長から決定を受けるまで**は，特例申告書を提出することができる（７条の４第１項）。

3　×　申告納税方式が適用される輸入貨物のうち，当該輸入貨物の課税標準となるべき価格が１万円以下の物品を輸入しようとする者は，税関長への輸入申告を行うことを要しない旨の**規定はない**。

4　○　輸入（納税）申告をしようとする者は，その輸入しようとする**貨物の種類にかかわらず**，予備審査制に基づく輸入貨物に係る**予備申告を行うことができる**こととされている（予備審査制について　H12 蔵関251号通達１）。

5　○　外国貿易船により輸入される貨物に係る予備審査制に基づく予備申告は，輸入申告予定日における**外国為替相場が公示された日**又は**当該貨物に係る船荷証券が発行された日**の**いずれか遅い日**から行うことができることとされている（予備審査制について　H12 蔵関 251 号通達２(4)）。

第10問　正解　2，5

1　×　**原産地について誤認を生じさせる表示**がされている外国貨物は，**輸入の許可を受けることができない**（関税法71条1項）。

2　○　**原産地について偽った表示がされている外国貨物**を輸入しようとする者は，当該外国貨物の真正な原産地を証明する原産地証明書を税関長に提出した場合であっても，当該外国貨物について，**輸入の許可を受けることができない**（71条1項）。

3　×　原産地について誤認を生じさせる表示がされている外国貨物を輸入しようとする者が，当該外国貨物の関税額に相当する担保を税関長に提供した場合に，当該外国貨物について，輸入の許可を受けることができる旨の**規定はない**。

4　×　**原産地について偽った表示**が，外国貨物の容器にのみ**間接的に表示**されている場合には，当該外国貨物について，**輸入の許可を受けることができない**（71条1項）。

5　○　税関長は，原産地について偽った表示がされていることにより**留置**した外国貨物について，**当該表示が消され，若しくは訂正され，又は積み戻されると認められる場合**には，当該外国貨物を**返還する**こととされている（87条2項）。

第4編（最新本試験問題編）

解答・解説＆難易度

第11問　**正解　3，4**

1　×　税関長は，関税，内国消費税及び地方消費税の保全のために必要があると認めるときは，特例輸入者に対し，金額及び期間を指定して，関税，内国消費税及び地方消費税につき担保の提供を命ずることができ，特例輸入者が過少申告加算税を課された場合には，税関長は直ちに担保の提供を**命じることができる**（関税法7条の8，関税法基本通達7の8−1(1)イ）。

2　×　**輸出貿易管理令別表1の1の項**の中欄に掲げる貨物については，特定輸出申告を行うことが**できない**（関税法67条の3第1項，関税法施行令59条の8）。

3　〇　税関長は，特定輸出申告書に記載された品名と特定輸出申告が行われ税関長の輸出の許可を受けた貨物が相違することが判明したことにより，当該貨物が外国貿易船に積み込まれるまでの間に当該貨物に係る輸出の許可を取り消す場合において必要があると認めるときは，税関職員に当該貨物の**検査をさせることができる**こととされている（関税法67条の4第3項，関税法基本通達67の4−2①）。

4　〇　特例申告を行う場合は，特例申告に係る貨物で輸入の許可を受けたものについて，特例申告書を作成し，**当該許可の日の属する月の翌月末日まで**に当該許可をした税関長に提出しなければならない（関税法7条の2第2項）。

5　×　特例輸入者が，複数の輸入の許可に係る特例申告をまとめて行う場合に，当該許可をした税関長にあらかじめその旨を届け出なければならない旨の**規定はない**。

第12問　正解　2，4，5

1　×　輸入貨物が，輸入申告の後，輸入の許可前に損傷した場合においては，関税定率法10条１項（変質，損傷等の場合の減税又は戻し税等）の規定により，当該貨物の損傷による価値の減少に基づく価格の低下率を基準として，その関税の**軽減を受けることができる**（定率法10条１項）。

2　○　輸入の許可を受けた貨物が，輸入の許可後引き続き，**保税地域に置かれている間**に，**災害により滅失**した場合においては，関税定率法10条２項（変質，損傷等の場合の減税又は戻し税等）の規定により，その関税（附帯税を除く。）の**全部の払戻しを受けることができる**（10条２項）。

3　×　国際親善のため，国にその用に供するものとして寄贈される物品で輸入されるものは，その**輸入の許可の日から２年以内にその用途以外の用途に供されないものに限り**，関税定率法15条１項（特定用途免税）の規定により，その関税の**免除を受けることができる**（15条１項３号の２）。

4　○　**赤十字国際機関から日本赤十字社に寄贈された器具**で，**日本赤十字社が直接医療用に使用するものと認められるもの**で輸入され，その輸入の許可の日から**２年以内にその用途以外の用途に供されないもの**については，関税定率法15条１項（特定用途免税）の規定により，その関税の**免除を受けることができる**（15条１項５号）。

5　○　**本邦にある外国の大使館又は公使館に属する公用品で輸入されるもの**については，相互条件により関税の免除に制限がある場合を除き，関税定率法16条１項（外交官用貨物等の免税）の規定により，その関税の**免除を受けることができる**（16条１項１号）。

第13問　　正解　2，4，5

1　×　輸入取引に係る契約において輸入貨物の輸入港までの運賃を買手が負担することとされている場合は，当該運賃は当該輸入貨物につき現実に支払われた又は支払われるべき価格に含まれていないものとして取り扱い，当該輸入貨物を輸入港まで運送するために実際に要した運送費用の額を，**その負担者を問わず**，当該運送費用の額を当該輸入貨物につき現実に支払われた又は支払われるべき価格に**加算する**こととされている（定率法基本通達4－8(6)ロ）。

2　○　輸入貨物に係る輸入取引に関し，買手により負担される当該輸入貨物に係る仲介料その他の手数料として当該輸入貨物につき現実に支払われた又は支払われるべき価格に，その含まれていない限度において加算しなければならないものに該当するか否かの判断は，契約書等における名称のみによるものではなく，その**手数料を受領する者が輸入取引において果たしている役割及び提供している役務の性質を考慮して行う**ものとされている（4－9(2)）。

3　×　輸入貨物に係る輸入取引に関し，当該輸入貨物の売手と協力して販売を行う者に対し**買手が支払う販売手数料**は，当該輸入貨物の課税価格に**含まれる**（4－9(2)ロ）。**売手が支払う販売手数料**は，当該輸入貨物の課税価格に**含まれない**。

4　○　輸入貨物の生産及び輸入取引に関連して，**当該輸入貨物の生産のために使用された金型**を買手が売手に無償で提供した場合において，買手が当該金型の提供に要した費用の額は当該輸入貨物の**課税価格に含まれる**（定率法4条1項3号ロ）。

5　○　輸入貨物の生産及び輸入取引に関連して，当該輸入貨物の買手が**本邦以外**で自ら開発した**役務**で，当該**買手により無償で提供**され，当該輸入貨物のみの生産に利用されたものについては，当該役務の**開発に要した費用**に当該役務を当該輸入貨物の生産に関連して提供するために要した**運賃**，**保険料**その他の費用であって買手により負担されるものを**加算**した費用の額が当該輸入貨物の課税価格に**含まれる**（定率法施行令1条の5第2項）。

第14問　　正解　1，2，5

1　○　**輸出貿易管理令別表第2の33の項**の中欄に掲げる**うなぎの稚魚**を，アメリカ合衆国を仕向地として輸出する場合において，その輸出する貨物の総価額が**5万円以下**のものであるときは，経済産業大臣の**輸出の承認を受けることを要しない**（輸出令4条3項,別表7の2号）。

2　○　**輸出貿易管理令別表第2の43の項**の中欄に掲げる**重要文化財**を輸出しようとする場合において，文化財保護法の規定に基づく**文化庁長官の許可を受けているときであっても**，経済産業大臣の**輸出の承認を受けなければならない**（4条2項）。

3　×　**輸出貿易管理令別表第1の1の項**の中欄に掲げる軍用航空機の部分品のうち，修理を要するものを無償で輸出しようとする場合には，経済産業大臣の**輸出の許可を受けることを要する**（1条，4条1項）。

4　×　輸出貿易管理令別表第1の16の項の中欄に掲げる貨物を，**輸出令別表第3**に掲げる地域（アメリカ合衆国，英国，ドイツ等の輸出徹底管理国）に輸出しようとする場合には，経済産業大臣の**輸出の許可は不要**である（1条，4条1項3号，別表第1の16項，別表第3）。

5　○　経済産業大臣は，外国為替及び外国貿易法48条1項の規定により経済産業大臣の輸出の許可を受けなければならない貨物について，当該**輸出の許可を受けないで貨物を輸出**した者に対し，**3年以内**の期間を限り，**輸出を行うことを禁止することができる**（外為法53条1項）。

第15問　　正解　1，5

1　○　**印紙の模造品**は，印紙等模造取締法の規定により**財務大臣の許可を受けて輸入するものを除き**，輸入してはならない貨物に**該当する**（関税法69条の11第1項6号）。

2　×　税関長は，**公安又は風俗を害すべき書籍**に該当すると認めるのに相当の理由がある貨物で輸入されようとするものについて，当該貨物を輸入しようとする者に対し，その旨を**通知しなければならない**（69条の11第3項）。没収して廃棄することはできない。

3　×　税関長は，輸入されようとする貨物のうちに**児童ポルノ**に該当すると認めるのに相当の理由がある貨物があるときは，当該貨物を輸入しようとする者に対し，その旨を**通知しなければならない**（69条の11第3項）。

4　×　税関長は，輸入されようとする貨物が特許権を侵害する貨物に該当するか否かについての認定手続を執る場合には，当該貨物に係る特許権者及び当該貨物を輸入しようとする者に対し，当該貨物が当該特許権を侵害する貨物に該当するか否かについて意見を述べることができる旨を**通知しなければならない**（69条の12第1項）。

5　○　**著作権者**は，自己の著作権を侵害すると認める貨物に関し，いずれかの税関長に対し，その侵害の事実を疎明するために必要な証拠を提出し，当該貨物が関税法第6章（通関）に定めるところに従い輸入されようとする場合は，当該貨物について当該税関長又は他の税関長が，当該貨物が当該著作権を侵害する貨物に該当するか否かについての**認定手続を執るべきことを申し立てることができる**（69条の13第1項）。

【択一式】

第16問　正解　3

1　○　保税展示場に入れられた外国貨物のうち，当該**保税展示場における販売又は消費を目的とするもの**（関税法４条１項３号の２に掲げるもの）に対し関税を課する場合の基礎となる当該貨物の性質及び数量は，当該貨物を当該保税展示場において**展示又は使用の行為をすることが税関長により承認された時**における現況による（関税法４条１項３号の２）。

2　○　税関長が，保税地域に置くことが困難であると認め期間及び場所を指定して，保税地域以外の場所に置くことを許可した外国貨物で，その場所において**亡失**したもの（関税法４条１項４号に掲げるもの）に対し関税を課する場合の基礎となる当該貨物の性質及び数量は，その**亡失の時**における現況による（４条１項４号）。

3　×　本邦と外国との間を往来する**船舶への積込みの承認を受けて保税地域から引き取られた外国貨物である船用品**（一括して積込みの承認を受けたものを除く。）で，その指定された積込みの期間内に船舶に積み込まれないもの（関税法４条１項５号に掲げるもの）に対し関税を課する場合の基礎となる当該貨物の性質及び数量は，当該**積込みが承認された時**の現況による（４条１項５号）。

4　○　税関長が，１年の範囲内で運送の期間を指定して，**一括して保税運送を承認**した外国貨物で，その指定された運送の期間内に運送先に到着しないもの（関税法４条１項５号に掲げるもの）に対し関税を課する場合の基礎となる当該貨物の性質及び数量は，当該承認に係る**外国貨物が発送された時**における現況による（４条１項５号）。

5　○　**留置された貨物で，公売に付されるもの**に対し関税を課する場合の基礎となる当該貨物の性質及び数量は，その**公売の時**における現況による（４条１項７号）。

第４編（最新本試験問題編）　解答・解説＆難易度

第17問　　正解　2

1　○　関税定率法15条１項（特定用途免税）の規定により関税の免除を受けて輸入された貨物について，特定用途免税に係る特定の用途以外の用途に供するため譲渡されたことにより，その免除を受けた関税を徴収する場合には，その**譲渡をした者**がその関税を納める義務を負う（定率法15条２項）。

2　×　本邦と外国との間を往来する船舶の**旅客**がその**携帯品**である外国貨物を輸入する前に本邦においてその**個人的な用途に供するため消費**した場合には，当該外国貨物を**輸入したものとはみなされない**（関税法２条３項，施行令１条の２第２号）。したがって，納税義務は発生しない。

3　○　**指定保税地域にある外国貨物**（輸出の許可を受けた貨物を除く。）が**亡失**したときは，当該外国貨物が災害その他やむを得ない事情により亡失した場合を除き，**当該外国貨物を管理する者**がその関税を納める義務を負う（関税法41条の３，45条）。

4　○　**保税運送の承認**を受けて運送された外国貨物（輸出の許可を受けた貨物を除く。）が亡失したことにより，その**承認の際に指定された運送の期間内に運送先に到着しない**ときは，当該外国貨物が災害その他やむを得ない事情により亡失した場合を除き，その**運送の承認を受けた者**がその関税を納める義務を負う（65条１項）。

5　○　関税法63条の２第１項（保税運送の特例）に規定する**特定保税運送**に係る外国貨物（輸出の許可を受けた貨物を除く。）が亡失したことにより，その発送の日の翌日から起算して**７日以内に運送先に到着しない**ときは，当該外国貨物が災害その他やむを得ない事情により亡失した場合を除き，その特定保税運送に係る**特定保税運送者がその関税を納める義務を負う**（65条２項）。

第18問　　正解　1

1　○　税関長は，納税義務者が偽りその他不正の行為により関税を免れたと認められる場合において，納付すべき税額の確定した関税でその納期限までに完納されないと認められるものがあるときは，**その納期限を繰り上げ，その納付を請求することができる**こととされている（関税法11条，国税通則法38条１項６号）。

2　×　**金地金その他の貴金属**であって換価の容易なものは，関税の担保として提供することは**認められていない**（９条の11，国税通則法50条）。

3　×　関税の担保を提供した者は，**税関長の承認**を受けた場合に限り，**担保物を変更**することができる（関税法９条の11第２項，施行令８条の３第３項）。変更後の担保物が金銭の場合も税関長の承認を受けなければならない。

4　×　税関長が，特許権に係る輸入差止申立てを受理した場合において，その申立てに係る貨物についての認定手続が終了するまでの間当該貨物が輸入されないことにより当該貨物を輸入しようとする者が被るおそれがある損害の賠償を担保するため，当該申立てをした特許権者に対し，相当と認める額の金銭をその指定する供託所に供託すべき旨を命じたときに，当該特許権者が，その特許権を目的として設定した質権をもって当該金銭に代えることができる旨の**規定はない**（関税法69条の15第１項，第３項，基本通達69の15-１参照）。

5　×　税関長は，税関の当該職員に輸入者に対し実地の調査において関税法105条１項６号の規定による質問検査等を行わせる場合には，あらかじめ，当該輸入者に対し，その調査を行う旨，調査を開始する日時，調査を行う場所，調査の対象となる期間等を通知しなければならないが，**調査を行う理由**については**通知する旨の規定はない**（関税法105条の２，国税通則法74条の９第１項，施行令30条の４）。

第19問　　正解　5

1　×　経済連携協定の規定に基づき我が国の原産品とされる貨物を当該経済連携協定の締約国に輸出しようとする者は，当該貨物の輸出申告の際に，当該貨物が我が国の原産品であることにつき，我が国の権限ある当局が証明した書類を税関長に提出しなければならない旨の**規定はない**。なお，輸入申告の場合には提出しなければならない（関税法施行令61条４項）。

2　×　輸入の許可を受けた貨物は**内国貨物**であり，内国貨物を保税地域から引き取ることなく**外国に向けて送り出す場合は輸出に該当**するので，関税法の規定に基づく**輸出の手続を要する**（関税法２条１項２号，67条）。

3　×　関税法70条１項の規定に基づき，外国為替及び外国貿易法48条１項及び輸出貿易管理令１条１項の規定により輸出に関して経済産業大臣の許可を必要とする貨物を輸出しようとする者は，当該貨物について**輸出申告の際**に当該経済産業大臣の許可を受けている旨を税関に証明しなければならない（70条１項）。

4　×　本邦の船舶により公海で採捕された水産物は**内国貨物**であり，これを洋上から直接外国に向けて送り出す場合は**輸出に該当**するので，関税法の規定に基づく**輸出の手続を要する**（２条１項２号，４号，67条）。

5　○　本邦に本店又は主たる事務所を有しない法人が本邦にその事務所及び事業所を有しない場合において，当該法人が貨物を本邦から輸出しようとするときは，当該法人は，**税関事務管理人を定め**，その定めた旨を**税関長に届け出なければならない**（95条１項，２項）。

第20問　　正解　2

1　×　税関長は，原産地について偽った表示がされている外国貨物については，その表示がある旨を輸入申告をした者に直ちに通知し，期間を指定して，その者の選択により，その表示を消させ，若しくは訂正させ，又は当該貨物を**積み戻させなければならない**（関税法71条２項）。

2　○　**特例輸入者又は特例委託輸入者**が**電子情報処理組織（ＮＡＣＣＳ）**を使用して行う輸入申告は，当該輸入申告に係る貨物を**保税地域等に入れる前に行うことができる**（67条の２第３項３号，施行令59条の６第３項）。

3　×　**賦課課税方式が適用される郵便物**に係る関税を納付しようとする者は，その**関税を納付**し，またはその**関税の納付を日本郵便株式会社に委託しなければならない**（関税法77条３項）。

4　×　はしけに積み込んだ状態で輸入申告をすることが必要な貨物を輸入しようとする者は，**税関長の承認**を受けて，当該はしけの係留場所を所轄する税関長に対して輸入申告をすることができる（67条の２第２項）。

5　×　輸入しようとする外国貨物を**保税蔵置場に置くことの承認の申請の際**に，当該外国貨物につき経済連携協定における関税についての特別の規定による便益の適用を受けるために締約国原産地証明書を税関長に**提出した**場合には，当該外国貨物の**輸入申告の際**には，当該締約国原産地証明書の写し等を当該税関長に**提出する必要はない**（施行令36条の３第３項）。

第21問　　正解　3

1　×　一の輸入申告に係る貨物について輸入の許可前における貨物の引取りの承認を受けた場合には，その貨物を**分割して引き取ることができる**（関税法施行令63条）。

2　×　輸入の許可前における貨物の引取りの承認を受けた場合には，**税関長による更正があるまでは**，その承認を受けた貨物の納税申告に係る課税標準又は納付すべき税額について**修正申告をすることができる**（関税法７条の14第１項）。

3　○　輸入の許可前における貨物の引取りの承認を受けようとする場合において，当該承認の前に当該貨物の納税申告に係る納付すべき税額に更正があり，当該更正に基づき過少申告加算税が課されているときは，当該**過少申告加算税に相当する額を除いた関税額に相当する担保**を提供しなければならない（関税法73条１項）。

4　×　輸入の許可前における貨物の引取りの承認は，その申請に係る貨物が有税品であると無税品であるとにかかわらず，受けることができる（基本通達73-３-２）。

5　×　**特例申告貨物**については，輸入の許可前における貨物の引取りの承認を受けることは**できない**（73条１項）。

第22問　正解　3

1　×　保税工場の許可を受けた者は，当該保税工場において使用する輸入貨物については，当該貨物を当該保税工場に入れた日から**3月**までの期間に限り，当該保税工場につき保税蔵置場の許可を併せて受けているものとみなされる（関税法56条2項）。

2　×　税関長は，保税展示場に入れられた外国貨物が，当該保税展示場の許可の期間の満了の際，当該保税展示場にある場合には，当該保税展示場の許可を受けた者に対し，**期間を定めて当該外国貨物の搬出その他の処置を求めることができる**ものとし，**当該期間内に処置がされないとき**は，当該保税展示場の許可を受けた者から，直ちにその関税を徴収することとされている（62条の6第1項）。

3　○　関税法30条1項2号（外国貨物を置く場所の制限）の規定により**保税地域以外の場所に置くことを税関長が許可した外国貨物**につき**内容の点検**をしようとするときは，あらかじめその旨を税関に**届け出なければならない**（36条2項）。

4　×　保税工場において，外国貨物についての加工若しくはこれを原料とする製造（混合を含む。）又は外国貨物に係る改装，仕分その他の手入れ（保税作業）をしようとする者は，当該貨物を保税工場に入れた日から**3月を超えて保税作業のために置こうとする場合**は，その**超えることとなる日前**に，当該貨物を保税工場に入れた日から3月以内に保税作業に使用する場合には，保税作業に使用する前に，**移入承認を受けなければならない**（61条の4，43条の3）。

5　×　保税蔵置場において貨物を管理する者は，当該保税蔵置場から外国貨物を出した場合であっても，関税法32条（見本の一時持出）の規定による許可を受けて当該保税蔵置場から当該**外国貨物を見本として一時持ち出したとき**は，同法34条の2（記帳義務）に規定する帳簿に当該外国貨物の記号，番号，品名及び数量を記載することを**要する**（34条の2，施行令29条の2第1項6号）。

第23問　　正解　2

1　×　本邦から輸出された貨物でその輸出の許可の際の性質及び形状が変わっていないものについては，その輸出の許可の日から１年を経過した後に輸入されるものであっても，関税定率法14条10号（無条件免税）の規定により**関税の免除を受けることができる**（関税定率法14条10号）。再輸入の期間の制限はない。

2　○　加工のため本邦から輸出され，その輸出の許可の日から１年以内に輸入される貨物については，**本邦においてその加工をすることが困難であると認められるものに限り**，関税定率法11条（加工又は修繕のため輸出された貨物の減税）の規定により**関税の軽減を受けることができる**（11条）。

3　×　関税暫定措置法９条１項（軽減税率等の適用手続）に規定する軽減税率の適用を受けて貨物を輸入しようとする者は，その軽減される関税の額に相当する担保を税関長に提供しなければならない旨の**規定はない**。

4　×　関税を納付して輸入された貨物のうち品質が契約の内容と相違するため返送することがやむを得ないと認められる貨物であって，その輸入の時の性質及び形状に変更を加えないものを本邦から返送のため輸出するときは，当該貨物がその輸入の許可の日から**６月以内**に保税地域に入れられたものである場合に限り，関税定率法20条１項（違約品等の再輸出又は 廃棄の場合の戻し税等）の規定により関税の払戻しを受けることができる（20条１項）。

5　×　**修繕**のため本邦から輸出され，その輸出の許可の日から**１年以内**に輸入される貨物については，関税定率法11条（加工又は修繕のため輸出された貨物の減税）の規定により**関税の軽減を受けることができる**（11条）。本邦においてその修繕をすることが困難であると認められるものに限られない。

第24問　正解　4

1　○　課税価格を計算する場合において，輸入貨物に係る取引の状況その他の事情からみて輸入申告の時（関税法4条1項2号から8号まで（課税物件の確定の時期）に掲げる貨物にあっては，当該各号に定める時）までに当該輸入貨物に変質があったと認められるときは，当該輸入貨物の課税価格は，**当該変質がなかったものとした場合に計算される課税価格からその変質があったことによる減価に相当する額を控除して得られる価格**とする（定率法4条の5）。

2　○　輸入貨物に係る輸入取引が延払条件付取引である場合において，その延払金利の額が明らかであるときは，当該**延払金利の額**は関税定率法4条1項に規定する当該輸入貨物につき現実に支払われた又は支払われるべき価格に**含まない**ものとする（定率法施行令1条の4第4号）。

3　○　輸入貨物に係る輸入取引に関し，**買手による当該輸入貨物の処分又は使用についての制限で法令により課されるもの**があることは，関税定率法4条1項の規定により当該輸入貨物の課税価格を決定することができないこととなる事情には**該当しない**（定率法4条2項1号，施行令1条の7第2号）。

4　×　買手が自己のために行う輸入貨物についての**広告宣伝に係る費用**で買手が負担するものは，当該広告宣伝が売手の利益になると認められる活動に係るものであっても，売手に対する間接的な支払いに該当せず，関税定率法4条1項に規定する当該輸入貨物につき現実に支払われた又は支払われるべき価格に**算入しない**（基本通達4－2(4)）。

5　○　航空機による運送方法以外の運送方法による輸入貨物の運送が特殊な事情の下において行われたことにより，当該輸入貨物の実際に要した当該輸入港までの運賃の額が当該輸入貨物の通常必要とされる当該輸入港までの運賃の額を**著しく超える**ものである場合には，当該輸入貨物の当該輸入港までの運賃は，当該**通常必要とされる当該輸入港までの運賃**とする（施行令1条の5第1項）。

第25問　　正解　4

1　×　輸入貨物について関税を課する場合の基礎となる貨物の性質は，当該輸入貨物の**輸入申告の時**における現況による（関税法４条１項）。

2　×　関税率表の類は，**第１類から第97類まで**からなる。

3　×　関税率表における物品の所属の決定のための関税率表の適用に当たっては，**項の規定及びこれに関係する部又は類の注の規定に従い**，かつ，これらの項又は注に別段の定めがある場合を除くほか，次の原則（通則２，３，４または５の原則）に定めるところに従って決定する（通則１）。

4　○　関税率表の解釈に関する通則５(a)の原則により，バイオリンを収納するために特に製作したケースであって，長期間の使用に適し，バイオリンとともに提示され，かつ，当該バイオリンとともに販売されるものは，それが重要な特性を全体に与えているケースである場合を除き，**バイオリンに含まれる**（通則５(a)）。

5　×　関税率表第16部の注は，関税率表**第84類から第85類まで**の機械類及び電気機器等に関するものである（第16部注）。

第26問　正解　5

1　×　貨物を輸入しようとする者は，当該貨物の輸入について，**経済産業大臣の輸入割当てを受けることを要する貨物**（輸入公表一）のほか，**特定の国または地域を原産地または船積地域とする貨物**（輸入公表二），**全地域を原産地または船積地域とする貨物**（輸入公表二の二）に該当するときは，**経済産業大臣の輸入の承認を受けなければならない**（輸入令４条１項）。

2　×　経済産業大臣の輸入割当てを受けるべきものとして公表された品目に該当する貨物を**仮に陸揚げ**しようとするときは，**経済産業大臣の輸入の承認は不要**である（14条３号）。

3　×　経済産業大臣の輸入割当てを受けた者から**当該輸入割当てに係る貨物の輸入の委託を受けた者**が当該貨物を輸入しようとする場合には，**経済産業大臣の確認**を受けたときは，当該輸入の委託を受けた者は，改めて**輸入の割当てを受けることなく**，輸入の委託を受けた者の名で経済産業大臣の**輸入の承認の申請をすることができる**（９条１項ただし書）。

4　×　経済産業大臣の輸入割当てを受けるべきものとして公表された品目に該当する貨物に係る輸入割当証明書の交付を受けた者は，その交付に係る貨物の**全部又は一部を希望しなくなった場合**は，遅滞なく当該輸入割当証明書を**経済産業大臣に返還しなければならない**（規則２条５項）。

5　○　経済産業大臣の輸入割当ては，貨物の数量により行うこととされているが，**貨物の数量により輸入割当てを行うことが困難**である場合には，**貨物の価額**により行うことができる（施行令９条２項）。

第27問　正解　3

1　○　関税の滞納処分に関する税関長の処分に不服がある者は，当該税関長に対して，**再調査の請求をすることができる**（関税法89条）。

2　○　関税の確定又は徴収に関する税関長の処分についての再調査の請求は，当該処分があったことを**知った日の翌日から起算して３月**又は当該処分が**あった日の翌日から起算して１年**を**経過**したときは，正当な理由があるときを除き，**することができない**（行政不服審査法18条１項，２項）。

3　×　税関長が，輸入されようとする貨物のうちに**風俗を害すべき物品に該**当すると認めるのに相当の理由がある貨物があるとして，当該貨物を輸入しようとする者に対し，その旨を**通知**した場合は，当該通知の取消しの訴えを行おうとする者は，当該通知についての**審査請求に対する裁決を経た後でなければ，当該訴えを提起することができない**こととされている（関税法93条２号）。

4　○　関税法の規定による税関長の処分について審査請求がされた場合であっても，行政不服審査法46条１項（処分についての審査請求の認容）の規定により審査請求に係る処分（法令に基づく申請を却下し，又は棄却する処分及び事実上の行為を除く。）の**全部を取り消すとき**（当該処分の全部を取り消すことについて反対する旨の意見書が提出されているとき及び口頭意見陳述においてその旨の意見が述べられているときを除く。）は，**財務大臣は，関税等不服審査会に諮問することを要しない**（91条３号）。

5　○　関税の徴収に関する税関長の処分についての審査請求があった場合において，当該審査請求がされた日の翌日から起算して**３月を経過しても裁決がないとき**は，その審査請求人は，裁決を経ることなく，**当該処分の取消しの訴えを提起することができる**こととされている（行政事件訴訟法８条２項１号）。

第28問　正解　1

1　×　関税法67条（輸出又は輸入の許可）の輸入申告に際し，**偽った書類を提出して貨物を輸入しようとした者**は，その行為が税関職員に発見された場合には，**その発見が当該貨物の輸入の許可前であっても**，関税法の規定に基づき**5年以下の懲役若しくは1,000万円以下の罰金に処し，またはこれを併科する**（関税法111条1項2号，3項）。

2　○　不正の行為により関税を免れようとする輸入者から通関業務の依頼を受けた**通関業者**が，当該輸入者から入手した仕入書が偽ったものであると**知りながら**，税関への輸入申告に際し，その**偽った仕入書を提出して貨物を輸入**することとなった場合は，当該**通関業者も**関税法の規定に基づき**罰せられることがある**（111条2項）。

3　○　関税法110条1項（**関税を免れる等の罪**）の犯罪に係る貨物について，**情を知って当該貨物を有償で取得した者**は，関税法の規定に基づき**5年以下の懲役若しくは500万円以下の罰金に処し，またはこれを併科する**（112条1項）。

4　○　関税法105条1項（税関職員の権限）の規定による**税関職員の質問に対して偽りの陳述をした者**は，**1年以下の懲役又は50万円以下の罰金に処せられることがある**（114条の2第16号）。

5　○　**保税蔵置場において貨物を管理する者**であって，その管理する外国貨物について関税法34条の2（記帳義務）の規定に基づき設けなければならない帳簿について，当該**帳簿の記載を偽ったもの**は，**1年以下の懲役又は30万円以下の罰金に処せられることがある**（115条の2第7号）。

第29問　　正解　5

1　×　輸入しようとする貨物が商標権を侵害する貨物に該当するか否かについての認定手続における，関税法69条の12第４項の規定による税関長の求めによる**商標権を侵害する貨物に該当しない旨を証する書類の提出**は，電子情報処理組織（ＮＡＣＣＳ）を使用して行うことが**できる**（ＮＡＣＣＳ法施行令別表43の４）。

2　×　電子情報処理組織（ＮＡＣＣＳ）を使用して関税法67条（輸出又は輸入の許可）の規定による輸入申告が行われる場合には，税関長は，輸出入・港湾関連情報処理センター株式会社の使用に係る電子計算機に備えられた**ファイルへの記録により明らかにすることができる事項**については，その**入力を省略させることができる**（施行令３条１項）。

3　×　通関業者は，他人の依頼に応じて税関官署に対してする輸入申告を電子情報処理組織（ＮＡＣＣＳ）を使用して行う場合に，その申告の**入力を通関士に行わせなければならない旨の規定はない**。なお，当該申告の内容は通関士に審査させなければならない（ＮＡＣＣＳ法５条）。

4　×　通関業者は，他人の依頼に応じて税関官署に対してする輸入申告を電子情報処理組織（ＮＡＣＣＳ）を使用して行う場合において，その申告の入力の内容を通関士に審査させるときは，当該内容を紙面**又は**電子情報処理組織（ＮＡＣＣＳ）の入出力装置の表示装置に出力して行わなければならない（施行令６条）。

5　○　通関業法４条１項の規定による**通関業の許可申請書の提出**は，電子情報処理組織（ＮＡＣＣＳ）を使用して行うことが**できる**（施行令別表93の４）。

第30問　　正解　1

1　×　輸入貨物に不当廉売関税が課されている場合において，不当廉売された当該輸入貨物の輸入及び当該輸入が本邦の産業に実質的な損害を与える事実が，当該不当廉売関税を課することとした**期間の満了後に継続するおそれがあると認められる**ときは，当該期間を**延長することができる**（関税定率法８条25項）。

2　○　関税定率法８条１項に規定する**本邦の産業**とは，不当廉売された輸入貨物と**同種の貨物の本邦における総生産高に占める生産高の割合が相当の割合以上である本邦の生産者をいう**ものとされている（８条１項，不当廉売関税に関する政令４条１項）。

3　○　関税定率法８条１項に規定する**本邦の産業に利害関係を有する者**は，政府に対し，不当廉売された貨物の輸入の事実及び当該輸入が本邦の産業に実質的な損害を与える事実についての十分な証拠を提出し，当該貨物に対し**不当廉売関税を課することを求めることができる**（８条４項）。

4　○　不当廉売された貨物の輸入の事実及び当該輸入が本邦の産業に実質的な損害を与える事実の有無についての関税定率法８条５項の規定による調査は，当該**調査を開始した日から１年以内に終了**するものとされているが，特別の理由により必要があると認められる場合には，その期間を**６月以内に限り延長**することができる（８条６項）。

5　○　政府は，不当廉売された貨物の輸入の事実及び当該輸入が本邦の産業に実質的な損害を与える事実の有無についての関税定率法８条５項の規定による**調査が終了した場合**において，**不当廉売関税を課さないとき**は，同条９項の規定により課された**暫定的な関税又は提供された担保を速やかに還付し，又は解除しなければならない**（８条11項）。

◆通関書類の作成要領その他通関手続の実務

〈解答＆難易度〉

≪配点≫

輸出申告書（選択式・計算式）	第１問	５点
輸入申告書（選択式・計算式）	第２問	15点
選択式	第３問～第７問（各２点）	10点
計算式	第８問～第12問（各２点）	10点
択一式	第13問～第17問（各１点）	５点
	合計	45点

【輸出申告書】５点

問		正　解	ランク
第１問	(a)	④	A
	(b)	⑥	
	(c)	⑫	
	(d)	⑩	
	(e)	②	

【輸入申告書】15点

問		正　解	ランク
第２問	(a)	⑩	A
	(b)	⑤	
	(c)	④	
	(d)	⑥	
	(e)	⑭	
	(f)	2835000	
	(g)	1437800	
	(h)	1260000	
	(i)	0186200	
	(j)	0158900	

【選択式】 10点（２点×５問（解答のすべてが正解した場合のみ））

問	項　　目	正　解	ランク
第３問	輸入通関	１，３	C
第４問	関税率表解釈通則	１，４，５	B
第５問	関税率表の所属の決定	１，５	C
第６問	原産地の認定（経済連携協定）	１，２，４	A
第７問	原産地の認定（特恵関税制度）	２，４，５	A

【計算式】 10点（２点×５問）

問	項　　目	正　解	ランク
第８問	過少申告加算税額の計算	0022000	A
第９問	関税額の計算	0263800	A
第10問	課税価格の計算	2540000	A
第11問	課税価格の計算	2705000	B
第12問	課税価格の計算	3750000	A

【択一式】 ５点（１点×５問）

問	項　　目	正　解	ランク
第13問	輸出通関	4	C
第14問	関税率表の所属の決定	2	B
第15問	関税率表上の分類	4	B
第16問	関税率表上の分類	5	A
第17問	原産地の認定（経済連携協定）	2	A

A：できてほしい問題

B：中間レベルの問題

C：難易度の高い問題

〈解　説〉

【選択式・計算式】

第１問　　正解　(a)－④　　(b)－⑥　　(c)－⑫　　(d)－⑩　　(e)－②

1　為替レート

令和５．９.10～令和５．９.16までのレートを適用し，**＄１＝¥140.00**となる。

2　統計品目番号は，次のようになる。仕入書上に記載はないが，解説の便宜のため(1)～(6)までの番号を付する。

(1)　アノラック：**6202.40-0002**

問題文８より，男子用の衣類であるか女子用の衣類であるかを判別することはできないため，**62類注９**より，**女子用の衣類**として分類し，**関税率表解説（抜粋）54類Ⅰ(5)**より，Polyester（ポリエステル）は**人造繊維**であるので，上記の番号に分類する。なお，問題文８の54.07項の織物から製品にしたものであるとの記載から，62.10項には分類されない。

(2)　防水加工した女性用アノラック：**6210.30-0003**

問題文９に，**59.03項の織物類から製品にしたもの**であるとの記載があり，62.02項（女子用アノラック）及び62.10項（59.03項の織物類から製品にしたもの）に同時に属するとみられるが，**62類注６**により，**62.10項**に属する。**62.02項のものと同一種類のもの**であるので，上記の番号に分類する。

(3)　女性用ショール：**6214.20-0005**

仕入書より，子羊の毛（Lambs Wool）25%，綿（52類）30%，ナイロン（54又は55類）30%，アルパカの毛10%，アンゴラやぎの毛（Angora Goats）５%からなり，**51類注１(a)，(b)**より，子羊は羊毛，アルパカとアンゴラやぎの毛は繊獣毛であり，**羊毛・繊獣毛（51類）の合計が40%で最大の重量を占める**ので，上記の番号に分類する。

(4)　男性用シャツ（綿製）：**6205.20-0002**

(5)　男性用綿製Ｔシャツ：**6109.10-9005**

Knittedの記載から**61類**に分類し，品名，材質から6109.10に分類する。「異なる色の糸から成るもの又はなせんしたもの」との表記がないので，上記の番号に分類する。

(6)　ネクタイ：**6117.80-0006**

Knittedの記載から**61類**に分類し，**関税率表解説（抜粋）61.17項**の記載より，**61.17項**に属する。ショール，マフラー等ではないので上記の番号に分類する。

※問題文７より，仕入書に特に記載がなければ，メリヤス編み又はクロセ編み（61類）に該当しないものとして分類する。

※価格について

仕入書上，各貨物の価格は，ＣＦＲとなっている。

仕入書に含まれている，問題文６のイ（輸出者の工場から輸出港に到着するまでの運送に要する運賃）６％とロ（輸出港における貨物の船積みに要する費用）４％はそのままとし，ハ（輸出港から輸入港に到着するまでの海上運送に要する運賃）８％は輸出港において船積みした後の費用であるので，これを**控除**してＦＯＢ価格を算出する。

仕入書価格（ＣＦＲ）×92％（0.92）＝輸出申告価格（ＦＯＢ）となるので，仕入書価格＝輸出申告価格÷0.92となる。

200,000円÷0.92÷140＝**＄1,552.8…以下の貨物は20万円以下**となる。

貨物(2)と(4)は品目番号が異なるが，20万円以下となるので，問題文の指示により一括し，これらのうち**価格の最も大きい(2)の統計品目番号で一括**させ，**10桁目は「X」**となる。

問題文４の記載から，**統計品目番号が異なる20万円以下のものをとりまとめた合計額を含め，申告価格が大きいものから順にまとめる**と，以下の通りとなる。

(a)－貨物(6) →④

(b)－貨物(1) →⑥

(c)－貨物(3) →⑫

(d)－貨物(2)，(4) →⑩

(e)－貨物(5) →②

第２問　**正解**　(a)－⑩　(b)－⑤　(c)－④　(d)－⑥　(e)－⑭
(f)－2835000　(g)－1437800　(h)－1260000　(i)－0186200
(j)－0158900

1　為替レート
令和５．９．10～令和５．９．16までのレートを適用し，**US$１＝¥140.00**となる。

2　統計品目番号は，次のようになる。仕入書上に記載はないが，解説の便宜のため(1)～(6)までの番号を付する。

(1)　冷凍フォアグラ（がちょうの脂肪質の肝臓）：**0207.55-1002**
仕入書の英語名から，がちょうの脂肪質の肝臓であり，**冷凍**のものであるので，0207.53項ではなく，上記の番号に分類する。

(2)　ソーセージケーシング用の冷凍した豚の腸：**0504.00-0114**

(3)　い貝（冷凍したもの）：**0307.32-0005**
問題文９から，開殻のために必要な熱湯処理後に凍結したものであり，**関税率表解説（抜粋）第３類総説**の記載「軟体動物で，開殻のためや輸送又は凍結に先立つ安定化のために必要な熱湯処理その他の熱衝撃（heat shock）のみを施したものは，調理したものとはみなされず，この類に属する」から，**第３類**に属し，仕入書の記載からミュティルス属のもので冷凍したものであるので，上記の番号に分類する。

(4)　凍結乾燥したラズベリー：**0813.40-0103**
第１部注２より，凍結乾燥したものは乾燥した物品に含まれるので，**乾燥果実として08.13項**に分類される。

(5)　冷凍したブルーベリー（砂糖を加えていないもの）：**0811.90-2302**

(6)　冷凍した黒トリフ：**0710.80-0904**

3　申告価格等

(1)のフォアグラについて，問題文８より，輸入者（買手）は，本邦にあるA社とライセンス契約を締結し，フォアグラにA社が商標権を保有する商標を付して国内で販売を行う権利の許諾を得ており，当該商標権の使用に伴う対価としてA社にフォアグラの仕入書価格の10%を支払っているが，**輸入者（買手）と輸出者（売手）の間には，当該対価の支払いについての取決めはなく**，買手により直接または間接に支払われるものではないため，**課税価格に加算しない。**

(3)のい貝について，問題文10より，輸入者（買手）と輸出者（売手）の**双方を代理**して，その受注，発注，交渉等，当該輸入取引の成立のための業務を行うB社に対して，買手は，仕入書価格とは別に，当該業務の対価として520米ドルの手数料を支払っている。B社の業務は輸入貨物に係る輸入取引に関するものであり，また手数料を受領する者が一つの輸入取引に関し売手と買手の双方を代理している場合には，当該手数料は**買付手数料に該当しない**ため，**520米ドルは課税価格に加算する。**

(6)の黒トリフについて，問題文11より，輸入者（買手）は，その梱包に使用する**小売用の箱を輸出者（売手）に無償で提供**しており，仕入書価格とは別に，当該小売用の箱の提供に要する費用として**250米ドル**を負担しており，**課税価格に加算する。**

各欄ごとの貨物の価格は，次のようになる。

(f)…貨物(6)　　　：（＄20,000＋＄250）×￥140＝**￥2,835,000**
(g)…貨物(3)　　　：（＄9,750＋＄520）×140円＝**￥1,437,800**
(h)…貨物(1)　　　：＄9,000×￥140＝**￥1,260,000**
(i)…貨物(2)　　　：＄1,330×￥140＝**￥186,200**
(j)…貨物(4),(5)：（＄435＋＄700）×￥140＝**￥158,900**

貨物(2)，(4)，(5)は20万円以下となるが，(2)の税率は無税，(4)の税率は９%（協定），(5)の税率は６%（協定）で，問題文２により，有税と無税で分け，(4)と(5)については問題文の指示により**関税率が高い(4)の番号で一括**し，**10桁目は「X」**とする。**無税品と有税品のうち，価格の大きい(2)を(d)欄**に入力する。

【選択式】

第３問　　正解　１，３

1　○　本邦に住所及び居所（事務所及び事業所を除く。）を有しない個人が貨物を本邦に輸入しようとする場合には，税関関係手続及びこれに関する事項を処理させるための**税関事務管理人を定めた上で**，関税法の規定に基づく**輸入の手続を行わなければならない**（関税法95条１項）。

2　×　原産地についての表示がされていない外国貨物について，輸入の許可を受けることができない旨の**規定はない**。

3　○　関税法73条１項の規定による輸入の許可前における貨物の引取りの承認に係る申請があった場合に，輸入貨物である原料の在庫がなく工場の操業等に支障をきたすために，その申請者において特に輸入貨物の引取りを急ぐ理由があると認められるときは，**税関長は当該承認をすることができる**こととされている（関税法基本通達73-３-２(2)ホ）。

4　×　輸入しようとする貨物について地域的な包括的経済連携協定（ＲＣＥＰ協定）における関税についての特別の規定による便益に係る税率の適用を受けようとする場合には，**当該貨物がその種類又は形状によりその原産地が明らかであると税関長が認めたものである場合**には，当該協定の規定に基づく締約国原産地証明書又は締約国原産品申告書を税関長に**提出する必要はない**（関税法施行令61条１項２号イ）。

5　×　輸入しようとする貨物について予備審査制に基づく予備申告がされた場合には，当該貨物が**保税地域に搬入される前**であっても，税関長は，輸入者に対し，当該貨物に係る**税関検査の要否を通知することができる**（予備審査制について蔵関251号３(3)）。

第４問　　正解　１，４，５

乳児の皮膚及び頭髪を洗うためのシャンプージェルであって，水，有機界面活性剤，塩化ナトリウム，香料，くえん酸，ブチレングリコール，植物エキス及び賦形剤を含有する物品（小売用の500ミリリットルの瓶入りにしたもの。）を，シャンプーとして第3305.10号に分類した。

34類注１に，「この類には，次の物品を含まない。(c) せっけんその他有機界面活性剤を含有するシャンプー，歯磨き，ひげそりクリーム，ひげそりフォーム及び浴用の調製品（第33.05項から第33.07項まで参照）」との記載があり，この規定を適用しているので，肢５が該当する。

また，号の規定に従うのは**通則６**によるので肢４が該当し，さらに類の注に従うことと，号の前に項の規定に従うことは，**通則１**にもよるので肢１も該当する。

したがって，解答は１，４，５となる。

第５問　　正解　１，５

関税率表25類に**属するものを〇**，属さないものを×とする。

1　〇　**食卓塩**は，**25類**に属する（25.01項）。

2　×　**人造コランダム**は，**28類**に属する（28.18項）。

3　×　**図画用のチョーク**は，**96類**に属する（96.09項）。

4　×　**ダイヤモンド**は，**71類**に属する（71.02項）。

5　〇　**天然黒鉛**は，**25類**に属する（25.04項）。

第6問　正解　1，2，4

当該協定の締約国（X国）の**原産品となるものを○**，ならないものを×とする。

1　○　X国の原産材料ではない原材料A，B，C，Dの合計価格は，下表2より1,800円であり，これが「原産品の要件」の公式にあるVNMとなる。この公式にあてはめると，4,000円（FOB価格）－1,800円(VNM)/4,000円×100＝**55%**となり，**「原産材料の割合が50%以上のものは，当該締約国の原産品とする」という要件を満たす**ので，**X国の原産品となる。**

2　○　X国の原産材料であるかないかが不明な原材料は，原産地規則により，非原産材料に含まれる。X国の原産材料であるかないかが不明な原材料A，D，Eの合計価格は，下表2より1,900円（VNM）であり，肢1と同様に公式にあてはまると，4,000円－1,900円/4,000円×100＝**52.5%**となり，「原産材料の割合が50%以上のものは，当該締約国の原産品とする」という**要件を満たす**ので，**X国の原産品となる。**

3　×　X国の原産材料ではない原材料B，C，D，Eの合計価格は，下表2より2,500円（VNM）であり，肢1と同様に公式にあてはまると，4,000円－2,500円/4,000円×100＝**37.5%**となり，「原産材料の割合が50%以上のものは，当該締約国の原産品とする」という**要件を満たさない**ので，**X国の原産品とはならない。**

4　○　X国の原産材料ではない原材料Bと，X国の原産材料であるかないかが不明な原材料C，Eの合計価格は，下表2より1,900円（VNM）となる。この公式にあてはめると，4,000円（FOB価格）－1,900円(VNM)/4,000円×100＝**52.5%**となり，「原産材料の割合が50%以上のものは，当該締約国の原産品とする」という**要件を満たす**ので，**X国の原産品となる。**

5　×　X国の原産材料ではない原材料C，Dと，X国の原産材料であるかないかが不明な原材料A，Eの合計価格は，下表2より2,600円（VNM）となる。この公式にあてはめると，4,000円（FOB価格）－2,600円(VNM)/4,000円×100＝**35%**となり，「原産材料の割合が50%以上のものは，当該締約国の原産品とする」という**要件を満たさない**ので，**X国の原産品とはならない。**

第７問　　正解　２，４，５

特恵受益国における**完全生産品に該当するものを○**，該当しないものを×とする。

1　×　**特恵受益国等以外の国の船舶**により公海で採捕され，特恵受益国等であるＡ国で水揚げされたサーモンは，特恵受益国における**完全生産品に該当しない。**

2　**○**　特恵受益国等であるＡ国の船舶により公海で採捕されたサーモンを，Ａ国において冷凍保存したものは，特恵受益国における**完全生産品に該当する**（暫定措置法施行規則８条６号）。

3　×　特恵受益国等であるＡ国で製造された機械を用いて，特恵受益国等以外の国において採掘され，Ａ国に輸出された鉄鉱石は，特恵受益国における**完全生産品に該当しない。**

4　**○**　特恵受益国等以外の国で生産された金属材料を用いて，特恵受益国等であるＡ国において 金型を製造した際に生じた金属の削りくずは，特恵受益国における**完全生産品に該当する**（８条９号）。

5　**○**　特恵受益国等以外の国において生まれ，かつ，成育した牛から，特恵受益国等であるＡ国において得られた牛乳は，特恵受益国における**完全生産品に該当する**（８条４号）。

第４編（最新本試験問題編）
解答・解説＆難易度

第８問　　正解　0022000

（１）関税額の計算

修正申告前（輸入（納税）申告時）の関税額

3,745,000円（千円未満切捨て）×7.3％＝273,385円

→273,300円（百円未満切捨て）

修正申告時の関税額

6,174,000円（千円未満切捨て）×8.1％＝500,094円

→500,000円（百円未満切捨て）

納付すべき税額

500,000円－273,300円＝226,700円

（２）過少申告加算税の計算

税関による関税についての調査に基づく指摘による修正申告であるので，過少申告加算税率は10%となる。

220,000円（一万円未満切捨て）×10％＝22,000円

過少申告加算税は22,000円となる。

第９問　　正解　0263800

税関長の承認を受けて保税蔵置場に置かれた外国貨物で，**輸入申告がされた後輸入許可前引取承認がされる前**に当該貨物に適用される**法令の改正**があったものについては，当該**引取承認の日の法令**が適用される（関税法５条２号）。

6,944,**000**円（**千円未満切捨て**）×3.8％＝263,872円

→263,8**00円**（**百円未満切捨て**）

第10問　　正解　2540000

1　当該輸入貨物は，**無償の貨物**であるため，輸入取引によるものではなく，原則的決定方法により課税価格を決定することができない。したがって，**同種の貨物に係る取引価格による課税価格の決定方法**により，課税価格を計算する（定率法４条の２第１項）。

2　**同種または類似の貨物に係る取引価格の適用の優先順位**（２イ，ロ，ハ，ニ，ホ）

同種の貨物に係る取引価格が類似の貨物に係る取引価格に対して**優先**する（定率法４条の２第１項）。

また，**輸入貨物の生産者が生産した同種の貨物**に係る取引価格が２以上あるときは，それらの取引価格のうち，**最小のものが優先**する（施行令１条の10第２項）。

したがって，ハの単価5,000円/台とホの単価6,000円を比較し，価格が最小であるハの単価5,000円/台を計算の基礎とする。

5,000円×500台＝**2,500,000円**

2　**本邦までの運送に要する保険料**（３）……**加算する**（**40,000円を加算**）

損害がなかった場合に払い戻される保険料については，**その額を控除**して計算する。

70,000円－30,000円＝**40,000円を加算**する。

以上より，課税価格は次のようになる。

2,500,000円＋40,000円＝**2,540,000円**

第11問　　正解　2705000

1　**契約価格**（ＥＸＷ**価格**）（２イ，ロ）

単価45円/kg×55,000kg＝**2,475,000円**を**課税価格の計算の基礎**とする。

2　**変質した貨物**（２ハ，４）について

Mが検査をＹに依頼したところ，**1,550kgが変質**していたが，変質の割合は契約数量55,000kgの**３％以内**であるので，**値引きやクレームの対象とはならない**。

3　**検査費用**（５）……**加算しない**

Ｍ（買手）が自己のために検査機関に依頼して行なった**検査の費用**で，**Ｍ（買手）が負担**したものは，課税価格に**加算しない**（基本通達4-2の3(2)）。

4　**Ｘの工場から輸出港までの運送費用**（６イ）……**加算する（20,000円を加算）**

5　**輸出港から輸入港までの運送費用**（６ロ）……**加算する（210,000円を加算）**

6　**輸入港における船卸しの費用**（６ハ）……**加算しない**

7　**輸入港からＭの倉庫までの運送費用**（６ニ）……**加算しない**

以上より，課税価格は次のようになる。

2,475,000円＋20,000円＋210,000円＝**2,705,000円**

第12問　　正解　3750000

1　**契約価格（ＣＩＦ価格）**（1，2）

単価22,000円×150個＝**3,300,000円**を**課税価格の計算の基礎**とする。

2　**特許権の使用に伴う対価として支払う一時金**（4）……**加算する（150,000円を加算）**

家庭用電気機器に係る特許権の使用に伴う対価として支払う一時金900,000円は，契約した900個分のものであるので，

900,000円×150個/900個＝150,000円を加算する。

3　**特許権使用料**（4）……**不算入**

家庭用電気機器の特許権使用料（1個当たり150円）は，加算要素に該当するが，**すでに契約価格に含まれている**ため，**算入しない**。

4　**特殊な包装に要する費用**（5）……**加算する（300,000円を加算する）**

2,000円×150個＝300,000円を加算する

以上より，課税価格は次のようになる。

3,300,000円＋150,000円＋300,000円＝**3,750,000円**

第4編（最新本試験問題編）　解答・解説&難易度

【択一式】

第13問　正解　4

1　×　航空機を輸出する場合において，外国における引渡しのため回航されるものについては，**その回航のため初めて本邦を出発する時**が輸出の具体的な時期となる（関税法基本通達2－5(1)）。

2　×　通関業者が輸出申告の前にその輸出貨物の内容を点検して作成した「内容点検確認書」を輸出申告に際し添付したときは，税関長は，**審査・検査の参考とする**（67－1－6）。現品検査が省略されるわけではない。

3　×　ふ中扱いに係る貨物についての関税法67条に規定する検査及び輸出の許可は，当該貨物の**はしけへの積載が完了した後に行う**ものとする（67の2－3(2)）。

4　○　輸出の許可後に貨物の価格を変更しようとする場合（数量の変更に伴い価格を変更しようとする場合を除く。）において，**輸出申告書に記載した価格が20万円未満**であり，**かつ**，**本来輸出申告書に記載すべきであった価格が20万円未満**であるときは，税関長は，**輸出申告書に記載した貨物の価格の訂正を省略させることができる**こととされている（67－1－14(3)）。

5　×　関税定率法17条1項1号の規定により再輸出免税の適用を受けて輸入された加工材料を輸入後に加工した貨物について，当該加工材料の輸入の許可の日から1年以内に輸出しようとする者は，税関長の承認を受けることにより，その輸出申告の際に，その輸入の許可書又はこれに代わる税関の証明書について税関長への提出を省略することができる旨の**規定はない**。

第14問　　正解　2

1　○　５類の類注において，**毛皮**は，**５類には含まない**こととされている（５類注１(b)）。43類に属する。

2　×　９類の類注において，**09.04項から09.10項までの異なる項の二以上の物品の混合物**は，**09.10項に属する**（９類注１(b)）。

3　○　44類の類注において，**活性炭**は，**44類には含まない**こととされている（44類注１(d)）。小売用に包装されていない活性炭は38.02項に属する。

4　○　70類の類注において，**義眼は**，**70類には含まない**こととされている（70類注１(f)）。90類に属する。

5　○　88類の類注において，同類の無人航空機には，**専ら娯楽用に設計された飛行する玩具を含まない**こととされている（88類注１）。95.03項に属する。

第15問　　正解　4

A　a　大豆は12類に属する（関税率表12.01項）

　　b　播種用の小麦は**12類に属さない**（10.01項）

　　c　食用の海藻は12類に属する（12.12項）

B　a　天然の鉱水は22類に属する（22.01項）

　　b　蒸留水は**22類に属さない**（28.53項）

　　c　変性させてないエチルアルコールは22類に属する（22.07項または22.08項）

C　a　加硫したゴム製のコンベア用ベルトは40類に属する（40.10項）

　　b　乗用自動車に使用するゴム製の空気タイヤは40類に属する（40.11項）

　　c　ゴム製の水泳帽は，**40類に属さない**（65.06項）

D　a　安全帽子（ヘルメット）は65類に属する（65.06項）

　　b　帽子用のあごひもは65類に属する（65.07項）

　　c　中古の帽子は**65類に属さない**（63.09項）

E　a　スポーツ用の散弾銃は93類に属する（93.03項）

　　b　狩猟用のライフルは93類に属する（93.03項）

　　c　爆薬は**93類に属さない**（36.02項）

したがって，A－b，B－b，C－c，D－c，E－cとなり，４が正解となる。

第16問　正解　5

経済連携協定に基づき**A国の原産品とされるものを○**，されないものを×とする。

1　×　B国から輸入したB国で収穫したトマト（07.02項）を使用して，A国で生産されたトマトペースト（20.02項）は，**A国の原産品とはならない**。「**品目別原産地規則**」により，トマトペースト（20.02項）についてA国の原産品の資格を与える要件は，「生産において使用される**7類のすべての材料が締約国において完全に得られるものであること。**」とされている。**トマト（07.02項）が締約国（A国）で得られていない**ので，トマトペーストはA国の原産品とはいえない。

2　×　C国から輸入したC国で収穫したパイナップル（08.04項）を使用して，A国で生産されたパイナップルジュース（20.09項）は，**A国の原産品とはならない**。「**品目別原産地規則**」により，パイナップルジュース（20.09項）についてA国の原産品の資格を与える要件は，「第20.09項の産品への他の類の材料からの変更。ただし，**パイナップル**及びトマトが**締約国において完全に得られるものであること。**」とされている。**パイナップルが締約国（A国）で得られていない**ので，パイナップルジュースはA国の原産品とはいえない。

3　×　D国から輸入したD国で収穫したトマト（07.02項）を使用して，A国で生産されたトマトジュース（20.09項）は，**A国の原産品とはならない**。「**品目別原産地規則**」により，トマトジュース（20.09項）についてA国の原産品の資格を与える要件は，「第20.09項の産品への他の類の材料からの変更。ただし，パイナップル及び**トマトが締約国において完全に得られるものであること。**」とされている。**トマトが締約国（A国）で得られていない**ので，トマトジュースはA国の原産品とはいえない。

4　×　E国から輸入したE国で生産したトマトペースト（20.02項）を使用して，A国で生産されたトマトケチャップ（2103.20号）は，**A国の原産品とはならない**。「**品目別原産地規則**」により，トマトケチャップ（2103.20号）についてA国の原産品の資格を与える要件は，「第2103.20号の産品への他の号の材料からの変更（第7類又は**第20類からの変更を除く。**）」とされている。**トマトペースト（20.02項）からの変更**であれば，トマトケチャップはA国の原産品とはいえない。

5　○　F国から輸入したF国で生産したマスタードの粉（2103.30号）を使用して，A国で生産された調製したマスタード（2103.30号）は，**A国の原産品となる**。「**品目別原産地規則**」により，マスタード（2103.30号）についてA国の原産品の資格を与える要件は，「第2103.30号の産品への他の号の材料からの変更。ただし，**非原産材料のマスタードの粉は使用できる。**」とされている。非原産材料のマスタードの粉を使用している場合は，同じ号からの変更であっても，**A国の原産品と認められる。**

第17問　正解　2

1　○　経済上の連携に関する日本国とオーストラリアとの間の協定（**オーストラリア協定**）に基づく締約国原産品申告書は，輸入貨物に係る**輸入者が自ら作成することができる**（関税法基本通達68-５-11の３(1)イ）。

2　×　包括的な経済上の連携に関する日本国及び東南アジア諸国連合構成国の間の協定（**ＡＳＥＡＮ協定**）においては，**締約国原産地証明書**により原産地の証明を行う。**締約国原産品申告書**により原産地の証明を行うことは**できない**（68-５-11(1)）。

3　○　経済上の連携に関する日本国と欧州連合との間の協定（**ＥＵ協定**）に基づく締約国原産品申告書は，輸入貨物に係る**輸入者が自ら作成することができる**（68-５-11の３(1)ハ）。

4　○　日本国とアメリカ合衆国との間の貿易協定（**日米協定**）に基づく締約国原産品申告書は，輸入貨物に係る**輸入者が自ら作成することができる**（68-５-11の３(1)ニ）。

5　○　包括的な経済上の連携に関する日本国とグレートブリテン及び北アイルランド連合王国との間の協定（**英国協定**）に基づく締約国原産品申告書は，輸入貨物に係る**輸入者が自ら作成することができる**（68-５-11の３(1)ホ）。

第４編（最新本試験問題編）
解答・解説＆難易度

2024年度版　通関士　過去問スピードマスター

（2009年度版　2009年4月5日　初版 第1刷発行）
2024年1月22日　初　版　第1刷発行

編著者　ＴＡＣ株式会社（通関士講座）
発行者　多田敏男
発行所　TAC株式会社　出版事業部（TAC出版）
〒101-8383
東京都千代田区神田三崎町3-2-18
電話 03（5276）9492（営業）
FAX 03（5276）9674
https://shuppan.tac-school.co.jp
組　版　株式会社　グラフト
印　刷　株式会社　光　邦
製　本　株式会社　常川製本

ISBN 978-4-300-10998-4
N.D.C. 678

乱丁・落丁による交換，および正誤のお問合せ対応は，該当書籍の改訂版刊行月末日までといたします。なお，交換につきましては，書籍の在庫状況等により，お受けできない場合もございます。
また，各種本試験の実施の延期，中止を理由とした本書の返品はお受けいたしません。返金もいたしかねますので，あらかじめご了承くださいますようお願い申し上げます。

試験ガイド

試験実施日程

試験案内配付	試験申込期間	試験	合格発表
例年7月上旬～8月中旬	2023年度 例年7月下旬～8月中旬 ①願書を書面で提出する場合 7/24（月）～8/7（月） ※税関への提出は土曜日及び日曜日を除く 10:00～17:00 ※郵送の場合は8/7（月）の消印有効 ②願書を税関手続申請システムを使用して提出する場合 7/24（月）～8/7（月）17:00	2023年度 毎年1回 例年10月第1又は第2日曜日 10/1（日）9:30～15:30	2023年度 例年11月上旬～12月上旬 11/7（火）

※受験の申込みに関するお手続きの際は、必ずご自身で最新の試験情報をご確認ください。

2023年度

試験概要

受験資格	どなたでも受験できます。
試験日	例年10月第1又は第2日曜日（2023年度は10/1）
受験地	北海道・新潟県・宮城県・東京都・神奈川県・静岡県・愛知県・大阪府・兵庫県・広島県・福岡県・熊本県・沖縄県
受験料	3,000円

試験方法　各試験科目ともマークシート方式で行います。

択一式		5肢択一。該当する肢がない場合、「0」をマーク。
選択式	語群選択式	文章の中の空欄に対し、与えられる語群の中から該当する番号をマーク。
	複数選択式	5肢の中から該当するものをすべてマーク。
計算式		貨物の価格や税額を計算し、正しい額をマーク。
申告書		与えられる資料から貨物を正しく分類し、正しい番号を選択肢から選び、マーク。輸入申告書については、貨物の価格も計算し正しい額をマーク。

2023年度　試験科目・出題数・配点・時間

科目	形式	出題数	配点
通関業法（9:30～10:20）	選択式	10問	35点
	択一式	10問	10点
関税法等（11:00～12:40）	選択式	15問	45点
	択一式	15問	15点
通関実務（13:50～15:30）	輸出申告書	1問	20点
	輸入申告書	1問	
	選択式	5問	10点
	択一式	5問	5点
	計算式	5問	10点

試験データ

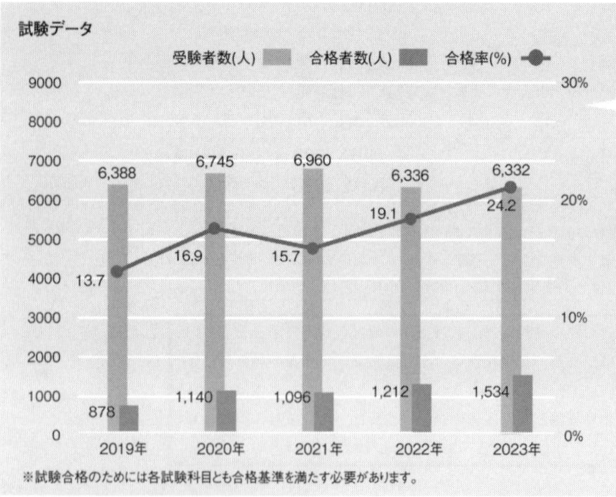

※試験合格のためには各試験科目とも合格基準を満たす必要があります。

<参考> 2023年度合格基準

通関業法

形式	出題数	配点	合格基準
選択式	10問	35点	60%以上の得点（45点中27点以上）
択一式	10問	10点	

関税法等

形式	出題数	配点	合格基準
選択式	15問	45点	60%以上の得点（60点中36点以上）
択一式	15問	15点	

通関実務

形式	出題数	配点	合格基準
輸出申告書	1問	20点	60%以上の得点（45点中27点以上）
輸入申告書	1問		
選択式	5問	10点	
択一式	5問	5点	
計算式	5問	10点	

通関士試験に関するお問い合わせ

最寄の税関の通関業監督官（函館、東京、横浜、名古屋、大阪、神戸、門司、長崎、沖縄地区）
税関ホームページ：**http://www.customs.go.jp/**

科目ガイド

通関士試験の出題一覧、合格基準（2023年度）

科目	合格基準		設問数	形式	配点
通関業法	45点満点中27点以上が合格基準（満点の60%以上）		第１問～第５問（各5点）	語群選択式	25点
			第６問～第10問（各2点）	複数選択式	10点
			第11問～第20問（各1点）	択一式	10点
関税法等	60点満点中36点以上が合格基準（満点の60%以上）		第１問～第５問（各5点）	語群選択式	25点
			第６問～第15問（各2点）	複数選択式	20点
			第16問～第30問（各1点）	択一式	15点
通関実務	通関書類の作成要領（申告書）	45点満点中27点以上が合格基準（満点の60%以上）	第１問（5点）	輸出申告書	5点
			第２問（1点×5、2点×5）	輸入申告書	15点
	その他通関手続の実務（その他）		第３問～第７問（各2点）	複数選択式	10点
			第８問～第12問（各2点）	計算式	10点
			第13問～第17問（各1点）	択一式	5点

合格基準は実施年度により変動します。

通関業法

通関業務（例えば、依頼者に代わってする輸入申告）を行う場合の「**業界のルール**」を定めた法律です。**依頼者の利益の保護**という観点から学習していけば、容易に理解することができます。

通関業法の攻略法は「語群選択式」にあり！

通関業法では「語群選択式」が最も配点が高いため、「語群選択式」をいかに取りこぼさずに得点するかが合格への鍵となります。

「語群選択式」は他の「複数選択式」及び「択一式」より得点しやすい！

「語群選択式」では、１問ごとに５つの答えを導きだしますが、１つでもあっていれば１点をとることができます。しかし、「複数選択式」及び「択一式」では、一肢一肢の正誤の判断が正確にできてやっと１点です。また、「語群選択式」では、内容的にも基本的な知識があれば解ける問題がほとんどです。

関税法等

関税法を中心としていくつかの科目が出題されます。関税法は、輸出入等に際しての「**カネ**（関税）」と「**モノ**（検査等の手続）」を規制する法律です。

関税法等の攻略も通関業法と同じ！

関税法等では通関業法と同じで、「語群選択式」が最も大きなウエイトを占めています。ここでも「語群選択式」攻略が合格の鍵となります。

しかし、通関業法とは違い「複数選択式」及び「択一式」の得点も必要！

関税法等では、通関業法とは違い、「語群選択式」以外の形式も得点しなくては合格基準に達しません。「複数選択式」及び「択一式」という得点しづらい形式の対策も必要です。また、関税法等の知識は通関実務でも出題されますので、ここで正確な知識を養っておきましょう。

通関実務

「関税法等」で学習する知識の範囲から、様々な形式で出題されます。「**申告書**」は、与えられる資料から輸出入申告書を完成させる形式です。「**計算式**」では、**輸入貨物の価格**や**関税額**等を求めます。「**貨物の分類**」では、「ある貨物が○○類に含まれるか」といったことが問われます。

配点も少なく、ミスが許されない通関実務！

通関実務は、合格基準を満たすための配点が少ないことが特徴的ですが、他の科目で得点源となった「語群選択式」がありません。「複数選択式」及び「択一式」を得点源とするとともに、「申告書」及び「計算式」への対策が必要です。

通関実務の対策は問題を繰り返し解くことが重要！

通関実務で出題される「申告書」。ここでは、与えられた資料を正しく読み取る力が必要で、そのためには問題を繰り返し解くことが重要です。「計算式」も、問題を繰り返し解かなければ対応できません。また、「複数選択式」及び「択一式」で得点するには関税法等の段階でしっかりとした対策が必要です。さらに、忘れてはいけないのが「貨物分類」の対策です。貨物分類は第1類から第97類まであり、早い時期からコツコツと覚えることが重要です。

答練パック

全10回 | 2024年 8月～9月開講 | 学習経験者対象 | 学習期間の目安 1～2ヵ月 | 全学習メディアに Webフォロー 標準装備！

本試験4回分に相当する問題演習で実践力養成

どれだけ知識があっても、実際にその知識が活用できなければ本試験で点はとれません。そこで、知識を活用する問題演習を通じての弱点の発見、そしてその克服というプロセスが重要となります。質・量ともに充実した問題演習が含まれた答練パックで、ライバルに差がつく実践力を身につけましょう。

●カリキュラム（全10回）

8・9月～

直前答練（9回）

答練＋解説講義

本試験のシュミレーションとして、また重要な基本知識の確認、弱点発見や解答の時間配分の調整などにお役立てください。
直前答練は演習だけではなく、解説講義がありますので、本試験レベルの問題を使いながら、解答への着眼点などもしっかり伝授いたします。

・通関業法 3回
・関税法等 3回
・通関実務 3回

9月

公開模試（1回）

答練＋解説講義

本試験の傾向を分析したTACの予想問題を出題し、本試験と同じ形式で実施する全国規模の公開模試です。全国のライバルと自分自身の実力を比較して得意分野、不得意分野をチェックし、直前期に向けて学習の戦略を立てるのにお役立てください。

10月上旬

11月下旬

合格

本試験形式

●開講一覧

教室講座

8月・9月開講予定	新宿校・八重洲校・横浜校・神戸校

ビデオブース講座

仙台校・水道橋校・新宿校・池袋校・渋谷校・八重洲校・立川校・町田校・横浜校・大宮校・津田沼校・名古屋校・京都校・梅田校・なんば校・神戸校・広島校・福岡校　8/22（木）から順次視聴開始予定

DVD通信講座

8/16（金）から順次発送開始予定

Web通信講座

8/22（木）から順次配信開始予定

●受講料

学習メディア	通常受講料	再受講割引受講料	受験経験者割引受講料
教室講座	¥66,000	¥44,000	¥55,000
ビデオブース講座	¥66,000	¥44,000	¥55,000
DVD通信講座	¥77,000	¥55,000	¥66,000
Web通信講座	¥66,000	¥44,000	¥55,000

※過去にTAC通関士講座の本科生を受講された方、過去に通関士本試験を受験された方は、お得な割引受講料にてお申込みいただけます。

Webフォロー［標準装備］

※0から始まる会員番号をお持ちでない方は、受講料のほかに別途入会金（¥10,000・10%税込）が必要です。会員番号につきましては、TAC各校またはカスタマーセンター（0120-509-117）までお問い合わせください。
※上記受講料は、教材費・消費税10%が含まれます。　※上記内容は2023年12月時点での予定です。詳細につきましてはTAC通関士講座パンフレット、ホームページをご覧ください。

書籍のご購入は

1 全国の書店、大学生協、ネット書店で

2 TAC各校の書籍コーナーで

資格の学校TACの校舎は全国に展開!
校舎のご確認はホームページにて

資格の学校TAC ホームページ
https://www.tac-school.co.jp

3 TAC出版書籍販売サイトで

CYBER BOOK STORE TAC出版書籍販売サイト

24時間
ご注文
受付中

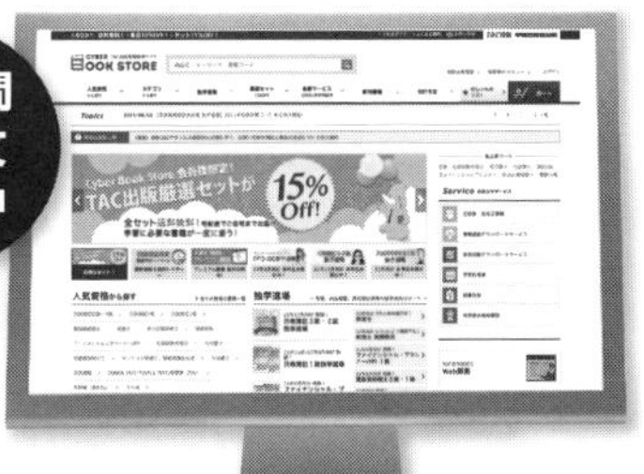

https://bookstore.tac-school.co.jp/

新刊情報を いち早くチェック!

たっぷり読める 立ち読み機能

学習お役立ちの 特設ページも充実!

TAC出版書籍販売サイト「サイバーブックストア」では、TAC出版および早稲田経営出版から刊行されている、すべての最新書籍をお取り扱いしています。
また、無料の会員登録をしていただくことで、会員様限定キャンペーンのほか、送料無料サービス、メールマガジン配信サービス、マイページのご利用など、うれしい特典がたくさん受けられます。

サイバーブックストア会員は、特典がいっぱい!(一部抜粋)

通常、1万円(税込)未満のご注文につきましては、送料・手数料として500円(全国一律・税込)頂戴しておりますが、1冊から無料となります。

専用の「マイページ」は、「購入履歴・配送状況の確認」のほか、「ほしいものリスト」や「マイフォルダ」など、便利な機能が満載です。

メールマガジンでは、キャンペーンやおすすめ書籍、新刊情報のほか、「電子ブック版TACNEWS(ダイジェスト版)」をお届けします。

書籍の発売を、販売開始当日にメールにてお知らせします。これなら買い忘れの心配もありません。

書籍の正誤に関するご確認とお問合せについて

書籍の記載内容に誤りではないかと思われる箇所がございましたら、以下の手順にてご確認とお問合せをしてくださいますよう、お願い申し上げます。

なお、正誤のお問合せ以外の**書籍内容に関する解説および受験指導などは、一切行っておりません。**
そのようなお問合せにつきましては、お答えいたしかねますので、あらかじめご了承ください。

1 「Cyber Book Store」にて正誤表を確認する

TAC出版書籍販売サイト「Cyber Book Store」の
トップページ内「正誤表」コーナーにて、正誤表をご確認ください。

CYBER BOOK STORE TAC出版書籍販売サイト

URL:https://bookstore.tac-school.co.jp/

2 1の正誤表がない、あるいは正誤表に該当箇所の記載がない ⇒ 下記①、②のどちらかの方法で文書にて問合せをする

★ご注意ください★

お電話でのお問合せは、お受けいたしません。
①、②のどちらの方法でも、お問合せの際には、「お名前」とともに、
「対象の書籍名(○級・第○回対策も含む)およびその版数(第○版・○○年度版など)」
「お問合せ該当箇所の頁数と行数」
「誤りと思われる記載」
「正しいとお考えになる記載とその根拠」
を明記してください。
なお、回答までに1週間前後を要する場合もございます。あらかじめご了承ください。

① ウェブページ「Cyber Book Store」内の「お問合せフォーム」より問合せをする

【お問合せフォームアドレス】

https://bookstore.tac-school.co.jp/inquiry/

② メールにより問合せをする

【メール宛先　TAC出版】

syuppan-h@tac-school.co.jp

※土日祝日はお問合せ対応をおこなっておりません。
※正誤のお問合せ対応は、該当書籍の改訂版刊行月末日までといたします。

乱丁・落丁による交換は、該当書籍の改訂版刊行月末日までといたします。なお、書籍の在庫状況等により、お受けできない場合もございます。
また、各種本試験の実施の延期、中止を理由とした本書の返品はお受けいたしません。返金もいたしかねますので、あらかじめご了承くださいますようお願い申し上げます。

TACにおける個人情報の取り扱いについて
■お預かりした個人情報は、TAC(株)で管理させていただき、お問合せへの対応、当社の記録保管にのみ利用いたします。お客様の同意なしに業務委託先以外の第三者に開示、提供することはございません(法令等により開示を求められた場合を除く)。その他、個人情報保護管理者、お預かりした個人情報の開示等及びTAC(株)への個人情報の提供の任意性については、当社ホームページ(https://www.tac-school.co.jp)をご覧いただくか、個人情報に関するお問い合わせ窓口(E-mail:privacy@tac-school.co.jp)までお問合せください。

(2022年7月現在)